KB143165

신라
왕조
실록

①

한국인물사연구원 편저

도 서 출 판

신라왕조실록 1

초판 1쇄 인쇄 | 2014년 8월 19일
초판 2쇄 인쇄 | 2014년 8월 19일
초판 3쇄 인쇄 | 2014년 9월 18일

지은이 | 이은식
펴낸이 | 한국인물사연구원

주간 | 지해영
편집 | 이장욱
인쇄 | RICH MEDIA

펴낸곳 | 도서출판 타오름
주소 | 서울 은평구 통일로 52길 3, 2층
전화 | 02) 383-4929
팩스 | 02) 356-6600
전자우편 | taoreum@naver.com
블로그 | http://blog.naver.com/taoreum

값 | 19,800원
ISBN 978-89-94125-34-3
ISBN 978-89-94125-33-6 (set)

「이 도서의 국립중앙도서관 출판예정도서목록(CIP)은 서지정보유통지원시스템 홈페이지(http://seoji.nl.go.kr)와
국가자료공동목록시스템(http://www.nl.go.kr/kolisnet)에서 이용하실 수 있습니다.(CIP제어번호: CIP2014022248)」

● 차례 |1권|

추천사 ……………………………………………………………… 005

책을 엮고 나서 ……………………………………………………… 015

신라시대의 이해 …………………………………………………… 037

01 혁거세 거서간 | 박씨 왕 1대 | …………………………… 168

02 남해 차차웅 | 박씨 왕 2대 | …………………………… 182

03 유리 이사금 | 박씨 왕 3대 | …………………………… 188

04 탈해 이사금 | 석씨 왕 1대 | …………………………… 195

05 파사 이사금 | 박씨 왕 4대 | …………………………… 213

06 지마 이사금 | 박씨 왕 5대 | …………………………… 221

07 일성 이사금 | 박씨 왕 6대 | …………………………… 229

08 아달라 이사금 | 박씨 왕 7대 | …………………………… 235

09 벌휴 이사금 | 석씨 왕 2대 | …………………………… 243

10 내해 이사금 | 석씨 왕 3대 | …………………………… 249

11 조분 이사금 | 석씨 왕 4대 | …………………………… 256

12 첨해 이사금 | 석씨 왕 5대 | ······························ 262

13 미추 이사금 | 김씨 왕 1대 | ······························ 267

14 유례 이사금 | 석씨 왕 6대 | ······························ 272

15 기림 이사금 | 석씨 왕 7대 | ······························ 278

16 흘해 이사금 | 석씨 왕 8대 | ······························ 286

17 내물 마립간 | 김씨 왕 2대 | ······························ 292

18 실성 마립간 | 김씨 왕 3대 | ······························ 303

19 늘지 마립간 | 김씨 왕 4대 | ······························ 313

부 록   ·· 332

김재현 金在鉉

· (전) 성균관 관장
· (재) 한국유도원 이사장
· 신라종친연합회 부총재
· 자유수호국민운동 운영위원장
· 용현개발 회장

 한 나라의 오늘을 제대로 알고 또 미래를 가늠하기 위해서는 다른 무엇보다도 그 나라의 역사를 살펴야 한다는 말이 있다. 그리고 그 역사를 살핌에 있어 가장 주의를 두어야 할 것은 역사의 연출자인 인물들이다.

 사마천司馬遷이 사기史記를 편찬함에 있어 인물들의 전기인 열전列傳에 가장 많은 비중을 할애한 사실에서 보듯 역사란 사람들의 삶에 관한 기록을 중심하여 파생된 각종 문화文化 경제經濟 국방國防 예도禮度 등이 그 중요성을 살펴볼 가치를 느낀다.

 이 강토에서는 세계 질서에 발맞춰 가면서 국방을 기본하여 경제성장經濟成長, 종교도입宗敎導入 민주정신民主精神을 포함해 수준 높은 기술로 철기, 토기土器, 석기石器, 문자文字, 기록記錄의 과업으로 그 후대인들이 보다 더 살기 좋은 나라를 세울 후예들을 위해 그 기초인 초석을 남기고 간 국가가 있다면 바로 고구려高句麗, 백제百濟, 신라新羅 등 삼국시대三國時代의 주역이었던 삼국이 아니겠는가.

 그 삼국들은 각종 문화의 꽃을 피워가면서도 같은 언어를 구사하고 있는 민족民族의 혈통血統을 함께 하는 통일統一 된 나라를 갈망渴望하고 있었다. 드디어 피의 쟁투로 얻은 것이 통일신라국이다.

 이 지구상에서 최장수국最長壽國이라고 하는 신라 992년의 역사의 흔적을 살펴보면 붉은 피바람의 연속이었다고 기록하고 있다.

그 반면에 신라는 그 시작부터가 6촌의 연합聯合으로 이룩된 나라로 문물 생활 및 사회제도를 갖춘점으로 봐서 고대국가 치고는 나라다운 나라로 출발하여 발전했다고 보겠다.

오늘날 우리들이 누리고 있는것들중에는 신라에 그 뿌리를 둔 것이 많으며 또 이것은 백제와 고구려가 남긴 그것들과 융합하여 한반도에 펼쳐진 고대문화권 형성의 모체母體가 되었다고 볼 수 있는 역사 흔적과 사실을 가감없이 기록으로 남긴 <한국인물사연구원>원장 이은식님의 각고의 노력 끝에 완성된 천년의 공간을 담은 <신라왕조실록>책을 살펴보면 우리 先祖들은 당초 정립된 삼국이 화합과 융합의 슬기로 하나가 되었으며 남다른 독창력을 발휘하여 통일된 민족국가로 출범하여 고유성을 앞세워 찬란한 문화사文化史를 우리에게 넘겨주었으며 오늘날까지 성장할 수 있는 원동력의 한 바탕을 이룩했다고 하겠다.

그리고 우리는 그 저력을 오늘에 이어받아 남북분단南北分斷등 여러 가지 어려움을 슬기롭게 극복해야 한다는 것을 강조하고 있노라.

돌이켜 보건대 신라는 그 출발부터가 중의衆意를 모아 공론에 의하여 모든 것을 입안하고 합심하여 행동했으며 질서를 바로 세워 나라일을 처리하여 왔다는 것이다.

즉, 박혁거세 신라시조왕의 추대나 화백제도의 채택이라고 하는 대동화합이라던가 화랑도花郎道 정신精神에 입각한 호국정신護國精神의 함양 등이 이것을 말해주는 것으로 볼 수 있기 때문이다.

이와 같이 출발한 신라는 그 주도하主導下에 통일을 했지만 백제와 고구려의 문화와 인재등을 수렴포용하여 단일민족으로서의 우리 민족사를 연면連綿히 발전시켜 왔습니다.

이는 오늘에 사는 우리에게 무엇과도 바꿀 수 없는 교훈教訓이 되는 것이라고 믿습니다.

이렇게 역사가 흘러가는 과정에서 시대적時代的으로 여러 문화文化가 융화

귀일融化歸一 해가면서 문화유산文化遺産으로 남는것이고 이러는 속에서 국력國力도 배양培養되는 것이라고 본다.

즉, 신라新羅는 통일후統一後에도 외침 왜침에 대한 국방과 선린교의에 입각한 문화교류를 통하여 천년千年이란 긴 역사를 지켜올수가 있었다고 확신하는 바이다.

그리고 신라는 문화文化와 사회제도社會制度 또한 학술적學術的 종교적宗教的으로 그리고 각 분야를 막라해 특유한 문화유산을 많이 발전發展시켜놓았다.

이와 같이 신라 백제 및 고구려의 문화가 한반도 문화의 연원이며, 오늘을 사는 우리 후예들은 그 정신과 뜻을 이어받아 조상祖上들의 얼을 되살려 현대사회現代社會에 맞춰 발전시켜갈 것은 우리모두의 책무인듯하다. 지은이가 남긴 이 책을 다시 한번 보면서 그 노고에 경의敬意를 표합니다.

책의 내용은 매우 구체적이며 자세하게 그 시대 상황을 사실에 근거하여 엮은 역사의 이야기이다. 이 책은 오늘을 살아가는 우리 모두가 서로 화합단결하여 우리 민족의 염원인 평화적 통일 과업을 완수하기 위하여 국가발전의 촉진과 국민역량의 집결에 지속적인 노력努力을 경주하는데 많은 도움이 될 것이라 확신하면서 추천사에 임하노라.

이어령 **李御寧**
· 초대 문화부 장관
· 신문인/문학평론가
· 이화여자대학교 석좌교수
· 중앙일보 상임고문

나그네라는 말은 나간 이, 즉 밖으로 나간 사람이라는 뜻이다. 그러나 역사 기행이나 우리 고전 작품을 찾아가는 나그네는 밖이 아니라 안으로 들어오는 사람이다. 한마디로 우리 고전 작품을 다시 발견하고 그 배경이 되는 고장을 찾아가는 이은식 李求植 님의 글은 한국인의 내면을 탐구하는 소중한 '안으로의 여행' 이라고 말할 수 있다.

내면이란 무엇인가. 인체를 보면 안다. 겉으로 보면 인체는 모두가 대칭형으로 되어 있다. 두 눈 두 귀가 그렇고 양손 양다리가 모두 짝을 이루어 좌우로 나뉘어 있다. 하나의 코와 입이라도 그 모양은 좌우 대칭으로 되어 있다.

그러나 내부로 들어가면 어떤가. 인체 해부도를 보아서 알 듯이 심장과 췌장은 왼쪽에 있고 간이나 맹장은 오른쪽에 있어 좌우가 다르다. 그리고 위의 생김새나 대장은 더더구나 그 모양이 외부와는 달라 모두가 비대칭적인 모양을 하고 있다.

이렇게 내면의 여행은 인체의 내부처럼 복잡하고 애매하다. 지도를 보면서 정해진 코스를 찾아가는 외부의 여행과는 딴판이다. 보이지 않는 곳은 내시경으로, 들리지 않는 박동은 청진기를 사용해야 한다. 그것이 바로 내면을 여행하는사람의 투시력이며 상상력이며 특수한 지식의 힘이다.

이은식 님의 <신라왕조실록>은 한국 전통문화의 맥을 짚어 보이지 않는 마음의 섬세한 구김살을 열어보는 투시력의 소산이다. 사전辭典 지식으로는 맛 볼 수 없는 현장성 그리고 그 배후를 꿰뚫는 정성과 분석력이 대단한 분이시다. 그의 원고를 보면 내가 누구이며 내가 어디에서 왔으며 내가 어디로 가야 할 것인가의 방향을 확실히 제시하고 있다.

이만열 李萬烈
· 직전 국사편찬위원회 위원장
· 독립 기념관 한국독립운동사 연구소장

근래에 우리 주변에는 역사문화유적에 대한 일반인들의 관심이 고조되고 이에 따라 많은 종류의 역사 문화서, 기행문류, 답사 안내서들이 우후죽순 처럼 출간되고 있다. 그리고 초등학생부터 대학생, 일반인들에 이르기까지 많은 역사 기행 동아리를 비롯하여 인터넷상에서는 역사 기행 관련 웹 사이트가 운영되고 있으며, 신문사나 박물관 등의 역사 관련 교양 강좌도 활발하게 이루어지고 있다. 이러한 현상은 일반인들의 역사적 식견과 의식 을 높일 수 있을 뿐 아니라 역사의 대중화라는 측면에서도 상당히 긍정적 인 역할을 하는 것으로 평가할 수 있다.

전문 역사학자를 비롯하여 소설가, 언론인, 여행가들의 역사 기행문과 문 화유산 답사 서적이 봇물 터지듯 출판되는 요즈음 향토 사학자이자 역사 기행가, 수필가인 이은식 李垠植 님이 쓴 <신라왕조실록>은 얼핏 보면 평 범한 또 하나의 역사 기행문 같지만 이 책은 단순한 기행문이 아니라 우리 가 사는 땅과 그 땅에 살았던 인간의 흔적을 복원해내고 있다.

이 책에서 우리는 많은 역사적 인물들을 만날 것이다. 당대를 풍미했던 정 치가, 덕망을 자랑하던 선비, 천하를 주름잡던 장군, 개혁을 부르짖었던 혁 신주의자, 노비를 부렸던 상전, 부림을 당했던 천민 등 우리 역사에서 굴 곡 많은 삶을 살다간 사람들을 만날 수 있을 것이다. 그들을 만나고 그들이 살았던 땅의 실체를 느끼면서 우리는 역사가 단순한 과거가 아니라 현재요 미래라는 것을 느낄 수 있을 것이다.

이 책은 풍요로운 오늘을 있게 한 선현들의 피나는 노력의 자취 를 재조 명해 보고 역사적 인물들의 생전 삶의 기준을 교훈 삼아 더 좋은 앞날을 위 한 길잡이가 되었으면 하는 마음을 새기면서 고인들의 유택과 유적지를 찾아다닌, 이은식 님의 각고의 산물이다.

수 년 동안 전국의 산하에 산재한 역사 현장을 직접 밟고 촬영하여 체험한 내용을 쉽고 재미있게 풀어쓴 이 책이야말로 읽는 이로 하여금 역사란 멀리 있는 게 아님을 느끼게 해 주며, 바로 내가 숨 쉬며 살아가는 내 고장에 대한 인식을 새롭게 일깨워준다.

산업화와 도시화로 훼손되고 사라지는 문화유산을 저자가 생업을 뒤로한 채 식음을 잊을 정도로 찾아다니며 쓴 이 책은 먼 후일 역사적인 인물에 대한 실체를 찾고자 하는 사람들에게 큰 도움이 될 것이다.

윤덕홍 尹德弘
· (전) 대구대학교 총장
· (전) 부총리 겸 교육인적자원부 장관
· (전) 한국학중앙연구원(옛 정신문화연구원) 원장

우리가 이 세상에 태어난 것은 우연이 아니다. 오늘의 내가 있기까지 아버지 어머니가, 아버지 어머니가 태어나기까지 다시 할아버지 할머니, 외할아버지 외할머니가 계셨다. 지난 세월 동안 무수히 많은 사람이 서로 얽혀 있었기 때문에 지금의 우리가 존재하는 것이다. 우리 모두는 연과 연이 얽혀 태어난 존귀한 생명인 셈이다. 자연의 이치요 하늘의 섭리가 아닌가. 숱한 나라를 다 놔두고 대한민국에, 그것도 과거가 아니고 미래도 아닌 오늘에 태어나서, 한국말을 사용하고 한국 문화를 몸에 익혀 산다는 것을 생각해 보라. 과거와 얽히고 설킨 것이 현재 우리들의 삶이기 때문에 이를 알고자 한다면 선조의 생활을 이해하지 않을 수 없다. 법고창신法古創新, 온고지신溫故知新은 이를 두고 하는 말이다.

그 동안 우리는 서양 사람들의 생각과 생활을 열심히 배우다 보니 우리의 것들을 등한시했다. 필자는 우연하게 일본의 마츠리를 구경한 일이 있다. 전통 의상을 차려입은 수 많은 군중이 간단한 북 장단에 단조로운 걸음으로 꼬리를 물고 이어가는 그 모습은 장관이었다. 간단한 스텝이기에 누구나 금방 배울 수 있으며 똑같은 전통 의상 차림이기에 동류의식을 느낄 것이다. 군무가 가능한 이유는 바로 이 간단성과 동질감에서 비롯하리라. 전통의상을 입고 자발적으로 참여하는 마츠리 행사는 구경하는 잔치가 아니라 함께 행하는 놀이이며 그들의 문화를 계승해 가는 일상생활이기도 하다. 그래서 일본은 일 년 내내 잔치가 이어지는나라이며, 그것을 통해 사회통합을 이루어 가고 있다.

잔치는 과거를 놀이로 현재화하고 그 현재의 놀이를 통해 미래를 열어가는 훌륭한 메커니즘인 셈이다. 이러한 잔치는 일본 고유의 전통을 소재로

한 문화 콘텐츠인 셈이다. 전통을 잘 보존하고 그 위에 서양의 것을 얹은 일본을 보노라면 그들의 힘이 법고창신에 있음을 알 수 있다.

이은식 님의 <신라왕조실록>은 일일이 현장을 답사하여 고증을 거친 작품으로 방대한 원고 속에 역시 방대한 역사 인물들이 등장하는 대작이다. 존경하는 인물의 90%를 외국인이 차지하는 이 세태에, 민족과 역사의 정체성이 빛을 잃어 가는 이 시대에, 가히법고창신의 교과서가 될 만한 인물이 망라되고 있음은 무척 다행스러운 일이다. 우리 역사에 배울 점이 풍부한 사람이 이렇게 많았던가!

난국을 슬기롭게 극복한 정치인과 장군이 있는가 하면, 맑은 삶을 산 선비가 나오고, 보수와 개혁, 착취와 저항, 한 시대를 나름대로 처절하게 살아간 선조의 삶이 총망라되어 있다. 오늘의 우리에게 적용될 만한 삶의 모델들이 이은식 님의 작품 속에 제시되어 있는 것이다. 과거를 알고 오늘의 우리를 설명하며, 내일의 우리 삶을 설계 할 수 있는 역작이기에 많은 사람들의 일독을 권한다.

김원기
· 세계로 TV 대표
· (사) 서울사학회 부회장
· (사) 퇴계학진흥회 이사

인류는 그들이 살았던 그 시대마다 역사와 문화를 남겼다. 세계 역사는 수천년동안 수많은 민족이 국가를 세우고 살아왔지만 자기 민족만의 문화를 창조하지못한 민족은 멸망하고 국가를 잃어버렸던 연유의 역사를 우리들에게 일깨워 주고있는 사항은 한 국가가 경영하는 과제 가운데 가장 우선되어야하겠다.

역사기록은 그 시대를 살았던 사람들의 삶에 따라 빛나는 역사를 남기기도 하고 부끄러운 역사를 남기기도 했다. 지금 우리가 살고있는 이 시대를 어떻게 살아야 하는 문제를 역사라는 기록물에 의하여 그 방법과 답을 찾아야 한다고 보여진다.

그렇게 하기 위해서는 우리의 역사를 바르게 알고 배워야 하겠다.

한 국가를 놓고 살펴 볼 진데, 당면했던 과제와 난제는 무엇이 었느냐?하는 연구도 오늘을 살아가는 사람들의 과제일 것이다. 작금 교육기관이 관장하는 일선 학교 학생 및 일반 대다수가 그러하듯이 우리 선조님들의 삶의 흔적인 한국사를 소홀히 하면서도 부끄러운줄 모르고 살아가는 것이 작금의 실태이다.

반면에 이웃나라들을 살펴보면 적극적일 정도로 역사학에 매달리고 있다. 그들이 그렇게 하는 이유로는 국가유지에 가장 핵심인 국경을 수호하고 경제를 세우고 문화를 보전하는것만이 미래를 보장할수있다는 확신을 오래 전부터 깨우치고 있었다는 점이다.

이와 같은 일련의 사정을 우리들은 어떻게 이해하며 또한 대체할것인가를 논하여야 할 때라고 보여진다.

이러한 현실에서도 한가닥의 희망은 없지않다. 교육일선에서 노력하시던 전문가들이 절박한 사정에 뜻을 모아 묵묵히 그려놓은 역사의 이야기인 역사서이다라고 본다.

다행이도 금번 한국사만을 전문으로 밝혀오신 <한국인물사연구원>원장 이은식님이 그 기록과 흔적을 찾아 전국을 누비며 흘린땀의 값으로 신라왕조실록1.2.3.4권(약2천페이지) 분량의 책을 펴냈다. 이를 살펴본즉 이 땅에서 일어났던 삼국시대 고구려 백제 신라의 통일을 위한 각축전을 그리고 당시 군주와 위정자 백성들의 삶 등을 가감없는 문헌에 의하고 현장을 답사한끝에 세계에서 유일한 최장수국 신라 992년의 면면을 한쪽의 거울처럼 상세하게 기술하고 있는 것을 알게되었다.

앞으로 맞이해야할 기나긴 시대에는 우리들에게 주어진 시대적 사명이있다는 사실을 누가 아니라고 하지 못할 것이다

당장 눈앞에 놓인 남북한관계가 마치 천년전으로 돌아가 고구려와 신라의 시대를 반복하고 있는 실정이다. 그 당시에도 우여곡절 끝에 통일된 국가를 탄생시켰듯이 역사서를 통하여 그 방법을 해법으로 삼아 분단된 조국을 하나로 만드는 것과 강성했던 시대에 통치했던 민족의 고토古土를 회복하는 것이다. 이 시대적 사명을 완주하기 위하여 우리나라의 역사와 현실의 역사를 재조명 발굴하여 정립하고 후손들에게 전하여 배우고 할 일들은 우리 국민모두의 책무여야 한다는 생각을 강조하고싶다.

다음과 같이 <신라왕조실록>에 대하여 느낌을 남겨봅니다.

이은식 李垠植
·문학·철학박사
·한국인물사연구원 원장
·(사) 사육신현창회 연구이사
·(재) 성균관 수석부관장
·서울시 지명위원
·(사) 서울문화사학회 부회장
·(사) 퇴계학진흥회 이사

우리 한민족이 슬기롭고 우수한 민족임을 세계만방에 과시할 수 있는 것은 우리의 선조 명현들께서 남겨 놓은 유사遺史가 입증하여 주기 때문이다.

특히 우리 땅 한반도에서는 지금으로부터 2072년 전부터 나라의 문을 열고 세계 제일의 장수국으로서의 지위를 누린 '신라'가 자리하고 있다. 신라는 992년간 56대의 왕들이 통치하였던 나라로서, 인류 역사상 신라와 같이 장수한 국가는 전무하다.

또한 신라는 같은 민족이면서도 갈등과 반목으로 목숨 건 투쟁을 하던 백제와 고구려를 차례로 평정하여 우리나라 역사상 처음으로 단일 민족국가를 이룩한 업적도 있다. 한민족의 영토를 축소시켰다는 비난 또한 두고두고 받아야 했지만, 작은 나라 신라가 강대한 고구려와 백제, 그리고 한반도를 넘보던 당唐과 끊임없이 침략하던 왜倭(일본)의 틈바구니에서 생존하기 위한 최후의 선택이었는지도 모른다.

나라 이름 '신라'는 역사서에 따라서 사로斯盧, 사라斯羅, 서나徐那, 서나벌徐那伐, 서야徐耶, 서야벌徐耶伐, 서라徐羅, 서라벌徐羅伐, 서벌徐伐 등 여러 가지로 표기되어 있는데 이는 새로운 나라, 동방의 나라 혹은 성스러운 장소라는 의미를 가진 수풀의 뜻으로도 해석된다.

503년(지증왕 4)에 이르러 그 중 한자의 아름다운 뜻을 가장 많이 가진 신라로 확정하였는데 ≪삼국사기三國史記≫ 찬자의 해석에 의하면 신라의 '신新'은 '덕업일신德業日新'에서 '라羅'는 '망라사방網羅四方'에서 각기 취한 것으로, 이는 각각 어진 업적을 날마다 새롭게 하고, 사방을 망라한다는 큰 뜻을 갖고 있다.

신라는 고구려, 백제와 함께 존치해 왔지만 그 삼국 중 가장 세력이 약한 나라이면서도 지략적인 방어를 해 민주적인 통치 방법을 바탕으로 각종 문화의 꽃을 만개시켰다. 지구상에는 수많은 국가가 세워졌다가 아무런 흔적도 남기지 못하고 사라진 예를 어렵지 않게 볼 수 있다. 그러나 처음 한반도 동쪽 변방에 자리 잡은 신라는 보잘 것 없는 약소국가였음에도 불구하고 크나큰 과업을 이룩하였고 또한 그 내용을 문자文字로 남겼다. 우리 후세인들은 그 기록을 거울삼아 현재를 발전시키는 것과 더불어, 선현들의 연원과 사적을 사실에 근거하여 기록을 보존함으로써 동족 간의 근원과 계통을 이해하는데 도움이 되기를 기대해 본다.

필자는 본문에서 자세히 각종 문헌에 근거한 내용을 역사라는 이름으로 정리해 간 과정을 돌이켜 보건데, 그 내용이 매우 복잡하고 난해했음을 실감하였다. 그러나 이러한 과정을 통해 얻은 것 또한 많았다. 그 단적인 예로, 그 시대의 삶의 사정은 현재 우리의 일상과 매우 흡사하다는 것을 알 수 있었다. 당시와 비교해 본다면 첨단의 혜택과 풍요한 생활환경을 빼고는 모두가 제자리에서 발걸음을 옮겨 놓지 못하였음을 평가하게 된다.

특히, 정치, 문화, 국방, 예술, 풍속, 도덕, 단합 등의 항목들은 이 땅을 지키며 살아가는 후예들이라면 반드시 한 번 면밀히 그 실태를 살핀 후 역사의 수레바퀴를 굴려야 할 것으로 보여진다.

피와 땀으로 지켜온 우리민족의 정신문화는 더 값진 유산遺産이 된다는 것을 확신하면서 이 책을 남긴다.

2014년 8월
북한산 자락 녹번 서실에서

금관총 금관

국보 제87호. 1921년 9월~10월 경주시 노서리의 고분에서 3.5kg의 순금 장신구와 함께 출토된 것으로 천수백년전의 작품이라고만 추정되어 있을 뿐, 제작 년대는 아직도 밝혀지지 않고 있다.

이 금관은 엷은 순금판으로 되어 있으며 외관外冠과 내관內冠으로 구성되어 있는데 외관은 대륜臺輪(직경 약 19cm) 위에 "出"자형을 사슴뿔 모양으로 3개, 그리고 후면 좌우에 나뭇가지 모양의 장식을 세우고 57개의 비취곡옥翡翠曲玉과 130잎의 영락瓔珞을 달았다. 내관은 새의 깃 모양에 당초문唐草文을 투각透刻하고 200여개에 가까운 영락을 달았는데 약간의 진동에도 팔랑거려 눈이 부시는 듯 하는 황금빛을 발한다.

금관의 높이는 44.4cm. 금관은 전체와 영락 및 비취곡옥과의 조화가 그럴 수 없이 아름다워, 이 보관을 머리에 인 왕의 위의威儀도 위의려니와, 신라의 금속공예가 얼마나 고도로 발달해 있었는가를 알 수가 있다.

숭덕전

신라 시조왕 박혁거세의 위패가 봉안되어 있는 묘전廟殿이다. 서기 6년(남해왕 3)에 시조묘始祖廟를 세우고 사시四時로 제사를 받들었고 친누이를 주제토록 하였다. 서기 24년(유리왕 24)에는 시조묘를 전배展拜하고 죄인을 특사하는 것이 상례가 되었다.

487년(소지왕 9)에 지금의 나정蘿井 옆에 신궁神宮을 세워 새로이 즉위하는 임금은 반드시 신궁에 제사를 올리게 하였는데 신궁의 이름을 나을신궁奈乙神宮이라고 하였다 한다. 1429년(조선 세종 11)에는 오릉五陵 동편에 묘전을 창건하고 위전位田 오결五結을 하사하여 제사를 받들게 하였으며 양민 여섯 집에 세금을 면제하여 수호하게 하고 나무꾼과 우마의 방목을 금지하고 춘추春秋로 중월仲月에 향축香祝과 폐백幣帛을 내려 보내서 제사를 봉향하였다.

그러나 1592년(선조 25) 임진왜란 때 묘전이 불타 버리고 위패만 서악西岳의 선도산仙桃山 성모사聖母祠에 봉안하여 다행히 화를 면하였고, 그로부터 10년 후인 1601년(선조 34)에 묘우廟宇를 다시 세워 위패를 봉안하고 수호관守護官을 두었다. 그 뒤 18년 후인 1618년에 묘우를 중건하고 1704년(숙종 30)에 다시 중수하여 1723년(경종 3)에 비로서 후손으로 하여 참봉參奉을 두어 수호하도록 하였는데 성손유생姓孫儒生 91인으로 윤직輪直하게 하였으며 이해(1723년) 7월 22일에 예조禮曹에서 묘호廟號를 숭덕전崇德殿으로 사액賜額하였다. 그리고 1761년(영조 37) 11월 2일에는 경주부윤慶州府尹 홍양한洪良漢이 왕명을 받들어 위패에 왕王 자를 쓴 신라 시조왕의 묘전廟殿이다.

광무황제光武皇帝 즉위로 국호 및 연호年號를 고치고 새로이 축문을 내려 춘추대제春秋大祭 때 상향축문常享祝文으로 받들었으며, 1971년 8월 27일에 사적 제172호[오릉五陵]으로 지정되어 예손裔孫 박정희 대통령을 비롯하여 문중성손門中姓孫들과 협심협력하여 사상 유례가 없는 대성역을 이룩하여 오늘에 이르렀다.

그리고 매년 춘분으로 신라 시조왕의 높으신 숭덕을 기리는 숭덕전崇德殿 춘분대제春分大祭를 봉향하고 있다.

숭덕전 전경

숭덕전

숭덕전 예빈관

숭덕전 조흥문

숭덕전 숭성각

숭모재

나정

박혁거세朴赫居世의 탄강전설誕降傳說이 깃들어 있는 우물로 사적 제245호이다.

경주시 탑동 오릉五陵에서 남동쪽으로 약 1km 떨어진 소나무 숲 속에 위치하고, 옆에는 조그만 시조유허비始祖遺墟碑가 있다.

옛날 진한辰韓 땅에 고조선의 유민이 세운 여섯 마을이 있었는데, 6촌 촌장들이 어느 날 양산楊山(지금의 경주 남산) 숲 속에 있는 우물인 나정 곁을 바라보는데 이상한 빛이 드리워져 있고 백마 한 마리가 무릎을 꿇고 울고 있어 다가가보니, 우물가에 큰 알이 하나 놓여있고 그 안에서 아름다운 사내아이가 태어나와 마침내 자라 신라의 시조가 되었다 한다.

서기 6년(남해왕 3)에 이곳에 묘전을 세우고 왕이 즉위하면 반드시 제를 올렸다.

남산 서록과 나정

교동 고분군

알영정

알영지

신라 시조왕의 왕비께서 탄강誕降하신 곳이다. 시조왕(박혁거세)께서 탄강하시던 그 날에 알영정閼英井에서 계룡雞龍이 나타나더니 홀연 오른쪽 옆구리에서 한 여아를 탄생하고 용龍은 간곳이 없었다.

때마침 이 우물가에서 빨래하던 한 노구老嫗가 있어 북천에 목욕을 시키니 몸에서 광채가 빛나는 것을 보고 시조왕의 탄생과 영이靈異함을 방불하기에 육부六部의 촌장들이 봉양하였다고 한다.

또, 일설에는 두 성아聖兒를 지금의 남산 옛 창림사昌林寺 터에서 봉양하여 탄생 후 13년 만에 육부촌장六部村長들이 추대하여 신라 시조왕始祖王과 왕후로 삼았다고 전한다. 지금은 옛 우물 터에 비각碑閣을 건축하여 관리 보존되고 있다.

계림

계림의 전설

서기 65년(탈해왕 9)의 일이다. 왕은 한밤중에 금성 서쪽 시림始林이라는 숲 사이에서 닭 우는 소리를 듣고 날이

밝자 신하를 보내 이를 살피게 했다.

사자가 숲에 이르러 보니 금빛으로 된 조그마한 궤짝 하나가 나뭇가지에 달려있고 흰 닭이 그 밑에서 울고 있으

므로 돌아와 그 사실을 아뢰었다.

이에 왕은 사람을 시켜 그 궤짝을 열어보니 속에 총명하게 생긴 어린 사내아이 한 명이 들어있었다. 왕은 크게

기뻐하며 아이를 거두어 길렀다.

이름은 '알지閼智'라 하고 금궤 속에서 나왔다 하여 아이의 성 김金씨라 하였으며, 이때부터 시림을 고쳐 계

림鷄林이라 부르고 또한 나라 이름으로 삼았다.

탈해왕릉

지마왕릉

일성왕릉

아달라왕릉(삼릉)

미추왕릉

내물왕릉

<집경전구기도>의 내물왕릉

오릉 전경

오릉

신라 초기 때의 왕릉王陵으로 신라 시조왕 혁거세와 시조왕의 비 알영을 비롯하여 제2대왕 남해차차웅, 제3대왕 유리이사금 그리고 제5대왕 파사이사금 등 모두 4왕 1비의 왕릉이다. 경내 57,000여 평의 면적에 조흥문肇興門을 중심으로 북편에 수백주의 울창한 소나무들로 둘리 쌓여 있으며 숭의문崇義門을 입구로 능침陵寢이 보인다.

오릉 주변의 소나무들은 마치 공읍을 하고 있는 모습으로 먼 옛날 위대한 신라천년의 찬란했던 문화를 이룩하는데 그 초석이 된 성인의 높으신 숭덕을 받들 듯이 푸르름으로 조화를 이루고 있다.

매년 추분秋分으로 전국의 성손姓係들이 이곳에 모여 한 핏줄 한 형제로서 시조왕 능향제陵享祭(추분대제秋分大祭)를 봉향하고 뜨거운 혈연의 정을 다지는 행사를 하고 있다.

박제상

국대부인

아경

아기

오릉 입구

오릉정화사업 기념비

기념비 비문

이곳은 기원전 57년 서라벌을 건국한 시조왕 혁거세와 알영왕비閼英王妃를 비롯하여 제2대 남해차차웅南解次次雄, 제3대 유리이사금儒理尼師今, 제5대왕 파사이사금婆娑尼師今의 다섯 릉과 시조왕의 묘전이 있는 유서 깊은 곳이다. 박혁거세朴赫居世 거서간은 하늘의 뜻을 받들고 백성의 뜻을 헤아리는 신손神孫으로 추앙받아 진한辰韓 육부촌장의 화백회담和白會談에 의하여 왕위에 오르신 후 61년간 73세歲로 돌아가시기까지 광명의 대덕으로 나라를 다스리니 천년 신라의 찬연한 역사가 열리었다.

원래 시조왕의 존령 尊靈은 서기 6년(남해왕 3)에 나을신궁奈乙神宮에 모셨다가 1429년(조선 세종 11)에 오릉남변五陵南便에 묘전을 다시 지어 모시니 1723년(경종 3)에 숭덕전崇德殿이라 이름하였다.

오릉은 단아한 오색 전각殿閣이 울창한 송림에 가려비쳐 경역境域이 성스럽더니 540여 년간 세월이 흐름에 전각은 퇴락되고 능역은 좁혀지고 주위에 민가가 어지럽게 늘어서서 황폐함이 비길데 없었다.

이에 신라오릉보존회新羅五陵保存會가 1970년 문중으로부터 성금을 모아 경역 복구에 힘썼으나 다하지 못하더니 1971년 7월 16일 박정희朴正熙 대통령이 신라 천년 고도古都의 재현을 지시하여 경주관광개발계획단이 이를 받들어 정화계획을 마련하고 경주시가 전각을 중수하고 연못을 파며 능역을 넓혀 정화하니 57,000여 평의 경역에 서광이 서리고 신위神威가 늠름하며 황홀하다. 이제 성덕聖德으로 백성을 사랑하고 믿음으로 나라를 섬기던 신라 민주정신을 본받아 전통 깊은 민족의 자주의식을 높이고 조국통일의 영광된 역사의 한 터전을 이룩하였으니 이 큰일을 빗돌에 새겨 민족만대에 전한다.

1972년 12월

박관수朴寬洙 글을 짓고 박재원朴在元 글을 써서 신라오릉보존회新羅五陵保存會가 비碑를 세우다.

가야고분출토품(마구)

가락국 시조대왕

가락국 시조왕후 허씨

양산재

　탑동塔洞의 나정蘿井에서 동편에 위치하고 있으며 신라 육부촌장六部村長의 위패를 모시고 제향을 받드는 사당으로 1970년에 건립되었다.

　6부촌장六部村長은 신라가 건국되기 전 진한辰韓 땅에 알천閼川 양산촌楊山村, 돌산突山 고허촌高墟村, 취산鷲山 진지촌珍支村, 무산茂山 대수촌大樹村, 금산金山 가리촌加利村, 명활산明活山 고야촌高野村 등으로 여섯 촌村을 나누어 부족사회部族社會를 이루었다.

　오랜 옛날 기원전 57년 알천언덕에 6부촌장들이 모여 12년 전(기원전 69년) 나정蘿井에서 탄생한 박혁거세朴赫居世를 촌장들의 회의로 고허촌장高墟村長인 소벌도리공蘇伐都利公께서 추대하여 신라의 초대 임금이 되게 하니 이때가 신라건국의 원년元年이다.

　그 후 박혁거세의 손자인 유리왕이 6부촌장들에게 신라건국의 공로를 영원히 기리기 위하여 6부六部의 이름을 고치고 각기 성姓을 내렸다는 기록이 전하는데 양산촌장[李], 고허촌장[崔], 대수촌장[孫], 진지촌장[鄭], 가리촌장[裵], 고야촌장[薛] 등으로 성씨姓氏를 하사하였다고 한다.

　그리고 이곳에서는 매년 6성姓의 후손들을 비롯하여 많은 참배원이 모여 존엄하신 선조들의 덕업을 기리는 제향을 받들고 있다.

금척리 고분

기마인물형토기

천룡사지 3층석탑

계림비각

삼릉

신라 제7대 아달라왕阿達羅王(재위 154~184년)을 비롯하여 제53대 신덕왕神德王(재위 921~917)과 제54대 경명왕景明王(재위 917~924년) 등 3기의 왕릉이 안장安葬되어 삼릉三陵이라고 한다.

신라 천년의 찬란한 문화를 꽃피웠고 후세에까지 많은 문화유적과 유산이 보존되어 영산靈山이라고 하는 이곳 남산南山 기슭의 내남면에 속해 있으며 남산의 중심부에 위치하고 있다.

빽빽이 둘러싸인 소나무들이 한층 남산南山의 운치를 더하고 있으며 찾는 이들로 하여금 절로 엄숙하고 경건하게끔 한다.

이곳 능 역시 주위에 아무런 장식이 없는 원형봉토분圓形封土墳이 형태로 되어있다.

황남대총

황남대총 금관

창림사지3층석탑

가락국 시조왕릉

가락국 시조왕후 능

신라시대의 이해

● 개 설

서기전 57년(혁거세왕 1)부터 935년(경순왕 9)까지 56대 992년간 존속하였다고 하는 고대삼국의 하나로서, 7세기 중엽에 백제·고구려를 차례로 평정하여 우리나라 역사상 처음으로 단일민족국가를 이룩하였다. 국호 신라는 역사서에 따라서 사로斯盧·사라斯羅·서나徐那·서나벌徐那伐·서야徐耶·서야벌徐耶伐·서라徐羅·서라벌徐羅伐·서벌徐伐 등 여러 가지로 표기되어 있는데, 이는 새로운 나라, 동방의 나라, 혹은 성스러운 장소라는 의미를 가진 수풀의 뜻으로도 해석되고 있다. 503년(지증왕 4)에 이르러 그 중 한자의 아름다운 뜻을 가장 많이 가진 신라로 확정하였다. ≪삼국사기≫ 찬자의 해석에 의하면 이 신라의 '신新'은 '덕업일신德業日新'에서, '라羅'는 '망라사방網羅四方'에서 각기 취하였다고 하는데, 이는 후세의 유교적인 해석인 것으로 생각되고 있다.

● 역 사

신라의 역사는 크게 삼국통일 이전과 이후로 나눌 수 있으나, ≪삼국사기≫와 ≪삼국유사≫의 시대구분법을 참작하여 이를 다음과 같이 여섯 시기로 세분할 수 있다.

– 신라의 시대구분

구 분	연 대	특 징
제1기	서기전 57(혁거세거서간 1)~356(흘해이사금 47)	연맹왕국 완성기
제2기	356(내물마립간 1)~514(지증왕 15)	귀족국가 태동기
제3기	514(법흥왕 1)~654(진덕여왕 8)	귀족세력 연합기
제4기	654(태종무열왕 1)~780(혜공왕 16)	전제왕권기
제5기	780(선덕왕 1)~889(진성여왕 3)	호족세력 등장기
제6기	889(진성여왕 3)~935(경순왕 9)	내란기

그런데 ≪삼국사기≫에서는 이 [표] 중 제1기에서 제3기까지를 상대, 제4

기를 중대, 제5기 이후를 하대로 구분하고 있으며, ≪삼국유사≫에서는 제
1기와 제2기를 상고, 제3기를 중고, 제4기 이후를 하고로 구분하고 있다.
이는 모두 왕통의 변화에 따른 독자적인 시대구분이지만, 신라역사의 발전
대세를 가지고 시대를 구분할 때도 일치하는 경우가 많다.

1. 성립과 발전

[건국과 초기의 발전]

 제1기는 신라의 건국으로부터 연맹왕국聯盟王國을 완성하기까지의 시기이
다. 신라도 다른 초기 국가와 마찬가지로 최초 성읍국가城邑國家로 출발하
였는데, 그 시기는 확실하지 않다.

 ≪삼국사기≫ 신라본기에는 이를 서기전 57년이라 하였으나, 성읍국가로
서의 출발은 이보다 빨랐던 것으로 짐작된다. 그것은 신라의 경우도 청동
기문화의 세례를 받으면서 차차 부족장의 권한이 강화된 결과 성읍국가가
출현한 것이 틀림없는데, 경주지역에로의 청동기문화의 파급은 서기전 1
세기보다 몇 세기 일렀던 것으로 보이기 때문이다.

 성읍국가로서의 신라는 경주평야에 자리 잡고 있던 급량及梁·사량沙梁·본
피本彼·모량牟梁(혹은 漸梁)·한기漢岐(혹은 漢祉)·습비習比 등 여섯 씨족의 후예
들로 구성된 것 같은데, 이들은 처음 평야 주위의 산이나 구릉지대에서 각
기 취락생활을 하다가, 점차 평야지대로 생활권을 옮기는 과정에서 국가형
성의 길이 열렸던 것으로 짐작된다.

 전설에 의하면 최초의 지배자로 추대된 것이 급량 출신인 혁거세赫居世(일
명 弗矩內)라고 하는데, 그는 사량출신의 알영閼英과 혼인하였다고 한다. 이
로 미루어보면 처음 신라는 여섯 씨족 가운데에서도 특히 급량과 사량의
두 씨족을 중심으로 하여 성립된 것을 알 수 있다. 이 두 씨족은 후에 성씨
제가 도입되었을 때 각기 박씨·김씨를 칭하였다.

 그 뒤 신라의 지배층은 동해안쪽으로부터 진출해온 탈해脫解 영도하의 새
로운 세력에 의해서 제압을 당했는데, 역사서에서는 이를 석씨昔氏라 칭하
고 있다. 이 탈해집단은 그 부족적인 기반이 미약하였으므로 곧 종래의

지배층에 의하여 교체되었다. 그런데 2세기 후반에 탈해의 후손으로 자처하는 새로운 세력집단이 다시 경주로 진출하여 신라의 주도권을 잡았다.

이때쯤 되어서 신라는 연합의 방법에 의해서, 혹은 군사적인 정복을 통해서 주위의 여러 성읍국가를 망라하여 보다 확대된 국가를 형성하기 시작하였던 것으로 보인다. 즉, 종전의 점點에 불과하던 성읍국가로부터 일정한 영역·영토를 가진 연맹왕국으로 발돋움하기 시작하였는데, 다만 그 주변국가들에 대한 지배·복속의 정도는 아직 미약하였다.

그리하여 일단 신라에 복속한 국가들 중에는 수도 금성金城으로 쳐들어오는 경우도 있었고, 또한 토착세력의 거수渠帥들 가운데는 중국군현과 통하는 자들도 있었다. 이 같은 상태는 3세기말경까지 지속되었던 것으로 보인다. 그러나 4세기 초에 중국 군현이 고구려에 의해서 타멸되고, 곧이어 고구려와 백제 양대세력이 한반도 중부지역에서 날카롭게 대립되는 상황이 전개되었다.

따라서 낙동강 동쪽사회도 이에 자극을 받지 않을 수 없어 신라를 맹주盟主로 한 국가통합운동이 급속히 진전된 결과 4세기 중엽에는 연맹왕국이 완성된 것으로 짐작된다.

[마립간 시대의 신라]

제2기는 연맹왕국의 발전기로서 다음에 전개될 중앙집권적 귀족국가를 준비하던 태동기라고 할 수 있다. 이 시대를 특징짓는 것은 그 왕호로서의 마립간麻立干 칭호이다. 지금까지 신라가 왕호로 사용해온 거서간居西干·차차웅次次雄·이사금尼師今 등은 그다지 권력자의 의미를 풍기지 못하였는데, 내물왕356~401 때부터 사용하기 시작한 마립간 칭호는 마루·고처高處의 지배자[干]라고 하는 어의 그대로 종전에 비하여 훨씬 강화된 권력자의 느낌을 준다. 따라서 이 시대는 그 왕호를 따서 '마립간시대'라고도 일컬어지고 있다.

이 시대에 들어오면 종래의 박·석·김 3성에 의한 교립현상이 없어지고 김씨가 왕위를 독점 세습하였으며, 특히 5세기 중에는 왕실분쟁을 미리 막기 위해서 왕위의 부자상속제도가 확립되었다. 이는 그만큼 왕권이 안정되었음을 뜻하는 것이다.

내물마립간 때에는 377년과 382년의 두 차례에 걸쳐서 중국 북조北朝의 전진前秦에 사신을 보냈는데, 이때 신라의 사신은 고구려 사신의 안내를 받았다. 특히 382년에 사신으로 간 위두衛頭는 전진의 왕 부견符堅의

"경경卿이 말한 해동海東의 사정이 예와 같지 않다니 무슨 뜻인가?"

라는 질문에 대하여

"중국에서 시대가 달라지고 명호名號가 바뀌는 것과 같으니 지금 어찌 같을 수 있으리오."

라고 대답하였다고 하는데, 이는 당시 신라가 당당한 정복국가로 비약하고 있었음을 말해주는 것이다.

당시 신라는 정치·군사적인 면에서 고구려의 지원을 받았는데, 광개토대왕의 능비문陵碑文에 의하면 신라왕의 요청으로 400년에 고구려의 보기步騎 5만 명이 신라의 국경지대로 출동하여 신라를 괴롭히던 백제군을 크게 격파했던 것을 알 수 있다.

그러나 이와 같은 고구려의 군사원조는 그 뒤 신라의 왕위계승에 개입하는 등 전반적으로 보아 자주적인 발전을 제약하는 요소로 작용하였고, 특히 427년(장수왕 15)에 고구려가 평양으로 천도하면서 남하정책을 적극화하자 신라는 눌지마립간 때부터 고구려의 압력에서 벗어날 뿐 아니라, 그 남침에 대비하기 위해서 433년에는 백제와 동맹관계를 맺었다.

그 뒤 475년(자비왕 18)에 고구려가 백제의 수도 한성漢城을 무력으로 침공, 점령한 뒤에는 백제와 다시 결혼동맹을 맺어 종전의 동맹체제를 한층 강화하였고, 일선지대에 많은 산성을 쌓아 고구려의 남침에 대비하였다.

한편 대내적으로는 이 시기에 중앙집권체제를 이룩하기 위해서 여러 가

지 조처를 단행하였다.

즉, 종래의 족제적族制的인 6부를 개편하기 위해서 469년에는 왕경王京인 경주의 방리坊里 이름을 정하였고, 487년(소지왕 9)에는 사방에 우역郵驛을 설치하였으며, 다시 490년에는 수도에 시사市肆를 열어 사방의 물자를 유통하게 하였다. 5세기를 통하여 신라의 왕권이 꾸준히 강화되고 있었음은 이 시기에 축조된 황남대총皇南大塚을 비롯한 수많은 고총고분高塚古墳을 보아서도 알 수 있으며, 487년 혹은 지증왕 때에 설치된 김씨왕실의 종묘로서의 신궁神宮은 바로 이같은 정치적 변화를 상징하는 것으로 짐작되고 있다.

[신라의 비약적인 발전]

제3기는 신라가 중앙집권적인 귀족국가로서의 통치체제를 갖추어 국왕과 여러 귀족과의 일정한 타협 조화 속에서 대외적으로 크게 발전해가던 시기였다고 할 수 있다.

≪삼국유사≫에서 시대구분하고 있는 이른바 중고가 바로 이 시대이다. 이 시대는 법흥왕 때의 일련의 개혁과 더불어 시작되는 것이지만, 그 정치적·사회적 기반은 그 전왕인 지증왕 때에 대체로 마련되었다고 할 수가 있다.

즉, 502년에 농사를 장려하는 왕명을 공표하는 가운데 우경牛耕이 시작된 것은 그 뒤의 농업발전에 커다란 계기가 되었으며, 또한 중국의 고도한 정치제도를 받아들여 국가의 면목을 일신한 점을 지적하지 않을 수 없다.

종래 구구하게 사용 표기되어오던 국호를 신라로 정한 것이라든지, 마립간 대신에 중국식 왕호를 사용한 것, 그리고 505년에는 지방제도로서 주군제도를 채택한 것 등은 모두 국가체제 확립에 수반하는 조처들이었다.

또한, 대외관계에 있어서도 502년과 508년 두 차례에 걸쳐서 중국 북조의 북위北魏에 사신을 보냄으로써 382년 이래 120년간이나 단절되었던 중국과의 교섭이 다시 열리게 되었다.

법흥왕 때에는 이처럼 다져진 기반 위에서 율령을 반포하고, 중요관부를 설치하며, 진골귀족회의를 제도화하는 등 신라의 전반적인 국가체제를 법제화·조직화한 시기였다.

520년(법흥왕 7)에 반포된 율령의 내용에 대해서는 알 길이 없으나, 백관의 공복公服·17관등·골품제도 등에 대한 중요한 규정이 포함되어 있었을 것으로 생각된다. 이 율령제정에 앞서 516~517년경에는 군사문제를 전담하는 병부가 설치되었고, 그 뒤 531년에는 진골귀족회의의 주재자로 상대등제도를 채택하였다. 또한 이 상대등의 설치를 전후한 시기에, 즉 527년 내지 535년경에 불교를 공인함으로써 국가의 통일을 위한 사상적 뒷받침을 얻게 되었다.

이와 같은 일련의 조처가 있은 뒤인 536년에 '건원建元'이라는 독자적인 연호를 쓴 것은 신라의 통치체제가 확립되어 대외적으로 중국과 대등한 국가라는 자각을 가지고 있었음을 나타내는 표시이기도 하다.

진흥왕 때는 이와 같은 기반 위에서 신라가 대외발전을 비약적으로 추진시킨 시기였다. 이미 신라는 법흥왕 때에 김해에 있던 본가야를 병합하여 (532년) 낙동강하류지방에서부터 북상하면서 가야 여러 나라를 위협하고 있었는데, 진흥왕 때에 이르러서는 함안의 아라가야阿羅伽倻, 창녕의 비화가야非火伽倻를 차례로 병합한 다음 562년(진흥왕 23)에는 이사부異斯夫로 하여금 고령의 대가야를 공략, 멸망시킴으로써 기름진 낙동강유역을 송두리째 차지하게 되었다.

그러나 진흥왕의 정복사업으로서 가장 주목할 만한 것은 역시 한강유역을 점령한데 있다. 진흥왕은 550년에 백제와 고구려가 도살성道薩城(현재의 천안天安 혹은 증평曾坪)과 금현성金峴城(현재의 전의全義로 짐작되나 확실하지 않음)에서 공방전을 벌이고 있는 틈을 타서 그 두 성을 빼앗았으며, 그 이듬해에 '개국開國'이라 개원改元하고 친정하면서 백제 중흥의 영주英主 성왕과 공동작전을 펴서 고구려가 점유하고 있던 한강유역을 탈취하였다.

신라는 처음 한강 상류지역인 죽령竹嶺 이북 고현高峴(지금의 철령鐵嶺) 이남의 10군을 점령했으나, 2년 뒤인 553년에는 백제군이 점령하고 있던 한강하류지역을 기습 공격하여 그들을 몰아냄으로써 한강유역 전부를 독차지하였다. 나아가 554년에는 신라의 약속 위반에 분격하여 관산성管山城(지금의 옥천沃川)으로 쳐들어온 성왕을 죽이고 백제의 3만 대군을 섬멸시켰다.

신라의 한강유역 점령은 이 지역의 인적·물적 자원을 얻은 것 외에도 서해를 거쳐 직접 중국과 통할 수 있는 문호를 얻게 되었다는 점에서 매우 뜻 깊은 것이었다. 신라의 삼국통일이 한편으로는 외교의 성공에 크게 힘입었던 것을 생각할 때 한강유역의 점령이야말로 통일사업의 밑거름이라 하지 않을 수 없다.

또한, 신라는 동해안을 따라 북상하여 556년에는 안변에 비열홀주比列忽州(일명 비리성碑利城)를 설치하였고, 그 뒤 568년 이전의 어느 시기에는 함흥평야에까지 진출하였다. 이 같은 진흥왕의 정복사업은 창녕·북한산·황초령·마운령에 있는 네 개의 순수관경비巡狩管境碑와 단양에 있는 적성비赤城碑가 잘 말하여주고 있다.

이처럼 560년대에는 지금까지의 신라 역사상 최대의 판도를 누리게 되었으나, 한편으로는 이때부터 삼국통일을 달성하게 되는 660년대까지 꼭 한 세기 동안 실지회복을 꿈꾸는 고구려·백제 두 나라로부터 끊임없이 양면공격을 받게 되어 국가적인 위기에 놓인 적이 한두 번이 아니었다.

진평왕대 후반기부터 강화되기 시작한 두 나라의 침략은 선덕여왕이 즉위한 뒤로는 한층 가열해졌다. 그리하여 642년(선덕여왕 11)에는 한강 방면의 거점인 당항성黨項城(지금의 남양南陽)이 양국 군대의 합동공격을 받아 함락직전의 절박한 상태에 놓였으며, 낙동강 방면의 거점인 대야성大耶城(현재의 합천陜川)은 백제군에 의하여 함락되어 대야주 군주軍主이던 김품석金品釋이 전사하기까지 하였다. 이로써 신라의 서부 국경선은 합천에서 낙동강 동쪽의 경산지방으로 후퇴하지 않으면 안 되었다.

이처럼 일찍이 경험하지 못한 국가적 위기에 처하자 신라는 이를 타개하기 위한 방책으로 대당외교對唐外交를 강화하였다. 그러나 당나라 태종이 지적한 여왕통치의 문제점과 그 대안으로 제시한 당나라의 황족에 의한 신라의 감국안監國案이 도리어 신라정계를 분열시키는 발단이 되어 여왕지지파와 문벌귀족 세력 간에 암투가 벌어지던 중 647년 정월에는 상대등 비담毗曇 일파의 반란이 일어났다.

하지만 이 반란은 이들과 대립하고 있던 김춘추金春秋와 김유신金庾信의 연합세력에 의해서 진압되었고, 마침 내란 중에 선덕여왕이 죽자 그들은 진덕여왕을 옹립하고는 정치·군사상의 실권을 장악하였다.

그리고 7년 뒤에 진덕여왕이 죽자 김유신의 군사력을 배경으로 해서 김춘추가 즉위, 태종무열왕이 되었다. 이로써 제3기는 종말을 고하고, 신라 역사상 새로운 시대가 전개되었다.

[통일신라의 황금시대]

제4기는 왕통상으로 보면 태종무열왕의 자손들이 왕위를 계승해간 시대이며, 권력구조상으로 보면 이전의 시대와는 달리 왕권이 크게 강화된 전제왕권시대였고, 문화상으로는 신라문화의 극성기였다고 할 수 있다.

≪삼국사기≫에서 시대구분하고 있는 이른바 중대가 바로 이 시대이며, ≪삼국유사≫는 이때부터를 하고가 시작되는 시기로 잡고 있다. 그런데 신라가 이 시기에 들어와 전제왕권을 구축한 데는 여러 가지 요인을 지적할 수 있다.

즉, 태종무열왕과 그 아들 문무왕이 삼국통일을 성취함으로써 왕실의 권위가 크게 고양된 점, 나아가 삼국통일을 전후한 시기에 단행된 광범위한 중앙귀족의 도태·숙청 및 지방세력과의 연계 강화, 집사부執事部 중심의 일반행정체계와 유교적 정치이념의 도입과 그 강해, 나아가 이로 인한 관료제의 발달 등이 전제왕권의 확립에 기여한 요인들인데, 이 가운데서도 특히 집사부 중심의 정치운영이 전제왕권의 안전판과 같은 구실을 하였다.

본디 집사부는 651년(진덕여왕 5)에 김춘추 일파가 당나라의 정치제도를 모방하여 종래의 품주稟主를 개편, 국왕직속의 최고관부로서 설치하였는데, 이는 품주가 지닌 가신적家臣的인 성격을 표면화하여 왕정의 기밀을 맡게됨으로써 그 장관인 중시中侍는 문자 그대로 국왕의 집사장 구실을 맡게 되었고, 이른바 중대왕권은 이 기구를 통하여 전제화되어 갔다.

제3기가 불교식 왕명시대王名時代였다고 한다면, 이 시대의 특징은 중국식 묘호廟號를 쓰기 시작한 시대로서, 이는 이 시대의 정치적 분위기를 잘 말해주는 것이기도 하다. 중대의 전제왕권은 삼국통일을 이룩한 직후인 신문왕 때에 정력적으로 구축되었다. 그는 상대등으로 대표되는 귀족세력을 철저히 탄압했을 뿐 아니라, 통일에 따른 중앙·지방의 여러 행정·군사조직을 완성하였다. 중국제도를 모방하여 6전조직六典組織을 갖추거나, 제일급 중앙행정기구의 관직제도를 다섯 단계로 정비한 것, 지방에 9주州를 비롯하여 5소경小京을 설치한 것, 수도와 지방에 각각 9서당誓幢과 10정停 등의 군사조직을 배치한 것 따위가 그것이다. 그리하여 성덕왕 때에는 전제왕권하의 극성기를 누리게 되었다.

그러나 한편으로는 그 정치적·사회적 모순이 점차 누적되어 경덕왕 때에 이르러서는 진골귀족들이 반발하기 시작하였다. 689년에 폐지된 바 있는 진골귀족들의 녹읍이 757년에 다시 부활된 것은 귀족들이 전제왕권의 지배를 벗어나려고 한 새로운 움직임으로 이해되고 있다.

한편, 이 같은 움직임을 막기 위해서 경덕왕은 757년에 전국의 모든 지명을 중국식으로 고치고, 759년에 모든 관청·관직의 이름을 역시 중국식으로 고치는 등 겉으로는 한화정책漢化政策을 표방하면서 실상은 국왕의 권력집중을 위한 정치개혁에 열을 올렸으나 이렇다 할 성과를 거두지 못하였다.

그의 뒤를 이어 즉위한 혜공왕 때는 전제왕권의 몰락기로서, 친왕파와 반왕파 사이에 모두 여섯 차례에 걸친 반란과 친위 쿠데타가 잇따랐다. 특히, 768년에 일어난 대공大恭의 반란은 전국의 96각간角干이 서로 얽혀 싸웠다고 하는 대란으로서 3년 동안 지속되었고, 774년에는 반왕파의 중심인물인 김양상金良相이 상대등이 되어 실권을 장악하게 되었다.

결국 780년에 이르러 혜공왕은 김양상·김경신金敬信 등에 의해서 죽음을 당하고 말았는데, 이로써 태종무열왕 계통은 끊어지고 ≪삼국사기≫에서 시대구분하고 있는 3대의 마지막 시대인 하대가 개막되었다.

2. 쇠퇴와 멸망

[신라의 쇠퇴]

제5기는 왕통상으로 보면 원성왕 계통이나, 원성왕 자신이 내물왕의 12세 손임을 표방한 점에서 혹은 부활내물왕의 계통이라고도 일컬어지고 있다. 또한, 권력구조상으로 보면 진골귀족들이 왕실에 대하여 서로 연합하는 형세를 띠면서도 실상은 각기 독자적인 사병세력을 거느리고 있어 귀족연립 혹은 분열의 시대라고 할 수가 있다.

그러나 시야를 왕경에 국한시키지 않고 이를 전국적으로 확대해본다면 무엇보다도 지방의 호족세력이 크게 대두하고 있던 시대로 파악할 수 있다. 다음에 전개되는 호족의 대동란은 실로 이 시기에 배양된 것이었다.

이 시대의 개창자인 김양상은 혜공왕을 죽인 뒤 즉위하여 선덕왕이 되었으나, 변혁기의 정치적·사회적 모순을 해결할 겨를도 없이 재위 5년 만에 죽고 말아 김주원金周元과의 왕위경쟁에서 승리한 상대등 김경신이 즉위, 원성왕이 되었다. 그는 788년에 국학國學 출신자에 대한 관리등용제도인 독서삼품과讀書三品科를 제정하는 등 정치적인 개혁에 착수하기도 했으나, 왕실 직계가족 중심으로 권력구조를 개편함으로써 일반 귀족들의 불만을 초래하였다.

그 뒤 애장왕 때는 왕의 숙부인 김언승金彦昇이 섭정이 되어 율령의 개정과 오묘제도五廟制度의 확립을 통해서 전대에 형성되기 시작한 권력구조를 강화하려 하였고, 김언승이 왕을 살해하고 헌덕왕이 된 뒤로는 이와 같은 노력이 한층 강력하게 추진되었다. 그 결과 왕실가족 중심의 정치체제에서 소외된 진골귀족들의 불만이 커져서 822년(헌덕왕 14)에는 김주원의 아들인 김헌창金憲昌이 웅천주熊川州에서 반란을 일으키기까지 했다. 이 반란은 비록 단시간 내에 진압되었으나, 호족의 지방할거적 경향이 이로써 크게 촉진되었다는 점에서 중요한 의미를 가지고 있다.

그 뒤 흥덕왕 때에는 진골귀족의 사회생활 전반에 걸쳐 이를 규제하는 일대 개혁정치가 단행되기도 했는데, 다만 그 실효에 대하여는 의문이 많다. 더욱이 그가 죽은 뒤에는 근친왕족 사이에 왕위계승전쟁이 일어나 3년간

에 걸쳐 2명의 국왕이 희생되기도 하였다. 이처럼 진골귀족들이 중앙에서
정쟁政爭에 휩쓸려 있는 동안 지방의 호족세력들은 크게 성장하여 점차 왕
실을 압도할만한 역량을 갖추게 되었다. 청해진淸海鎭을 근거로 한 장보고張
保皐와 같은 해상세력가는 그 두드러진 존재였을 뿐이다.

그 뒤 경문왕·헌강왕 때에는 왕권을 회복하기 위한 줄기찬 노력이 기울여
졌으나, 이미 대세를 만회하기에는 너무나 늦었고, 정강왕의 뒤를 이어 진
성여왕이 즉위하였을 때에는 사태가 절망적이 되어 국가재정은 파탄에 직
면하고 말았다. 889년(진성여왕 3)에 조정이 이 재정적인 문제를 타개하기 위
하여 지방의 주군에 조세를 엄히 독촉한 것이 농민들을 반란의 도가니 속
으로 몰아넣었고, 신라조정은 끝내 이를 수습하지 못하여 장기간의 내란기
에 접어들게 되었다.

[신라의 멸망]

제6기는 왕통상으로는 제5기의 계승, 연장이었으나, 신라가 50년간의 내
란 끝에 마침내 멸망하게 되는 쇠망기이다.

이 시기에 신덕왕·경명왕·경애왕 등 소위 박씨왕이 3대에 걸쳐서 등장하였
으나, 이 박씨왕통의 실체에 대하여는 여러 가지로 의심이 가며, 그들 역시
혈통상으로는 김씨왕통에 속하였던 것이 아닐까 짐작되고 있다.

이 시기의 두드러진 특징은 군웅들이 전국 도처에 할거하여 신라조정이
전혀 지방을 통제할 수 없었다는 점이다. 사실, 왕경 자체도 무방비상태가
되어 896년에는 이른바 적고적赤袴賊이 왕경의 서부 모량리牟梁里까지 진출
할 정도였고, 927년에는 반란국가인 후백제의 왕 견훤甄萱이 군대를 이끌고
경주로 쳐들어가 경애왕을 죽이고 경순왕을 세우기까지 했다.

그러므로 이 시대의 주역은 신라조정이 아니라, 오히려 전국 각지에 자립
하고 있던 군웅들이며, 군웅 가운데서도 각기 백제와 고구려의 국가부흥을
부르짖으며 궐기한 견훤과 궁예弓裔였다. 신라는 이 두 사람이 서로 대결을
벌이고 있는 동안 그 여맥餘脈을 유지할 수 있었다.

그리고 918년에 궁예를 쓰러뜨리고 즉위한 고려 태조 왕건王建이 정책상

한동안 신라와의 친선정책을 꾀하게 됨에 따라서 그 수명을 다소간 연장시킬 수 있었다. 하지만 고려가 후백제에 대하여 절대 우월한 위치에 놓이게 되자 경순왕은 935년 11월 고려에 자진 항복하여 신라는 그 막을 내리고 말았다.

● 제 도

1. 골품제도

신라의 정치와 사회를 논할 때 빼놓을 수 없는 것이 골품제도이다.

왜냐하면 이 제도는 6세기 초 신라 조정에 의하여 법제화된 이래 삼국통일을 거쳐 그 멸망에 이를 때까지 400여 년간에 걸쳐서 거의 변함없이 신라의 정치와 사회를 규제하는 대본大本으로서 기능, 작용하였기 때문이다.

즉, 이 제도는 개인의 혈통의 존비에 따라서 정치적인 출세는 물론, 혼인이라든지 그 밖에 가옥의 크기, 의복의 빛깔, 심지어는 우마차牛馬車의 장식에 이르기까지 사회생활 전반에 걸쳐 여러 가지 특권과 제약을 가하였으며, 따라서 그 세습적인 성격이나 제도 자체의 엄격성으로 보아 흔히 인도의 카스트 제도와 비교되고 있다.

[형성과 계통]

본디 골품제도는 신라가 팽창하는 과정에서 그에 의하여 병합된 성읍국가 혹은 연맹왕국의 지배층을 중앙집권적인 지배체제 속에 편입, 정비할 때에 그 등급을 매기기 위한 하나의 기준, 원리로서 제정된 것이었다.

이 경우 원시씨족 제도 내지는 족장층의 사회적 기반을 해체하지 못한 채 집권화의 방향으로 나갔던 신라에 있어서 그 등급구분의 원리가 혈연적·족적인 유대를 토대로 하였을 것임은 말할 나위도 없다.

골품제도는 처음 왕족을 대상으로 한 골제骨制와 왕경내의 일반 귀족을 대상으로 한 두품제頭品制가 별개의 체계를 이루고 있었던듯한데, 법흥왕 때에 이 두 계통이 하나의 체계로 통합된 것으로 보인다.

그 결과 골품제도는 성골聖骨과 진골眞骨이라는 두 개의 골과 육두품으로부터 일두품에 이르는 여섯 개의 두품을 포함하여 모두 8개의 신분으로 나누어졌다.

[성골과 진골]

이상의 여러 골품 가운데서 성골은 김씨왕족 중에서도 왕이 될 수 있는 자격을 가진 최고의 신분이었다고 하는데, 진덕여왕을 끝으로 하여 소멸하였다. 진골도 성골과 마찬가지로 왕족이었으나, 처음에는 왕이 될 자격이 없었다고 하며 성골이 소멸되자 김춘추 때부터는 왕위에 올랐다. 그 뒤 신라의 멸망 때까지 모든 왕들은 진골이었다.

이처럼 같은 왕족이면서도 양자가 구별된 이유는 뚜렷하게 알려져 있지 않다. 한편, 진골 중에는 김씨 왕족 이외에도 전 왕족이자 중고시대의 왕비족으로도 생각되는 박씨족이나 혹은 신라에 의해서 병합된 비교적 큰 국가의 왕족들에게도 부여되었다.

즉, 본가야의 왕족이라던지, 고구려의 왕족출신인 보덕국왕報德國王 안승安勝은 모두 김씨성을 받고 진골에 준하는 대우를 받았다. 비록, 이들은 '신김씨新金氏'라 하여 본래의 신라왕족과는 구별되기도 하였지만, 그러나 그들은 진골의 대우를 받음으로써 김씨 왕족과도 통혼할 수 있게 되었다.

[두품제]

진골 아래의 여섯 개의 신분은 뒤로 가면 크게 상하 두 계급으로 구별되었다. 즉, 육두품·오두품·사두품은 하급귀족으로서 관료가 될 수 있는 신분이었으나, 삼두품·이두품·일두품은 그것이 불가능하여 일반평민과 다를 것이 없게 되었다. 물론 관료가 될 수 있는 계급이라고 하더라도 그 특권은 모두 같은 것은 아니었다.

가령 진골 바로 다음가는 신분인 육두품은 일명 '득난得難'이라고 불린 데에서도 알 수 있듯이 좀처럼 얻기 어려운 귀성貴姓이었다.

 여기에는 본래의 신라국을 형성한 여섯 씨족장 가문의 후예와 신라의 팽창과정에서 그에 의하여 병합된 여러 성읍국가의 지배층 후손들이 포함되어 있었다. 이들은 관직제도의 규정에 따라서 영令을 장관직으로 하는 중앙의 제1급 행정관부의 장관이나 혹은 6정·9서당 등 주요군부대의 지휘관인 장군이 될 수 없었고, 그 아래의 차관직이나 부지휘관직에 오르는 것이 고작이었다.

 따라서, 그들 가운데는 아예 관리나 군인이 되는 길을 포기하고 유학자 혹은 승려가 되는 길을 선택하기도 하였다. 원효元曉와 같은 위대한 승려나 최치원崔致遠과 같은 뛰어난 문학자는 모두 육두품출신이었다.

 한편, 오두품과 사두품은 육두품에 비해서 보다 낮은 관직을 얻는데 불과했다. 삼두품·이부품·일두품은 시간이 흐를수록 그 세분된 의미를 잃게 되어 평인平人 혹은 백성이라 통칭되었다.

골품				관등	중앙관직					지방관직						
4두품	5두품	6두품	진골		영	경	대사	사지	사	도독	사신	주조	태수	장사·사대사	소수	현령
				(1) 이벌찬												
				(2) 이 찬												
				(3) 잡 찬												
				(4) 파진찬												
				(5) 대아찬												
				(6) 아 찬												
				(7) 일길찬												
				(8) 사 찬												
				(9) 급벌찬												
				(10) 대나마												
				(11) 나 마												
				(12) 대 사												
				(13) 사 지												
				(14) 길 사												
				(15) 대 오												
				(16) 소 오												
				(17) 조 위												

－ 골품제도 골품과 관등·관직의 관계

[변천]

이처럼 골품제도는 본래 8등급으로 구분되어 있었으나, 성골이 소멸하고 또한 평민들의 등급구분이 없어지게 된 결과 뒤에는 진골·육두품·오두품· 사두품·백성의 5등급으로 정리되었다. 사두품은 834년(흥덕왕 9)에 제정된 거기車騎·기용器用·옥사屋舍에 대한 사용 제한규정에서 보면 백성과 같은 규제를 받고 있어 시간이 흐를수록 백성층과 동질화된 듯하다.

카스트제도와 마찬가지로 골품제도도 그 최고신분인 성골·진골은 엄격히 지켜졌으나, 사두품 이하의 하층신분에 있어서는 상당한 시간에 걸쳐서 계급의 이동이 있었던 것을 알 수 있다.

그러나 비록 평민이라고 하더라도 일단 골품제도에 편입된 사람들은 왕경에 사는 사람만으로 제한되어 있었던 만큼 지방의 촌락민과는 같이 논할 수 없는 우월한 존재였다.

왕경사람들은 지방사람들 위에 군림하는 지배자적인 위치에 있었으며, 골품제도는 필경 이를 합법화하기 위한 왕경 지배자 공동체의 배타적인 신분제도였을 뿐이다. 다시 말하면 지방민은 노예나 부곡민部曲民 등 천인계층과 더불어 골품제도에 포섭되지 않는 이른바 탈락계층이었던 것이다.

[정치적 규제]

이상의 여러 골품은 정치적·사회적으로 그들이 누릴 수 있는 특권에 차등이 있었는데, 그 가운데서도 가장 중요한 규정이 정치적 진출에 대한 것이었다. 즉, 골품제도는 신분에 따라서 일정한 관직에 나갈 수 있는 자격을 규정한 관등의 상한선을 설정함으로써 결국 정치적 진출을 규정하였다.

신라의 관등제도는 골품제도와 마찬가지로 법흥왕 때에 완성되었는데, 왕경인에 대한 경위제도京位制度와 지방민에 대한 외위제도外位制度의 이원적인 체계로 구성되었다.

그 뒤 삼국통일을 전후한 시기에 이르러 외위제도가 폐지되어 경위제도로 일원화되었는데, 이 제도에 의하면 진골은 최고 관등인 이벌찬伊伐湌까지 승진할 수가 있었으나, 육두품은 제6관등인 아찬阿湌까지, 오두품은 제10

관등인 대나마大奈麻까지, 사두품은 제12관등인 대사大舍까지로 각기 그 승진의 한계가 정해져 있었다.

그런데 집사부의 장관직인 중시나 중앙의 제1급 행정관부의 장관직인 영은 제5관등인 대아찬 이상이라야만 취임할 수 있었으므로, 결국 장관직은 진골귀족의 독점물인 셈이었다.

그리고 육두품은 차관직에 오르는 것이 고작이었고, 오두품과 사두품은 각기 제3등 관직인 대사와 그 이하 관직인 사지舍知·사史에 한정되지 않았을까 짐작된다. 이와 같은 원칙은 주요 군부대나 주요 지방관직에도 예외 없이 적용되었다.

[사회적 규제]

골품제도는 다만 정치적인 규제에 그친 것은 아니었다. 그 사회적 규제 또한 엄격하였다. 그들은 원칙적으로 같은 신분 내에서만 결혼이 가능하였다. 그러므로 최고 신분에 속하는 사람들은 배우자를 구하는 일이 쉽지 않았다. 진덕여왕이 혼인하지 않는 이유가 실은 왕실 안에서 성골 신분의 남성을 구할 수 없었기 때문이었을 것으로 추측하는 것도 충분히 가능한 상상이다.

또한, 같은 진골 신분인 경우에도 김씨왕족은 뒤에 왕경으로 이주해온 신라에 의하여 병합된 조그만 나라의 왕족 후예와의 혼인을 꺼리는 관습이 강하였다. 신분에 따른 사회적인 제약은 혼인 이외에도 그들이 거처할 수 있는 가옥의 크기에까지 적용되었다.

834년의 규정에 따르면 진골의 경우라도 방의 길이와 너비가 24척尺을 넘지 못하며, 그 아래의 육두품·오두품·사두품은 각기 21척·18척·15척을 넘지 못하도록 규정되어 있었다. 또한, 옷빛깔에 있어서는 제5관등인 대아찬 이상, 제9관등인 급벌찬給伐湌 이상, 제11관등인 나마奈麻 이상, 그리고 제17관등인 조위造位 이상이 각기 자색紫色·비색緋色·청색靑色·황색黃色의 복장을 하였는데, 이는 진골·육두품·오두품·사두품에 각기 상응하고 있다.

이밖에도 우차의 자재 및 장식, 일상생활용기들이 골품에 따라 각기 다르게 규정되어 있었다. 결국 이 같은 골품제사회에서 주도권을 행사하고 있던 것이 최고의 특권을 누리고 있는 진골이었음은 더 말할 나위도 없다.

2. 정치제도

신라의 정치제도는 삼국통일 직후인 신문왕 때에 최종적인 완성을 보게 되었으나, 그 연원은 매우 깊어서 적어도 마립간 시대까지는 거슬러 올라 갈 수 있다.

이 시대의 정치운영방식이라든지 관제는 뒷날의 화백제도和白制度와 관등 제도에 깊은 영향을 주었다. 가령 관등제도를 예로 들어본다면, 6세기 초 법흥왕 때에 비로소 정비되었으나, 그 관등의 원류를 소급해보면 연맹왕국 시대에 이미 관직으로서 기능했던 것을 알 수가 있다. 제1·2관등인 이벌찬 과 이척찬伊尺湌, 일명 伊湌은 법흥왕 때 상대등직이 설치될 때까지는 수상에 해당하는 관직이었고, 제4관등인 파진찬波珍湌은 본래 해관海官 혹은 수군水 軍지휘관을 가리키는 고유한 직명이었다.

물론 관등의 관직적 성격은 6세기 이래 왕권의 성장과 더불어 점차 지양되 어갔으나, 끝내 완전하게 불식되지 않은 채 관직의 제도화를 저해하는 요 인으로 작용하였다. 그리하여 법흥왕 이후 관등과 관직이 분리된 뒤에도 대 사·사지 등 관등명칭은 집사부를 비롯한 주요관부의 제3·4등 관직명칭으로 함께 쓰여졌던 것이다. 신라의 정치제도를 중앙과 지방의 통치조직으로 크 게 나누어 설명하면 다음과 같다.

[중앙행정제도]

먼저 중앙의 통치조직을 보면 법흥왕 때부터 정비되기 시작하여 516~517 년경에는 중앙의 제1급 행정관부로서는 처음으로 병부兵部가 설치되었으 며, 531년에는 귀족회의 의장으로서의 상대등제도가 채택되었다.

그 뒤 진흥왕 때인 544년에는 관리의 규찰을 맡은 사정부司正部가 만들어 졌고, 565년에는 국가의 재정을 맡은 품주가 설치된 것으로 짐작되고 있다.

그러나 신라의 행정기구 발달에 있어 획기적인 시기는 진평왕 때였다. 즉,

581년에는 인사행정을 담당하는 위화부位和府, 583년에는 선박과 항해를 담당하는 선부船府가 각각 창설되었고, 그 이듬해에는 공부貢賦를 맡은 조부調府가 품주로부터 분리, 독립하였으며, 이와 동시에 승여乘輿·의위儀衛를 담당하는 승부乘府가 설치되었고, 586년에는 의례와 교육을 담당하는 예부禮部 등이 잇따라 창설되어 관제발달을 맞게 되었다.

이 580년대의 관제조직상의 특징은 새로운 관부의 창설뿐만 아니라 각 관청간의 분업체제가 확립되고, 또한 소속 직원의 조직화 경향이 뚜렷하게 보이고 있어서 일종의 질적인 변화가 이루어지고 있었던 것으로 파악된다.

그 뒤 진덕여왕 때에는 김춘추 일파에 의해서 당나라의 정치제도를 모방한 대규모 정치개혁이 단행되었다. 즉, 651년에 종래의 품주를 개편, 국왕 직속의 최고관부로서 집사부를 설치하였는데, 이때 품주의 본래기능은 신설된 창부倉部로 이관하였다.

또한, 이때 입법과 형정刑政을 담당하는 이방부理方府가 설치되었는데 667년(문무왕 7)에 또 하나의 이방부가 설치됨으로써 종래의 것은 좌이방부, 신설된 것은 우이방부로 고쳤다. 이와 동시에 예부와 사신접대를 담당하는 영객부領客府의 지위를 높였다.

이와 같은 개혁 작업은 김춘추가 즉위한 뒤에도 계속 추진되어 삼국통일 직후인 686년(신문왕 6)에 토목·영선營繕을 담당하는 예작부例作府 설치를 끝으로 일단 완성되었다.

이와 더불어 제1급 행정관부의 관원조직도 확충되었다. 즉, 종전에는 관원조직이 영·경卿(병부는 대감大監)·대사·사의 4단계였는데, 685년에 대사와 사의 중간에 사지를 신설함으로써 결국 5단계조직으로 완성된 것이다. 이와 같은 행정기구들은 신라가 멸망할 때까지 계속 유지된 것으로 보인다.

비록 759년(경덕왕 18)에 모든 관부와 관직의 명칭을 중국식으로 고친 일은 있었으나 귀족들의 반발로 17년 만인 776년(혜공왕 12)에 다시 본래의 명칭으로 환원되었다. 이처럼 행정기구 자체에는 변동이 없었다고 하더라도, 그 기능이나 위치까지 한결같았던 것은 아니다.

9세기에 접어들면 종전의 내성內省 일국一局에 불과하던 어룡성御龍省이 승격, 독립하여 일종 섭정부攝政府로 등장하기도 하였으며(801년), 국왕의 문필文筆 비서기관인 세택洗宅이 중사성中事省으로 승격되어 은연중에 집사성執事省(집사부執事部가 개칭됨) 장관인 시중侍中(중시中侍가 개칭됨)을 견제하는 형태를 취하였고, 특히 경문왕·헌강왕 때에는 문한文翰기구의 비중이 커지면서 서서원瑞書院·숭문대崇文臺 등에 학사學士·직학사直學士 제도가 설치되기도 하였다.

[화백제도]
그러나 신라의 정치에서 가장 주목할 만한 현상은 그것이 합좌제도合坐制度에 의해서 운영되었다는 사실이다. 신라에서는 이 회의체를 화백이라고 불렀는데, 그 기원은 연맹왕국시대의 정사당政事堂 혹은 남당南堂에까지 소급되고 있었다.

하지만 이 화백제도가 비교적 뚜렷한 형태를 띠기 시작하는 것은 그 의장으로서의 상대등직이 설치된 이후부터의 일이다. 진골귀족출신의 대신이라 할 수 있는 대등大等(혹은 대중등大衆等)으로서 구성되는 이 화백회의에서는 왕위의 계승과 폐위, 대외적인 선전포고, 기타 불교의 공인과 같은 국가의 중대한 일들을 결정하였다.

이 회의는 만장일치에 의해서 의결하는 것이 원칙이었고, 특히 중대한 국사를 의논할 때에는 왕경 사위四圍의 청송산靑松山(동쪽)·오지산亐知山(남쪽)·피전皮前(서쪽)·소금강산小金剛山(북쪽) 등 이른바 영지를 택하였다고 한다.

이와 같은 합좌제도의 존재는 당시의 정치를 귀족 연합인 성격을 지니게 하였다. 특히, 이 귀족회의의 주재자로서의 상대등은 진골 중에서도 이찬과 같은 높은 관등의 인물이 임명되어 귀족세력과 왕권 사이에서 권력을 조절하는 기능을 가졌다.

즉, 상대등은 국왕의 교체와 거취를 같이함으로써 국왕과의 관계에 있어서 권력과 권위를 서로 보완하는 존재이면서도 그 자체가 귀족의 통솔자일 뿐아니라 그 대변자요 대표자라는 독특한 지위를 가지고 있었다. 또한, 정당한 왕위계승자가 없을 경우에는 왕위를 계승할 제일 후보자로 여겨졌다.

다만, 집사부의 설치를 계기로 하여 국가의 정무를 나누어 맡는 새로운 관부가 만들어지자 어느 관청에도 소속되지 않는 대등의 존재의의는 줄어들지 않을 수 없었으며, 특히 통일기에 들어와서는 전제왕권의 성립과 더불어 상대등으로 상징되던 화백의 권위가 상대적으로 빛을 잃게 되었다.

그렇지만 합좌제적인 정치운영의 전통은 비록 변형된 형태로나마 여전히 끈질기게 잔존하였다. 가령 집사부와 사정부·예작부·선부 등 몇몇 관부를 제외한 주요관청의 장관직인 영이 대개 2명 이상의 복수로 되어 있는 점이라든지, 더욱이 이들 장관직이 겸직의 형태로 소수의 진골귀족에 의하여 독점이 되어 있는 것은 통일기 신라의 정치가 기본적으로는 합좌제도에 의해서 운영되고 있던 것을 암시한다고 보여진다.

[지방행정제도]

한편, 지방의 통치조직은 지증왕 때 점령지역의 확보책으로서 설치되었다. 즉, 505년에 신라는 지방제도로서 주군제도를 채택, 실시하였는데, 이는 군사상의 필요에 따라서 때때로 중심을 이동할 수 있는 군정적軍政的 성격을 띠고 있었다.

큰 성에 설치한 주의 장관을 군주軍主, 중간정도 규모의 성에 설치한 군의 장관을 당주幢主라 하였는데, 뒤에 군주는 총관摠管·도독都督으로, 당주는 태수太守로 각각 그 명칭이 바뀌었다. 한편, 작은 규모의 성이 바로 소성이었는데, 이는 통일기에 들어와 현으로 개편되었고, 그 장관명칭은 현의 등급에 따라서 현령 혹은 소수小守라 하였다.

6세기 중엽 신라의 사정을 기록한 것으로 짐작되는 ≪양서梁書≫ 신라전에는 왕경 안에 여섯 개의 탁평啄評, 지방에 52개의 읍륵邑勒이 있었다고 하였는데, 이 읍륵을 군으로 보아도 무방할 것이다.

그런데 이와 같은 주군제도는 한꺼번에 전국적으로 실시된 것은 아니다. 주만 하더라도 505년에 실직주悉直州(지금의 삼척三陟) 1개가 설치되었고, 525년에 다시 사벌주沙伐州(지금의 상주尙州), 550년대에 신주新州(지금의 광주廣州)·비사벌주比斯伐州(일명 하주下州라고도 하며 지금의 창녕昌寧), 비열홀주(지금의 안변安邊) 등이 차례로 설치되었다.

한편, 신라는 주군제도와는 별도로 왕경을 모방하여 특수행정구역으로서 소경을 설치하였다. 이 소경은 처음 514년에 아시촌阿尸村(그 위치에 대하여는 안강安康·함안咸安·의성義城 등 여러 설이 있음)에 설치하였는데, 그 뒤 557년에는 국원國原(지금의 충주忠州)에, 다시 639년에는 하슬라何瑟羅(지금의 강릉江陵)에 각각 설치하였다. 소경은 주군이 군정적 거점으로서의 성격이 강한데 비하여 주로 정치적·문화적 중심지로서의 성격이 강했는데, 한편으로는 주군을 견제, 감시하는 듯한 기능도 가지고 있었던 것으로 보인다.

그리고 그 장관은 사신仕臣(일명 사대등仕大等)이라 하여 중앙에서 파견되었다. 다만, 삼국통일 이전의 소경제도는 전국적으로 체계 있게 정비되지는 못하였다.

[통일에 따른 지방제도의 개편]

이와 같은 지방통치조직은 삼국통일에 따른 영토의 확대로 크게 개편, 확대, 정비되지 않을 수 없었다.

이 작업은 685년에 9주·5소경 제도로 완성되었다. 즉, 9주는 중국의 옛 우왕禹王 때의 제도를 모방한 것으로, 신라·백제·고구려의 옛 땅에 각기 3개의 주를 설치하였다. 또한, 주 밑에는 전국에 117~120개의 군과 293~305개의 현을 두었다. 한편, 5소경은 대체로 국토의 동서남북중의 방향에 맞추어서 정비되었는데, 이는 왕경이 동남쪽 한 끝에 너무 치우쳐 있는 결함을 보충하려는 뜻이 담겨 있었다고 생각된다.

그러나 통일기에 있어서의 지방통치조직의 변화는 이 같은 각급 행정단위의 증가에 그치는 것만은 아니었다. 무엇보다도 주군제도에 있어서 종전의 군정적 성격이 현저하게 줄어든 대신 행정적 성격이 강화된 점을 지적하지 않을 수 없다. 이는 특히 군현에 파견되는 외관外官 중에 학식이 있는 사람을 등용한 데서 엿볼 수 있다. 이것은 결국 신라가 약 1세기 동안 생사를 건 전쟁 끝에 삼국통일을 달성함으로써 비로소 안정되었음을 말해주는 것이기도 하다.

끝으로 주·군·현과 소경 밑에는 촌村·향鄕·부곡部曲이라는 보다 작은 행정구역이 있었다. 그 중 촌은 양인이 사는 몇 개의 자연촌이 합쳐져서 이루어진 이른바 행정촌이었는데, 그 지방의 토착세력가를 촌주村主로 임명하여 현령과 상수리上守吏의 통제하에 촌락행정을 맡도록 하였다. 한편, 향·부곡은 천민들이 거주하는 행정구역으로 촌과 마찬가지로 현령의 통제를 받도록 하였다.

3. 군사제도

신라에서는 처음에 왕경 6부의 소속원을 군인으로 징발하여 이른바 6부병을 편성, 왕경을 수비하도록 한 것으로 짐작된다. 그 뒤 6세기에 들어와 중앙집권적인 귀족국가로 발전함에 따라서 국왕은 전국적인 군대의 총사령관으로서 강력한 군사지휘권을 가지게 되었다.

실제로 국왕은 직접 군대를 이끌고 전투에 참가한 일도 있었는데, 한편으로는 귀족출신의 무장을 대신 파견하여 싸우게도 하였다. 국왕지휘하의 부대편성의 구체적인 모습은 확실히 알 수 없으나, 독립된 단위부대를 흔히 군기軍旗의 뜻을 가진 당幢이라고 불렀던 것만은 확실하다.

[6정의 설치]

신라의 군사제도는 삼국간의 항쟁이 격화된 진흥왕 때부터 본격적으로 정비되기 시작하였다. 즉 544년에 종래 왕경 주위에 배치되어 있던 6개의 부대를 통합하여 대당大幢을 편성하였는데, 이는 중고시대 군사력의 기본이 되는 6정의 효시가 되었다.

그 뒤 550년대에 영토의 비약적인 확장과 더불어 점령지에 주를 설치했는데, 이때 주마다 군단을 설치한 결과 종전의 대당 이외에 상주정上州停(삼국사기에는 뒤에 귀당貴幢으로 개편되었다고 했으나, 실은 귀당은 한동안 상주정과 병존했던 별개의 군단으로 생각됨)·신주정新州停(한산정漢山停의 전신임)·비열홀정比列忽停(우수정牛首停의 전신임)·실직정悉直停(하서정河西停의 전신임) 등 모두 6정이 편성되었다. 이 6정 군단은 주치州治에 배치되어 주의 이동과 함께 그 소재지가 이

동되었는데, 대당을 제외한 나머지 5개의 정은 모두 지방민을 징발하여 편성된 부대로 생각된다. 한편, 이 6정 못지않게 비중이 큰 군단으로는 법당法幢이 있었는데, 그 확실한 창설연대를 알 수가 없다.

또한, 국왕을 시위하는 목적을 지닌 군사조직으로 624년진평왕 46에 시위부侍衛府가 조직되었다. 이들 부대에 소속된 병사들은 무기를 들고 싸우는 군인이 되는 것을 괴로운 의무이기보다는 오히려 명예로운 권리로 생각하여 전투에 임해서는 목숨을 돌보지 않고 용전했다.

삼국통일 이전의 신라에는 이 같은 핵심적인 부대 이외에 귀족 무장이 개인적으로 군대를 가려 모아서 편성한 이른바 소모병召募兵이 있었다. 이 부대는 비록 당이라고 불리지는 않았으나 실제로는 당의 성격을 지닌 것이었다. 이와 같은 소모병은 583년에 서당으로 편성되었는데, 그 뒤 625년에는 다시 낭당이 설치되어 점차 증가하는 추세에 있었다.

[화랑제도]

또한, 6정군단의 보충을 목적으로 한 군사조직에 화랑도花郎徒와 같은 청소년단체가 있었음은 다 아는 사실이다.

화랑도의 원류는 성읍국가시대 촌락 공동체 내부에서 발생한 청소년조직으로 생각되는데, 진흥왕 때 대규모의 군단이 편성될 때 조정에 의해서 반관반민의 성격을 띠는 조직으로 개편된 것이었다.

화랑도는 단순한 군사조직은 아니었으나, 평소에 충忠과 신信 등 사회윤리 덕목을 귀중하게 여기면서 수련을 쌓은 결과 삼국통일을 이룩하게 되는 7세기 중엽까지의 1세기 동안 국난기에 적합한 시대정신을 이끌어갔으며, 특히 무사도의 현양顯揚에 이바지한 바 컸다. 화랑출신인 사다함斯多含·김유신·김흠운金歆運·관창官昌 등의 무용담은 신라 무사도의 귀감이 되었다.

통일신라시대 초기의 큰 역사가인 김대문金大問이 그가 지은 ≪화랑세기花郎世記≫에서 화랑도를 평하여 '현명한 재상과 충성된 신하가 여기서 솟아나오고, 훌륭한 장수와 용감한 병사가 이로 말미암아 생겨났다.'고 한 것은 이 사실을 단적으로 말해준다.

[9서당 · 10정제도]

 삼국통일 후 신라의 군사제도는 큰 변화를 겪었다. 즉, 중앙군으로서 9서당, 지방 주둔군으로서 10정, 기타 많은 부대가 편성되었다. 이 같은 개편은 대체로 문무왕·신문왕 때에 이루어졌다.

 9서당의 특징은 그것이 본래의 신라사람 이외에도 백제와 고구려의 피정복민을 포함하여 구성된 군단이라는 점에 있다. 즉, 신라민으로는 종전의 서당과 남당을 각각 개편하여 두 개의 군단을 편성하고, 672년에 조직한 장창당長槍幢을 693년(효소왕 2)에 비금서당緋衿誓幢이라 개칭하면서 9서당에 포함시켜 도합 3개의 군단을 조직하였고, 백제민으로는 전후 2개의 군단을 조직하였으며, 고구려민으로는 3개 군단, 그리고 말갈민으로 1개 군단을 조직하였다. 고구려민으로 구성된 3개 군단 중에는 그 유민으로 만들어졌던 보덕국의 성민城民으로 구성된 군단이 2개 포함되어있다.

 결국 9서당은 피정복민으로 조직된 군단의 수가 전체의 3분의 2를 차지하고 있는데, 신라통일기의 최대군단이었으며 동시에 가장 중요한 군사력이었다. 한편, 10정은 9주에 각각 하나씩 정을 둔다는 원칙 아래 고루 배치하였다.

 다만, 한주漢注만은 국경지대에 위치한데다가 그 지역 자체도 넓었기 때문에 특별히 2개의 정을 배치하였다. 이 10정은 국방상의 견지에서만이 아니라 지방의 치안을 확보한다는 의미에서도 중요한 군사조직이었다.

 한편, 9주 가운데 특히 다섯 주에 배치된 군대로 5주서洲誓가 있었는데, 이는 기병집단이었을 것으로 짐작되고 있다. 그리고 국경지대에는 3변수당邊守幢 등 여러 군사조직이 배치되기도 하였다.

4. 경제제도

신라시대의 경제제도에 대하여는 기록이 매우 불충분하여 그 자세한 내용을 알 수가 없다.

[토지제도]

먼저 토지제도를 보면, 6세기 이래 중앙집권적인 귀족국가의 성장에 따라서 '전국의 모든 국토는 왕토王土요, 모든 국민은 왕신王臣이라고 하는, 이른바 왕토사상이 대두하여 모두 토지와 국민이 국왕에게 예속되었다.

그렇지만 모든 토지가 한결같이 국왕에 의하여 독점된 것은 아니었다. 관직과 군직을 독점한 귀족들은 국가에 대한 공로로 식읍食邑·사전賜田 등의 명목으로 많은 토지를 받았으므로, 그들이 사적으로 소유하는 토지의 면적은 증가되어갔다.

또한, 일반 관료들은 녹읍을 지급받았는데, 이는 수급자가 토지로부터 일정한 양의 조를 받을 뿐 아니라, 그 지역에 거주하는 주민들을 노역에 동원할 수 있는 권리도 함께 부여받은 듯하다.

그러나 삼국통일 후 토지제도는 크게 변화하였다. 즉, 687년에 관료들에게 관료전을 지급한 뒤 2년 후에는 녹읍을 폐지하였는데, 이때 세조歲租를 지급했다. 이 관료전과 세조는 다만 조의 수취만을 허락한 것으로 생각되며, 또한 관직에서 물러나면 모두 국가에 반납해야 하는 성질의 토지였을 것이다. 이와 같은 개혁은 귀족들의 토지지배와 결부되어 있는 인간에 대한 지배를 제한하려는 취지에서 나온 획기적인 조처였으나, 귀족들의 반발이 너무나 컸고, 한편 이를 억누를만한 국가권력이 쇠퇴하여 757년에는 녹읍을 부활하지 않을 수 없었다. 물론, 이때 관료전과 세조는 폐지되었다.

하지만 귀족 관료들은 부활된 녹읍 이외에도 광대한 사유지를 가지고 있어, 국가권력이 퇴조를 보이기 시작한 하대에 들어와서는 독자적인 사병을 거느릴만한 재산을 축적해갔다.

한편, 전제왕권의 전성기였던 722년(성덕왕 21)에는 농민에게 정전丁田을 지급하기도 했는데, 이는 문자 그대로 정丁을 기준으로 하여 지급한 토지였을 것으로 생각된다. 학자들 가운데는 이를 당나라의 균전제均田制와 같은 것으로 생각하기도 하고 혹은 농민들이 본래부터 자영하고 있던 농토에 대한 소유를 국가에서 인정해 준 것으로 생각하기도 한다.

그러나 이는 삼국통일전쟁을 치르는 과정에서 크게 피폐해졌고, 더욱이 고리대자본의 성행으로 몰락하고 있던 농민층을 구제하기 위한 일시적인 대책으로 단행된 것으로 볼 수도 있다. 그렇지만 농민을 전통적인 촌락공동체적 결집에서 분리시키지 못한 당시의 형편에 비추어보면 소기의 성과를 거두지는 못했을 것으로 짐작된다.

일본 나라奈良 쇼소원正倉院에 소장되어 있는 신라통일기의 서원경西原京(지금의 청주淸州지방) 지방 촌락 장적帳籍에 의하면, 촌에는 관모전답官謨田畓·내시령답內視令畓·마전麻田 등이 할당되어서 촌민들에 의하여 경작되었으며, 촌주는 촌주위답村主位畓, 촌민은 연수유답烟受有畓을 받았던 것을 알 수 있다. 여기에 보이는 연수유답이 정전일 것이라는 견해도 있으나, 그보다는 농민들의 자영농토였을 것으로 생각된다.

[조세제도]

이처럼 신라시대 토지제도에 대하여는 그 편린만이 전해지고 있는데, 이와 결부되어 있는 조세제도 또한 그 예외가 아니다.

신라의 경우도 삼국 중 고구려·백제와 마찬가지로 자영농민에게 조세·공부와 역역力役을 부과했는데, 다만 그 세액은 알 길이 없다. 하지만 일찍부터 품주(일명 조주租主)가 설치되어 국민으로부터 조세를 받아 국가 재정을 관할한 것을 보면 6세기경에는 이미 부세賦稅 행정체계가 확립되어 있었음을 알 수 있다.

앞의 정치제도 항목에서 설명한 것처럼 651년에 품주가 집사부로 확대, 개편되었을 때 창부는 이에서 분리, 독립되었다. 한편 584년에 설치되어 공부를 담당하던 조부의 실무관료조직이 이때 확립되었다.

이처럼 7세기 중엽에는 조세와 공부를 담당하는 관청조직이 완성단계에 들어갔다. 그리하여 쇼소원 소장 <신라장적>에서 보듯이, 통일기에는 촌락의 뽕나무[桑]·잣나무[栢子木]·호두나무[楸子木] 등에 대해서까지 과세할 수 있게 되었다.

그러나 신라는 고구려·백제와 마찬가지로 토지에 대한 지배 이상으로 농민의 노동력에 대한 지배에 관심이 더 컸다. 신라의 역역제力役制에 관심이 쏠리는 이유도 여기에 있다.

신라에서는 대체로 15세 이상의 남자에게 일정한 기간의 방수防戍나 축성築城·축제築堤와 같은 역역에 동원하였는데, 최근에 발견된 영천의 청제비菁堤碑나 혹은 경주 남산의 신성비新城碑 비문을 통해서 그 구체적인 일면을 알 수 있게 되었다.

즉, 청제비의 비문에 의하면, 536년에 영천의 청제를 수리할 때에 7,000명에 달하는 이른바 장작인將作人이 차출되었는데, 이들은 25명을 한 조로 하여 모두 280개의 작업분단으로 편성되어 공사책임자인 장상將上의 지휘 아래 사역노동에 동원되었다. 또한, 신성비의 비문에 의하면, 591년에 남산성을 개축하여 신성을 쌓을 때에 전국적인 규모의 촌락민이 차출되어 200여개의 작업분단으로 편성되어 촌의 세력가의 책임 아래 사역노동에 동원되었다.

이와 같은 농민의 노동력에 대한 관심은 삼국통일 이후에도 변하지 않았다. 쇼소원 소장 <신라장적>에서 볼 수 있듯이, 촌의 인구를 성별·연령별6등급로 파악하고 있는 것이라든지, 매 촌락에서 동원할 수 있는 정수丁數를 쉽사리 파악하기 위하여 호戶를 인위적으로 편성한 위에 이른바 계연計烟을 산출하고 있는 것 등은 그 단적인 증좌라 할 수 있다.

[수공업의 발달]

신라시대의 경제제도를 논할 때 빼놓을 수 없는 것이 수공업과 상업·대외무역이다. 수공업은 농민들이 그들에게 부과된 마포·견·사마絲麻 등을 생산하기 위하여 가내수공업의 형태를 띠고서 발달하기도 하였으나, 관청과 왕실 및 귀족들이 필요로 하는 물품과 특히 외국과의 교역품을 전문적으로 생산해내는 관영수공업의 생산부분이 보다 발달하였다.

이 관영수공업은 아마도 왕궁 내에 설치되었음직한 관영공장에서 전문 공장工匠과 노예들에 의해서 추진되었는데, 이 같은 관영사업장을 통솔하는 행정부서가 내성內省 산하에 많이 설치된 것으로 미루어보면 그 물품의 종류는 실로 다양했으며, 그 수량 또한 막대하였을 것으로 추측된다.

≪삼국사기≫ 직관지職官志에 보이는 이러한 관청가운데는 고급 견직물을 생산하는 조하방朝霞房·금전錦典·기전綺典, 특수모직물과 가발을 생산하는 모전毛典, 직물의 염색을 담당하는 염궁染宮, 각종 철물을 주조하는 철유전鐵鍮典, 각종 칠기를 생산하는 칠전漆典, 가죽의 제조를 담당하는 피전皮典, 각종 식탁가구를 제작하는 궤개전机概典, 각종 도기와 제기·와전瓦塼을 제작하는 와기전瓦器典, 각종 장식물을 제작하는 물장전物藏典, 금·은·옥·세공품을 제작하는 남하소궁南下所宮, 각종 행사에 사용되는 천막을 제작하는 급장전給帳典 등 매우 다양하였다.

그리고 여기서 제작되는 물품 중 조하주朝霞紬·조하금朝霞錦·가발·해표피海豹皮·금대은金帶銀·주옥珠玉 등은 신라의 특산품으로서 당나라에 보내기도 하였다.

[상업의 발달]

수공업의 발달은 자연히 상업의 발달을 촉진시켰다. 490년에 왕경에 시장을 열어 사방의 물품을 유통하게 한 것은 신라에 공영시장公營市場이 출현하였음을 말해주고 있다. 그 뒤 509년에는 왕경에 동시東市가 설치되었고, 더욱이 시장을 감독하는 관청으로서 동시전東市典이 설치되었다.

삼국통일 후에는 왕경의 인구가 급격히 증가하고, 또한 상품생산이 크게 늘어남에 따라 종전의 동시 이외에 695년에 서시·남시를 두었으며, 아울러 이를 감독하는 관청도 설치하였다.

이와 같은 경시京市 이외에도 지방의 성읍 중심지나 혹은 교통의 요지에는 이른바 향시가 생겨나서 수요자와 공급자가 모여 주로 물물교환의 형태로 각자의 욕망을 충족하였다.

[대외무역의 발달]

수공업의 발달과 귀족사회의 번영은 또한 대외무역을 촉진시켰다. 신라의 대외무역은 조공이나 예물교환형식으로 행해지는 공무역과 사절단의 수행원과 상인들이 사사로이 행하는 사무역으로 크게 나누어지는데, 그 대상 국가는 중국 특히 당나라였으며, 그 밖에 일본이 있었고 신라 말기에는 아라비아 상인들까지 신라에 와서 교역에 종사했던 것으로 보인다.

삼국통일 이전에는 소규모로 행해지던 이 같은 대외무역이 통일기에 들어와서는 문물교류의 확대와 더불어 점차 활발해지기 시작하였다. 특히, 9세기에 들어오면 조전술과 항해술의 발달에 의해서 해상교통이 손쉽게 되었고, 중앙의 정치무대에 참여할 수 있는 길이 막혀버린 지방세력이 해외로 눈을 돌리게 된데다가 마침 당나라의 지방통제력이 약해진 데 힘입어 민간의 사무역이 크게 발달하였다.

그리하여 사무역이 단연 공무역을 압도하게 되었는데, 828년에 완도에 청해진을 설치한 장보고는 한국 서남해안에 출몰하는 해적 퇴치를 단행한 뒤 중국·일본과의 사무역에 종사하여 단시간 내에 거대한 해상왕국을 건설할 수 있었다.

장보고는 견당매물사遣唐買物使의 인솔하에 교관선交關船을 당나라에 파견하였으며, 일본에 대해서는 회역사廻易使라는 이름의 무역사절단을 파견하여 신라·당나라·일본 사이의 국제적 무역을 주도하였다.

당시 신라인의 내왕이 빈번한 산둥반도나 장쑤성江蘇城 같은 곳에는 신라인의 거류지가 생겨났는데, 이를 신라방新羅坊이라 불렀고 한편 이를 관할하기 위한 신라소新羅所라는 행정기관까지 설치되었다.

이들은 항해의 안전을 기원하기 위하여 그곳에 사원을 세우기도 하였는데, 그 가운데에서도 장보고가 산둥성 원등현文登縣 적산촌赤山村에 세운 법화원法花院이 가장 유명하였다.

한편, 일본과의 교역이 번성해지자 일본은 812년에 지쿠젠筑前(지금의 구주九州 복강현福岡縣)북서쪽에 신라어학생新羅語學生이라는 통역생을 두었으며, 대마도對馬島에 신라역어新羅譯語를 설치하기도 하였다.

● 문학

1. 학문

신라의 문화는 고유한 전통문화의 바탕 위에 중국문화를 가미한 점이 특색이 있다. 6세기 이후 중앙집권적인 귀족국가를 건설한 신라의 지배층은 중국문화를 환영하여 이를 받아들였지만, 한편 새로운 문화를 발전시킴에 있어서 외래문화를 있는 그대로 모방하는데 그친 것이 아니라, 이를 자신들의 생활에 적합한 것으로 만들어가는 노력을 게을리하지 않았다.

[이두의 사용]

이는 특히 한자의 사용에서 잘 나타나고 있는데, 신라인들은 문어文語로는 외국문자인 한자 및 한문을 쓰면서 구어口語로는 이와 그 구조를 전혀 달리하는 우리말을 쓰는데서 생기는 여러 가지 불편을 없애기 위하여 독특한 차자표기법借字表記法을 발전시킨 것이다.

물론, 이 표기법은 고구려에서 전해진 듯하지만, 신라인은 이를 더욱 발전시켜 이두吏讀를 성립시켰고, 7세기 후반에 들어와서는 설총薛聰에 의하여 체계적으로 정리되었다.

한편, 이 표기법은 일본으로 전해져서 그들의 음절문자인 가나[假名]의 성립에 영향을 미쳤다. 한문이 사용됨에 따라서 자연 한문학이 발달하게 되었는데, 진흥왕순수비 비문은 삼국통일 이전 신라의 한문수준을 대표하는 것이었다.

[국사의 편찬]

또한, 한자의 사용과 더불어 행해진 여러 가지 국가적인 편찬사업 가운데 대표적인 것은 국사의 편찬이었는데, 545년에 ≪국사國史≫가 편찬되었다. 이 국사 편찬은 당시의 대신이던 이사부가 상주하여 국왕의 재가를 얻은 뒤에 왕명을 받은 거칠부居柒夫 등에 의해서 국가의 큰 사업으로 추진된 것이었다. 이는 유교적인 정치이상에 입각하여 왕자王者의 위엄을 과시하려는 의도에서 편찬된 것으로 짐작된다.

삼국통일 뒤에도 국가에서 새로이 관찬사서를 편찬했을 법한데, 현재로서는 확실히 알 수 없다. 다만, 성덕왕 때에 진골출신의 정치가이자 역사가인 김대문이 ≪계림잡전鷄林雜傳≫·≪화랑세기≫·≪고승전高僧傳≫·≪한산기漢山記≫·≪악본樂本≫ 등 많은 저술을 하였다고 한다. 이들 저술은 현재 남아 있지 않아서 그 내용을 확실히 알 수 없지만, 고려 때에 ≪삼국사기≫를 편찬할 때만 하더라도 남아 있어서 이를 참고하였던 것으로 보인다. 또한, 신라 말기에 당나라에서 유학하고 돌아온 최치원에 의해서 ≪제왕연대력帝王年代曆≫ 등의 역사서가 편찬되었는데, 이 역시 현재 남아있지 않다.

[유교의 발달]

신라시대에는 귀족사회의 질서를 유지하는 사회도덕으로서 유교를 중요시하였다. 삼국통일 이전에는 유교교육을 담당하는 학교가 아직 정비되지 않았으나, 교육적 기능을 지닌 화랑도가 도덕적 교육에 큰 구실을 담당하였다. 앞의 군사제도 항목에서 서술한 것처럼 화랑도가 가장 귀중하게 여겼던 유교덕목은 신信과 충忠이었는데, 원광圓光의 세속오계世俗五戒나 임신서기석壬申誓記石은 이 사실을 뚜렷하게 보여주고 있다.

이는 무엇보다도 당시 국가가 앞장서서 유교도덕을 널리 국민에게 권장했던 것과 관계가 있는데, 진흥왕순수비 가운데 마운령비에 충신정성忠信精誠하여 나라를 위해서 절개를 다하는 인물로 표창하겠다고 선언한 것은 그 단적인 예라 할 수 있다.

그런데 통일기에 들어오면 유교는 도덕정치의 이념으로서 중요한 구실을 담당하게 되었다. 그리고 이 같은 이념을 교육하는 기관으로 국학이 설립되었다. 본래 국학은 통일 직전인 651년에 그 설치를 위한 준비에 착수하였으나, 682년에 정식으로 설치되어 3과科로 나누어 유교경전을 교육하였다. 여기에 입학하는 학생은 나이가 15~30세로서 대사 이하의 관등을 가진 관료이거나 아니면 무위無位한 자에 한정되었으며, 수학연한은 9년으로 되어 있었다. 그리고 국학의 학생들이 졸업할 때에 그 학력을 시험하여 3등급을

매겨서 관직에 나아가게 하는 제도가 788년(원성왕 4)에 생겼는데, 이것이 독서삼품과였다. 국학의 입학생은 주로 육두품이었던 것 같은데, 그들은 유교를 도덕정치의 이념으로서 주장하였다. 설총이 지은 ≪풍왕서諷王書≫(일명 화왕계花王戒라고도 함)나 강수强首의 입장이 그것을 말해주고 있다.

이는 골품제 아래서 관계진출에 커다란 제약을 받고 있던 육두품들의 입장을 대변하는 것으로도 생각되는데, 신라 말기에 이르면 당나라에서 유학하고 돌아온 육두품 출신 지식인들에 의해서 골품제도를 비판하고 나아가 이를 개혁하려는 움직임이 싹트기 시작했다.

최치원이 진성여왕에게 건의한 10여조의 시무책 중에는 이 같은 주장이 포함되어 있었을 것으로 짐작되고 있다. 비록 그의 건의는 받아들여지지 않았으나, 이 같은 육두품지식인들의 정치이념은 고려왕조에 큰 영향을 끼쳤다.

[과학기술의 발달]

신라시대에는 과학기술도 매우 발달하였다.

통일 이전부터 특히 농업과 정치의 두 부문에 관련이 깊은 천문학이 발달하였고, 금속 야금冶金 및 세공기술이 뛰어났으며, 건축부문에서는 역학力學과 수학의 원리가 응용되었다.

이와 같은 과학기술의 발달에는 중국 과학기술의 영향이 매우 컸으나, 한편 신라는 이를 다만 모방하는데 그치지 않고 끊임없이 개량, 변형하였다.

특히, 천문학 지식은 농업과 깊은 관계가 있을 뿐 아니라 정치적인 성격도 강하였으므로 일찍부터 국가의 큰 관심사가 되었는데, 선덕여왕 때 만들어진 것으로 전해지는 경우 첨성대는 현존하는 세계 최고最古의 천문대로서 천체관측에 대한 당시의 관심과 아울러 놀랄만한 과학기술의 도입 수용을 보여주고 있다.

일반 기술분야에서 주목되는 것은 금·동의 세공 및 도금과 같은 금속가공기술인데, 마립간시대 경주의 왕릉에서 출토된 금관은 높은 수준을 보여주고 있다. 또한, 토기의 제작기술 역시 일찍부터 높은 수준에 이르렀으며,

경주 왕릉에서 유리제품이 발견되는 것으로 미루어 유리를 만들어 썼을 가능성도 생각할 수 있다.

삼국통일 후에는 이와 같은 과학기술이 더욱 발전하였다. 그리하여 천문학에 있어서는 718년에 누각漏刻을 만들어 누각박사로 하여금 시각을 측정하도록 하였으며, 혜공왕 때에는 김암金巖과 같은 뛰어난 천문학자가 배출되기도 하였다. 천문학과 더불어 역학曆學도 발전하여 674년에는 덕복德福이 당나라에서 역술을 배워 와서 새로운 역법을 만들어 썼다.

또한, 금속제품은 주조기술도 발달하여 구리로 만든 불상이나 종을 주조함에 있어서 기포가 매우 적은 우수한 것을 만들어냈다.

특히, 수학이 발달하여 사원건축 등에 크게 응용되었음은 주목할 만한 사실이다. 신라의 최고학부인 국학에서는 수학교육이 행하여졌으며, 717년에는 산박사제도算博士制度를 설치하기까지 하였다. 이렇게 하여 발달된 수학지식은 불국사·석굴암 등 사원이나 석가탑·다보탑 등 석탑의 제작에 실제 응용되어 균형미 넘치는 건축물을 낳게 하였다.

또한, 의학도 발달하여 692년에는 의학교육기관인 의학醫學을 세우고 의학박사를 두어 중국의 의서들을 가르치게 하였다. 통일기 신라의학은 신라고유의 의술에다가 이와 같은 한방의학韓方醫學을 가미하였을 뿐 아니라, 불교의 융성에 따른 인도의학, 그리고 남방 및 서역西域의 의학도 받아들여 독자적인 발전을 이룩하게 되었다.

이밖에도 많은 서적의 보급과 함께 인쇄술·제지술도 발달하였다. 석가탑 안에서 발견된 ≪무구정광대다라니경無垢淨光大陀羅尼經≫은 목판으로 인쇄된 것인데, 현재 남아있는 것으로는 세계에서 가장 오래된 인쇄물이다. 또한, 닥나무[楮]를 써서 만든 이른바 저지楮紙는 색이 희고 질겨서 중국인들의 찬사를 받았다.

2. 종교

신라시대의 종교를 보면 재래의 샤머니즘 외에 불교·도교 그리고 풍수지리설이 전래되어 크게 발달하였다.

[불교의 발달]

불교는 5세기 초, 눌지마립간 때에 고구려를 통하여 전해져서 처음 북쪽 지방에 파급되었다. 그렇지만 이들 전도자들은 곧 당국의 박해를 받아 별다른 성과를 거두지 못하였으며, 그 뒤 소지마립간 때에 아도阿道, (일명 묵호자墨胡子)가 일선一善(지금의 선산善山)지방에 숨어 지내면서 전도에 힘썼으나 역시 박해 속에 끝났다.

그러던 중 521년에 중국 남조인 양梁나라에 사신을 파견하여 두 나라 사이에 외교관계가 수립되면서 양나라 무제가 보낸 승려 원표元表에 의해서 비로소 불교가 신라왕실에 정식으로 전하여졌다.

그러나 불교를 크게 일으키려던 법흥왕의 노력은 귀족세력의 강력한 반대에 부닥쳐 실패로 끝났고, 그 결과 527년에 왕의 충신인 이차돈異次頓이 창사創寺 준비에 대한 모든 책임을 지고 순교하였다. 비록, 그의 죽음으로 곧바로 불교가 공인되지는 않았으나, 어쨌든 이를 계기로 국왕과 귀족 세력 간에 일정한 타협을 보게 되어 535년경에는 마침내 공인을 받게 되었다.

불교는 중앙집권적 지배체제를 유지하는 정신적인 지주로서 매우 적합하였을 뿐 아니라, 귀족들의 특권을 옹호해주는 이론적 근거도 갖추었기 때문에 공인 후 국왕과 귀족세력 쌍방의 조화 위에서 국가불교로서 크게 발전하였다.

물론, 질병을 고친다든지 자식을 구한다든지 하는 개인의 현세이익을 기원하는 경우도 많았으나, 전반적으로 볼 때 개개인의 영혼구제보다는 오히려 국가의 발전을 비는 호국신앙으로서의 성격이 매우 강하였다.

그러므로 호국경으로 유명한 ≪인왕경仁王經≫이나 ≪법화경法話經≫은 매우 존중되었으며, 호국의 도장道場을 마련한다는 취지에서 황룡사 같은 큰 사찰을 짓기도 하였다. 그리고 이 같은 사찰에서는 백좌강회百座講會와 함께 팔관회 같은 호국적인 행사가 행하여지기도 하였다.

선덕여왕 때 신라의 군사적 위기가 고조되었을 때 중국에서 공부하다가 갑자기 귀국하여 황룡사의 사주寺主로서 대국통大國統이 되어 신라의 불교를 총괄한 자장慈藏은 신라의 왕실이 석가와 마찬가지로 찰제리종利帝利種

(크샤트리야)이라고 주장함으로써 불법佛法과 왕법王法을 일치시키는데 기여하였고, 나아가서는 호국을 위한 전쟁이 동시에 호법護法을 위한 싸움이라고 이를 정당화하고 합리화하였다.

이처럼 승려들에게 있어서 호국과 호법이 일치하였기 때문에 그들은 전쟁을 적극 옹호하기까지 하였다. 원광 자신은 비록 전쟁을 용인한 적은 없으나, 진평왕의 명령을 받아들여 <걸사표乞師表>를 쓰기도 했으며, 또한 임전무퇴臨戰無退 등 전투에 있어서 용감하기를 권하는 세속오계를 제정하기도 하였다.

그러나 삼국통일을 전후한 시기에 이르면 이 같은 호국신앙으로서의 불교도 변모하고 있다. 윤리적·실천적 의미의 현세구복적인 성격에서 점차로 종교적·신앙적인 의미의 내세적인 불교로 바뀌어갔다.

정토신앙淨土信仰이 등장하기 시작한 것은 그 뚜렷한 증좌이다. 정토신앙은 통일직전 왕경의 하급귀족이나 평민들 중에서 사회적으로 몰락하여 지방으로 낙향해간 사람들 사이에 싹트기 시작하였는데, 원효가 나타나 극락極樂에 왕생하는 데는 '나무아미타불南無阿彌陀佛'의 여섯 자를 극진한 마음으로 부르면 족하다고 설교함으로써 그 교리상의 발전은 물론, 신앙 면에서도 위로는 국왕과 귀족을 비롯하여 아래로는 일반민중에 이르기까지 급속히 퍼져갔다. 이와 같은 정토신앙의 유행으로 현세의 이익을 추구하던 종래의 신라불교는 내세신앙으로 발전하게 되었다.

그러나 한편 통일기에는 불교의 교리에 대한 이해가 깊어갔다. 통일 전 국가불교가 융성하였을 때에는 승려들이 당시의 열기 띤 시대풍조 속에서 현실참여를 강요당하게 되어 착실한 교리연구가 두드러지게 진전되지는 않았으나, 각덕覺德이 양나라에 다녀온 549년 이래 많은 승려들이 서학西學하고 돌아와서 교학불교教學佛教의 전개에 큰 자극을 주었다.

역시 6세기 후반에 진陳나라에서 유학하고 돌아온 원광이 진평왕 때 운문산 가슬사嘉瑟寺에 머물러 있는 동안 대승경전大乘經典을 가르쳤던 것은 그 뒤 신라 교학불교의 발전에 커다란 영향을 주었다.

그리하여 통일기에는 불교에 대한 허다한 저술이 나타났는데, 그 중에서도 이름난 것이 원효의 ≪금강삼매경론金剛三昧經論≫·≪대승기신론소大乘起信論疏≫·≪십문화쟁론十門和諍論≫·≪판비량론判比量論≫ 등이었으며, 그 밖에 원측圓測·의상義湘·도징道澄·승장勝莊·경흥憬興·의적義寂·태현太賢 등이 많은 저술을 남겼다. 이들의 저술은 그 내용이 풍부할 뿐만 아니라 이해의 수준이 높아서 중국 및 일본에 교리상으로 많은 영향을 미치게 되었다.

그러나 이러한 불교의 교리에 대한 연구는 한편으로 교리의 대립을 가져와서 여러 교파의 분립현상을 나타내기도 하였다. 종래에는 이들 교파를 흔히 5교敎라 하여 열반종涅槃宗·계율종戒律宗·법성종法性宗·화엄종華嚴宗·법상종法相宗을 꼽아왔으나 최근에 이 5교의 존재를 부인하는 견해가 유력하다. 그러한 가운데에서도 통일기 불교계에 큰 영향을 끼친 것이 의상의 화엄사상과 원효의 화쟁사상和諍思想이었다.

한편, 신라 말기에는 불교계에서 새로운 경향이 나타나서 선종禪宗이 크게 유행하였다. 선종은 불립문자不立文字를 주장하고 복잡한 교리를 떠나서 심성을 도야하는데 치중했던 만큼 소의경전所依經典에 의존하는 교종과는 대립적인 입장에 서 있었다.

선종이 처음 신라에 들어온 것은 선덕여왕 때라고 하는데, 처음에는 그다지 이해를 얻지 못하다가 헌덕왕 때 도의道義가 가지산파迦智山派를 개창함에 따라 점차 널리 퍼지기 시작하였다.

그 결과 이른바 선종 9산山이 성립되기에 이르렀는데, 이러한 배경에는 지방의 호족들이 이를 환영하여 후원했기 때문이다. 이 선종은 신라의 지배체제에 반발하고 있던 지방 호족들에게 그 사상적 근거를 제공함으로써 종국적으로는 신라의 멸망을 재촉하였던 것이다.

[도교의 발달]

한편, 신라시대에는 도가사상道家思想도 일찍부터 발달하였다. 신라에서는 도가사상이 장생불사長生不死의 신선사상의 형태를 띠고서 발달하였는데, 산악신앙은 이와 밀접한 관계를 맺고 있었다.

경주 서악西嶽의 <선도산성모전설仙桃山聖母傳說>은 선도와 인연이 깊은 서왕모西王母의 전설을 연상하게 하며, 진평왕 때 지상의 범골凡骨들과는 다른 장생불사의 신선이 되기 위하여 중국으로 유학을 떠난 대세大世의 이야기라든지, 혹은 김유신이 중악中嶽 석굴에서 신술神術을 닦은 것 등으로 미루어볼 때 선풍仙風이 성행하던 신라에는 신선방술神仙方術을 곁들인 도교문화가 쉽사리 수용되었을 것으로 짐작된다.

674년(문무왕 14)에 만들어진 경주 안압지의 세 섬은 삼신산三神山을 나타낸 것으로 짐작되고 있으며, 문무왕의 동생인 김인문金仁問은 유교와 더불어 노자老子·장자莊子의 설說을 섭렵하였다고 하므로 그가 도교에 대한 지식을 가지고 있었던 것은 분명한 사실이다.

신라의 도가사상은 이처럼 장생불사의 신선사상으로서 관심을 끌었으나, 한편으로는 현실로부터 도피하여 자연 속에 묻히려는 은둔사상도 발달하였는데, 감산사甘山寺를 지은 김지성金志誠이나 당나라의 수도 종남산終南山에서 도가로서 일생을 마친 김가기金可紀 같은 인물이 그 대표적인 경우이다.

신라 말기에 지방세력이 등장하는 것과 동시에 유행되기 시작한 사상에 풍수지리설이 있다. 이는 인문지리학의 지식에 예언적인 참위설讖緯說이 크게 가미된 것이었는데, 이를 크게 선양한 것은 승려 도선道詵이었다. 그에 의하면 지형이나 지세는 국가나 개인의 길흉과 밀접한 관계를 가진다는 것이며, 따라서 이른바 명당을 골라서 근거지를 삼거나 혹은 주택과 무덤을 지어야 국가나 개인이 행복을 누릴 수 있다고 하였다. 그는 직접 전국에 돌아다니며 산수의 쇠망과 순역順逆을 점쳤다고 한다. 이 설은 호족들에게 크게 신봉되었으며, 특히 고려시대에 들어와 크게 유행하게 되었다.

3. 문학

신라시대의 문학은 원시 심성心性의 가장 보편적인 정령관精靈觀을 바탕으로 한 종교적인 가무·제의에서 발생하였는데, 크게 설화문학과 시가문학으로 나누어 볼 수 있다.

[설화문학과 시가문학]

설화문학에 속하는 것으로는 왕자 우로于老나 박제상朴堤上 등에 얽혀 있는 단편 사화史話들이 전해지고 있다. 이들 이야기의 주인공들은 모두가 역사적 실존인물이고, 그 내용 자체도 적국인 왜에 대한 투쟁이 중심을 이루고 있어 일종의 영웅서사시로 볼 수도 있다.

한편, 시가문학은 민요·향가 등 다양한 편이다. 민요풍을 띠는 시가로서는 <서동요薯童謠>와 <풍요風謠>가 있다. 서동요는 백제 무왕武王(혹은 동성왕東城王)이 신라 선화공주善花公主와의 혼인을 성사시키기 위해서 공주가 몰래 자신과 밀회를 즐긴다는 내용의 동요를 스스로 작사하여 이를 신라 왕경 안의 민중들에게 모략적으로 유포시켰다는 것인데, 이는 아마도 민중들이 어떤 왕실귀족의 떠들썩한 연애사건을 풍자하여 지어낸 노래인 듯하다. <풍요>는 경주 영묘사내의 조상造像 공사와 관련된 일종의 노동요로서 후대에까지 민중 사이에 불렸다.

[향가의 발달]

이와 같은 시가문학은 불교의 영향을 받아 향가로 발전하였으며, 통일기에는 많은 향가작가가 나타났다. 소박한 노래 속에 부드러운 가락을 담고 있어 국문학상에서 높이 평가되고 있는 향가는 무격巫覡의 신가神歌에 대치되는 불교적인 노래였으나, 그 자체가 주원적呪願的인 의미를 강하게 지니고 있다.

신라시대에는 많은 향가가 제작되어 888년에는 왕명으로 위홍魏弘과 대구화상大矩和尙이 ≪삼대목三代目≫이라는 향가집을 편찬하기까지 했는데, 이 책은 현재에는 전하지 않고 있으므로 그 전체의 수를 짐작하기 어렵다.

다만 ≪삼국유사≫에는 14수가 전해지고 있는데, 그 중 이름난 것이 승려 융천사融天師의 <혜성가彗星歌>, 재가승在家僧 광덕廣德의 <원왕생가願王生歌>, 낭도 득오得烏의 <모죽지랑가慕竹旨郎歌>, 승려 월명사月明師의 <제망매가祭亡妹歌>, 승려 충담사忠談師의 <찬기파랑가讚耆婆郎歌>, 처용處容의 <처용가處容歌> 등이다.

향가는 주로 승려나 화랑과 같은 지배층에 속하는 사람을 작가로 한 귀족 사회의 소산이지만, 그러나 거기에는 또한 민중의 마음이 표현되어 있어 국민 상하간에 널리 애창되었다.

4. 예술

[음악과 춤의 발달]

시가와 밀접한 관계를 가지고 있는 음악은 또한 종교적인 성격을 농후하게 지녔다. 신라의 음악은 가야금의 전래를 계기로 하여 크게 발달하였다. 본디 가야금은 대가야에서 만들어진 것인데, 6세기 중엽에 악사 우륵于勒에 의하여 신라에 전해져서 마침내 대악大樂(일명 궁중악宮中樂)으로 채용되기에 이르렀다.

한편, 우륵은 12곡을 지었다고 하는데, 이는 실상 가야지방에서 유행한 노래였을 것으로 생각된다. 이들 노래는 비록 지방색이 강한 시골음악이었으나, 그렇다고 하여 대중의 속악俗樂은 아니었으며, 궁중이나 귀족들의 연회에 쓰일 만큼 세련된 음악이었다. 우륵이 가르친 제자 중에는 계고階古·법지法知 등이 있었고, 가야금에는 하림河臨·눈죽嫩竹의 2조調와 도합 180개나 되는 악곡이 있었다고 한다. 이밖에도 백결선생百結先生이 <방아타령碓樂>을 지었다고 하는데, 이는 가야금 계통일 것으로 짐작되고 있다.

통일기에 들어와서도 가야금이 여전히 악기 중 중심적인 위치를 차지하였으나, 그밖에도 많은 악기를 사용하게 되어 그 기본이 되는 악기는 가야금·거문고[玄琴]·향비파鄕琵琶의 3현絃과 대금大笒·중금中笒·소금小笒의 3죽竹이었으며, 여기에 박판拍板과 대고大鼓가 첨가되었다.

이 중 거문고는 본디 고구려의 악기였는데, 고구려가 망한 뒤 신라로 망명해온 일부 고구려 유민들에 의하여 전해져서 지리산에서 전존되어왔다. 이것을 옥보고玉寶高가 배워서 신조新調 30곡을 지었다고 하며, 뒤에 귀금선생貴金先生이 이를 보급하였다고 한다.

한편, 향비파는 본디 서역의 악기였는데, 그것이 향악鄕樂 합주에 쓰이게 됨에 따라서 향비파라 불리게 된 듯하다. 이른바 3죽은 향악기였는데, 당악

唐樂의 합주에도 쓰인 것으로 짐작된다.

노래곡조에 맞추어 추는 춤은 음악과 뗄 수 없는 관계에 있다. 신라시대의 음악은 악기와 노래에 춤이 가미된 일종의 종합예술이었다. 여기에는 농사의 풍작을 비는 축제 때에 징과 북 장단에 맞추어 요란스러운 군무가 성행했는데, 가야금이 전래됨에 따라 그 가무는 한층 세련되어갔다.

특히, 중국을 통해서 서역계통의 가면무용이 전해짐으로써 금환金丸·월전月顚·대면大面·속독束毒·산예狻猊 등 이른바 신라 오기五伎가 성립되었다. 이밖에도 헌강왕 때에 처용무와 상염무霜髥舞가 있었던 것으로 전해지고 있는데, 이는 모두 가면무였을 것으로 짐작된다.

[미술의 발달]

신라시대의 미술은 크게 건축·조각·공예·회화·서예의 다섯 분야로 나누어 볼 수 있다.

(1) 건축: 건축에 속하는 것으로는 왕릉·사찰·탑파塔婆 등이 있다.

① 왕릉: 삼국통일 이전 신라의 왕들은 생시의 지상의 주거생활을 그대로 지하의 무덤으로 옮긴다는 취지에서 고총古冢을 만들었다. 여기에는 현세의 생활도구가 고스란히 부장되어 있어서 왕릉은 비단 건축뿐만 아니라 공예 혹은 회화를 살피는 데도 보고의 구실을 하고 있다.

통일 이전 신라의 왕릉은 왕경으로부터 멀지 않은 평지에 수혈식竪穴式 적석총을 만들었는데, 통일 후에는 그것이 왕경의 주변지역으로 흩어져서 산밑이나 언덕 위에 만들어졌을 뿐만 아니라 무덤의 양식 또한 횡혈식橫穴式 석실분으로 변하였다.

더욱이 무덤의 봉토가 무너지는 것을 막기 위한 호석제도護石制度가 크게 발전하였으며, 그밖에 무덤 둘레에 십이지신상을 비롯하여 네 석사자, 방주석·난간을 배치하며, 무덤 앞에 석상石床을 놓고, 거기서 조금 떨어진 곳에 양쪽으로 문무석인文武石人과 석주를 배치하는 복잡한 형식이 완성되었다.

② 사찰: 신라시대에는 왕경 안에만도 흥륜사興輪寺·황룡사黃龍寺·영홍사永

興寺·분황사芬皇寺·영묘사靈廟寺·사천왕사四天王寺·황복사黃福寺·망덕사望德寺·
봉덕사奉德寺·창림사昌林寺 등 많은 거찰이 만들어졌으나, 현재는 모두 남아
있지 않으며, 다만 그 유지를 살필 수 있을 뿐이다.

그런데 최근 본격적으로 행해진 황룡사터에 대한 발굴조사결과 통일 이전
사찰의 가람배치에 대해서 여러 가지 새로운 사실들을 알게 되었다. 즉, 종
래에는 황룡사가 백제 사원의 영향을 받아 건립된 것으로 생각하여 그 가
람배치 역시 전적으로 백제계통의 형식을 모방한 것으로 추정하였으나, 발
굴결과 문·탑·금당·강당이 남북으로 일직선상에 배치된 것과 강당에서 회
랑에 연결되는 것 등은 백제와 같으나 금당만은 고구려계통의 삼금당식에
속하는 것임이 밝혀졌다.

다만, 신라의 경우에는 세 금당을 탑의 동서와 북쪽에 배치한 고구려와는
달리 이것을 동서로 나란히 배치하고 있다. 이밖에도 황룡사는 중문 남쪽에
남문을 또 하나 세웠으며, 사찰의 경계에는 담을 두르고 있는 것이 특징이
다. 통일기에 들어와서는 가람배치의 양식이 무척 다양해진 듯한데, 그 중
에서도 사천왕사·망덕사·감은사·불국사 등은 금당 앞 양편에 두 개의 탑을
세워두는 이른바 쌍탑식 가람배치를 하고 있다.

이는 질서정연하게 배열된 중앙지향적인 느낌을 주고 있어 당시의 중앙집
권적 정치체제를 상징하고 있는 듯이 보인다. 이와 같은 경향은 경덕왕 때
에 국가적 사업으로 이루어진 석굴암에서도 엿볼 수 있다.

③ 탑파: 탑파는 신라시대 불교건축에 있어서 매우 중요한 위치를 차지하
고 있다. 원래 통일 이전에는 목탑이 많이 만들어졌는데, 통일기에 들어와
서는 석탑이 유행하게 되었다.

선덕여왕 때 백제사람 아비지阿非知가 200여명의 공장工匠을 지휘하여 건
축하였다고 하는 유명한 황룡사의 구층목탑은 고려 때 몽고의 병란에 타서
없어지고 말았다. 옛 기록에 의하면 이 목탑은 전체 높이가 80m 쯤 되는 것
이었는데, 실제로 탑의 기단에 배치된 거대한 심초석心礎石을 보아서도 어
느 정도 그 규모를 짐작할 수가 있다.

현재 통일 이전 탑파의 모습은 분황사의 모전탑模塼塔에서 찾을 수 있는데,

이는 석재를 전형博形으로 잘라서 전축博築과 같은 수법으로 축조하였으며, 탑의 구조자체는 목조건물의 양식을 변안한 것이다.

통일기에 들어오면 대체로 기단부가 넓고 높아지며 탑신은 각층이 일정한 체감률을 가지고 조성된 균형 잡힌 방형 삼층탑이 만들어지는데, 그 대표적인 것으로는 경덕왕 때에 건립된 불국사 석가탑을 비롯, 감은사터 삼층석탑, 고선사高仙寺터 삼층석탑, 원원사遠願斯터 삼층석탑, 갈항사葛項寺터 삼층석탑 등이 있다.

한편, 특수한 형태의 뛰어난 석탑으로서는 석가탑과 같은해에 만들어진 불국사 다보탑과 역시 이와 비슷한 시기에 건립된 화엄사華嚴寺 사자탑이 있다. 이밖에 독자적인 형식의 것으로 월성月城 정혜사淨慧寺터 십삼층석탑이 있다.

⑵ 조각: 조각으로서는 불상과 각종 석조물이 있다.

① 불상: 통일 이전의 불상으로 현재 남아있는 것은 분황사탑에 조각된 8구의 인왕상仁王像을 비롯하여 남산 장창곡長倉谷 삼화령三和嶺 미륵존상, 단석산斷石山 신선사神仙寺, 속칭 上人巖 석굴의 마애상 등 모두 석불이다.

≪삼국유사≫에 의하면 574년경에 만들어진 황룡사의 금동장륙삼존상金銅丈六三尊像은 신라 최대의 거불이며 동시에 걸작으로 이른바 신라 3보寶의 하나로까지 손꼽혔다고 하지만, 현재는 전해지지 않고 있다.

그러나 현재 남아있는 국적을 분명히 알 수 없는 두 불상, 즉 탑형이 새겨진 높은 보관을 쓴 금동미륵반가상(국보 78호)과 얕은 삼산관三山冠(일명 삼화관三花冠)을 쓴 금독미륵반가상(국보 83호)을 신라의 것으로 보는 견해도 있다. 통일 이전에는 조각가로 승려 양지良志가 있어서 영묘사의 장륙삼존불상丈六三尊佛像을 비롯하여 많은 불상과 와전瓦塼을 만들었다고 하는데, 지금은 모두 전해지지 않고 있다.

통일기의 불상도 대부분 전해지지 않으나, 감산사의 아미타불상과 미륵보살상은 중국·인도 불상의 영향을 받으면서 신라의 독자성이 잘 나타나 있는 걸작이며, 이는 굴불사堀佛寺 사면석불을 거쳐 석굴암의 불상에 이르러 그 최고 수준에 도달하였다.

② 석등·석조·당간지주: 통일기의 조각작품으로는 불상 이외에도 석등·석조石槽·당간지주·비석·호석 등 다양한 편이다.

석등 가운데 우수한 것으로는 중흥산성中興山城 쌍사자석등과 법주사 쌍사자석등을 꼽을만하며, 석조 가운데는 경주 보문리석조와 법주사 석연지石蓮池, 당간지주로는 공주 갑사·망덕사터, 부석사터, 공주 반죽동班竹洞, 금산사金山寺의 것이 유명하다.

비석으로는 태종무열왕릉비의 귀부龜趺와 이수螭首, 김인문묘비의 것으로 짐작되는 귀부가 남아있다.

끝으로 원조圓彫 혹은 부조浮彫된 호석으로는 성덕왕릉과 괘릉掛陵, 그리고 김유신묘가 대표적이다.

(3) 공예: 신라시대의 공예는 크게 금속공예와 도기·토기로 나눌 수 있는데, 통일 이전에 만들어진 왕릉은 그 구조상 도굴의 위험이 적었기 때문에 많은 공예품을 남겨주고 있다.

대체로 5세기를 전후한 이들 왕릉에서 나온 공예품들은 장신구·이기·마구 및 토기로 나누어볼 수 있는데, 장신구 중에는 금관을 비롯하여 금귀걸이·금띠·금가락지·금팔지 등 순금제품이 많으며, 이기에는 유리제품이 잔을 비롯하여 금으로 만든 고배高杯·은잔·숟가락, 금으로 만든 바리[盌]·구리항아리·구리솥 등이 있고, 마구에는 금동金銅으로 만든 발디딤[鐙子] 등이 있다.

통일기에 들어오면 공예기술이 더욱 발달하였는데, 그 중 대표적인 것이 범종과 사리구舍利具이다. 현재 남아 있는 오대산 상원사종과 특히 성덕대왕신종聖德大王神鐘, 속칭 奉德寺鐘은 큰 규모에 특이한 형식으로 되어있어 한국종의 특색을 유감없이 발휘하고 있다. 또한, 감은사터 서탑西塔이나 석가탑에서 발견된 사리구도 한껏 기교를 부린 우수한 것들이다.

토기에 있어서도 그 모양이 변화하였는데, 특히 유약을 바르고 있는 것도 하나의 특색이다. 끝으로 와당은 종래의 수막새와당 일변도에서 암막새와당·서까래기와·귀면와鬼面瓦 등 그 종류가 다양해졌고 그 무늬도 연화문 일변도에서 보상화寶相華·인동忍冬·포도·봉황·앵무·원앙 등 다채로워졌다.

(4) 회화: 신라시대에는 황룡사 <노송도老松圖>와 분황사 <관음보살상>,
단속사斷俗寺 <유마거사상維摩居士像을 그렸다고 하는 솔거率居를 비롯하여
8세기 말경 당나라에서 활동한 김충의金忠義, 신라 말기의 승려 출신인 정
화靖和·홍계弘繼 등의 화가 이름이 전해지고 있으나, 그들의 작품은 하나도
전해지지 않고 있다.

통일 이전 신라의 왕릉은 그 내부구조상 현실玄室을 가지고 있지 않았으
므로 고구려나 백제처럼 벽화를 남길 수 없었다. 다만, 최근 천마총天馬塚에
서 마구의 다래[障泥]에 그려진 천마도와 관모冠帽의 일부라고 생각되는 환
형環形의 화면에 그려진 기마인물도騎馬人物圖와 서조도瑞鳥圖가 발견되어 옛
신라의 그림이 패기에 찬 수준 높은 것이었음을 보여주고 있다.

이밖에도 경주에서 멀리 떨어진 영주 태장리台庄里의 한 석실묘에 연화도
와 신장도神將圖가 일부 남아 있다. 통일기에는 불교회화 이외에도 당나라
의 영향을 받아 산수화나 인물화가 유행하였을 것으로 짐작되는데, 현재 전
해지는 것으로는 755년에 완성된 ≪화엄경≫ 사경寫經의 불보살상도가 있
을 뿐이다.

(5) 서예: 신라시대에는 서예도 발달하였다. 통일 이전의 서예는 현재 남아
있는 일부 금석문자료를 통해서 알 수 있듯이 고졸古拙한 것이었는데, 통일
기에 들어와 중국으로부터 왕희지체王羲之體가 전해지면서 한결 그 수준이
높아졌다.

신라시대 최고의 명필은 8세기에 활약한 김생金生으로 왕희지체에 따르
면서도 틀에 얽매이지 않는 그의 서법書法은 낭공대사비郎空大師碑와 서첩書
帖인 전유암첩田遊巖帖을 통해서 엿볼 수 있다. 이밖에도 왕희지체의 대가로
는 영업靈業이 유명한데, 그가 쓴 신행선사비명新行禪師碑銘은 왕희지의 집자
비로 오인될 정도였다고 한다.

그러나 신라 말기에 들어오면 구양순체歐陽詢體가 유행하여, 황룡사구층목
탑 <찰주본기刹柱本紀> 등을 쓴 요극일姚克一과 진감선사비문眞鑑禪師碑文을
쓴 최치원이 그 대표적인 명필로 손꼽히고 있다. →남북국시대, 삼국시대

● 신라시대 주요 유물 및 유적들

신라경순왕릉 新羅敬順王陵

경기도 연천군 장남면 고랑포리에 있는 신라의 마지막 임금인 경순왕의 능. 사적 제244호. 무덤봉분의 지름은 7m, 높이는 약 3m이다. 경순왕의 성은 김씨, 이름은 부傅이다. 신라 제46대 문성왕의 6대손이며, 이찬 효종孝宗의 아들이다. 927년에 왕이 되어 935년 왕건王建에게 나라를 물려줄 때까지 9년간 재위하였으며 978년(경종 3)에 죽었다.

능은 오랫동안 잊혀져오다 조선시대에 찾게 되었다고 하며, 신라의 왕릉 가운데 경주지역을 벗어나 경기도에 있는 유일한 신라왕릉이다.

무덤의 외형은 둥근봉토분圓形封土墳으로 밑둘레에는 판석板石을 이용하여 무덤보호를 위해 병풍처럼 돌렸고 능 주위로는 곡장曲墻이 돌려져 있다. 능 앞에 혼유석魂遊石이 놓여 있고 '新羅敬順王之陵(신라경순왕지릉)'이라고 새긴 묘비가 세워져 있는데, 뒷면에는 다음과 같은 비문이 새겨져 있다. '王新羅第五十六王陵唐天成二年戊子大景王而立清泰二年末遜國干高麗本太平興國戊寅麗景宗三年四月四日薨諡敬順以王禮干長湍古付南八里癸坐之原至行純德英謨毅烈聖上二十三年丁卯月日改立'이라는 묘비의 내용에 의하여 경순왕의 무덤임이 확인되었고, 1747년(영조 23)에 이 비를 세운 것을 알게 되었다. 능 앞에 있는 기타 석물로는 장명등長明燈, 망주석望柱石 2개가 마련되어 있다.

신라왕릉의 경우 곡장이 마련된 것이 없으나, 고려시대에 들어와서 왕릉에 비로소 곡장을 마련하고 있어 묘비에서와 같이 경순왕이 죽자 왕의 예로서 무덤을 만들었음을 알 수 있게 되었다.

신라고기 新羅古記

고려 중기 이전에 편찬되었을 것으로 추정되는 신라시대에 관한 기록. 편자 및 편년은 미상이다. 일찍이 산실되어서 현재는 그 전체적인 내용을 알 수 없다. 다만, 《삼국사기》와 《삼국유사》 등에 단편이 전할 뿐이다.

≪삼국사기≫ 권32 잡지雜志 1 악조樂條의 현금玄琴(거문고)과 가야금加耶琴 항목에서 ≪신라고기≫를 인용하여 각각 거문고와 가야금의 유래 및 그 음악에 대해서 서술하고 있다.

또, ≪삼국사기≫ 권46 열전列傳 6 강수조强首條에서는 ≪신라고기≫를 인용하여, 강수를 비롯한 신라시대의 문장가 6인의 이름을 전하고 있다. 그리고 ≪삼국유사≫ 권1 기이紀異 1 말갈발해조靺鞨渤海條에서는 본문에 대한 주의 형식으로 ≪신라고기≫를 인용하여 발해를 세운 대조영大祚榮의 출자出自가 고구려임을 밝히고 있다.

이밖에도 ≪삼국사기≫나 ≪삼국유사≫에는 '고기古記'가 많이 인용되고 있는데, ≪신라고기≫가 그것과 어떤 관계에 있는가는 아직 불확실하다.

신라고분新羅古墳

신라지역에서 나타나는 전형적인 형태의 고분. 신라의 묘제는 시간적으로는 통일을 전후하여 이전의 적석봉토분積石封土墳과 이후의 석실분石室墳으로 구분되며, 공간적인 면에서는 경주를 중심으로 한 지역과 그 밖의 지역으로 나누어진다.

이 가운데 공간에 따른 구분은 지역마다 고분양식의 변천이 일정하지 않을 뿐 아니라 고구려·백제·가야 등의 국가들과 인접해 있던 지역은 경주지방의 묘제와 상당히 다른 면모를 보이고 있어 앞서의 시간적인 구분마저도 적용되지 않고 있다.

따라서 신라고분이라 하면, 보통 신라의 수도이자 역대의 왕릉들이 조영되어 있는 경주지역에 분포한 고분을 지칭하는 것이며, 그 가운데에서도 특히 신라 특유의 묘제로 생각되는 통일 이전의 적석봉토분을 중심으로 말하는 것이다.

지금의 경주시에는 금관총金冠塚·금령총金鈴塚·식리총飾履塚·서봉총瑞鳳塚·호우총壺杅塚·천마총天馬塚·황남대총皇南大塚 등 이미 발굴되어 왕릉급으로 추정되고 있는 고분들과 오릉五陵·무열왕릉·경애왕릉 등을 비롯하여 왕릉으로 전하여지는 다수의 고분들이 곳곳에 분포되어 있다.

경주시내 남부의 교동·인왕동·황오동·황남동·노서동 등지에 분포된 고분군 가운데 1906년의 첫 발굴 이후 지금에 이르기까지 이미 발굴되어 소개된 고분들을 살펴보면, 대부분 맨 먼저 평지를 택하여 지상 혹은 지하에 목곽木槨을 설치한 다음 그 둘레와 위로 돌을 쌓아 적석시설을 하고 다시 그 바깥에 점토 등의 흙을 입혀 다지는 방법을 사용하고 있어 고구려나 백제의 묘제와는 달리 매우 특이한 형태인데, 세부적으로는 고분마다 조영방식이 조영방식을 조금씩 달리하고 있어 자못 복잡하다.

즉, 적석 안에 목곽이 있는 것은 적석목곽식積石木槨式이라 하며, 적석목곽식 가운데에서도 1개의 곽槨만 있는 것은 단곽식單槨式·독곽식獨槨式·외곽식이라 하고, 곽이 2개인 것은 복곽식複槨式·양곽식兩槨式·쌍곽식雙槨式, 그리고 3개 이상인 것은 다곽식多槨式이라 한다.

단곽식은 물론 복곽식·다곽식인 경우에도 합장合葬한 예는 별로 없으며, 대부분 피장자를 안치한 주곽主槨 1개와 부장품을 넣는 1, 2개의 부곽副槨으로 이루어져 있다. 이밖에 지면을 기준으로 한곽의 위치에 따라서는 지상식·반지하식·지하식 등의 구분법이 있다.

한편, 적석에 있어서는 적석목곽식이든지 혹은 단순적석식이든지간에 재료는 모두 냇돌이 보통이다. 적석의 평면은 장방형이 원칙이고 입체적으로는 절두방추형截頭方錐形이 납작해진 모양이었던 것 같은데, 시간이 지남에 따라 보통 목곽이 썩어 내려앉기 때문에 적석도 무너져 발굴시에는 마치 낙타등 같은 형상을 하게 된다. 적석의 바깥은 대체로 점토를 두껍게 발라 물이 스며드는 것을 방지하고 있다.

이러한 신라고분을 외관상 고구려식의 좌석총과 기본적으로 구분시켜주는 것이 역시 봉토가 있기 때문이다. 봉토의 외형은 대부분이 원분圓墳이며, 2개 이상의 원분이 연결된 형태인 표형분瓢形墳·쌍원분도 적지 않다.

이 밖에 봉토를 보호하는 기능 외에도 묘역의 표시라든지 경계로 사용되었던 호석護石은 대개 냇돌을 사용하지만, 간혹 막돌을 쓰기도 하는데, 2, 3단을 쌓는 것이 보통이다.

이상과 같이 신라고분은 목곽·적석·봉토·호석 등 4부분으로 구성되어 있는 구조적 특징을 들어, 종래의 학자들은 이를 적석목곽분 또는 목곽적석총이라 불러왔다.

그러나 묘제연구상 중요한 위치를 차지하는 목곽이 황오동고분군 중에는 없다는 것이 허다한 점을 감안한다면, 적석봉토분이라는 명칭이 보다 합리적임을 알 수 있다.

적석봉토분은 구조상의 계통으로 보아 청동기시대 이후 이 지방에서 조영되어온 토광묘土壙墓와 목곽토광묘의 뒤를 이어 고구려에서 성행한 적석총이 서울석촌동·구압동을 거쳐 들어와서 적석목곽분을 출현시킨 다음, 한강 유역에 있는 원형봉토의 영향을 받아 적석 위에 봉토를 입힘으로써 고총고분古冢古墳으로 등장하게 된 것인데, 봉토가 입혀지는 시기는 대체로 5세기 전후의 눌지왕대로서, 왕권강화와 밀접한 연관을 맺고 있는 것으로 보인다. 적석봉토분은 그 특이한 구조 때문에 도굴이 용이하지 않아 부장품이 거의 그대로 남아있다.

금관총·금령총·서봉총·천마총·황남대총 북분北墳 등에서는 순금제 금관을 비롯하여 귀걸이·과대銙帶·옥玉장식 등 각종 귀금속 장신구가 다수 출토되었으며, 이밖에도 환두대도環頭大刀나 갑옷과 같은 무기류, 마구류馬具類, 그리고 토기 등이 여러 고분에서 상당히 많은 양으로 출토되었다.

이처럼 호화로운 장신구와 부장품 외에 중요한 유물로는, 중국제이거나 중국의 영향을 강하게 받은 것으로 생각되는 청동제 초두鐎斗와 작두勺斗, 고구려에서 들어온 것임이 분명한 호우총출토의 '乙卯年國崗上廣開土地好太王壺杅十'이라는 명문을 가진 청동합靑銅盒, 황남대총에서 출토된 유리용기와 같이 멀리 서방에서 들어온 이국정서풍異國情抒風의 제품 등을 들 수 있는데, 이러한 출토예들은 당시 지배층의 권위와 부유함을 나타냄과 동시에 신라가 국제적인 무역내지 교류를 행하였음을 암시하는 것이다.

이와 같이 왕이나 왕족의 무덤으로 생각되는 고분들 외에도 경주에는 매우 빈약한 구조와 부장품을 지닌 고분들이 분포하고 있는바, 그 수는 훨씬 더 많다.

그 가운데에는 신라의 조기早期 묘제로 쓰였던 토광묘 외에도 조기로부터 계속 사용된 옹관묘甕棺墓와 수혈식석곽묘竪穴式石槨墓, 그리고 시기가 조금 늦기는 하지만 불교의 영향을 받아 생겨난 화장묘火葬墓 등이 있다.

한편, 신라는 삼국을 통일할 무렵에 종전의 적석봉토분을 버리고 새로운 묘제를 채택하게 되는데, 그것이 바로 횡혈식석실분橫穴式石室墳이다. 삼국 중 고구려가 가장 먼저 사용하고 퍼뜨린 횡혈식석실분은 평지에서 축조되던 이전의 적석봉토분과는 달리 주로 구릉지대에 조영된 묘제로서 양산의 부부총夫婦塚에서 보듯이 합장이 가능한 것이었으나, 신라에서 합장한 예는 별로 많지 않다.

적석봉토분에서 석실분으로의 묘제변천은 신라의 각 왕릉에서도 잘 나타난다. 현재로서는 왕릉발굴이 불가능하므로 정확한 변천과정을 알 수 없지만, 대체로 신라의 왕릉은 입지상으로 볼 때 평지(제1시기)에서 산록山麓(제2시기)으로 옮겨가고, 다시 전형적인 풍수지리상의 형국(제3시기)을 찾아 경주분지 외곽의 먼 곳으로 나가게 되는데, 이것은 주거住居와의 혼거混居단계(제1시기) → 가족공동묘지단계(동반묘지同伴墓地단계) → 단독분單獨墳(제3시기)이라고 하는 매장사상埋葬思想과 밀접하게 연관된 것으로서, 매장주체시설埋葬主體施設 중적석부가 횡혈식석실로 변화함에 따라 분구墳丘의 규모가 대형 → 중형 → 소형으로 바뀌어가는 과정과도 맥을 같이하는 것이다.

제1시기의 왕릉은 대략 지증왕릉까지로서 거의 밀집, 분포되어 있으며, 제2시기는 법흥왕릉으로부터 경덕왕릉까지의 서악동 낭산狼山 기슭, 남산南山 서북쪽 기슭과 동쪽 기슭, 명활산明活山 기슭 등지에 여러 기基 씩 군群을 이루며 분포하고 있는 왕릉들이 포함된다. 제3시기는 혜공왕대 이후로서 경주분지로 흘러드는 하천유역의 산록에 풍수지리에 입각한 단독분의 형태로 존재하게 된다.

또, 외호식물外護飾物에 있어서도 차이가 드러나는데, 제1시기는 냇돌을 사용한 호석이 돌담식으로 1m 이내의 높이로 낮게 돌려지며(돌담식호석고분), 제2시기는 처음에는 냇돌이 막돌로 바뀌고 돌담이 보다 높아져서 1m 이상(산록돌담식호석고분)이 된다. 그러다가 후기로 가면 이전의 봉토에 덮여 잘 나타나지 않던 호석이 완전히 노출되어 장식화裝飾化의 단계로 들어서고 갑석甲石·지대석地臺石·버팀석을 갖추며, 분구 앞에는 낮은 상석床石을 가설하는 등, 이른바 적석형기단식호석고분積石形基壇式護石古墳으로 바뀌게 된다.

제3기에 들어가면 전기에는 이전의 소형 석재를 사용한 기단식이 거대한 판석板石 1개를 세우고 탱주撐柱와 면석面石을 구분하는 판석형기단식호석고분으로 변하며, 후기에는 탱석撐石에 십이지신상十二支神像을 조각하고 분구 주위에 돌난간을 돌림으로써 완전한 기단화와 더불어 불탑화佛塔化하는 동시에 중국 한 대와 당대唐代의 능묘에서와 같이 석수상石獸像·석인상石人像·석화표石華表·능비陵碑 등이 배치되고 상석도 불단佛壇이나 제단식祭壇式의 탁자형으로 높아진다.

이렇게 볼 때 현재 경주지역에 분포한 왕릉 가운데에는 위의 기준과 전혀 맞지 않는 것이 있음을 알게 된다. 현재 법적으로 확정된 왕릉의 이름은 대부분 과학적인 학술조사에 의한 것이 아니라 과거 어느 시기에 만들어진 속전俗傳을 수용한 것에 지나지 않는다. 따라서, 앞으로 과학적인 조사연구를 통한 왕릉 주인공의 추정작업이 절실히 요망된다 하겠다.

신라골품제사회와화랑도新羅骨品制社會—花郞徒

신라시대의 정치·사회사를 연구한 이기동李基東의 저서. 1980년 한국연구원韓國硏究院에서 간행했고, 1984년 일조각一潮閣에서 다시 간행하였다.

저자는 골품제를 화랑도와 유기적으로 연관시켜 분석하였다. 내용은 크게 3편으로 나누어져 논술되었다.

제1편에서는 주로 사회인류학의 이론을 원용해 신라 왕실의 혈연 의식을 분석함으로써 골품제 사회의 성립을 논하였다. 신라 내물왕계의 혈연 의식이나 신라 중고대 혈족 집단의 특질에 관한 문제 및 신라 중대의 관료제와 골품제의 관계를 주로 다루었다.

제2편에서는 신라 하대의 왕실 및 진골 귀족의 혈연 의식이나 사회·경제적 기반을 밝힘으로써 골품제 사회 붕괴기의 정치·사회·문화의 여러 변동을

논하였다. 신라 하대의 왕위 계승이나 진골 귀족인 금입택金入宅의 사회·경제적 기반, 지방 세력 특히 패강진浿江鎭을 중심으로 한 고려 왕조의 성립 문제, 나말여초羅末麗初 중세적 측근 정치를 지향하는 근시기구近侍機構나 문한기구文翰機構의 확장 및 신라와 당나라 문인의 교류와 빈공賓貢 급제자及第者의 출현 등을 다루었다.

그리고 제3편에서는 화랑도의 기원과 조직 및 활동을 신라 골품제 사회 속에서 고찰하였다. 이 밖에 서론에서 신라 골품제 연구의 현황을 개관함으로써 그 문제점을 추출하였다.

마지막의 본론에서는 흥덕왕릉비興德王陵碑·적성비赤城碑·안압지雁鴨池 출토의 목간木簡 등을 간략하게 분석해 제시했는데, 이것은 모두 골품제 사회를 밝히는 데 중요한 것이다. 저자는 서양의 사회과학 이론을 받아들여 신라 사회의 역사적 개별 사실을 해석하려 했으며, 아울러 신라사 자체에 대한 구체적 지식을 얻기 위한 작업을 병행하였다.

그리하여 이 책에서는 다음과 같은 몇 가지 중요한 문제가 밝혀졌다.

첫째, 골품제를 혈족 집단의 분지화分枝化 경향으로 설명하였다. 리니이지(lineage) 개념을 도입해 대체로 3세대의 직계 혈족으로 이어지는 소小리니이지 사이의 대립과 항쟁을 광범하게 추적하였다.

둘째, 성골과 진골의 문제를 골품骨品 생성의 면에서 추구하였다. 성골의 발생을 진흥왕의 태자인 동륜銅輪의 직계 비속으로 구성된 배타적인 소리니이지의 출현과 연관시켜 설명하였다.

셋째, 화랑도를 골품제 사회의 기능 면에서 분석하였다. 골품제적 혈연을 내세우는 것과는 달리 서약에 의해 자발적으로 이루어진 화랑도는 신분 계층간의 갈등을 완화하고 그 사이의 유동성을 가져오게 함으로써 엄격한 골품제 사회에서 완충제 역할을 했음을 밝혔다.

신라관新羅館

중국 당나라 때 산둥반도의 등주도독부登州都督府에 설치된 신라인을 위한 숙박소. 이 외에도 등주 적산촌赤山村에서 장안長安에 이르는 간선도로의 연변에는 더 많은 신라관이 설치되어 있었으리라 짐작된다.

산둥반도 등주는 당나라 때 신라의 사절·상인 및 유학생들이 거쳐가던 교통의 요충지였다. 그래서 당나라 조정에서 이들을 위하여 공식적으로 설치한 숙박소가 신라관이었다.

신라국기新羅國記

중국 당나라 사람 고음顧愔이 지은 신라견문기. 768년(혜공왕 4)에 책봉사冊封使 귀숭경歸崇敬의 종사관으로 파견된 고음이 당시의 신라상황에 대해서 보고 들은 내용을 귀국한 뒤 정리한 것이다. 김부식金富軾이 ≪삼국사기≫를 찬술하면서, 이 책을 당나라 영호징令狐澄의 저술이라 하였으나, 영호징은 다만 ≪대중유사大中遺事≫를 찬술하면서, ≪신라국기≫를 인용하였을 따름이다. ≪신라국기≫는 현재 전해지지 않고, 오직 ≪삼국사기≫에 일부 인용되고 있는데, 그 내용은 화랑제花郎制·골품제骨品制 및 망덕사望德寺에 관한 것으로서 사료상 가치가 있다.

신라국동토함산화엄종불국사사적
新羅國東吐含山華嚴宗佛國寺事蹟

고려 중기의 고승 일연一然이 지은 불국사의 중수기록. 1권 1책. 목판본. 연대는 미상으로 재숙裁肅이 발문을 썼다.

내용은 신라 법흥왕 때 영재迎宰부인이 불국사를 창건하였고, 진흥왕의 어머니 지소只召부인이 중창하였으며, 경덕왕 때 김대성金大城이 세번째로 중창하였음을 밝히고 당시의 건물명칭을 나열하였다. 그리고 진성왕 때 네번째의 중창이 있었으며, 고려 때에는 세 차례의 중수가 있었고, 조선 때의 임진왜란 이전까지 다섯 차례의 중수가 있었다고 한다.

≪불국사고금역대기佛國寺古今歷代記≫와 더불어 종합적인 불국사의 기록

으로 높이 평가되고 있다. 다만, 이 절을 화엄종의 종찰宗刹로 본 점은 최치
원崔致遠의 주장과 일치한다. 그러나 저자의 저술인 ≪삼국유사≫에서는 김
대성의 창건이라고 하였기 때문에 창건기록은 서로 모순이 된다. 불국사에
소장되어 있다.

신라금新羅琴

신라에서 일본으로 전해진 가야금. 실제로는 가야국에서 우륵于勒에 의해
서 신라에 전하여진 가얏고이지만, 마치 고구려의 거문고가 백제를 통하여
일본에 전해졌기 때문에 백제금百濟琴이라고 하였듯이, 가야의 악기가 신라
를 통하여 일본에 전하여졌기 때문에 신라금新羅琴(시라기고토)이라고 일본
에서 불렸다.

≪일본후기日本後紀≫에 의하면 809년경 신라의 악사樂師 2명 중 금사琴
師가 있었는데 그 금사가 곧 가얏고의 선생이었을 것으로 논의되며, 당시
가얏고의 실물이 현재 일본 나라奈良의 쇼소원正倉院에 두 대가 보존되어 있
다. ≪일본후기≫ 권19에 의하면 809년 신라 악사는 2명이었는데 이들은
금琴과 무舞를 가르치는 악사들이었다고 한다.

또한,≪고사유원古事類苑≫에 이르기를 신라의 악생樂生은 848년 총 20명에
서 4명으로 감원되었는데, 그 내용은 금을 연주하는 악생琴生이 10명에서 2
명으로 줄었고, 춤추는 악생舞生이 10명에서 2명으로 줄었다고 한다.

여기에서 809년 신라 악사 1명이 가르쳤다는 금이나 신라 악생 2명이 848
년 연주하였다는 금은 가야고가 틀림없다.

그 이유는 첫째 809년이나 848년이 모두 통일신라시대로서 6세기 중엽 가
야국에서 우륵이 가얏고를 신라에 퍼뜨린 이후 중요한 향악기의 하나로 쓰
였기 때문이다.

둘째 현재 '시라기고도'라고 불리는 신라금의 실물 세 가지가 나라시대
(553~794) 일본의 쇼소원에 보존되어 있는데, 그 세 가지 가운데에서 두
신라금이 모두 819년(홍인弘仁 10)이라는 절대 연대로 표시되어 있기 때문이

다. 셋째 '시라기고도'라는 이름의 악기가 신라 악인 사량진웅沙良眞態에 의해서 850년 11월에 일본 궁중에서 연주된 기록이 《일본문덕천황실록日本文德天皇實錄》 권2에 전하기 때문이다. 현재 일본 쇼소원에 전하고 있는 신라금의 실물은 우리의 풍류가야금 또는 정악가야금이라고 불리는 법금과 동일한 악기여서 신라금이 가야금임이 분명하다.

신라내물왕릉新羅奈勿王陵

경상북도 경주시 교동에 있는 신라 제17대 임금의 능. 사적 제188호. 이 능은 사적 제161호로 지정, 보호받고 있는 경주계림의 경내에 있다. 형태는 흙을 올려 만든 원형봉토분圓形封土墳으로서 봉분 밑둘레에 자연석이 드문드문 돌아가며 보이고 있어 무덤보호석을 돌렸음을 알 수 있다.

평지에 마련된 것으로 보아 내부는 나무로 만든 덧널 위에 냇돌을 올려쌓아 만든 돌무지덧널무덤[積石木槨墳]으로 여겨지고 있으나 정식으로 발굴되지 않아 정확한 내용은 알 수 없다. 밑지름 2.2m, 높이 5.3m이다.

신라도新羅道

발해의 대외교통로 중의 하나. 《신당서新唐書》 발해전에는 국도인 상경을 중심으로 하여 각 방면에 이르는 교통로를 설명하고 있다. 그 중에 남경남해부南京南海府는 신라로 가는 길이라고 기록되어 있다.

발해와 신라는 이하泥河(현재의 용흥강)를 경계로 인접하여 있었고, 또 《삼국사기》에 인용된 가탐賈耽의 《고금군국지古今郡國志》에 의하면 책성부柵城府(즉 동경용원부東京龍原府)와 신라의 천장군泉井郡(현재의 덕원德源) 사이는 39역驛이 있다고 하였는데 이 사이에 남경남해부가 있었다.

따라서, 신라도는 상경에서 동경을 거쳐 남경에 이른 다음 신라로 들어가는 경로를 지칭하였다. 신라도를 통하여 발해와 신라가 접촉하였던 구체적인 사실은 《삼국사기》에 보이는 두 번에 걸친 신라의 사신파견 기록, 《거란국지契丹國志》에 보이는 발해가 신라와 결원結援하려 하였다는 기록,

일본기록에 보이는 당나라 사신 한조채韓朝彩가 발해에서 직접 신라로 갔다는 기록 등에서 찾아볼 수 있다.

그러나 이 교통로는 발해와 신라만을 잇는 구실만 한 것이 아니고 때로는 발해 사신이 일본으로 가는 경로로도 사용하였다. 즉, ≪속일본기續日本紀≫에 의하면 777년 1월에 발해 사신이 남해부의 토호포吐號蒲를 출발하여 일본으로 향하였다고 한다.

신라무열왕릉新羅武烈王陵

경상북도 경주시 서악동에 있는 신라 제29대 태종무열왕의 능. 사적 제20호. 미발굴분이며 구조는 횡혈식석실橫穴式石室로 추정된다. 서악동 구릉의 동사면에 종렬한 5기의 대형 원분圓墳 가운데 가장 아래쪽에 위치한다. 높이 약 13m, 주위 둘레 112m이다. 분구의 언저리에는 자연석으로 된 호석護石을 돌렸다. 일반적으로 통일신라시대 능묘의 분구 언저리에는 잘 다듬은 돌로 호석을 돌리고 여기에 수수인신獸首人身의 십이지十二支를 배치하거나 다시 석책石柵을 돌리고 있다.

이에 비하면 무열왕릉의 봉분장식은 소박한 것이라 할 수 있다. 능의 전방 동북쪽에 능비陵碑가 있으나 현재는 귀부龜趺와 이수螭首(碑首)밖에 남아 있지 않다.

≪동국여지승람≫에 의하면 비신은 조선시대까지는 잔존했던 것 같다. ≪대동금석서大東金石書≫ 속續에는 비문의 글이 당대의 명필이며 무열왕의 아들인 김인문金仁問의 것이라고 되어 있다.

비신의 귀부는 장방형의 대석 위에 올려진 것으로, 네 발과 머리의 표현은 생동감이 넘쳐 있어 신라 조각의 정수라고 할 수 있다. 등의 전면에 귀갑문龜甲文을 시문하고 그 주위에는 비운문飛雲文을 돌렸다. 비신의 갓머리장식인 이수의 전면에는 6마리의 용이 여의주를 받들고 있는 모양이 새겨져 있고, 그 중앙에는 전체篆體로 "태종무열왕지비太宗武烈王之碑"라는 2행 8자가 양각되어 있다. 이 명문에 의해 무열왕릉이 신라의 역대 능묘 중 피장자

被葬者가 명확한 유일한 능묘가 되었다. 귀부의 네 모퉁이에는 초석이 남아 있어 당초에는 비각이 있었던 것으로 추정된다.

무열왕릉의 귀부와 이수는 비록 당나라의 영향을 받아 신라에 발현된 것이나, 조각의 정교함과 화려함에 있어서는 도리어 당대의 조각품을 능가하고 있다.

신라미추왕릉 新羅味鄒王陵

경상북도 경주시 황남동에 있는 신라 제13대 임금인 미추왕의 능. 사적 제175호. 지정면적 61,144㎡. 무덤의 지름은 56.7m, 높이는 12.4m이다.

미추왕의 성은 김씨, 신라 제12대 첨해왕이 아들 없이 죽자 추대받아 신라 최초의 김씨 임금이 되었다. 김씨의 시조인 김알지 金閼智의 7대손이며, 갈문왕 葛文王 구도 仇道의 아들이다. 왕비는 광명부인 光明夫人이다.

262년에 왕위에 즉위하여 284년 승하할 때까지 23년간 재위하는 동안 여러 차례에 걸쳐 백제의 침입을 물리치고 농업을 장려하였다. 왕이 승하한 뒤 능의 이름을 대릉 大陵이라 하였다. 능은 경주 황남동 고분군 가운데 잘 정비, 보존되고 있는 대릉원 大陵苑 내에 있으며 외형은 단순한 둥근봉토분[圓形封土墳]이다.

능 앞에는 화강석으로 만든 혼유석 魂遊石이 마련되어 있고 남쪽에는 삼문 三門이 있으며 이 삼문을 따라 담장이 돌려져 무덤 전체를 보호하고 있다. 또 왕을 제사하기 위해 마련된 숭혜전 崇惠殿이 있다. 이 숭혜전은 임진왜란 때 불탄 것을 1794년(정조 18)에 다시 세운 건물로 알려져 있다.

미추왕릉은 죽장릉 竹長陵·죽현릉 竹現陵으로 불리기도 하는데, 이에 얽힌 전설로서 죽엽군 竹葉軍 이야기가 《삼국사기》에 다음과 같이 기록되어 있다.

297년유례왕 14에 이서고국 伊西古國이 금성 金城을 침공해오자 신라가 크게 군사를 일으켜 막아도 물리치지 못했다.

이 때 갑자기 이상한 군사가 나타났는데 그 수효는 셀 수 없고 모두 귀에 댓잎[竹葉]을 꽂고 신라군과 함께 적을 쳐 깨뜨렸다. 그 뒤 그들이 간 곳을 알지 못하던 중 누가 미추왕릉에 댓잎이 수북이 쌓여 있는 것을 보았다 하여서 이로 말미암아 사람들은 미추왕이 죽어서 비밀스러운 병사로 도와준 것이라고 하였다는 것이다.

무덤의 내부구조는 주변에 있는 천마총天馬塚·황남대총皇南大塚 등의 발굴조사 결과에서 밝혀진 바와 같이 돌무지덧널무덤[積石木槨墳]으로 판단되고 있다.

신라박씨소원록新羅朴氏溯源錄

신라 박씨의 내력을 기록한 전기. 2권 2책. 목활자본. 고려대학교 도서관 소장. 조선 후기의 학자 박세욱朴世旭이 1760년(영조 36)에 편집, 1768년에 박주구朴周龜 등이 간행하였다. 책머리에 박치화朴致和의 서문과 박성구朴成矩·박세욱의 발문이 있고, 제2권 머리에 소원록溯源錄 간판서刊板序가 있다.

책머리에 능전도陵殿圖가 있고 서문과 권후발이 있으며, 신라연보新羅年譜·오릉변론五陵辨論·금척론金尺論·시조왕기始祖王記·팔대군분봉八大君分封·입비상서立碑上書·개왕자상서改王字上書·청비문장請碑文狀·시조왕릉비명始祖王陵碑銘·참봉보장參奉報狀·팔대군분파록八大君分派錄·대제축문식大祭祝文式·본전절목本殿節目·입비사실立碑事實·영이사적靈異事蹟·상언명첩上言名帖 등이 수록되어 있다. 권하에는 간판서·참봉상언參奉上言·비음기碑陰記·비각기碑閣記·개왕호축문改王號祝文·나정비문蘿井碑文·충렬공사적도忠烈公事蹟圖·신모사기神母祠記·옥적기적玉笛記蹟·월성기月城記·선도산기仙桃山記·능수벌극기陵藪伐棘記·남암고적南庵古蹟 등이 수록되어 있다.

이 중 <신라연보>는 서기전 57년 시조왕 1년부터 935년 경순왕의 말년까지의 역대 기사를 ≪삼국승람三國勝覽≫·≪동경기東京記≫·≪양촌집陽村集≫ 등의 기록에 근거하여 편년체로 기록하고 있다.

<오릉변>에는 시조왕이 죽은 지 7일만에 5체五體가 흩어져 있어 장사를 지내려고 하니 뱀이 방해하여 다섯 곳으로 나누어 장사를 지냈기 때문에 오릉五陵 또는 사릉蛇陵이라고 한다는 사실이 기록되어 있다.

또, 일설에는 남해·유리·파사 세 왕을 차례로 장사지내고 여러 신하들을 순장했기 때문에 오릉이라고도 하며, 또한 왕이 죽은 지 7일만에 왕비가 죽어 뱀의 방해로 왕과 왕비를 각장하고 세 왕을 차례로 장사지냈다는 설도 소개하고 있다.

<충렬공사적도>에는 충렬공 박제상朴堤上이 삽량주간歃良州干으로 있을 당시 실성왕이 내물왕의 아들 미사흔未斯欣은 왜국으로, 형 복호卜好는 고구려로 각각 볼모로 보냈는데, 그가 자청하여 고구려에 가서 복호를 데려오고 뒤이어 왜국에 가서 미사흔을 탈출하게 하고 일본에 체류했다가 그 일이 발각되어 모진 형벌을 받고 나무궤 속에서 불에 타 죽었다는 기록과 함께 <충렬공잠환미사흔도忠烈公潛還未斯欣圖>, 그리고 그의 부인이 기다리다 지쳐 망부석이 되었다는 치술령鴉述嶺의 <산천도山川圖>가 실려 있다.

그 밖에 목차에서 보이듯이 박씨의 내력을 살필 수 있는 사실들이 기록되어 있다. 고려대학교 도서관에 소장되어 있다.

신라방新羅坊

당대唐代에 중국 동해안지역의 도시에 거주하던 신라인의 자치구역. 8세기 중엽 이후 신라와 당나라의 관계가 원활해지고 양국간의 인적·물적 교류가 활발해짐에 따라 많은 신라인들이 당나라에 건너가 거주하였다.

그 중 화이허[淮河]와 양쯔강 하류지역의 신라인들은 추저우[楚州]·롄수이[蓮水] 등의 도회지에 모여 살았고, 도시의 한 구역에 집중적으로 거주해 자치구역을 형성하였다. 이 구역을 신라방이라 하며, 이를 중심으로 인근의 신라인들을 통할하였다.

신라방에는 장長으로서 총관總管이 있었고, 그 아래에 전지관全知官이 실무를 담당한 듯하며, 역어譯語가 있어 교섭업무를 주관하였다. 한편 도시가 아닌 시골에 형성된 신라인들의 촌락들을 총괄하는 자치적 행정기관으로 구당신라소勾當新羅所가 있었고, 일정한 지역내의 신라인 사회를 관할하였다.

그 중 산둥성 원덩현[文登縣]의 신라소가 유명하였다. 신라소의 장인 압아

押衙와 신라방의 총관은 대등한 위계였으며, 당나라의 지방관의 통제하에서 업무를 수행하였다.

신라방이 설치된 지역은 도회지였으므로, 그곳의 신라인들은 주로 상업·운송업·무역업·조선업 등의 상공업에 종사했고, 수부水夫·공인工人 등 이와 연관된 직업 종사자들이 다수였다.

이들은 중국 동해안 연안운송업 및 상업 외에도 밍저우明州·쑤저우蘇州·양저우揚州 등 당시 국제적인 무역항에서 아라비아·페르시아 등의 상인과 교역하였고, 신라 본국과 일본을 왕래하면서 국제무역의 중요한 일익을 담당하였다.

또한 북으로 산둥성 등주에 이르기까지 내륙수로와 연안지역에서 위에 열거한 각종 생업에 종사하며, 각지에 있던 신라인 사회와 밀접히 연관된 생활을 영위하고 있었다. →신라소

신라백지묵서대방광불화엄경新羅白紙墨書大方廣佛華嚴經

신라 때 백지에 먹으로 쓴 《대방광불화엄경》으로 우리나라에서 가장 오래된 사경寫經. 2축軸. 국보 제196호. 지정된 수량은 2축이나 여기에 부착되었던 것으로 보이는 불보살도 2조각이 포함되어 있다.

이 중 1축의 두루마리는 뭉친 채 풀지 못하고 있다가 최근에 일본 표구 기술자에 의해 풀어 본 결과, 당唐나라 실차난타實叉難陀가 번역한 《신역화엄경新譯華嚴經》 80권 중에 권1~10까지의 내용임이 확인되었다.

또, 다른 1축의 두루마리는 《신역화엄경》 중에 권44~50까지의 내용을 필사한 것이다. 권44 앞에는 권43의 권미제卷尾題가 보이고 있고, 그 유례가 드물게 각 행마다 34자씩 배열한 것으로 보아 10권씩 한 축으로 묶은 것으로 보이며, 권41~43까지가 떨어져 나간 것으로 생각된다.

2조각의 불보살도는 자주색 바탕에 금은니金銀泥로 그려져 있는데, 표면에는 초화문草花紋과 신장상神將像을, 뒷면에는 불보살도를 중심으로 누각·사자좌 등이 묘사되어 있는 신라시대의 유일한 회화자료이다.

50권 말미에 보이는 발문에 의해 이 사경이 754년(경덕왕 13)에 황룡사의

연기緣起(烟起, 煙氣)가 발원하여 이룩된 것임을 알 수 있다. 이로써 화엄사의 창건자로 알려진 연기가 경덕왕 때의 인물임을 확인할 수 있다.

사경제작법과 이에 따른 의식 절차가 기록되어 있어, 사경이 신라시대부터 경전신앙 차원에서 성립되었음을 알 수 있다. 그밖에 사경에 참여한 필사자·경심장經心匠·불보살화사佛菩薩畵師·경제필사經題筆師 등 사경 관련자 19명에 대하여 거주지·인명·관등의 순서로 기록되어 있다. 이것은 신라사회의 관등과 신분관계를 알 수 있는 중요한 자료가 된다. 당시 장인匠人의 신분이 노예나 평민의 신분이 아니라, 적어도 평민보다 높은 신분층을 형성하였으며 관등을 가질 수 있는 하급 귀족층이었음을 알 수 있다.

그리고 당시 ≪화엄경≫ 가운데서 ≪신역화엄경≫의 사성은 신라 화엄사상의 새로운 전환이라는 차원에서 중요한 의미를 지닌다. 이 사경은 신라시대 문헌으로서 국내 유일한 자료이며, 당시 불교사상뿐 아니라 일반 역사·미술사·사경제작에 따른 종교의식 등에 새롭고 귀중한 자료를 제공해 주는 유물이다.

신라법사방新羅法師方

저자 및 발간연대 미상의 의서醫書. 다른 저서의 기록으로 보아 신라시대에 만들어졌다고 생각된다. ≪백제신집방百濟新集方≫과 같이 984년(고려 성종 3)에 일본의 단파[丹波康頼]가 편술한 ≪의심방醫心方≫ 중에 ≪신라법사방≫이 두 곳, ≪신라법사유관비밀요술방新羅法師流觀祕密要術方≫이 각각 한 곳씩 모두 4개의 방문이 소개되어 있다.

제1의 ≪신라법사방≫(의심방 권2)은 약을 먹을 때에 외우는 주문呪文인데, 주문을 읽어서 병액病厄을 없애버리고자 하는 인도 고대의 신비적 의학의 영향을 받은 것으로 볼 수 있다. 이러한 신앙을 중심으로 한 불도佛道의 의료술법들이 당시 신라의 의료에 널리 파급되었던 것을 짐작할 수 있다.

제2의 ≪신라법사방≫(의심방 권10)은 약초인 속수자續隨子로써 적취병을 치료한 것인데, 이 약초는 중국의 고전 본초서本草書인 ≪신농본초경神農本草經≫에는 보이지 않으나 남조시대 양梁나라의 도홍경陶弘景이 수집한 명의별록에 소개되어 있다.

제3의 ≪신라법사유관비밀요술방≫(의심방 권28은 방중어비房中御妃의 술법術法을 논한 것인데, 방중술법房中術法은 ≪한서 漢書≫ 예문지藝文志에 의료술법의 일부로서 오래 전부터 의방술에 포함되어 있다. 이 술법은 신선도가神仙道家들의 방중보익법房中補益에 관한 약물의 효능을 논한 것인데, 신라시대의 의료술법이 신선도가들의 사상에 영향 받았던 것을 짐작할 수 있다.

그리고 이 방서가 당의 법사 혜충전惠忠傳의 ≪법장험기法藏驗記≫를 인용한 것이나, 그 밖에도 불교의 고승 대덕大德으로서 의학에 달통한 용수龍樹·마명馬鳴과 약사여래藥師如來들의 교유敎喩를 논한 것은 신라의학이 의술에 정통한 법사들의 승려의학僧侶醫學에도 많이 의존하였던 것임을 짐작하게 한다.

제4의 ≪신라법사비밀방≫(의심방 권28)에 채용된 노봉방露蜂房은 ≪신농본초경≫에 기재되어 있어 오래 전부터 널리 사용되어 왔다. 그러나 그 약효에 있어서는 서로 일치되지 않을 뿐 아니라 방문에 적혀 있는 여러가지의 증상인 남녀男女·신정神靜·심민心敏·이총耳聰·목명目明·구비기향口鼻氣香 등등의 약효들은 중국의 남북조시대로부터, 수·당나라에 이르는 고전의방서와 경사제설經史諸說을 수집한 송대의 ≪경사증류대전본초經史證類大全本草≫에도 전연 보이지 않는다.

이상과 같이 노봉방은 중국에서 오래 전부터 널리 사용되어 온 약재이지만, 그 응용방법이 서로 일치되지 않는 것으로 보아 그 당시 신라의 의료술법이 중국 한의학의 권내에 있으면서도 선행적인 고유의술의 전통을 조금도 등한히 하지 않고 도리어 양자를 융합, 선택하여 자립적 의료술법을 수립하고자 하는 데 노력해 온 자취를 충분히 찾아볼 수 있게 한다.

신라법흥왕릉新羅法興王陵

경상북도 경주시 충효동에 있는 신라 제23대 법흥왕의 능이라 전해지는 고분. 사적 제176호. 경주의 서악西岳이라 불리는 선도산 서쪽 기슭에서 뻗은 낮은 구릉에 자리잡고 있다. 내부구조는 알 수 없고 외형상으로는 원형토분으로 되어 있으며, 삼국시대 신라왕릉으로서는 비교적 작은 편이다. 봉분의 표면이나 주위에는 아무 장식물도 없는데, 다만 봉분 아래에 자연석의 일각이 드문드문 드러나 있다.

이것은 냇돌로 쌓은 둘레돌[護石]을 받쳤던 돌인데, 비슷한 유형으로 선도산 동쪽 기슭의 무열왕릉과 같은 구조의 둘레돌이 축조된 것으로 추측된다. 이러한 둘레돌 구조는 냇돌만 쌓은 경주시내 평지의 돌무지덧널무덤[積石木槨墳]의 둘레돌보다 한 단계 발전한 것이다.

≪삼국사기≫에 의하면 법흥왕은 재위 27년에 승하하니 애공사哀公寺 북봉北峯에 장사지냈다고 하였고, ≪삼국유사≫에서도 법흥왕의 능은 애공사 북쪽에 있다고 하였다. 지금도 법흥왕릉이라 전하는 고분의 남쪽에는 신라 하대에 세운 것으로 보이는 삼층석탑이 있는데, 이를 애공사지탑이라 부르고 있다.

이와 같은 위치설명에 따라 경주시 선도산 기슭에 있는 이 능, 즉 법흥왕릉은 현재도 수많은 대소고분이 밀집되어 있는 경주시내의 평지고분군 가운데가 아니라, 시내 평지를 벗어나서 교외의 야산이나 구릉지대에 축조되었던 것이라 판단된다.

실제 ≪삼국사기≫와 ≪삼국유사≫에서 신라 역대왕의 능묘 소재지나 장례지에 대해서 지증왕까지는 오릉五陵·미추왕릉·내물왕릉의 소재지만이 기록된 것이 전부일 뿐, 그 밖의 다른 왕릉의 소재지에 대해서는 전혀 언급된 것이 없다. 이에 비해 법흥왕 이후 역대왕에 대해서는 차례로 그 왕릉의 소재지나 장례지가 주변에 있던 사찰을 중심으로 하여, 방위·산이름·지역명 등으로 기록되고 있다.

지증왕과 법흥왕 사이를 경계로 하여 이러한 기록상의 차이는 왕릉의 입지조건이 달랐던 데에서 비롯된 것이 아닌가 생각된다. 지증왕까지의 역대 왕릉은 경주시내의 수많은 고분이 밀집되어 있는 평지고분군 가운데에 자리잡고 있어서 혼동하기 쉬웠다.

따라서 ≪삼국사기≫나 ≪삼국유사≫의 편찬 당시에는 밀집된 고분들 가운데 역대왕릉을 일일이 구별할 수 없었다.

반면에 법흥왕 이후의 왕릉은 평지고분군을 벗어나 교외 구릉지대에 하나 또는 2, 3기씩 따로따로 자리잡고 있었기 때문에, 후세까지도 각 왕릉 소재지가 주변지형이나 구조물과 관련해 전해 내려올 수 있었다고 생각되는 것이다.

고고학적 자료에 있어서도 신라고분은 6세기초를 중심으로 하여 그 이전까지는 평지에 돌무지덧널무덤이 축조되었으나, 그 뒤부터는 입지조건도 구릉지대로 옮겨가고 내부구조도 굴식돌방무덤[橫穴式石室墳]으로 바뀐 것으로 밝혀지고 있다.

법흥왕릉에서부터 본격적으로 시작되는 신라왕릉의 소재지에 대한 기록은 바로 신라고분의 이러한 변천과정을 문헌으로 뒷받침하는 것이며, 아울러 그 변화의 시작이 왕릉 가운데에서는 법흥왕릉부터였음을 시사해주는 것이라고 판단된다.

신라사 新羅寺

일본 대판시大阪市 스미요시구住吉區 스미요시정住吉町에 있었던 사찰. 신궁사神宮寺라고도 한다. 758년에 신라에서 이주한 신라인들이 창건하였다.

창건 당시의 중요한 보물로는 본존불인 약사여래藥師如來를 비롯하여 12지신상과 사천왕상四天王像이 있었다. 그 중 약사여래는 신라에서 가져간 것으로 영험 있는 불상이라 하여 널리 숭상되었는데, 돌로 만든 상자에 넣고 법당의 땅 밑에 묻어 봉안하였다고 한다.

이 절은 천태종 동예산파東叡山派에 소속되어 있었으며, 사찰의 영지領地는 360석石이나 되었다. 당우로는 약사여래를 모신 본당을 중심으로 법화삼매당法華三昧堂, 상행삼매당常行三昧堂, 대일당大日堂, 경당經堂, 오대력보장五大力寶藏, 동서의 이층탑, 구문지당求聞持堂, 식당, 동서의 승방, 종루 등을 비롯하여 전통연극 등을 공연할 수 있는 무대와 배우들의 휴식 및 출연준비 장소인 낙옥樂屋도 갖추고 있었던 대찰大刹이었다.

이 절은 신불습합神佛習合에 의하여 신라와 관련이 깊은 신神인 저통남底筒男·중통남中筒男·표통남表筒男 등 3명의 신과 신공황후神功皇后를 모시고 있는 스미요시신사住吉神社의 경내에 있었으나, 명치明治시대의 강력한 신불분리정책으로 폐사되었다.

신라사독 新羅四瀆

신라시대 국가가 거행하던 제사의 대상이 되었던 네 개의 큰 강. 독이란 큰 강을 뜻하는데, 동독東瀆은 퇴화군退火郡의 토지하吐只河(일명 참포槧浦, 지금의 영일군 흥해면의 곡강曲江?)이며, 남독은 삽량주歃良州의 황산하黃山河(지금의 양산군 황산강黃山江), 서독은 웅천주熊川州의 웅천하熊川河(지금의 공주 금강錦江), 북독은 한산주漢山州의 한산하漢山河(지금의 서울 한강漢江)이다.

신라는 삼국통일 후 당시 신앙의 대상이 되고 있던 전국의 명산대천에 대하여 국가가 직접 제사하는 제도를 마련하였고, 이를 대사大祀·중사中祀·소사小祀로 구분하면서 사독에 대한 제사는 중사에 포함시켰다.

국토내의 큰 강 가운데 넷을 선정하여 사독이라 하고 국가에서 제사하는 것은 중국에서 비롯된 제도로, 중국의 역대왕조는 국토내의 더러운 것을 씻어내주고 농사를 지을 수 있게 해주는 등 국가와 민생에 대한 공덕이 크다고 하여 사독을 제사하였고, 수隋·당唐나라 이후 국가의 제사를 대사·중사·소사로 나누면서 중사의 하나로 제사하였다.

따라서 신라의 대사·중사·소사 구분과 사독 등의 지정은 중국의 제도를 수용한 것이라 할 수 있겠지만, 이러한 사전祀典의 정비는 신기神祇세계의 재편성과 명산대천에 대한 국가의 제사권 장악을 통하여 민심을 수습하고, 국가통치권의 정당성을 확보하기 위한 신라국가 자체의 필요성에서 비롯된 것이라 할 수 있다.

신라사선 新羅四仙

술랑述郎·남랑南郎·영랑永郎·안상安詳, 安常 등의 사선랑四仙郎. 신라시대의 화랑으로, 대체로 효소왕 때를 전후하여 활약하였다고 알려져 있으나 일설로는 신라 이전 사람들이라고도 한다. 영남 또는 영동 사람들이며, 신라시대 이래 선인仙人으로 유명하다.

≪해동고승전海東高僧傳≫에는 '신라 역대의 화랑도 가운데 사선이 가장 현명하였다四仙最賢.'라고 하였고, ≪파한집≫에는 '3,000여 명의 화랑 중에서 사선문도가 가장 번성하였다.'는 구절이 있다.

그들은 자주 강원도지역으로 놀러 다녀 많은 유적을 남기고 있다. 고성 해변에 그들이 3일을 놀고 간 삼일포三日浦가 있고, 통천에는 사선봉四仙峰과 총석정叢石亭, 간성杆城에는 선유담仙遊潭과 영랑호, 금강산에는 영랑봉永郎峰, 장연長淵에는 아랑포阿郎浦, 강릉에는 한송정寒松亭이 있다.

특히 한송정에는 이들과 관련된 다천茶泉·돌아궁이[石竈]·돌절구[石臼]가 있는데, 모두 사선이 놀던 곳이다. 고려 건국년(918년)에 행해진 팔관회의 백희가무百戲歌舞에는 사선악부四仙樂府가 포함되어 있었는데 화랑도와 관계있는 팔관회에서는 매년 설회設會 때 사선의 전통을 계승하여 가무로 표현하였다. 이인로李仁老는

"사선은 신라의 나그네, 한낮에 신선되어 하늘로 올랐네. 천년 전 자취를 생각하니 삼신산 불사약의 효험이런가(四仙羅代客 白日化飛昇 千載遺蹟 三山藥可仍)."

라는 시를 남기고 있다.

사선 가운데에서 영랑은 우리나라 선파仙派의 우두머리인 환인桓因의 도맥을 단군과 문박文朴을 통하여 이어받아 신녀보덕神女普德에게 전하여 주었다고 한다. 중국이 아니라 우리나라 고유의 선풍을 계승한 영랑은 향미산向彌山 사람으로 나이가 90이 되어서도 안색이 어린아이 같았고, 노우관鷺羽冠을 쓰고 철죽장鐵竹杖을 짚으며 산수를 노닐었다고 전해진다.

술랑·남랑·안상의 삼선의 행적은 전하여지는 것이 별로 없으나 이들도 영랑과 비슷하였을 것으로 추정된다.

신라사원의식 新羅寺院儀式

당나라의 신라 사원인 적산법화원赤山法華院에서 거행되는 신라식의 제반 예불법식을 기록한 책. 1책. 일본 승려 엔닌[圓仁]은 839년에 당나라에 가서 신라 사원인 적산법화원을 방문하였다.

그곳에서 행해지던 신라 불교의식의 절차와 내용을 기록한 것으로 그의 ≪입당구법순례행기入唐求法巡禮行記≫에 전하고 있다. 이 책에 수록된 것은 적산원강경의식赤山院講經儀式·신라일일강의식新羅一日講儀式·신라송경의식新羅誦經儀式의 내용과 절차 등이다.

엔닌은 자신이 직접 목격한 신라의 불교의식을 상세히 기록하였는데, 의식을 거행하는 시간과 종류, 의식의 종류에 따른 절차와 목적을 자세히 밝히고 있을 뿐만 아니라, 당나라 및 일본의 불교의식과도 비교하여 그 차이점을 일일이 기록하고 있어, 신라 불교의식의 특색을 소상히 알 수 있는 좋은 자료가 된다.

적산원강경의식은 강경 때 행하는 의식으로서, 의식에 참여하는 승려와 그들의 구실을 소상하게 밝히고 있으며, 강경방법이 문답형식임을 보여준다. 의식의 진행은 유나사維那師·강사講師·작범사作梵師와 대중大衆 등이다.

신라일일강의식도 강경 때의 의식이라는 점에서는 같지만, 강경이 강사와 도강都講 두 사람에 의해 진행된다는 점에 차이가 있다. 따라서 의식의 내용과 절차도 다르다. 이 강경의식에서는 유나사가 의식을 거행하게 된 이유를 밝히는 기장其狀을 낭독하는 순서가 있는데, 이것에 의하면 이 의식은 추선공양追善供養의 의미도 아울러 지니고 있다.

신라송경의식은 ≪반야경≫을 송경하는 의식이다. 대중이 ≪반야경≫을 송경한 뒤 도사道師가 '약사유리광불藥師瑠璃光佛'이라고 선창하면 대중이 함께 '나무약사야南無藥師也'라고 후렴하는 방식으로 의식을 진행한다.

이러한 세 가지 신라 불교의식의 진행에 있어 범패梵唄가 중요시되고 있다.

이들 의식에는 범패의 곡목과 가사 등이 일일이 밝혀져 있으며, 또한 범패에 당풍唐風과 신라풍·일본풍의 구분이 있음을 밝히고 있다.

그래서 어떤 부분은 당풍으로, 어떤 부분은 신라풍으로 해야 한다는 것도 명시하고 있어 주목된다. 이 책은 신라의 불교의식 연구에 귀중한 자료가 될 뿐만 아니라 불교음악인 범패를 연구하는 데도 중요한 자료로 평가되고 있다.

신라사진 新羅四鎭

신라시대 국가에서 거행하던 제사의 대상인 사방의 산악. 네 곳의 군사적 요충지라는 설도 있다. 그러나 ≪주례周禮≫의 주에 사진을 산 가운데 중대한 것이라 풀이한 점이나, 중국역대왕조의 사전祀典에 사진이 사방의 산악이라고 한 것으로 미루어 볼 때 따르기 어려운 설이다.

신라는 일찍부터 산악을 신성시해 국가적 차원에서 제사의 대상으로 삼아왔다. 그런데 삼국통일 이후 상당수의 명산대천을 새로운 영토로 편입하게 됨에 따라 영토 확인, 민심 수습, 국가통치권의 정당성 확보를 위해 국가제사의 대상을 전국의 명산대천으로 확대 재조정해야 하고, 나아가서 신기神祇체계와 국가제사제도를 재정비해야 하였다.

이에 신라는 당나라의 제도를 수용해 명산대천을 중심으로 한 국가제사를 대사大祀·중사中祀·소사小祀로 등급화하고, 국토 사변의 산악을 사진으로 지정해 중사의 대상으로 삼았는데, 동진東鎭은 아곡정牙谷亭(지금의 울산蔚山?)의 온매근溫沫懃, 남진은 추화군推火郡(지금의 밀양密陽)의 해치야리海耻也里, 일명 실제悉帝, 서진은 마시산군馬尸山郡(지금의 덕산德山)의 가야갑악加耶岬岳, 북진은 비열홀주比列忽州(지금의 안변安邊)의 웅곡악熊谷岳이었다.

신라에서는 산에는 산신이 있고, 산신이 풍우를 조절하고 국토를 수호한다고 믿었다. 그것을 미루어 볼 때, 사진에 대한 제사는 곧 사진의 산신에 대한 제사였다고 생각된다.

그리고 ≪신증동국여지승람≫에 의하면, 서진 가야갑악이라고 추측되는 가야산伽耶山이 덕산현의 서쪽 41리에, 가야갑악을 제사하던 가야갑사伽耶岬祠가 덕산현의 서쪽 3리에 있었다고 하는바, 양자의 거리로 미루어 사진에 대한 의례는 제사대상을 멀리서 바라보고 제사하는 망사望祀였으리라본다.

신라삼보新羅三寶

신라의 호국護國을 상징하는 국가적인 보물. 황룡사장륙상皇龍寺丈六像·천사옥대天賜玉帶·황룡사구층탑의 세 가지를 지칭한다. 신라 중고기中古期에 성립되었으며, 신라의 정치이념과 국민정신의 통합에 큰 영향을 미쳤다.

황룡사장륙상은 574년(진흥왕 35) 3월에 조성된 높이 1장6척의 석가여래좌상과 두 협시보살입상脇侍菩薩立像이 포함되어 있다. 이 불상은 인도의 아육왕阿育王이 유연국토有緣國土에 이르러 장륙의 존상이 이루어질 것을 기원하며 배에 실어 보낸 금과 철로 만든 것이다.

이 장륙상의 조상연기造像緣起를 통하여 진흥왕은 전륜성왕轉輪聖王의 정법왕국사상正法王國思想을 그 정치이념으로 받아들였고, 인연 있는 나라에 이르러 장륙상이 이루어질 것을 기원한 아육왕의 염원이 신라 땅에서 이루어짐으로써 신라의 불연국토설佛緣國土說이 강조되고 있다.

신라 삼보 중 두 번째의 것인 천사옥대는 579년(진평왕 1)에 상황上皇이 보낸 천사天使에게 전해 받은 것으로, 금과 옥으로 장식한 길이 10위圍 62과銙로 된 매우 긴 것이다.

진평왕은 이 옥대를 교묘대사郊廟大祀 때 반드시 착용함으로써 왕의 신성성神聖性과 권위를 돋보이고자 하였다. 그가 자기 스스로를 천제가 옥대를 내려줄 정도로 신성한 임금이라는 것을 의도적으로 강조하면서 왕권을 강화했던 이유는, 전왕인 진지왕이 재위 4년 만에 정치를 제대로 하지 못했다고 하여 국인國人에 의해 폐위되었다는 사실에 있다고 보고 있다.

진평왕은 재위 초기의 정치적인 개혁의 방편으로 이 옥대를 내세웠고, 왕권을 크게 강화함으로써 53년이라는 장기간의 집권을 가능하게 하였다.

황룡사구층탑은 645년(선덕여왕 14)에 공사를 착수하여 이듬해에 완성된 신라 최대의 목조건축물이다.

구층탑이 세워지기 직전의 신라는 백제의 침략을 받아 대야성大耶城을 비롯한 서쪽의 40여 성이 함락되었고, 이 위기로부터 스스로를 구하기 위해 군사·외교 등에 노력을 기울인 시기였다.

이러한 시기에 당나라에서 귀국한 자장慈藏의 권유로 탑을 세우게 되었다. 자장은 이 탑을 건립하라는 권유를 중국에서 신인神人으로부터 받았고, 석가의 진신사리를 모신 탑을 호법룡護法龍이 지켜주고 있는 황룡사에 세움으로써 모든 국민들의 귀의를 유도하고, 불교신앙으로 국민정신을 통합시키려고 하였다. 또한, 높이 67.6m의 거대한 탑을 세워 국력과 왕권을 상징적으로 과시함으로써 여자이기 때문에 위엄이 없다는 국내외적 여론을 무마하고, 왕권의 강화와 국력의 신장을 동시에 추구하고자 하였다.

이 신라 삼보는 신라의 왕권 강화와 밀접한 관계를 가지고 성립되었고, 당시의 정치이념에 불교의 정법왕국사상이 표방된 것과 깊은 관련이 있으며, 신라 불연국토설과 연결된 진호국가사상鎭護國家思想이 강조되고 있다.

신라삼산新羅三山

신라시대 국가제사 가운데 대사大祀의 대상이 되었던 왕도 및 주변의 세 개의 산. 습비부習比部(지금의 경주의 동쪽 및 동남쪽)의 나력奈歷(또는 내림奈林), 절야화군切也火郡(지금의 영천永川)의 골화骨火, 대성군大城郡(지금의 청도淸道?)의 혈례穴禮가 그것이다.

이들의 위치비정에 대해서는 여러 가지 견해가 있다. 나력의 경우에는 경주 낭산설狼山說이 있고, 골화의 경우에는 영천의 금강성산설金剛城山說과 경주 북방의 금강산설金剛山說, 혈례의 경우에는 대성군을 어디로 보느냐에 따라 청도의 부산설鳧山說, 영일의 운제산설雲梯山說, 월성과 영일 사이의 어래산설魚來山說 등이 있다. 또 삼산숭배의 기원에 대해서도 신라의 핵이 되는 경주평야 중심의 사로국斯盧國에서 비롯되었다는 설과, 나력·골화·혈례가 각각 신라를 구성한 핵심세력인 사로국·골화국·이서국伊西國의 성산신앙聖山信仰에서 비롯되었다는 설이 있지만, 신라에서 삼산을 국가적 차원에서 숭배하고 제사한 것은 이들이 왕도 주변의 산이라는 점으로 미루어 늦어도 고대국가 성립기부터였다고 생각된다.

그러다가 삼국통일 후 당시 신앙의 대상이 되고 있던 상당수의 명산대천이 신라의 영토로 편입됨에 따라, 이들까지 포함해 국가제사의 대상을 대사·중사·소사로 구분하는 등 사전祀典을 확대 재정비하였다. 삼산은 이러한 과정에서 대사에 편입된다.

당시 신라의 국가제사제도는 당나라의 그것을 상당부분 수용했으나, 당나라의 사전에는 없는 삼산을 사전의 최고 등급을 차지하는 대사의 대상으로 삼았다. 이것은 신라의 중국 문화수용의 한 단면을 보여주는 것으로 흥미로운 사실이다.

신라에서 삼산을 특히 신성시하고 국가적 차원에서 제사한 것에 대해서는 신라건국에 핵심적인 역할을 한 진한辰韓 삼국의 시조가 태어난 곳이라는 설명도 있다. 그러나 삼산에는 산신이 있어 위기에 처한 김유신金庾信을 구해주기도 하고, 경덕왕 때 대궐에 나타나 춤을 추기도 했다는 기록 등을 보면 이곳에는 왕도를 수호하고, 나아가 국토를 수호하는 산신이 있는 신성한 산이라는 설명이 타당하다.

따라서 삼산에 대한 제사는 호국산신에 대한 제사라고 할 수 있다. 또한 백제에서도 왕도 주변의 일산日山·오산吳山·부산浮山을 삼산이라 하였고, 산 정상에는 신인神人이 살면서 서로 내왕한다는 믿음이 있었다. 이것 역시 호국산신에 대한 신앙이 아닌가 추측된다.

신라선덕여왕릉新羅善德女王陵

경상북도 경주시 보문동 산 79-2에 있는 신라 제27대 선덕여왕의 능. 사적 제182호. 지정면적은 사적 제163호로 지정된 경주 낭산狼山의 전체면적 82만 7848㎡에 포함되어 있다. 무덤의 지름은 23.6m, 높이는 6.8m이다.

선덕여왕의 성은 김씨, 이름은 덕만德曼이다. 제26대 진평왕의 맏딸로 어머니는 마야부인摩耶夫人이며, 진평왕이 아들 없이 승하하자 백성의 추대로 왕이 되었다.

632년 왕이 되어 647년에 죽을 때까지 15년간 왕위에 있으면서 연호를 인평仁平으로 고치고, 분황사芬皇寺를 창건하고, 특히 첨성대瞻星臺·황룡사9층탑을 건립하는 등 문화발전에 힘썼으며, 김유신·김춘추 등의 보필로 선정을 베풀었다.

죽은 뒤 낭산에 장사지냈다는 기록에 의해 지금의 위치를 여기에 비정하고 있다. 선덕여왕은 죽거든 도리천忉利天에 묻어 달라고 했는데 신하들은 도리천이 하늘 위에 있는 산이기 때문에 그 말뜻을 이해하지 못하였다. 그래서 왕은 도리천은 낭산의 산정이라고 알려 주었다고 한다. 그래서 이 곳 낭산의 신유림神遊林 정상에 장사지냈다고 한다.

문무왕 때 당나라의 세력을 몰아내고 삼국을 통일한 후 신유림에 사천왕사四天王寺를 건립하고 호국신護國神인 사천왕을 모셨다. 이후 비로소 선덕여왕의 유언을 이해하게 되었다. 사천왕이 있는 곳을 사왕천四王天이라 하고 그 위에 있는 부처님 나라를 도리천이라 한다. 이로써 낭산 정상이 도리천이라는 뜻을 알게 되었다는 것이다.

무덤의 외부모습은 흙으로 덮은 둥근 봉토분으로 밑둘레에는 길이 30~60cm 크기의 자연석을 사용해 2, 3단 쌓아올려 무덤의 보호석렬[石列]을 마련하였다.

신라선신당新羅善神堂

일본 시가현滋賀縣 오쓰시大津市의 온조사 북쪽에 위치한 신사. 신라신사新羅神社라고도 한다. 제신祭神으로는 신라명신新羅明神을 모시고 있다.

사전社傳에 의하면 삼정사三井寺(온조사의 옛 이름)가 7세기 후기에 건립되고 난 뒤 866년(경문왕 6) 지증대사智證大師 원진圓珍에 의하여 다시 재건되었을 때 이 신사가 세워졌다.

당나라에서 유학을 마친 원진이 신라의 장보고張保皐가 세운 신라사원新羅寺院인 산둥성山東省 적산원赤山院에 머문 뒤 신라 배를 타고 귀국길에 올랐다. 그러나 항해 도중에 배가 난파하여 어려움을 겪고 있을 때 어떤 백발노인이 뱃머리에 나타나 구해 주었다. 그리고 그 노인은 신라명신이라 하였다. 원진이 무사히 귀국한 뒤 삼정사를 창건하였을 때 다시 그 노인이 나타나 불법을 수호할 수 있도록 사원의 북쪽에 신사를 세울 것을 명하였다. 그런 연유로 이 신사가 건립되었다.

원진은 868년에 천태좌주天台座主가 되었고, 지증대사로서 주위의 존경이 두터웠다. 그리고 그가 세운 삼정사도 조정의 비호를 받아 크게 번창하였기 때문에 신라선신당도 삼정사의 5수호신 중의 하나로서 신앙을 크게 받았다.

특히 신라선신에 신심信心이 두터웠던 미나모토源賴義가 그의 셋째아들인 요시미쓰義光의 성인식을 이 신사 앞에서 올리고 그로 하여금 시라기사부로요시미쓰新羅三郎義光라고 하였다는 이야기는 너무나 유명하다. 지금도 이 신사 옆에는 시라기사부로요시미쓰의 묘가 남아 있다.

현재의 건물은 1347년(충목왕 3)에 세워진 것이다. 중요문화재로서 갈색의 포袍를 입고 있는 백발노인의 신상神像이 보관되어 오늘날까지 전하고 있다.

신라성덕왕릉新羅聖德王陵

경상북도 경주시 조양동에 있는 신라 33대 성덕왕의 능. 사적 제28호. 그 북서쪽에는 성덕왕의 형인 효소왕의 능으로 전하는 원분이 있다.

분구墳丘의 언저리에 높이 90㎝ 정도의 판석을 두르고 그 위에 덮개돌인 갑석甲石을 올렸다. 판석들 사이에는 탱주撑柱를 끼워 고정시켰으며, 그 바깥쪽에 삼각형의 석재를 세워 보강하였다. 이 삼각형 석재들 사이에 환조丸彫의 십이지신상이 배치되어 있었다. 십이지신상들은 모두 방형기단方形基壇 위에 올려져 있었으며 심하게 파손당하였다. 가장 바깥쪽에는 석주를 둘렀는데 석주의 상하 2개소에는 관석貫石을 끼우기 위한 홈이 패어 있다.
관석들은 현재 남아 있지 않다. 분구 언저리에 둘러진 판석과 석주 사이의
공간에는 깐돌[敷石]이 있다. 능의 앞쪽에는 석상石床이 놓여 있는데 상면床
面은 2매의 판석으로 조립하였다.

 능의 네 모퉁이에는 돌사자를 배치하였고, 석상의 앞쪽에는 문인석 2구
와 무인석 2구를 세웠던 것 같으나, 현재는 무인석 1구와 상반신만 남은 석
인石人 1구밖에 남아 있지 않다. 무인석은 방형 기단 위에 올려져 있으며, 의
장용 갑옷인 양당개裲襠鎧를 착용하고 양손으로 칼을 짚고 있는 모습이다.

 능의 앞쪽 좌측에는 능비가 있는데, 비신碑身과 이수螭首는 없어졌으며 목
이 부러진 귀부龜趺만이 남아 있다. 귀부는 웅대한 편이나 몸체가 비교적 납
작하다. 능비 주위의 조사에서 약간의 비석조각이 검출되었으나 대부분 무
늬가 없으며 판독된 명문은 '武(무)'와 '跡(적)' 2자뿐이다.

 현재 이 능에 묻힌 사람에 대한 직접적인 자료는 없다. 이 곳 석조물의 조
각기법은 통일신라 초기양식에 속하며, 통일신라시대의 왕릉으로서 완비
된 모습을 갖추고 있다.

신라소新羅所

 8세기 중엽 이후 당唐나라 연해沿海지역 각지에 신라인들을 통할하기 위해
설치한 자치기관. 당唐 지방관아의 통제 아래 신라인에 의해 운영되던 일종
의 자치기관으로 구당신라소勾當新羅所가 본래의 명칭이다.

 그 장은 압아押衙이며, 그 아래에는 인보제隣保制에 의한 한 보保의 장, 또는
촌락의 장으로 여겨지는 촌보村保와 판두板頭가 있어 각 촌의 신라인들을 통
할하였다. 당시 당唐의 동부지역에는 북으로는 산둥성山東省 등저우登州 일
대에서 남으로는 양쯔강揚子江 하구와 연안지역에 이르는 각지에 많은 신라
인들이 거주하고 있었다.

 신라와 당의 교류는 통일기 이전에는 주로 정부 간의 교섭이 중심이었으
나, 8세기 이후에는 일반민간인 차원의 교류가 크게 증진되었다. 이에 국내

외적으로 신라인들의 활동반경이 확대되고 해상활동 능력이 커져 각계각층의 사람들이 중국으로 이주해 갔다.

특히 8세기 후반 이후 신라와 당의 중앙권력이 느슨해지게 됨에 따라 신라인들의 해외활동과 이주는 더욱 증대되었다. 장보고張保皐·정년鄭年 등과 같이 보다 넓은 활동무대를 찾아서 건너간 이들도 보이며, 유학생·질자質子·구법승 등의 무리들이 끊이지 않았다. 그리하여 승려·학생·군인·관리·농민·연안운송업자·수부水夫·공인工人·무역상 등 다양한 면모의 사람들이 당 동부연안을 중심으로 신라인 마을을 형성시켜 나갔던 것이다.

당나라에 거주하던 신라인들의 생활상은 9세기 중엽 이 지역을 여행한 일본 승려 엔닌圓仁의 기행문 ≪입당구법순례행기入唐求法巡禮行記≫에 비교적 자세히 전하고 있다. 이에 의하면 양쯔강 하구지역과 대운하가 연결되는 회하 하류지역에 많은 신라인들이 거주하고 있었다. 이 지역을 중심으로 남쪽으로 양저우揚州·쑤저우蘇州·밍저우明州 등지에도 신라 상인들이 활약하고 있었다.

서쪽으로는 아라비아·페르시아 상인과 교역하였고 동쪽으로는 신라·일본에 왕래하며 국제무역의 일익을 담당하였다. 이 지역에서 하이저우海州·미저우密州를 거쳐 산둥성 등주에 이르는 연안지역에는 각지에 신라인들이 거주하며 신라인 촌락을 형성하고 있었다.

적산촌에 있는 법화원法華院은 지역 주민들의 신앙 중심지로서 유명했으며, 적산포赤山浦는 신라와 당을 이어주는 중요한 항로의 종착점으로서, 양국 간의 공적인 사신 왕래뿐 아니라 민간무역에 있어서도 주요 중심지였다. 신라인 촌락은 산둥성 남쪽 연안지역 일대에 가장 많이 형성되어 있다. 이 지역 신라인 사회의 중심지역은 산둥성 원덩현文登縣 일대였다. 원덩현 청에서 남으로 70여 리 떨어진 청녕향靑寧鄕에 구당신라소가 있었다. 여기의 장인 압아가 중심이 되어 현 안의 각지에 있는 신라인 촌락들을 통괄하며 자치를 영위하였다.

신라소의 자치권은 일정지역 내에 한하며 근본적으로 당 지방관아의 통할 아래 놓여 있었다. 신라소에서 발급했던 여행허가권을 다시 현청의 공첩

公牒과 교부해야 현 밖으로 여행할 수 있었던 것은 그 한 예이다.

그러나 신라인 촌락 내의 거주와 생활은 대체로 신라소의 압아와 촌장의 권한에 속하며 상당한 자치권이 부여되어 있었다. 일본 승려 엔닌이 귀국명령을 받고도 신라인 촌에 숨어서 이를 피했고 신라소에서 보증함으로써 체류가 허가되었던 것은 그러한 일면이다.

당과 신라가 망한 뒤에도 산둥성 일대에 신라인 사회는 계속 유지되었고, 본국과도 긴밀히 교류하고 있었던 것으로 추측된다. 927년 등주도독부登州都督府에서 등저우 지역 신라인의 행정을 처리하며 장사長史 벼슬을 역임했던 신라인 장희암張希巖, 등저우의 지후관知後官이며 본국 금주金州(지금의 경상남도 김해)의 사마司馬로서 등주의 거류민과 본국과의 연락관계 업무를 맡았던 것으로 여겨지는 이언모李彦謨에 대해 후당後唐이 관작을 수여한 사실이 보이기 때문이다.

그 뒤 중국 동해안 신라인 사회의 변모는 1072년 송나라에 건너간 일본인 구법승려 성심成尋의 순례기인 ≪삼천대오대산기參天臺五臺山記≫에 단편적으로 보인다. 당시 고려인(신라인)들은 추저우楚州 일대지역에서 운송업에 종사하며 일본 승려의 통역 및 기타 여행에 관한 일들이 주선해 주었다. 일본 승려들은 그들이 신라음악을 연주하고 있었던 따위의 일들을 순례기에 직접 전하고 있다.

신라신무왕릉新羅神武王陵

경상북도 경주시 동방동 산 660번지에 있는 신라 제45대 신무왕의 능陵. 사적 제185호. 면적 3만6560㎡. 무덤의 지름 15m, 높이 3.4m이다. 신무왕의 성은 김씨金氏, 이름은 우징祐徵이다. 신라 제43대 희강왕의 사촌동생이며 어머니는 진교부인眞矯夫人, 왕비는 진종부인眞從夫人이다.

839년 4월 청해진대사淸海鎭大使 장보고張保皐의 도움으로 경주로 쳐들어가 민애왕을 죽이고 왕위에 올랐으나 7월에 승하함으로써 재위 3개월의 단명왕이 되었다. 죽은 뒤 제형산弟兄山 서북쪽에 장사하였다는 기록에 의해 이곳으로 비정하고 있다. 무덤의 외부 모습은 흙으로 덮은 둥근 봉토분[圓形封土墳]으로 아무런 시설이 없는 일반민묘 형태로 단순하다.

그러나 이 능이 신무왕릉이 아니고, 경주시 충효동 산 7의 1에 위치하고 있는 사적 제21호 김유신묘金庾信墓가 양식, 연대로 보아 오히려 신무왕릉에 해당한다는 주장도 있다.

신라신문왕릉新羅神文王陵

경상북도 경주시 배반동 453-1번지에 있는 신라 제31대 신문왕의 능. 사적 제181호. 지정면적 3만5283㎡. 무덤의 지름은 29.3m, 높이는 7.6m이다. 신문왕의 성은 김씨, 이름은 정명政明 또는 명지明之로 문무왕의 맏아들이다. 어머니는 자의왕후慈儀王后, 부인은 신목왕후神穆王后이다.

681년에 왕이 되어 692년까지 11년간 왕으로 있으면서 국학國學을 창설, 학문을 장려해 설총薛聰, 강수强首 등의 대학자가 배출되었다. 승하한 뒤 경주 낭산狼山의 동쪽에 장사하였다는 기록에 따라 이곳으로 비정하고 있다. 무덤의 외부모습은 둥근 봉토분이다. 밑둘레에는 벽돌모양의 잘 다듬은 돌을 사용해 담장을 쌓아올리듯 5단으로 쌓고 그 위에 갑석甲石을 올려 무덤 보호석으로 하였다. 가로·세로 90㎝, 두께 50㎝ 되는 다듬은 돌을 대각선으로 곱게 잘라내어 만든 삼각형 받침돌 44개를 호석에 등간격으로 받쳐 무덤 외부를 매우 튼튼하게 하였다.

이 능에 대해서는 신라 망덕사望德寺의 바로 동쪽에 위치하고 있고 여러 가지 정황으로 보아 제32대 효소왕릉이라고 주장하는 견해도 있다. 즉, 1943년 황복사3층석탑을 해체 수리할 때 발견된 사리舍利를 넣었던 금동함 뚜껑에 새긴 글을 들고 있다. 그 내용을 보면, 이 탑은 신문왕이 692년 7월에 죽자 왕후와 왕위를 계승할 효소왕이 건립하였고, 뒤에 효소왕이 승하하자 706년(성덕왕 5)에 불사리佛舍利·아미타상阿彌陀像·다라니경陀羅尼經을 넣어 죽은 신문왕·신목왕후·효소왕의 명복을 빌었다는 것으로, 이 황복사가 원래 신문왕을 위해 건립된 것이라 하여 경주 낭산 황복사지皇福寺址에 십이지신상十二支神像이 파괴된 채로 흩어져 있는 곳으로 추정하기도 한다. 그리고 사적으로 지정된 지금의 신문왕릉을 효소왕릉으로 보는 견해이다.

신라신사新羅神社

① 일본 후쿠이현福井縣 난조군南條郡 이마조今庄에 있는 신사. 일본어로는 시라기진자라 한다. 현재 모시고 있는 제신祭神으로는 스사노오노미코토素盞鳴命를 비롯한 오호아나무치노미코노大已貴命 이외에 4명의 신이다. 그 중 주신主神은 스사노오노미코토이다.

927년에 성립된 ≪연희식延喜式≫이라는 문헌에는 시라기히코신사信露貴彦神社로 표기되어 있다. ≪일본서기≫에 이 신사의 주신인 스사노오노미코토가 그의 아들인 이타케루노미코토五十猛命와 함께 신라의 소시모리曾尸茂梨라는 곳에 있다가 일본으로 건너갔다는 내용의 설화가 있다.

이처럼 스사노오노미코토는 신라와 밀접한 관련성을 가지고 있는 신이다. 일설에 의하면 그의 본래 고향은 신라라는 견해도 있다. 이 신사와 같은 이름의 신사가 이곳 이외에 기후현岐阜縣의 도키군土岐郡에도 있으며, 또 효고현兵庫縣 히메지시姬路市의 아케다明田에도 있다. 기후현에 있는 신라신사의 제신은 하치만대신八幡大神·하치오지신八王子神·스사노오노미코토이며, 효고현에 있는 신라신사의 제신은 신라대명신新羅大明神으로 되어 있다.

그밖에도 신라의 일본식 발음인 '시라기'라는 이름으로 신사명을 사용하는 경우의 예는 쓰루가敦賀의 구쓰미杳見에 시라기신사信露貴神社가 있고, 또 와카사若狹에도 시라기신사白城神社가 있다. 후쿠오현福岡縣 등지에서는 시라기신사白木神社라는 이름으로도 산재해 있다는 것이다.

이상에서처럼 일본에서 신라신사를 표현할 때 직접 그 한자표기를 하는 경우 이외에도 일본식 발음표기인 신로귀信露貴·백목白木·백성白城 등으로 나타내는 경우가 있음을 알 수 있다.

② 일본 아오모리현青森縣 야코시八戶市 토츠카지糖塚字에 장자산長者山에 위치한 신사. 기온사祇園社라고도 한다. 제신祭神으로는 스사노오노미코토素盞

鳴命와 시라기사부로요시미쓰新羅三郎義光를 모시고 있다.

이 신사의 유래는 1678년(숙종 4) 9월 야코八戶의 영주領主였던 미나베나오마사南部直政가 그의 먼 조상인 시라기사부로요시미쓰를 영내領內의 수호신으로서 장자산에 모신 것에서 비롯된다.

그 뒤 1683년에 스사노오노미코토를 권청勸請하여 영내 오곡의 풍요로움과 국태민안國泰民安의 기원을 비는 곳으로 하였다. 1694년에 사전社殿을 개축하였고, 1827년(순조 27)에 당시 이곳의 영주였던 노부마사信愚가 이를 다시 개축하여 현재에 이르고 있다.

한편, 제신인 스사노오노미코토는 《일본서기》라는 8세기의 문헌에 의하면 신라에서 일본으로 건너간 신으로 되어 있다. 그리고 시라기사부로요시미쓰는 헤이안시대平安時代의 무장이었던 미나모토源賴義의 셋째아들이었다. 그의 아버지가 시가현滋賀縣의 온조사園城寺에 모셔져 있는 신라의 신인 신라선신新羅善神에 대한 신앙이 깊어 요시미쓰의 성인식을 신라선신의 앞에서 행하였다. 그로 말미암아 그를 시라기사부로요시미쓰라고 칭하였다고 한다.

제일祭日은 2월 17일에 행하는 신사神事와 8월 21일부터 23일까지 행하는 대제大祭가 매년 있다. 2월의 제사는 이 지역의 풍년농사를 기원하는 예능藝能이 유명하며, 또 8월의 의례 중에는 가하류기마타구加賀流騎馬打球의 행사가 유명하다.

신라십성 新羅十聖

경주 흥륜사興輪寺의 금당金堂에 모셔졌던 10인의 소상塑像. 동쪽벽에는 아도阿道·염촉厭髑, 異次頓·혜숙惠宿·안함安含·의상義湘이 안치되었고, 서쪽면에는 표훈表訓·사파蛇巴·원효元曉·혜공惠空·자장慈藏이 안치되어 있었다. 언제 이와 같은 소상을 모셨는지 또는 어떤 기준에 의하였는지는 불분명하다. 다만 흥륜사가 신라최초의 절이므로 신라의 불교 홍포에 밑거름이 되었던 이들을 통일 직후에 모신 것으로 보여진다. 또 《삼국유사》의 표훈에 관한 기록에는 표훈 이후 신라땅에 성인聖人이 나지 않았다고 하는 기사가 있는데, 그것과도 무관하지 않으리라고 보여진다.

오늘의 기준으로 보았을 때 원광圓光 등의 고승이 빠지고, 사파·혜공 등 무애無礙한 도인들이 끼어 있음을 볼 때, 신라적 성인의 판결기준이 반드시 엄정한 학덕과 일치하지 않음을 알 수 있다.

신라악新羅樂

① 삼국시대 우리나라에서 파견한 음악인들이 일본 궁중에서 연주했던 신라음악. 나라奈良시대 일본에 소개된 신라악은 '시라기가쿠'라고 불리었으며, '구다라가쿠'라고 불린 백제악百濟樂 및 '고마가쿠'라고 불린 고려악高麗樂과 함께 삼국악三國樂 또는 삼한악三韓樂이라고 알려졌다.

신라악을 포함한 삼국악은 '도가쿠'라고 불린 당악唐樂과 더불어 일본의 아악雅樂을 형성하는 데 기본 역할을 하였으며, 현재까지 일본전통음악인 아악에 전승되고 있다.

《일본서기》권13에 의하면 신라음악이 처음으로 일본에 소개된 때는 453년(윤공천황允恭天皇 42)인데, 그때에 신라 악인 80명이 고취鼓吹 같은 의식음악을 연주했을 것으로 추정된다. 한편 신라음악은 561년(흠명천황欽明天皇 22) 신라 사신이 머무르던 신라관新羅館에서 연주되었을 것으로 추정된 바 있다. 그러나 신라악이란 명칭이 처음으로 나타난 때는 684년(천무천황天武天皇 12)이라고 《일본서기》권29에 기록되어 있다.

《대보율령大寶律令》의 직원령職員令에 의하면, 702년(대보大寶 2) 신라악은 신라 악사樂師 4명과 신라 악생樂生 20명에 의해서 일본 왕립 음악기관인 아악료雅樂寮에서 연주되었으나, 731년(천평天平 3) 신라 악생 20명은 4명으로 감원되었다.

809년(대동大同 4)에 활약했던 신라악사 2명은 금琴과 무舞를 가르쳤다고 《일본후기日本後紀》권19에 기록되었다. 731년 이후 신라 악생은 4명에서 20명으로 증원되었다가 848년(가상원년嘉祥元年) 4명으로 다시 감원되는 변천과정을 거쳤다. 신라 악사와 신라 악생들이 연주했던 신라악은 인묘천황(인명천황仁明天皇, 833~849) 때 아악료의 개편에 따라서 백제악과 함께 고려악에 통합되었다.

통합 이전의 신라악은 백제악의 경우처럼 신라 본국에서 연주되었던 연향악宴享樂의 일종이었을 것으로 보이며, 가얏고 반주에 불린 노래와 춤을 포함하였을 것으로 보인다.

② 중국 수나라 및 당나라의 궁중에서 신라의 음악인들에 의해서 연주되었던 신라음악. 일명 신라기新羅伎라고도 한다.

신라악은 수나라의 개황開皇(589~600)초에 설치되었던 칠부악七部樂에 들지는 못했으나, 백제기百濟伎·부남기扶南伎·강국기康國伎·돌궐기突厥伎·왜기倭伎와 함께 잡기雜伎의 하나로 수나라 궁중에서 연주되었다.

신라 진평왕이 당나라 태종에게 631년(정관貞觀 5) 여악女樂 2명을 보냈다는 기록으로 보아서, 신라악은 당나라 초기에 잡기의 하나로 존속되었던 것 같다.

잡기의 하나였던 신라악은 백제악의 경우처럼 음악과 무용으로 구성되었다고 생각되며, 631년에 보낸 신라의 여악도 신라춤을 추기 위해서 파견되었으리라 추정된다.

신라어 新羅語

신라시대의 언어. 현재 경주를 중심으로 한 부족의 언어로부터 고대 삼국의 하나인 신라의 언어로 발전하고, 신라의 삼국통일로 우리나라 전체의 언어로 발전하였다. 이로써 신라의 언어는 우리 국어의 근간이 되었다.

신라어는 계통적으로는 한계韓系에 속하며, 같은 한계에 속한 백제어와는 매우 가까운 점이 많았으나, 부여계夫餘系인 고구려어와는 상당한 차이가 있었던 것으로 보인다. 이 차이는 이들 언어가 공통조어共通祖語로부터 분리되어 나온 뒤에 생긴 것이다.

[현존자료]

신라는 고대 삼국 중에서는 가장 많은 언어자료를 남겼다고 할 수 있으나, 그것으로는 신라어의 참 모습을 자세히 알기에는 너무나 부족하다. 신라어 연구에 이용될 수 있는 자료는 다음과 같다.

① 신라의 인명·지명·관명 등의 표기는 ≪삼국사기≫·≪삼국유사≫를 비롯한 내외의 사적史籍에서 볼 수 있다. 모두 한자로 표기되었는데, 그 음을 빌려쓴 표기와 새김을 빌려쓴 표기가 아울러 발견되는 예가 적지 않아, 신라어 단어의 음상音相과 의미를 재구하는 데 큰 도움이 된다.

② 신라시대의 이두吏讀 자료는 매우 적다. 따라서 이들은 매우 소중하다고 할 수 있다. 후대의 이두에도 신라시대의 전통이 담겨 있을 것이나, 그것을 가려내는 정밀한 작업이 먼저 이루어져야 하는 어려움이 있다.

③ 신라 향가鄕歌는 ≪삼국유사≫에 실려 있는 14수로서 이 노래들은 향찰鄕札로 기록되었는데, 오늘날 남아 있는 신라어의 가장 중요한 자료이다. ≪균여전均如傳≫에 실려 있는 <보현십원가普賢十願歌> 11수도 함께 연구될 수 있다.

④ 기타 자료로는 중국의 ≪양서梁書≫ 신라전新羅傳에 "그곳 말로 성城은 '건모라健牟羅'라고 하고, 읍邑의 안쪽은 '탁평啄評', 바깥쪽은 '읍륵邑勒'이라고 하는데 역시 중국말로 군현郡縣이다. ……관冠은 '유자례遺子禮', 속옷[襦]은 '위해尉解', 바지[袴]는 '가반柯半', 신 [靴] 은 '세洗'라 한다(其俗呼城曰健牟羅 其邑在內曰啄評 在外曰邑勒 亦中國之言郡縣也……其冠曰遺子禮 襦曰尉解 袴曰柯半 靴曰洗)."라고 한 것이 발견된다. 이 밖에 간접적인 자료로 한자음漢字音과 차용어借用語가 있다.

우리나라의 한자음과 일본어에 들어간 신라어 차용어는 신라어의 음운체계와 어휘를 밝히는 데 소홀히 할 수 없는 중요한 자료이지만, 여러 가지로 불확실성을 지니고 있어 주의를 요한다.

[음운]

신라어의 음운체계에 대해서 지금까지 밝혀진 바는 매우 빈약하여 그 자음체계와 모음체계에 대해서 확실한 것은 말하기 어렵다.

우선 자음체계를 보면 파열음破裂音과 파찰음破擦音에는 평음平音과 유기음有氣音의 두 계열은 있었으나, 된소리는 없었던 것으로 추정된다. 이런 추정은 주로 우리나라 한자음의 연구에서 얻어진 결과이다.

신라어에 된소리 계열이 있었다면 중국어의 전탁음全濁音 계열이 이것으로 받아들여졌을 터인데, 우리나라 한자음에는 된소리로 된 것이 없다. 씨氏·쌍雙·끽喫 등의 된소리는 16세기 이후에 나타난 것이다. 그리고 중국어의 차청음次淸音이 우리나라 한자음에서 유기음으로 받아들여진 것은 오히려 적고 평음으로 받아들여진 것이 많은 사실을 근거로, 신라어에는 유기음도 없었다고 생각해 볼 수도 있다.

그러나 우리나라 한자음에 분명히 유기음이 있고, 신라의 지명·인명·관명의 표기에 유기음의 존재를 암시해 주는 듯한 예들이 있어, 신라어에 있어서의 유기음 문제는 쉽게 결정하기 어렵다.

한편, 종래에는 중세국어의 유성마찰음 'ㅇ', 'ㅿ'은 신라어에는 없었던 것으로 보는 견해가 있어왔으나, 여기에는 다시 생각해야 될 문제들이 있음이 최근의 연구에서 지적된 바 있다. 이것은 앞으로 더 연구되어야 할 과제로 남아 있다.

신라어의 모음체계에 중세국어의 7단모음單母音즉 'ㆍ, ㅡ, ㅣ, ㅗ, ㅏ, ㅜ, ㅓ'에 대응되는 모음들이 있었으리라는 것은 일반적으로 인정되고 있다. 지금까지 몇몇 학자들은 신라어에 'ㅣ'가 둘이 있었을 가능성(＊i와 ＊ㅇ)을 추구追究하여 주목을 끌었다. 그러나 증거가 충분하지 못하여 지금으로서는 어떤 결론을 말하기가 이른 처지에 있다.

한편 신라어에도 중세국어와 마찬가지로 모음조화가 있었던 것으로 믿어진다. 형태소 내부의 모음조화는 말할 것도 없고, 현존 자료의 제약으로 그 증거가 미약하기는 하나 어간과 어미 사이의 모음조화도 어느 정도 있었던 것으로 보인다.

[문법]

고대 신라어의 문법체계는 전체적으로 보아 중세국어의 그것과 대체로 같았던 것으로 생각된다. 주격조사는 '伊, 是', 속격조사는 '矣, 衣, 叱', 처격조사는 '中, 良中', 대격조사는 '乙, 肹', 조격조사는 '留' 등으로 표기되었다. 중세국어의 주격조사 '이', 속격조사 '인/의, ㅅ', 처격조사 '애/에', 대격조사 'ᄅ/을, 롤/를', 조격조사 '로'와 일치함을 볼 수 있다. 이 밖에 중세국어의 '온/은, ᄂ/는'에 대응되는 후치사는 隱, 焉'으로 표기되었다.

용언의 활용어미에는 다음과 같은 몇 종류가 확인된다. <모죽지랑가慕竹旨郎歌>의 '慕理尸心(그릴 ᄆ숨)', '行乎尸道尸(녀올 길)', '去隱春(간봄)' 등에 어미 '-ㄹ, -ㄴ' 등이 보이며, <처용가處容歌>의 '明期月良(ᄇ기 ᄃ래)'에 어미 '-이'가 발견되는데, 이들은 고대어에서는 모두 동명사어미였던 것으로 생각된다.

또한 <도천수관음가禱千手觀音歌>의 '膝肹古召旀'에 '旀(며)', <제망매가祭亡妹歌>의 '有阿米次肹伊遣'에 '米(매)'와 '遣(고)'가 보인다. 이 마지막 어미는 <제망매가>에 '古(고)'로 표기되었다. 이들은 모두 부동사副動詞 어미로서, 이 밖에도 더 확인할 수 있다. 정동사定動詞의 어미로는 '齊(제)'가 특이하다. 이것은 이두에도 나타나는 것이다. 정동사 어미로는 평서문平敍文의 '如(다)', 의문문의 '古(고)'도 사용된 예가 있다.

경어법敬語法은 국어 문법의 가장 특이한 현상의 하나인데, 신라어에 이미 중세국어의 그것과 같은 체계가 발달되어 있었다. 경어법은 선어말어미先語末語尾에 의존하는 바, 향가에서 존경법尊敬法의 '賜(시)', 겸양법謙讓法의 '白(ᄉᆞᆸ)'이 확인된다. 공손법恭遜法은 <헌화가獻花歌>의 '獻乎理音如'에 보인다. 위의 어미들은 각각 중세국어의 '-시-', '-ᅌᅵ·ᅌᅩ·ᅌᅳ-'에 대응되는 것이다.

[어휘]

현존 신라어자료를 통하여 상당수의 신라어 단어를 확인할 수가 있다. 향가의 '日尸', '道尸'과 같은 표기는 '尸'자로 끝 자음을 써줌으로써 이 단어들이 중세국어의 '날', '길'에 이어짐을 보여준다.

또 신라 관명의 '波珍湌 或云 海干'(삼국사기 권38)은 신라어에 '바ᄃᆞᆯ海'이라는 단어가 있었으며 이로부터 변화한 것이 중세국어의 '바를海'이었음을 알게 한다. 인명에서는 '염촉厭髑'에 대하여

"혹은 '이차異次' 또는 '이처伊處'라 하니 이는 우리말의 다름이다. 번역하면 '염厭'이 된다. '촉髑', '돈頓', '도道', '도覩', '독獨' 등은 모두 글쓰는 사람의 편의

에 따라 쓴 것이니 곧 조사助辭이다(厭髑或云異次或云伊處方言之別也譯云厭也髑頓道覩獨等皆隨書者之便乃助辭也)."

(삼국유사 권 3)라는 기록을 통하여 신라어에 '○-厭'이라는 동사 어간이 있었음을 알 수 있다. 이것은 의미 변화를 입어 중세국어에 '○-困'으로 나타난다.

'居柒夫或云荒宗'(삼국사기 권44), '東萊郡本居柒山郡'(삼국사기 권34)에서는 '荒, 萊'를 의미하는 단어가 '居柒(중세국어: 거츨-)'이라 발음되었음을 볼 수 있다. 신라 지명에는 '伐' 또는 '火(블)'을 가진 것이 많은데 이것은 백제 지명의 '夫里(부리)'에 대응되는 것으로 사람이 모여 사는 곳을 나타낸 것으로 추정된다. 중세국어의 '셔볼(서울, 京)', 'ㄱ볼(고을, 郡)'에 그 흔적이 남아 있다.

고유명사의 어원을 밝히기는 매우 어렵다. 신라 말엽에 김대문金大問이 어원을 제시한 것이 ≪삼국사기≫에 인용되어 있다. '次次雄, 尼師今, 麻立干' 등에 관한 것인데, 이로 보아 그때에도 이 단어들의 어원이 문제로 제기되었음을 알 수 있다. 그는 '次次雄'은 무巫, '尼師今'은 치리齒理, '麻立'은 궐橛을 뜻하는 말로 해석하였는데, 이 모두가 옳다고 보기는 어렵다. 특히 '尼師今'의 해석은 인정하기 어렵다. 이 '今'금은 신라어에서 통치자, 즉 왕을 가리킨 단어인 것이다. 이 '금'은 중세국어의 '님금'에 남아 있는데, '님금'의 본뜻은 '주군主君'이었다. 이 '금'이 고대 일본어에 들어가 kimi(君)가 된 것으로 추측된다.

이상의 서술에서 알 수 있듯이, 무엇보다도 자료의 부족으로 신라어에 대한 자세한 연구는 불가능한 처지에 있다. 그러나 현존 자료에 대한 면밀한 검토와 날카로운 해석을 꾀한다면 앞으로 신라어에 대해서 좀더 깊은 이해에 도달할 수 있을 것이다.

한마디로 신라어라고 하지만, 천년의 기간에 걸친 것이어서 그 초기와 후기의 언어에는 적지 않은 변화가 있었을 것으로 짐작되는데, 이것을 밝혀서 말하기는 매우 어려운 처지에 있다. 그리고 지금까지의 연구는 주로 중세국어와 일치하는 사실들의 확인에 그쳐왔다. 앞으로의 연구는 중세국어와 일치하지 않는 사실들을 밝히기에 노력해야 할 것이다. 이런 사실들이야말로 신라어의 특징이 될 것이기 때문이다.

신라역어 新羅譯語

9세기 전반 일본이 설치한 신라어 통역관. 신라와 일본 사이의 외교사절 교환이나 인적·물적인 상호교류에 따르는 신라어 통역관은 이전부터 있었을 것으로 보인다. 다만 '신라역어'라는 이름의 통역관은 815년(헌덕왕 7) 1월 30일에 처음 설치되었다.

설치의 배경은, 첫째, 일본이 당나라에 보내는 견당사遣唐使 일행이 항해 도중 불시에 표류해 한반도에 상륙할지도 모를 비상사태를 대비함이다. 왜냐하면 신라가 백제를 정복한 이후 신라와 일본의 관계가 악화된 데다가, 일본에 표류하는 신라인들을 일본인들이 해친 사건도 있었기 때문이다.

둘째, 당시 중국 각지에서 신라인들이 두드러진 활약을 보이고 있었는데, 일본은 대당 교섭상 이들 신라인들의 협조가 필요함을 인식한 것이다. 일본 측 문헌기록에 따르면 신라역어는 견당사의 대당 교섭에 있어서 주요한 구실을 한 듯하다.

그들은 통역뿐만 아니라 항해 안내, 실무 차원의 교섭 및 주요 안건에 대한 조언의 임무도 수행하였다. 일본 승려인 엔닌圓仁의 ≪입당구법순례행기入唐求法巡禮行記≫에는 신라역어로서 도현道玄·박정장朴正長·김정남金正南·유신언劉愼言 등 4명의 이름이 보인다. 이들은 모두 신라인으로 보이며, 앞의 3명은 일본에서 임명한 견당사의 일행인 듯하다.

그러나 유신언은 중국 추저우楚州에서 활약하고 있던 신라인으로서 신라역어의 임무를 일시 수행하기는 했으나, 견당사와는 무관하였다. 그는 나중에 추저우에 있던 신라방의 총관摠管이 되었다. 신라역어의 존재는 장보고張保皐와 함께 당시 동북아시아의 해상교역에서 차지하고 있었던 신라인들의 비중을 보여주는 중요한 자료이다.

신라오기 新羅五伎

 신라 말 최치원崔致遠의 절구시絶句詩 <향악잡영鄕樂雜詠> 5수에서 읊어진 다섯 가지 놀이. 즉, 금환金丸·월전月顚·대면大面·속독束毒·산예狻猊 등으로 그 내용은 다음과 같다. 금환은 곡예의 일종으로 여러 개의 금방울(또는 금칠한 공)을 계속 공중으로 던졌다 받는 것이다.

 월전은 서역에서 전해진 탈춤의 하나로 추측된다. 대면은 일종의 구나무驅儺舞이다. 속독은 중앙아시아의 여러 나라에서 전래한 건무健舞의 일종으로 추측된다. 산예는 사자춤이다. 이 오기는 신라의 가무백희歌舞白戲의 내용을 가장 구체적으로 보여주며, 신라 말의 이와 같은 향악은 고려의 산대잡극山臺雜劇이나 조선조의 나례잡희儺禮雜戲의 선행예능先行藝能이었음을 알 수 있다.

 또한 이 놀이들을 신라 고유의 악, 즉 '향악'이라고 읊었지만, 그 내용으로 보아 중국과 서역에서 전래된 무악舞樂과 산악散樂 등의 영향을 받은, 삼국악三國樂을 집성한 놀이였음을 알 수 있다. 이 오기의 유래에 대한 학설은 여러 가지이지만 신라 고유의 놀이가 아니라 외래의 것이요, 특히 서역계통 악의 영향을 입은 것이라는 의견이 지배적이다(최남선崔南善·이혜구李惠求·이두현李杜鉉).

 그러나 오기가 비록 외래악이라 하더라도 그 본원本源의 모습에 변수가 있었을 것이기에, 서로 혼합되었을 것이라는 것이 지적되었고(양재연梁在淵), 또 문헌에 의한 오기와 당희唐戲 중의 서량기西凉伎에 혼탈대渾脫隊가 가미된 것과의 비교연구도 시도된 바 있다.

 이 오기는 문헌자료뿐만 아니라 민속적인 자료를 아울러 살펴야 보다 정확한 복원을 기대할 수 있다. 오늘날까지 남아온 민속극, 특히 밤마리의 대광대패와 영남일대 오광대五廣大의 연희형태 즉, 그 놀이순서에서 오기는 개별적인 다섯이 아니고 하나로 뭉쳐진 다섯이며, 그 전통이 오광대에까지 연면히 맥이 닿아 있음을 알 수 있다.

신라오릉新羅五陵

경상북도 경주시 탑동에 있는 신라의 능묘. 사적 제172호. 사릉蛇陵이라고
도 한다. 모두 5기가 있으며, 신라의 시조 박혁거세, 왕비 알영閼英, 제2대 남
해왕, 제3대 유리왕, 제4대 파사왕의 능묘로 전하고 있다.

원형봉토분으로 제1릉은 가장 남쪽에 있으며 높이 약 10m로 5기 가운데
가장 높고 크다. 제2릉은 제1릉의 동북쪽에 있으며 높이는 약 9m이다. 제3
릉은 제2릉의 동쪽에 표주박 형태[瓢形]를 이루고 있으며 높이는 약 7.2m이
다. 제4릉은 제2릉의 서쪽에 있으며 높이는 약 3.6m이다. 제5릉은 제4릉의
동북쪽에 위치하고 있으며, 높이는 약 1.8m이다.

아직 발굴조사가 실시된 바 없어 각 능의 구조를 알 수 없으며, 경주일대
에서 3세기 이전으로 올라가는 원형봉토분의 구조형식이 확인되지 못하여
현재 알려진 피장자와 직접 연관시키기는 어려운 실정이다.

신라오묘新羅五廟

신라시대의 묘제廟制. 원래 중국의 묘제에서 천자天子는 7묘제이고 제후諸
侯는 5묘제인데, 신라는 제후의 입장에서 5묘제를 받아들인 것이다. 5묘는
태조묘太祖廟를 중심으로 좌우에 직계4조를 받드는 것이 원칙이지만, 신라
는 이를 변형시킨 독특한 5묘제를 보여주고 있다.

신라는 5묘제 수용 이전부터 나름대로의 묘제를 시행하였다. 서기 6년(
남해왕 3) 시조 박혁거세朴赫居世를 모시는 시조묘始祖廟를 처음 설치했으며,
487년(소지왕 9) 시조의 탄생지인 나을奈乙에 신궁神宮을 설치하였다. 신라의
5묘제는 이러한 전통 위에서 중국의 묘제를 수용해 성립된 것이다.

5묘제가 제도로서 처음 나타나는 것은 혜공왕 때이지만, 그 시원은 신문왕
때에 나타난다. 신문왕은 687년(신문왕 7) 4월 대신을 조묘祖廟에 보내 제사
를 지내게 하였다. 이때 제사의 대상이 된 다섯 왕을 보면, 문무대왕이 고考,
태조대왕이 조祖, 문흥대왕文興大王(김용춘金龍春의 추봉 왕명)이 증조曾祖, 진지

대왕이 고조이므로 신문왕의 직계 4조에 해당하며, 태조무열왕을 합하면 5묘제의 원칙에 부합된다. 따라서 5묘제는 신문왕 때에 이미 성립했던 것이다. 다만 태조대왕이 누구인가는 확실하지 않지만, 일반적으로는 종래 시조묘에 봉사되던 박혁거세가 아니라 최초의 김씨 왕인 미추이사금으로 추정하고 있다.

5묘제가 신문왕 때에 성립할 수 있었던 배경은, 삼국통일 직후 당나라의 문물제도를 수입해 각종 제도를 정비하려 했던 당시의 시대적 상황을 우선 들 수 있다. 그리고 신라시대의 발전에 따른 족族의 분화와 가家의식의 성장이란 측면이 묘제에 반영된 것이라고 할 수 있다.

이러한 5묘제는 혜공왕 때에 가서 변화를 보게 되었다. 중대 왕실인 무열계武烈系의 시조격인 태종무열왕이 직계 4조를 벗어나므로 5묘제의 제사대상에서 빠질 수밖에 없었다. 또한 다음 대에는 삼국통일의 영주英主로 존숭받던 문무왕마저도 5묘제에서 제외되어야 할 상황이었다.

따라서 혜공왕은 직계이자 삼국통일의 영주인 태종무열왕과 문무왕을 계속 봉사할 수 있는 방향으로 5묘제를 개정하게 되었다. 이때 개정된 5묘제는 미추이사금을 시조로 중앙에 배치하고, 태종무열왕과 문무왕은 대대로 천훼遷毁할 수 없는 것으로 고정시키고, 나머지 2위는 조祖인 성덕왕과 고인 경덕왕을 모신 듯하다.

신라 하대의 선덕왕 때에는 경덕왕 대신 고로서 개성대왕에 추봉된 효방孝芳이 모셔졌다. 원성왕 때에는 성덕왕과 효방 대신에 흥평대왕으로 추봉된 조 위문魏文과 명덕대왕으로 추봉된 고 효양孝讓이 모셔졌다.

즉, 직계4조가 다 모셔지지 못하고 일부만 모셔졌다. 이는 선덕왕과 원성왕이 중대中代 왕실을 무력으로 제압하고 정권을 장악한 데 따른 왕위계승상의 정통성 확보와 관련이 있다. 이러한 원래의 5묘제와 괴리된 모습의 5묘제는 하대下代 왕실이 안정되면서 원래의 모습으로 환원되었다.

801년(애장왕 2) 3월 고정불변이던 태종무열왕과 문무왕의 2위는 별도로 모시도록 했으며, 시조묘는 그대로 두고, 고조인 명덕대왕과 증조인 원성대왕, 조로서 혜충대왕에 추봉된 인겸仁謙, 그리고 고인 소성대왕의 직계4

조를 모시도록 하였다. 이러한 5묘제는 이후 신라 말까지 계속 실행되었다.

신라오악 新羅五嶽

 신라 때 나라의 제사祭祀 대상이 되었던 다섯 산악山嶽. 신라 사람들은 일찍부터 산악숭배사상을 가지고 산신에 대해서 제사를 지냈는데, 삼국통일 이전 경주평야를 중심으로 경주 주변의 오악을 숭배했던 듯하다.

 그 뒤 반도를 통일하여 넓은 영토를 차지하게 됨에 따라 국토의 사방과 중앙에 해당하는 지역에 위치한 대표적인 산악을 지정하여 오악으로 삼았는데, 동악에는 토함산吐含山, 서악에는 계룡산鷄龍山, 남악에는 지리산地理山(지이산智異山), 북악에는 태백산太伯山, 중악에는 부악父嶽(팔공산八公山)이 바로 그것이다.

 이처럼 오악은 통일신라의 상징적인 존재의 하나로서 동서남북 각 방면의 일정한 정치적 세력을 진압한다는 국방 내지 상징적인 의미를 가지고 있었다. 이 오악은 대사大祀·중사中祀·소사小祀로 구분되어 있는 신라통일기의 국가적 제사 중 중사에 편입되어 나라의 평안과 발전을 기원하는 제사를 지냈다.

신라원 新羅院

 신라 사람이 당나라에 세운 절에 대한 통칭. 통일신라시대에 당나라와 교역이 성하여지게 됨에 따라서 산둥반도나 장쑤성[江蘇省] 등 신라인의 왕래가 빈번하였던 곳에는 신라인의 집단거주지인 신라방新羅坊이 생겨나게 되었다. 그 곳의 거류민들은 절을 세워 그들의 신앙의 지처로 삼은 한편 항해의 안전도 기원하였는데, 이와 같은 사찰을 신라원이라고 하였다.

 신라원 가운데에서 가장 대표적인 것은 흥덕왕대에 장보고張保皐가 산둥반도 적산촌赤山村에 세운 법화원法華院이다. 이 법화원은 신라와의 연락구실을 하는 것은 물론, 신라의 유학승과 일본의 유학승들에게까지 편의를 제공하였던 사찰이다. 1년의 수확 500석의 전답을 기본재산으로 삼았던 법화원에는 항상 30여 명의 상주승常住僧이 있었다고 하며, 연중행사로는 본국인 신라의 예에 따라 매년 8월 15일을 전후하여 3일 동안 성대한 축제를 열었다. 또한, 매년 정기적인 강경회講經會를 개최하였는데, 여름에는 ≪금광명경金光明經≫을 강하고 겨울에는 ≪법화경≫을 강하였다. 각각 2개월씩 계속된 이 강경회에는 약 250여 명의 승속僧俗이 참여하였다고 한다. 그리고 예불禮佛도 신라의 것을 그대로 따라 하였는데, ≪열반경≫·≪화엄경≫·≪초일월경超日月經≫ 등에서 설한 게송偈頌에 각각 곡을 붙여 범패梵唄로 불렀다고 한다.

이와 같은 신라원은 법화원 외에도 여러 사찰이 있었던 것으로 추정되고 있다. 당나라의 백낙천白樂天이 자주 찾은 바 있었던 향로봉香爐峯의 대림사大林寺는 신라의 승려들만이 살았던 곳이라고 한 것 등은 이를 뒷받침하는 자료가 된다.

신라일성왕릉新羅逸聖王陵

경상북도 경주시 탑동 산 23번지에 있는 신라 제7대 일성왕의 능. 사적 제173호. 지정면적 3만 4,618㎡. 무덤의 지름은 15m, 높이는 5.3m이다. 일성왕의 성은 박씨이며, 신라 제3대 유리왕의 맏아들이다. 일지갈문왕日知葛文王의 아들이라는 설도 있다. 왕비는 지소례왕支所禮王의 딸 박씨이다.

134년에 즉위하여 154년에 승하하였으며 20년간 재위하면서 농토를 늘리고 제방을 수리하여 농업을 권장하고 민간에서 금·은·옥의 사용을 막아 검소한 생활을 장려하였다.

무덤은 경주 남산 서쪽의 약간 경사진 지형을 이용하여 마련하였고 외부 모습은 흙으로 덮은 둥근 봉토분[圓形封土墳]이다. 밑둘레에는 자연석을 일단 돌려 무덤의 보호석 및 봉토의 흙이 흘러내리지 않도록 하였으나 다른 특징은 없다. 무덤 앞의 2단 축대는 현대에 경내를 보호하기 위하여 마련하였다.

신라정강왕릉新羅定康王陵

경상북도 경주시 남산동 산 53번지에 있는 신라 제50대 정강왕의 능. 사적 제186호. 지정면적 35만6400㎡, 무덤의 지름은 15.7m, 높이는 4m이다. 정강왕의 성은 김씨, 이름은 황晃이다. 경문왕의 둘째아들로, 886년 7월에 왕이 되어 887년 7월에 승하하였으므로 만 1년간 왕으로 있었다. 승하한 뒤 보리사菩提寺 동남쪽에 장사하였다는 기록에 따라 이곳으로 비정하고 있다. 무덤의 외부모습은 둥글게 쌓아올린 봉토封土 밑부분을 3단으로 쌓아 무덤의 보호석으로 하였는데 모두 가공한 장대석長臺石으로 축조하였다. 하단의 지대석地臺石은 보다 넓게 하였고 그 위에 2단의 석축을 쌓았는데 최상면에 올려놓는 갑석甲石은 원래 없었다.

재위기간이 짧아 치적이 없으면서도 무덤의 외형이 선왕인 헌강왕릉과 같은 것은 형인 선왕의 무덤구역에 함께 축조하게 된 데 연유한 것으로 보인다.

신라정치사회사연구新羅政治社會史硏究

1974년에 이기백李基白이 펴낸 신라시대의 정치와 사회 제도에 관한 연구서. A5판. 총 326쪽. 일조각一潮閣에서 간행하였다. 5부로 나누어 13편의 논문을 수록하였다.

이 책의 저자는 신라의 정치·사회의 전개 과정을 '귀족 연합—왕의 전제專制—귀족 연립聯立'이라는 귀납적 풀이로 설명할 수 있다는 논리를 개진하였다. 내용구성은 갈문왕葛文王 및 육두품을 합한 귀족 세력과 신분제를 제1부에서 다루었고, 대등大等과 상대등上大等을 귀족 연합의 상징으로 해 제2부에서 다루었다. 또 전제 정치를 대표하는 것으로 품주稟主와 집사부執事部에 대해 제3부에서 다루었고, 제4부에서는 사회 변동과 정치 개혁으로 5악五岳, 단속사斷俗寺와 원가怨歌, 혜공왕의 정치 변혁, 사병私兵 등을 다루었다. 제5부는 1968년에 발견된 영천 청제비菁堤碑의 축제기築堤記와 수치기

修治記를 통해 수리水利의 발달상과 촌락민의 지배 조직을 해명한 것이다.

저자는 이 책을 통해 신라 지배 세력의 변천 과정을 당시 사람들의 활동을 통해 찾으려 함으로써 한국 고대사 연구의 새로운 방법론을 제시하였다. 이러한 역사 해석의 모색은 일제 식민지 사학자들이나 민족 사학자들의 언어학적 풀이를 배격했다는 데 큰 뜻이 있다. 특히 논문의 전개상 ≪삼국사기≫의 초기 기록을 사료적인 가치로 인정함으로써 ≪삼국사기≫ 연구에 새로운 길을 열게 하였다.

무엇보다도 이 책에서는 '갈문왕이 왕족·왕비족·왕모족 등 독립된 가계의 장에게 준 왕위 계승권이 없는 준왕적 존재'임을 밝힌 점, 화백和白의 구성원인 대등과 그 의장으로서 상대등의 변천 과정에서 신라 권력 구조를 구명한 점, 육두품의 가문과 그 활동상을 확인한 점, 집사부의 성립과 변천 과정을 통해 왕권의 신장과 쇠퇴를 서술한 점 등은 신라의 정치와 사회를 이해하는 데 관건이 되었다. 또한 5악과 전제 왕권의 관계, 사병과 왕권 쟁탈의 연계 문제를 해명하고, 수치 사업을 통해 중앙과 호족의 관련을 해명함으로써 신라 말의 사회 변동상을 심층적으로 파악하는 데 도움을 주었다.

그러나 논지의 전개에 나타난 지나친 도식적 해석 방법은 역사 발전의 형태를 일정한 틀에 묶어 두려고 하지 않았느냐는 지적도 있으며, 신라의 전제 왕권이 중대 이전, 즉 중고中古 시기인 진흥왕이나 진평왕 대에 어느 정도 이룩되었다는 새로운 연구 성과에 비추어 반론의 여지가 있다.

그러나 이 책은 한국 고대사 연구에서 식민지 사관을 극복하고 방법론이나 성과를 한 차원 높인 역저라 하겠다.

신라진덕왕릉新羅眞德王陵

경상북도 경주시 현곡면 오류리 산 48번지에 있는 신라 제28대 진덕여왕의 능. 사적 제24호. 지정면적 9,498㎡. 무덤의 지름은 14.4m, 높이는 4m이다.

진덕여왕의 성은 김씨, 이름은 승만勝曼으로 신라 제27대 선덕여왕의 뒤를 이은 신라의 두 번째 여왕이며, 어머니는 박씨로 월명부인月明夫人이다. 647년에 왕이 되어 654년에 승하하였다. 7년간 왕으로 있는 동안 국력을 길러 고구려와 백제를 견제해 삼국통일의 토대를 닦았다. 죽은 뒤 사량부沙梁部에 장사지냈다는데 지금의 위치로 비정되고 있다.

무덤은 구릉丘陵의 중복에 있다. 외부모습은 흙으로 덮은 둥근 봉토분 [圓形封土墳] 으로서 밑둘레에는 병풍屛風 모양으로 다듬은 판석板石으로 무덤 보호석을 마련하고 판석의 사이사이에는 12개의 탱석樘石을 끼워 넣어 방향에 따라 12지신상十二支神像을 새겼다.

판석으로 된 호석 위에는 장대석長臺石으로 된 갑석甲石을 올려놓았으나 뒤에 보수하여 원래의 장대석이 아닌 것도 있다. 호석뿌리에서 일정한 간격으로 무덤 및 둘레를 따라 깐돌[敷石]을 놓고 그 밖으로 돌난간을 세웠는데 지금은 난간부재가 거의 없어졌다. 무덤 앞에 있는 축대와 통로는 최근에 만든 것이다.

능의 형식은 기본적으로 선덕여왕 이후의 것과 동류의 모습을 취하고 있다. 호석에 12지신상을 새겨놓은 성덕왕릉聖德王陵·경덕왕릉景德王陵·원성왕릉元聖王陵·헌덕왕릉憲德王陵·흥덕왕릉興德王陵·김유신묘金庾信墓, 경주 구정동 방형분方形墳 등과 비교해볼 때, 조각수법이 가장 뒤져 있다.

한편, 기록에 나타나는 매장지인 신라의 사량부는 현재의 경주 흥륜사지興輪寺址 일대로 추정되고, 아울러 12지신상의 조각수법이 뒤진다는 점 등을 들어 진덕여왕의 능이 아니라는 주장도 있다.

신라진지문성왕릉新羅眞智文聖王陵

경상북도 경주시 서악동에 있는 신라의 왕릉. 사적 제178호. 지정면적 37,926㎡. 무덤의 지름은 20.6m, 높이는 5.5m이다. 외부의 모습은 둥근 봉토분[圓形封土墳]이며, 밑둘레에는 자연석을 사용하여 무덤 보호석렬保護石列을 갖춘 것으로 여겨지나, 지금은 몇 개밖에 보이지 않고 있다. 여기에는 신라 제25대 진지왕과 제46대 문성왕이 합장되어 있다고 알려져 있다.

그러나 진지왕과 문성왕은 278년간의 시간차가 있고 내물왕으로 볼 때 진지왕은 8대손, 문성왕은 17대손으로 서로 9대의 차가 있음을 이유로 합장이 불가능하다고 보고 경주시 서악동 750번지에 있는 서악리고분군(사적 제142호) 가운데 아래에서 두번째 무덤을 진지왕릉으로 주장하는 견해도 있다.

신라진평왕릉新羅眞平王陵

경상북도 경주시 보문동 608번지에 있는 신라 제26대 진평왕의 능. 사적 제180호. 지정면적 4만3645㎡, 무덤의 지름은 36.4m, 높이는 7.9m이다.

진평왕의 성은 김씨, 이름은 백정白淨, 진흥왕의 장손자이다. 어머니는 만호부인萬呼夫人이고, 왕비는 마야부인摩耶夫人이다.

579년에 왕이 되어 632년에 승하할 때까지 54년 동안 왕으로 있었다. 신라 초대 임금인 혁거세 다음으로 재위기간이 길었으며 여러 차례에 걸친 고구려의 침공에 대항하는 한편 수나라와 수교하였고, 수나라가 망하자 당나라와 수교하였다. 국내적으로는 원광圓光·담육曇育 등 승려를 중국에 보내 수도하게 하는 등 불교진흥에 힘썼다. 특히, 경주 남산성南山城을 쌓았고 명활산성明活山城을 개축하는 등 수도 방위대책에 힘썼다. 한지漢只에 장사하였다는 기록에 의해 장지를 이곳으로 비정하고 있다.

무덤의 외부모습은 흙으로 덮은 둥근 봉토분으로서 무덤 밑둘레에는 자연석을 사용하여 무덤 보호석렬石列을 갖춘 것으로 여겨지나 지금은 몇 개만이 보인다. 이와 같이 자연석을 사용하여 보호석렬을 마련한 예는 아달라왕릉 등 신라왕릉에서 자주 나타나고 있다.

신라진흥왕릉新羅眞興王陵

경상북도 경주시 서악동 산92-2번지에 있는 신라 제24대 진흥왕의 능. 사적 제177호. 지정면적 3만 7,927㎡. 무덤의 지름은 20m, 높이는 5.8m이

다. 진흥왕의 성은 김씨, 이름은 삼맥종三麥宗, 혹은 심맥부深麥夫이며, 제23
대 법흥왕의 조카로, 아버지는 법흥왕의 아우인 입종갈문왕立宗葛文王, 어머
니는 식도부인息道夫人, 왕비는 지소태후只召太后(사도부인思道夫人)이다.

540년에 왕이 되어 576년에 승하할 때까지 36년간 재위하면서 황룡사皇
龍寺를 창건하였으며, 한강유역을 개척하는 등 많은 업적을 남겼다. 무덤의
외부모습은 흙으로 덮은 둥근 봉토분[圓形封土墳]으로서 무덤 밑둘레에는
자연석을 사용하여 무덤 보호석렬石列을 갖춘 것으로 여겨지나 몇 개밖에
보이지 않고 있다.

한편 신라에 있어서 가장 위대한 치적을 쌓은 왕의 능으로서는 규모가 작
고 기록으로 미루어보아 법흥왕과 같은 위치에 있어야 하는데 반대방향으
로 2㎞ 떨어져 있는 점을 들어, 이 능이 왕릉이 아니며 경주시 서악동 750
번지에 있는 서악리고분군(사적 제142호) 가운데 아래에서 세 번째 무덤이 진
흥왕릉이라고 주장하는 견해도 있다.

신라초 新羅抄

서정주徐廷柱의 제4시집. B5판. 102면. 1961년 정음사正音社에서 간행하였
다. 총 38편의 작품이 5부로 나뉘어 실려 있고 작자의 후기後記가 있다.

제1부 '신라초'에는 <선덕여왕의 말씀>·<꽃밭의 독백>·<사소娑蘇의 두
번째 편지 단편斷片>·<신라의 상품商品>·<노인헌화가老人獻花歌> 등 8편,
제2부 '고조古調'에 <고조 1>·<진주晉州 가서>·<숙영이의 나비>·<기다림
> 등 5편이 실려 있다. 제3부 '귓속말'에 <재롱調>·<귓속말>·<뚜쟁이
調>·<오갈피나무 향나무> 등 5편, 제4부 '무제無題'에 <가을에>·<대화
>·<어느 늦가을날>·<단식후斷食後>·<한국성사략韓國星史略> 등 14편, 제
5부 '인연설화조因緣說話調'에 <편지>·<여수旅愁>·<바다> 등 6편이 각각
수록되어 있다.

작자도 후기에서 밝혔듯이, 주목할 만 한 것은 이 시집을 기점으로 '신라'를
주요 제재로 한 시세계를 보여주기 시작하였다는 점이다. ≪신라초≫에서

부터 다음 시집 ≪동천冬天≫에 이르는 동안 서정주는 '신라'와 '불교'라는 정신적 지주를 바탕으로 작품 세계를 구축해나가고 있다.

후기에서 '소위 인연이란 것이 중요하긴 하였다.'라고 말한 것은 ≪신라초≫의 제재가 불교의 인연사상과 별개의 것이 아님을 보여준다. 그리고 이러한 점은 한국의 전통적 정서의 연원을 신라 정신, 특히 신라의 불교 정신에서 발견하고 그것을 이어가려는 노력에서 비롯된 것이다. 말하자면 영원 지향적 사상인 것이다. 이 영원 지향의 정신은 다름이 아니라 불교의 삼세인연三世因緣과 하나로 통하는 것이다.

이 같은 사상을 잘 드러내 보이고 있는 작품으로 <사소의 두 번째 편지 단편>을 들 수 있다. 이 작품은 인간의 육신이 단생斷生에만 매여 있는 것이 아니라 전생·차생此生·후생과도 이어져 있음을 말해주고 있다.

또 <신라의 상품>은 어지러운 현세를 떠나 영원에다 터를 잡고 사는 이의 여유를 보여주고 있다. 서정주는 이 시집에서 신라의 영원주의를 시로써 형상화하고자 하였다. 역사의 한 단면을 제재로 하여 그것을 정신의 뿌리로 이어가고자 한 것은 충분히 의미 있는 일로 인정된다.

이 시집만을 놓고 볼 때는 그러한 작업을 시도했다는 것에 더 큰 의미가 주어지는 것이라 하겠다. ≪동천≫에서는 이러한 작업이 좀 더 구체적으로 실현된다.

신라촌락문서新羅村落文書

일본 도오다이지東大寺 쇼소인正倉院 중창中倉에 소장되어 있는 통일신라시대의 문서. 신라장적新羅帳籍·정창원신라장적·신라민정문서新羅民政文書라고도 한다.

이 문서는 ≪화엄경론질華嚴經論帙≫ 내부의 포심布心에 붙어있던 것으로 1933년 10월 파손된 책갑을 수리할 때 발견되었는데, 촬영 후에 다시 원상태로 질帙 속에 넣었기 때문에 현재로서는 사진을 가지고 내용을 연구할 수밖에 없는 실정이다.

요지料紙는 2매로 되어 있고, 약간의 결락缺落이 있으며 해서楷書로 기록되어 있다. 이러한 문서는 매 3년마다 다시 작성되어 3년마다의 수의 증감을 따로 기록하고 있다. 작성시기는 755년(경덕왕 14)이나 815년(헌덕왕 7)이나 875년(헌강왕 1) 중 어느 한 해로 보이며, 서원경西原京(지금의 청주)의 직접 관할 아래 있던 모촌某村과 서원경에 근접해 있을 것으로 추측되는 현縣의 관할 아래 있던 사해점촌沙害漸村·살하지촌薩下知村·모촌某村 등 모두 4개의 촌락의 명세에 관한 기록이 실려 있다.

그 내용은 대체로 ① 촌명村名·촌역村域, ② 호戶, ③ 구口, ④ 우마牛馬, ⑤ 토지, ⑥ 상桑·백柏·추楸, ⑦ 호구의 증감, ⑧ 우마의 증감 등에 관한 현황을 기록한 것으로 되어있다.

이 문서의 기재는 촌을 단위로 하여 이루어졌다는 특색이 있다. 촌은 10~15호로 이루어져 각기 다른 크기의 촌역이 있었는데, 이 점에서 자연촌락의 모습을 띠고 있었다고 할 수 있다. 촌락에는 호가 있었지만 호를 단위로 하지 않고 자연촌락을 단위로 하여 여러 가지 사항을 적었다는 점에서 이 문서는 촌적村籍이라고 불러야 할 성격의 것이다.

그런데 이와같은 촌적의 예는 당시의 중국이나 일본에서는 보이지 않는다. 이러한 사실은 신라에서 촌락이 그만큼 더 중요하게 생각되었음을 시사한다. 신라에서는 자연촌락을 단위로 하여 국가의 공과公課와 공역公役이 부과되었던 것으로, 이 문서는 이러한 필요 때문에 작성되었다.

내용을 살펴보면 4의 촌락 가운데에서 1개의 촌락은 결락으로 알 수가 없지만, 나머지 3개의 촌락은 각기 일정한 촌역이 있었음을 알 수 있다. 즉, 사해점촌이 5,725보步, 살하지촌은 1만 2830보, 그리고 서원경 모촌이 4,800보였다. 이 크기는 당시 수도였던 경주의 면적이 1만2186보로 계산되는 것에 견주어서 대단히 큰 것이었음을 알 수 있다.

이와 같이 촌의 구역면적이 큰 것은 문서에 보이는 촌역이 단순히 주거지·경작지 뿐 아니라 산림까지 포함되어 있었기 때문이다. 아마도 촌역에 포함된 산림은 촌락민들에 의한 우마의 방목·채초採草·채목採木 등을 위하여 기여하였을 것이다.

호에 대하여서는, ① 공연孔烟(자연호 또는 편호의 뜻)의 총수, ② 계연計烟(부역을 촌에 할당할 때의 기본수)의 수, ③ 등급별等級烟의 연烟, 즉 호의 수, ④ 3년간에 증가한 호의 수, ⑤ 감소한 호의 수가 기록되어 있다.

한편, 인구에 대하여는 ① 인구 총수, ② 본래부터 있던 사람과 3년간에 출생한 사람의 수와 그 성별·연령별 인구수, ③ 3년 간의 전입자 수와 그 성별·연령별 인구수, ④ 전출한 인구수와 그 성별·연령별 인구수, ⑤ 사망자의 수와 그 성별·연령별 인구수, ⑥ 매매된 노비의 수, ⑦ 노비의 수 등이 기록하였다.

호구戶口에 대하여 이와같이 상세하게 기록한 것은 이 문서의 기재에 가장 두드러진 점 가운데 하나이다. 이와 관련하여 또한 이 문서의 여러 수치상의 정정이 호구에 관하여만 보이고 있다는 점도 간과할 수 없다. 요컨대 국가에서 무엇보다 중요하게 생각한 것은 호구의 정확한 파악이었거니와, 이러한 사실은 국가의 주안점이 촌락을 단위로 한 호구의 지배에 놓여 있었음을 뜻할 뿐만 아니라, 그 지배가 노동력의 수취收聚로 실현되었음을 뜻한다고 하겠다.

호의 등급에 관하여서는, 이 문서에 중하仲下·하상下上·하중下仲·하하下下 등의 4등급에 대한 언급이 보인다. 그런데 하下 가운데에 하상·하중·하하가 있다는 점에서 중仲 가운데에도 중하 이외에 중상·중중이 있었고, 다시 중위에 상상·상중·상하가 있었음이 틀림없다.

즉, 통일신라시대 호의 등급에는 당의 9등호제九等戶制에 따라서 아홉 등급이 있었음을 알 수 있는데, 호는 기본적으로 정丁의 연령층에 속하는 사람이 많고 적음을 기준으로 하여 9등급으로 나누어졌다. 한편, 부차적인 기준으로서 노동력 이외에 경제적인 부담능력, 예컨대 재산의 소유정도가 고려되지는 않았을까 믿어진다.

또한, 정의 연령층 이외에 조助의 연령층에 속하는 사람의 수도 9등호제의 편제에 고려되었을 가능성이 없지 않다. 어쨌든 이 9등호제의 편제는 부역의 징수를 목적으로 한 것이었다.

부역 가운데에는 조租·용庸·조調의 광과와 공역이 모두 포함되었던 것으로 추측되지만, 특히 부역의 중심은 노동력의 직접적인 징수, 즉 역역力役이 있었을 것으로 믿어진다.

 한편, 살하지촌의 호는 호등에 의하여 구분된 것과 동시에 호등에 관계없이 여자余子·법사法私의 형태로 분류되어 있는 것이 있다. 여자·법사는 촌락을 기초로 한 부대인 법당군단法幢軍團과 관련이 있었다. 즉, 여자·법사의 호는 법당군단에 포함되는 어떤 부대에 징발된 호이다. 문서에 보이는 4개촌 가운데 살하지촌에만 여자·법사가 있었다는 점은, 이 촌만 법당군단과 같은 특수한 군대에 속하였고, 나머지 촌락의 호는 보다 일반적인 군역의 의무를 졌으리라는 사실을 시사한다.

 또한, 본래부터 촌에 있던 호가 아니고 3년 사이에 다른 곳에서 전입해온 새로운 호는 등외等外의 호로 간주되어 구별되었다. 문서에 보이는 바로는 인구의 이동은 적지 않았지만 호의 이동은 적었다.

 인구의 연령은 남녀의 성에 따라서 각기 6등급으로 나누어져 있다. 즉, 남자는 정丁·조자助子·추자追子·소자小子·제공除公·노공老公의 연령층으로 나누고, 여자는 정녀丁女·조녀자助女子·추녀자追女子·소녀자小女子·제모除母·노모老母의 연령층으로 구분되었다. 이와같이 6등급의 연령구분은 당령唐令에 규정된 정丁·중中·소小·황黃·노老의 5등급 연령구분과 무관하지 않다. 그러나 신라의 경우는 5등급이 아니고 6등급이었고, 구분의 명칭에도 차이가 있었다.

 실제로 부역에 의무를 졌다는 점에서 6등급의 연령층 가운데 가장 중요한 것은 말할 나위도 없이 정과 정녀였다. 정의 연령하한은 15세 또는 16세였음에 틀림없고, 그 상한은 57세였을 것으로 짐작하는데 명확하지는 않다.
 정 아래의 연령층은 차례대로 조자(조녀자)·추자(추녀자)·소자(소녀자)·제공(제모)·노공(노모)은 정의 위에 잇달아 있던 연령층이었지만, 역시 자세한 연령층의 범위는 명확하지 않다. 다만 이들 연령층이 60세 이상에 해당하는 것은 아닐까 하고 짐작해볼 따름이다.

 문서에 보이는 4개 촌의 총인구는 442명이고, 이 가운데 남자 194명, 여자는 248명이었다. 여자가 남자에 비하여 54명이 더 많은데, 이 54명의 숫자 가운데 44명은 정의 연령층에 있어서 나타나는 차이이다. 정의 연령층에 있어서 남녀 인구의 차이가 유독 현저한 것은 남자 가운데 병역과 역역에 징발되는 경우가 많고, 또 징발을 피하고자 하는 경우가 많았기 때문일 것이다.

제공(제모)과 노공(노모)은 요역의 부담이 없었다고 생각되는데, 4개촌을 통틀어 11명에 지나지 않는다. 이것은 대체로 60세 이상까지 살았던 사람이 극히 적었기 때문이다. 이와 같은 사실은 당시 촌락민들이 생활조건이 나빴으며, 가혹한 노동에 시달리고 있다는 점을 말해준다.

4개 촌에는 사노비私奴婢도 있었는데, 총 인구 442명 가운데 25명이 있었을 뿐이다. 전체 인구에서 노비의 수가 차지하는 비율은 5.6%로 매우 낮은 비율이었다. 이것은 당시에 있어서 노비의 노동력이 보충적 부차적인 존재에 지나지 않았음을 말해준다. 그러나 변경의 작은 마을에까지도 노비가 있었다는 것은 간과될 수 없으니, 이러한 사실은 당시의 노비가 귀족들의 독점물이 아니고 전국적으로 광범위하게 존재하였음을 말해주는 것이다.

그런데 노비들의 가정생활은 제대로 이루어지지 못하였다. 25명의 노비 가운데 19명이 정의 연령층이었고, 나머지는 조助가 4명, 추追가 1명, 소小가 1명이었을 뿐 제除와 노老의 연령층은 없었다. 노비의 출생률도 극히 낮아서 4개 촌을 통하여 3년간에 한 명의 비婢만이 출생하였을 뿐이다. 이러한 사실은 사노비가 부부와 자식을 중심으로 한 가정생활을 제대로 영위하지 못하였다는 것을 말해주는 일이 아닐 수 없다.

문서에 보이는 촌락민의 가족구성에 있어서는, 호를 말해주는 공연을 자연호自然戶로 보는가, 아니면 편호編戶로 보는가에 따라 설명이 달라질 수 있다. 공연을 자연호로 보는 견해에 따르면, 공연의 수가 그대로 가호수家戶數가 되므로 총가호수는 43호였다는 계산이 된다. 그리고 1가호당 평균인구는 10.8명이 된다. 다시 말해서 한 가족 구성원의 평균인원수가 약 10명이 된다는 이야기이다. 한편, 공연을 편호로 보는 견해에 의하면 한 가족 구성원의 평균인원수를 5명으로 계산하면 자연가호의 수는 92.4호, 즉 대략 92호가 된다. 어느 쪽의 견해가 맞는지는 아직 밝혀지지 않았다.

우마는 호구 다음으로, 토지와 수목보다도 앞서 기재되어 있다. 기재의 순서로 보아서는 우마가 호구에 이어서 토지와 수목보다 중요시되었음을 알 수 있다. 말은 주로 군사적인 목적과 한편으로는 교통수단으로서도 이용되었다. 소는 교통수단으로 쓰였을 가능성도 있지만 주로 농경에 사역되었다.

소와 말의 이와 같은 용도를 두고 볼 때, 소와 말은 매우 귀중한 것이었다. 소와 말의 수는 비교적 많아서 4개 촌에 말이 61두, 소가 53두가 있었다. 전체호수 43호에 비하여 보면 1호당 평균 말은 1.5두, 소는 1두 이상이 되었음을 알 수 있다. 개인이 소유한 소와 말이 있었음은 분명하지만 소와 말의 전부가 개인의 소유였는지는 알 수가 없다. 촌의 소와 말 가운데에는 국가에서 각 호로 하여금 사육하게 한 것도 있었을 것으로 추측된다.

토지에 대하여는 4개 촌에서 모두 답畓·전田·마전麻田의 세 종류로 나누어져 기록되어 있다. 이 토지는 그 귀속관계의 차이에 의하여 연수유烟受有의 것과 연수유 이외의 것으로 나누어졌다. 전자에는 보통의 답·전 이외에 촌주위답村主位畓이 있고, 후자에는 관모답官謨畓·관모전官謨田·내시령답內視令畓·마전 등이 있다.

그런데 토지에 관해서는 종목마다 면적이 기재되어 있을 뿐 증감에 관한 언급은 전혀 없다. 이것은 토지 이외에 호구·우마·수목에 관해서는 현재의 수와 아울러 증감이 표시되어 있는 것과 비교하여 대조적이다. 이와 같은 사실은 호구의 변동에 대응하는 토지의 수수라든가 토지의 변동에 상응하는 공과·공역의 변동이 없었다는 점을 말해준다.

이 문서에 보이는 한, 호구와 토지 사이에는 어떠한 관련도 있지 않으며, 호구수와 토지면적 사이에는 어떠한 대응도 나타나지 않고 있다. 이것은 신라가 당의 호적제도를 모방하였으면서도 이와 관련이 있는 균전제도均田制度는 받아들이지 않았다는 점을 시사한다.

한편, 통계적인 해석방법에 의하여 각 촌락에 전적田積 8.5결結을 단위로 하는 전·답이 연수유의 전·답으로 급전給田되었고, 토지를 지급받을 수 있는 자격이 있는 사람은 정·정녀·정노丁奴·정비丁婢이었다는 점을 밝히고, 마을을 단위로 하는 균전제가 시행되었다고 보는 견해도 있다.

연수유답과 연수유전은 농민이 국가로부터 지급받아 가지고 있는 답·전이라는 뜻인데, 722년(성덕왕 21)에 백성들에게 지급되었다고 하는 정전丁田과 무관하지는 않을 것으로 보인다.

그렇지만 <신라촌락문서>에 보이는 연수유의 답·전은 그 총면적이 촌에 따라 다를 뿐만 아니라, 1호당 평균크기에 있어서도 다르고 계연수計烟數와 대비시켜도 촌에 따라 다르다 또한, 그 면적의 크기는 정의 수와 비교하여도 촌에 따라 차이가 있다.

이 점에서 연수유의 토지는 어떠한 일정한 기준에 따라서 분배된 것 같지는 않다. 그러나 연수유 이외의 토지에 있어서 내시령답이 한 촌에만 있는 것을 제외한다면, 관모답·전은 각 촌이 약 4결, 마전은 각 촌에 약 1결씩 균등하게 배분되어 있다.

관모답·전은 국가기관에 예속된 토지로서 국가의 힘에 의하여 각 촌에 균등하게 설정되었다. 문서에 보이는 4개 촌락에 모두 관모답·전이 있었다는 점에서 이러한 성격의 토지가 전국적으로 각 촌에 설정되지 않았을까 하는 추측이 간다. 마전도 각 촌에 균등하게 설정되었는데 관모답·전의 경우와 마찬가지로 그것이 국가의 힘에 의하여 각 촌에 일률적으로 설치되었음을 의미한다.

그리고 그 토지로부터의 수확은 국가에 귀속되었을 것으로 보인다. 내시령답은 사해점촌에 4결이 설정되어 있다. 내시령은 모촌에 전내시령前內視令 때에 심은 백자목 42본이 있었다는 점에서 모촌과도 관련이 있었던 것 같다. 그런데 내시령은 다른 신라사 관계자료에는 전혀 언급된 바가 없어서 어떠한 종류의 관직이었는지 자세히 알 수 없다. 그러나 내시령이 중앙의 관부인 내성內省의 장관이었다고 해석하고, 문서에 보이는 4개의 촌락이 내성 또는 내시령에 지급된 녹읍祿邑이었으며, 따라서 이 문서는 그 녹읍관계 문서였다고 보는 견해가 있다.

한편 내시령은 몇 개의 자연촌自然村으로 이루어진 행정촌行政村에 파견되어 내려온 하급관리로 보고 공과·공역을 수취하는 임무를 수행하였다고 보는 견해도 있다. 어느 쪽의 견해가 옳은 것인지는 확실하지 않지만, 어쨌든 내시령이 재지세력가在地勢力家가 아닌 관료였으며, 내시령답은 그의 생계를 돕기 위하여 설정된 토지였다고 말할 수 있다.

촌주위답은 사해점촌에 한하여 연수유답 가운데 19결 70부가 설정되어 있었다. 촌주위답은 그가 수행하는 임무의 수행 대가로 주어진 토지였다. 촌주는 사해점촌을 포함하여 주위에 있는 몇 개의 자연촌을 묶어 편성한 행정촌에 관련된 행정사무를 관장하였다. 그는 국가의 공공업무를 처리하였지만, 그렇다고 관료는 아니고 단순한 재지세력가에 지나지 않았다. 촌주의 답이 내시령답과 구별되어 연수유답에 포함되어 있었던 것은 이러한 관점에서 이해가는 일이다.

각 촌락에는 상桑·백자목栢子木·추자목楸子木이 또한 상당수 심어져 있었다. 그러나 나무의 수가 토지의 면적이나 호수·정수와 어떤 비례관계가 있지는 않았다. 이 문서의 기록에는 나무의 수가 일일이 헤아려지고 있는데, 이것은 나무들이 관세의 대상이 되었다는 점을 시사한다. 아마도 나무의 크기에 따라서 한 나무 당 일정한 양씩 수취되었을 것이다.

이 문서는 통일신라시대에 있어 촌락의 구체적인 면모를 생생하게 보여주는 매우 귀중한 자료로서, 다각적인 연구를 통하여 당시의 사회·경제·정치 등 여러 분야의 실체를 보다 깊이 이해하는데 도움을 주고 있다.

[명촌名村의 호등戶等 및 남녀인구男女人口]

구분	촌명	사해점촌 沙害漸村	살하지촌 薩下知村	모촌 某村	서원경 모촌 西原京 某村
호등 戶等	중하仲下	4	1	-	-
	하상下上	2	2	-	-
	하중下仲	-	5	1	1
	하하下下	4	6	6	9
	수좌收坐	-	1	1	-
	계計	10	15	8	10
인구 人口	노공老公	-	2	-	2
	제공除公	1	-	-	-
	정丁	29	32	17	17
	조자助子	7	6	2	8
	추자追子	12	2	8	8
	소자小子	15	5	10	11
	노모老母	1	2	1	-
	제모除母	1	1	-	-
	정녀자丁女子	40	47	16	36
	조녀자助女子	11	4	4	5
	추녀자追女子	9	14	4	10
	소녀자小女子	16	10	7	9
	계計 남南	64	47	37	60
	계計 녀女	78	78	32	60
	계計	142	125	69	106
노비 奴婢	호수戶數	10	15	8	10
	노비奴婢	93)	7	-	93)
	총인구總人口	142	125	69	106
	%	6.3	5.6	-	8.4

[명촌名村 소유所有 재산財産 명세明細]

촌명	구분	전답田畓			노비奴婢			기타재산其他財産				
		연수유 烟受有	연수유 이외 烟受有 以外	계計	노奴	비婢	계計	우牛	마馬	상목桑木	백자목栢子木	추자목楸子木
사해점촌 沙害漸村	답畓	94결 2부 4속 (19결 70부)	관모답 4결 내시령답 4계	102계 2부 4속	2	7	9	22	24	1,004	120	112
	전田	62계 10부 ?		62계 10부								
	마전麻田	1계 9부	1계 9부	1계 9부								
살하지촌 薩下知村	답畓	59계 98부 2속	관모답 3계 66부 7속	63계 64부 9속	4	3	7	12	18	1,280	?	71
	전田	119계 5부 8속		119계 5부 8속								
	마전麻田		?									
모촌 某村	답畓	68계 67부	관모답 3계	71계 67부	0	0	0	11	8	730	42	107
	전田	58계 7부 1속		158계 7부 1속								
	마전麻田		1계 ?	1계 ?								
서원경 모촌 西原京 某村	답畓	25계 99부	관모답 3계 20부	29계 19부	4	5	9	8	10	1,235	68	48
	전田	76계 19부	관모전 1계	77계 19부								
	마전麻田		1계 8부	1계 8부								

141

신라탈해왕릉新羅脫解王陵

경상북도 경주시 동천동 산 17번지에 위치하는 신라 제4대 탈해왕의 능. 사적 제174호. 지정면적은 3만7,994㎡. 무덤의 지름은 14.3m, 높이는 4.5m 이다.

탈해왕의 성은 석씨昔氏, 이름은 탈해脫解(혹은 토해吐解)라고도 하며, 제3대 유리왕의 유언으로 왕위에 올라 62세에 왕이 되었다. 왕비는 아효부인阿孝 夫人이다. 재위 23년간 왜구倭寇와는 친교하고, 백제와는 자주 다투었다. 계림鷄林을 국호로 하였으며 가야와 싸워 크게 이겼다. 서기 57년에 왕이 되어 80년에 승하하였으며 죽은 뒤 경주에 있는 양정壤井의 언덕에 장사하였다는 기록에 따라 경주 시가지의 동북방에 해당하는 이곳으로 비정하고 있다. 무덤의 외부 모습은 둥근 봉토분으로서 아무런 시설과 표묘물이 없는 가장 단순한 형태의 무덤이다. 능 앞에 마련된 잘 다듬은 돌은 후대에 설치한 혼유석魂遊石이다.

신라태종무열왕릉비新羅太宗武烈王陵碑

경상북도 경주시 서악동에 있는 신라 제29대 태종무열왕릉의 비. 높이 2.1m. 국보 제25호. 현재 귀부龜趺와 이수螭首만 남아 있을 뿐 비신은 소실되었다. 《대동금석서大東金石書》에 의하면 이 비는 무열왕이 승하한 661년에 건립되었으며, 비문碑文은 김인문金仁問이 썼다고 하나 정확한 자료는 남아 있지 않다.

비의 아래에는 귀부를 놓고 위에는 이수를 얹은 형식은 중국에서 유래한 것이지만 이 비의 조각수법은 독창적이다. 귀부의 머리는 거북모양으로 목은 높이 쳐들고 발을 기운차게 뻗고 있어 전체는 앞으로 전진하고 있다. 과감한 기상을 보여주면서도 표정은 과격하지 않고 오히려 명랑하다.

비좌碑座는 연꽃으로 이루어져 있고 귀갑은 4중의 육각형 귀갑문이 조각적인 수법으로 새겨져 있다. 이수는 좌우 3마리씩 놓여 있는 용이 서로 상대방의 앞발을 꼬리로 꼬아 전체는 좌우대칭형을 이루고 있는데, 다리의 표현, 용의 비늘 하나하나가 생동감 있게 조각되어 있다.

귀부와 이수를 구성하고 있는 각 부분은 각자 생기가 있으면서도 전체와 조화되어 있으며 완전한 짜임새를 보여준다. 귀부의 머리나 귀갑의 외형, 이수 등 그들의 윤곽은 완만한 곡선으로 단순화된 형태를 이루고 있으며, 탄력성 있는 양감量感을 지니고 있어서 당시의 불상에서 볼 수 있는 충만한 조각성과 공통된 점을 발견할 수 있다. 통일신라 초기의 조각들이 보여주는 이상화된 사실주의 양식의 대표작이라 할 수 있다.

신라 말기가 되면 귀부·비신·이수 셋으로 이루어지는 전체 형식은 변하지 않으나, 귀부와 이수, 각각의 조각양식은 격동적이고 율동적인 모습으로 변천한다. 말기의 대표적인 작품으로는 월광사원랑선사탑비月光寺圓郞禪師塔碑(보물 제360호)를 들 수 있다.

신라토기新羅土器

고신라시대에 경상도지방에서 만들어진 회색무유灰色無釉의 토기. 신라토기라고 하면 그 어의상으로 보아 신라 때에 그 영토 안에서 만들어진 모든 토기를 가르켜야 하지만 일반적으로 앞에서와 같이 제한적인 의미로 쓰이고 있다.

도자기의 종류로는 석기石器(stoneware)라고 불리는 경질토기硬質土器로서 1,200~1,300℃의 고온으로 구어졌으며 흡수성이 없고 때리면 금속음이 난다. 태토胎土는 경주지방의 경우, 월성군 천북면 화선리, 현곡면 하구리의 흙을 썼다고 믿어지며, 이 흙속의 규질분珪質分이 고온에 유리화하여 토기 표면에까지 막을 씌운 것처럼 번들거리게 하고 있다. 또, 신라토기의 회색·흑회색은 태토 속의 철분이 환원염還元焰으로 구워져 제1산화철(FeO)로 바뀌어서 생기는 색이다.

기형으로는 목이 짧거나 긴 항아리(단경호·장경호)와 고배高杯가 기본형태이고, 따로 손잡이가 달린 파배杷杯, 항아리를 올려놓기 위한 기대器臺, 동물형토기 등이 있고, 신라통일기로 들어가면 뚜껑 달린 항아리·사발·합·병 등이 유행한다.

고신라시대의 적갈색토기赤褐色土器는 특수목적의 그릇이거나 실용품이 아닌 부장품으로서 화분모양의 단지 한쪽에 쇠뿔형손잡이가 달린 것이 압도적이고 따로 고배와 항아리가 있다.

이 적갈색토기는 적갈색 김해토기의 전통의 연장이며, 온도가 낮은 산화염酸化焰으로 구워져 질도 약하고 철분이 제2산화철(Fe2O3)로 바뀌어 빛깔이 붉어진 것이다. 표면장식으로는 처음에 파상집선문波狀集線文과 짤막한 열점문列點文만이 항아리의 목이나 어깨, 뚜껑 위에 시문施文되다가 집선문集線文·원권문圓圈文·삼각문·어골문魚骨文 등 기하학적무늬로 바뀌고, 마지막에는 원권문과 거치문鋸齒文만이 남는다. 이러한 고신라시대의 문양들은 모두 뾰족한 꼬챙이 끝으로 그어서 나타낸 것이지만 7세기로 들어가면서 각종 무늬를 새긴 스탬프를 사용한 인화문印花文으로 바뀌게 된다.

고신라시대에는 유약은 쓰이지 않았고 가마 안에서 낙회落灰로 인한 자연회유自然灰釉가 부분적으로 쓰여지는 경우가 있었지만, 7세기로 들어가면 중국계의 연유鉛釉를 사용하여 황록색의 유약이 쓰여진 예가 있다. 신라토기에 당나라의 삼채유三彩釉가 쓰인 예가 있다고 일부에서 말하지만 그것은 삼채유가 아니고 과도한 철분에 의해서 생긴 얼룩이라고 믿어진다.

[발생]

신라토기는 김해토기에서 발전, 변화한 것이며, 그 시기는 원삼국시대(김해시대)의 말기로서 250년부터 350년까지의 약 50~100년 사이라고 추측된다. 이 김해토기로부터 신라토기로의 과도적양상은 김해 부원동 패총의 A구 퇴적층에서 잘 나타나 있기 때문에 이 시기를 '부원동기'라고 부르기도 한다.

부원동단계가 되면 김해양식의 턱진 무개고배無蓋高杯, 타날문打捺文의 단경원저호短頸圓底壺와 함께 투창透窓을 가진 고배·장경호·기대·파배·경배頸杯 등 전형적 신라토기의 기형이 모두 나타나고 있다. 이 부원동기 또는 신라토기조기早期를 지나면 본격적 신라토기 단계로 들어가며, 김해식 고배와 항아리가 없어지고 대량의 신라토기가 적석목곽분에 부장된다.

이렇게 신라토기의 발생, 즉 김해토기에서 신라토기로의 전환은 대체로 300년경을 중심으로 해서 이루어졌다고 생각되며 그것은 신라의 사로국斯盧國 단계로부터 왕국단계에로의 전환, 묘제墓制상으로는 토광묘·소형 석곽 묘로부터 적석목곽분으로의 전환과 때를 같이하는 것이라고 믿어진다. 그런 의미에서 신라토기는 남한에서의 실질적 고대국가 발생을 배경으로 하여 나타나는 우리나라 역사시대 최초의 토기라고 할 수 있다.

앞에서와 같이 김해토기로부터 신라토기로의 전환은 경상도 각지에서 대체로 같은 시기에 이루어졌다고 생각된다. 그 선도지先導地는 낙동강 하류의 가야지구인 듯 하며, 그것은 그 지역에 토기유적이 많이 모여 있는 것으로 먼저 짐작되나, 김해식 고배에서 변화한 최초의 신라토기 고배형식이 가야형식인 점에서도 뒷받침되는 것 같다.

그리하여 김해토기에서 가야토기가 생겨나고 거기서 신라토기가 분화되었다고 생각된다. 두 토기는 같은 회색무유석기灰色無釉石器이면서 지역적 차이를 보이고 있다. 넓은 의미에서의 신라토기는 낙동강을 대체적인 경계로 하여 그 서쪽의 가야토기와 그 동쪽의 신라토기또는 경주토기로 구분된다.

이러한 구분을 처음 한 것은 1960년 김원룡金元龍의 ≪신라토기의 연구≫에서였다. 신라토기와 가야토기의 차이는 기형상으로는 신라의 장경호에서 목과 어깨의 접착부가 각角을 이루고 꺾이는 데 반해서, 가야토기에서는 곡선을 이루며 연결되었고, 신라에서의 대각臺脚 부착성행에 비해서 가야에서는 기대 사용이 유행하였다.

또, 고배에서는 신라토기의 보다 깊은 배신杯身과 다리 투창의 상하 어긋난 배치에 비해서 가야토기는 보다 납작한 배신과 투창의 상하 일렬배치로 특징지어진다. 또, 오리·말 등 동물형토기는 가야에서 발생하고 유행하였으며, 높은 원통형圓筒形의 기대도 가야의 발명품인 듯하다.

표면장식에서 유약을 쓰지 않은 것은 두 지역이 공통되나 가야토기에는 흔히 갈색 자연유를 두껍게 뒤집어 쓴 예가 있으며, 무늬도 가야에서는 거의 파상집선문과 열점문에 국한되어 있는데 반해서 신라에서는 중기로 들어가면서 각종 기하학적 문양이 널리 쓰이고 있다.

[변천]

부원동단계를 지난 본격적 신라토기의 변천 내지 편년에 관해서는 여러 학설이 있으나 현재의 연구단계에서는 전·중·후의 3기와 통일신라시대로 나누는 설이 가장 보편적으로 받아들여지고 있다.

① 전기: 350~450년경으로 경주 황남동 109호 분·110호 분·98호 분, 황오동 14호 분 등에서 출토한 토기들로 대표되며, 경주 이외의 지역에서는 부산 오륜대 고분군, 안동 월곡면 마동 가 1-1호·다-3호분, 예천 지보면 마산리고분, 동래 복천동 1호분, 영일군 기계면 학야리 고분 등에서 출토된 토기가 해당한다.

전기는 김해식 적갈색 무창고배無窓高杯가 소멸하고 유창有窓·유개有蓋의 고배·경배·파배·단경호·유각장경호有脚長頸壺·기대 등 신라토기의 중요 기형이 모두 존재한다. 고배는 뚜껑받이가 직립하고 일단창一段窓의 경우 구멍이 커서 다리는 원두막다리처럼 사주형司柱形이 된다. 배신의 한쪽에 귀모양 손잡이가 달리기도 한다.

이단창에서는 다리가 몸에 비하여 높아서 전체적으로는 늘씬한 인상을 준다. 다리는 조기早期 전통을 이어받아 돌기선突起線으로 상·중·하 3단으로 구분되고, 투창은 상·중단에만 배치되는 3단식도 있으나 상하 두 단으로만 갈라진 2단식이 압도적이 된다.

단경호에서는 목이 직립한 것과 외반外反한 것의 두 형식이 있는데, 전자는 낙랑토기에서 백제토기로 이어지는 한식토기漢式土器 영향인 듯하고 후자는 김해토기에서 발전한 것이면서 독 한가운데에 한줄기 돌기대突起帶가 돌고 구연부가 말려서 테를 돌린 것처럼 이중으로 되어 있는 것이 특색이다.

장경호는 단경호의 목을 길게 한 것이며, 목을 돌기대로 상하 2단으로 가르고 상단은 아가리 가까이에 다시 돌기선을 돌려 맨 윗부분을 부면부 또는 뚜껑받이로 구별하고 있다. 또, 목과 어깨의 접착부는 모가 나게 꺾이지만 그 부분에 얇은 턱을 만들어 돌려 목의 기부基部를 보강한 듯한 것이 전기 장경호의 한 특색이다. 목과 어깨 부분에 빗으로 시문한 파상집선문을 돌리는 것이 유일한 장식법이다. 장경호에는 다리가 달리는 것이 보통인데 전기의 다리는 일단창으로 거의 국한되고 다리 바닥 기연基緣이 두꺼운 테처럼 굵은 것이 또 하나의 특색이다.

경배는 부원동기에 나타난 장경호 모양의 술잔이며 몸에 비해서 목이 굵고 높은 것이 특색이다. 경배는 전기에 주로 유행하였으며, 가야에서는 배신부杯身部를 투작透作으로 만들고 알맹이를 넣어 방울처럼 만든 영배鈴杯로 발전하였다. 목이 좁아진 항아리 같은 배신杯身에 손잡이를 단 파배도 전기에 주로 유행하였으나 중기에도 부분적으로 나타난다. 전기의 파배는 몸이 몇 줄기 돌기대로 등분되어있는 것이 밋밋한 표면의 중기 파배와 다른 점이다.

기대는 가야지방에서 아마 백제를 거친 중국토기 영향으로 먼저 생긴 듯하며 항아리를 받치는 아가리 부분과 그 밑의 원통형 간부竿部, 그리고 기부基部로 형성된다. 그러나 경주지역에서는 그것에서 변화한 무개고배형 기대가 유행하였다. 이것은 깊고 넓은 주형 그릇과 그것을 받치는 굵고 큰 팔자형八字形 다리로 구성되며 기대인 동시에 독립된 그릇으로서의 기능을 가지고 있는 것이 위아래가 맞뚫린 가야식 기대와 다르다.

② 중기: 서기 500년을 중심으로 대략 1세기 동안이며, 서봉총瑞鳳塚·천마총天馬塚·금관총金冠塚·금령총金鈴塚·식리총飾履塚·호우총壺杅塚 등 주로 경주 노서동 일대의 중형단독고분中形單獨古墳들로 대표되는 시기이다.

부장품으로는 금관을 비롯한 호화로운 유물이 전기의 후반을 이어 계속 묻히고 있으나 부장품을 위한 부곽이 없어지고 부장품들이 주곽 안 피장자의 머리맡에 놓이기 때문에 토기의 매장량은 줄어들고, 토기 자체도 신라토기로서 가장 특색 있는 시기를 지나 이제 쇠퇴기로 들어간 듯하다. 전반적으로 전기신라토기의 강건·소박·고졸함이 후퇴하고, 연약·경화輕華의 경향이 기형·장식면에서 두드러진다.

또, 기형으로는 전기의 특색있던 기대·경배·파배 등이 없어지거나 쇠퇴하였고, 무늬도 파상집선문에서 밀집직선密集直線·어골문·격문格文·삼각문·원권문 등 기하학적 문양으로 바뀌고, 그나마 중기도 후반으로 들어가면 시문면적施文面積이 줄어들도 삼각형을 연결한 거치문대와 원권문을 결합한 것이 뚜껑의 꼭지나 항아리의 어깨에 한 줄 돌려질 뿐이다.

고배에서는 일단창다리도 있었으나 이단창 형식이 압도적으로 많아지며, 다리는 반드시 2단구분식이고, 전기의 늘씬한 고배와는 달리 다리가 비례적으로 작아지고, 또, 다리 상단이 가늘고 밑이 벌어진 원추형圓錐形이어서 고배는 작고 가냘픈 인상을 준다. 또 투창의 크기도 작아지고, 다리의 기연은 밖으로 치켜져서 옆에서 보면 다리가 들린 것처럼 보인다. 고배 아가리 주위에 영락을 단 것도 나온다.

단경호에서는 목 한가운데의 돌기선이 없어지고, 장경호에서는 목 기부의 턱이 소멸한다. 목에 뚜껑받이가 없이 곧게 올라가는 무개식도 남아 있으나, 뚜껑받이가 있는 유개식이 발달하고 뚜껑받이 부분이 밖으로 턱을 지며 확대되어 큰테를 아가리에 돌린 것 같은, 즉 목이 올라가다가 구연부에서 밖으로 꺾이며 커지는 반구盤口 또는 반구형盤口形으로 된 것이 나타나서 장경호의 주류가 된다.

그리고 전기에는 항아리의 몸이 크고 목은 그 크기가 두드러지지 않아서 종속적 위치에 있었는데 반해, 중기가 되면 몸이 목에 비해서 비례적으로 작아지며 장경호의 기능상의 변화를 말해주고 있는 듯하다.

이러한 장경호이 전통적 약속의 변화 내지 붕괴는 신라토기 자체의 쇠퇴를 뜻하는 것일 것이며, 금속 등 다른 재료로 만들어진 용기의 발달에 따른 토기의 후퇴가 중기에 시작된 듯하다. 중기 장경호 중에 몸이 계란처럼 세로로 길쭉해지고 거기에 굵고 긴 목이 달려서 전체가 위아래로 잡아당겨진 것 같은 형태가 있는 것은 이제 토기가 용기로서의 본래의 기능을 떠나 외관에 중점을 두는 의기화儀器化의 과정에 있음을 말해주는 듯하다.

③ 후기: 600년을 중심으로 한 전후 1세기를 말하지만 이 시기는 고신라토기양식에서 통일신라토기로의 과도기이며 7세기 초가 되면 이미 통일양식이 나타났다고 생각된다.

그러니까 이 시기는 고신라토기 편년에서는 후기라는 한 시기가 되지만,

토기양식으로는 고신라토기양식과 신라통일양식의 두 양식이 함께 있던 단계이다. 따라서 후기토기 하면 고신라토기의 후기양식과 통일신라토기의 시원始源형식을 함께 포함시켜서 설명해야 한다. 그러나 확실한 통일신라토기 시원형식을 현재로서는 추출하기 어려워 여기서는 고신라토기양식만을 설명하고 통일양식토기는 모두 통일신라토기에 포함시켜 일괄 설명하기로 한다.

후기에 들어오면서 전형적인 적석목곽분은 소멸하기 시작한듯하며 경주에서도 석실분이 나타나고 또 불교의 발전에 따른 화장의 증가로 고분에 부장되는 토기가 크게 줄어들게 되었다.

이 시기의 토기는 고배와 장경호가 계속 주류를 이루면서 중기에 나타난 얕은 원추형 다리와 과장된 단구段口가 특징이다. 또, 고배다리의 구멍은 아직 상하 2단으로 배치되고, 그 수도 각 단 3개 이상, 그 크기도 1변 1cm 내외이며, 1변 수밀리미터의 작은 구멍이 보통 두 개로서 다리의 위쪽에 맞뚫린 통일양식과 차이를 보여준다.

황룡사지皇龍寺址 금당 밑 매토埋土 속에서 발견된 고배파편은 그 연대의 하한이 황룡사의 건축 시작연대인 569년으로 믿어지는데 후기의 초기 토기 표본이라고 할 수 있는 귀중한 자료이다. 이와 비슷한 고배는 경주 보문동 부부총의 부묘夫墓와 창녕 계성 C구 12호분에서 나오고 있다.

또, 장경호에서는 미추왕릉지구 A구 3호분 제2묘곽에서 출토된 것처럼 중기 장경호의 연속이면서 목의 위가 크게 벌어지고 그 위에 구연부가 내경한 넓은 단구가 달린 새로운 형태도 있어 전통으로부터의 이탈이 보인다.

그러나 후기 장경호에서는 고배에서와 마찬가지로 다리가 아직 제 구실을 하고 있는데 통일양식에서는 그것이 굽처럼 내려앉아버린다. 이러한 다리의 왜소화는 후기의 후반기에 이루어졌음이 분명하나 그 과정을 보여주는 과도기형식의 예가 아직 발견되지 않고 있어 의문이다.

④ 통일신라시대: 고신라시대 토기처럼 고분에 일괄 부장되는 일이 없게 되어 단독으로 출토되는 골호骨壺나 경주 이외의 외곽지대에서 간혹 나타나는 부장 토기 이외에는 토기자료가 영세하고 유리된 것이어서 체계 있는

형식학적 연구나 편년은 매우 어렵다.

그래서 통일신라시대 토기는 그저 인화문토기印花文土器라는 이름으로 알려지고 통일시기 전후 300년의 토기가 한데 묶여 있는 형편이나 인화문토기는 실은 골호, 기타 특수목적의 토기이며 일상생활에 쓰이던 실용기가 아니기 때문에 인화문토기만으로 통일신라시대 토기를 논하여서는 안 될 것이다.

경주 안압지 발굴을 통해서 새로 나타난 대량의 토기는 통일신라시대 일반토기의 실태를 어느 정도 살펴볼 수 있다. 경주 서악리 석실분 출토의 토기들은 통일양식의 이른 단계를 보여주는 것들이며 연대도 7세기 전반으로 올라간다고 생각된다.

여기서는 무개고배 1, 장경호 2, 유개합 5, 뚜껑 1이 나왔는데, 고배는 짧고 다리에 조그만 구멍이 상하 2단으로 뚫렸고 배신에는 귀모양 손잡이의 퇴화된 것이 한쪽에 붙어있다. 유개합은 뚜껑이 위에서 본 굽접시 모양이며, 거치문·원권문이 한 줄기 돌고 있다. 장경호는 다리가 짧아져서 굽으로 바뀌었으나 구멍이 뚫려 고식 전통을 남기고 있고 목은 두 줄기 돌기선으로 상하 2단으로 갈라졌으며 목과 어깨에 원권문·거치문·결합문이 시문되고 있다. 뚜껑에는 통일양식 특유의 양파형 꼭지가 달려 있다.

안압지 출토의 토기들은 7세기 후반에서 9세기에 이르는 명실상부한 통일신라시대 토기들이며 무문無文의 토기와 인화문 토기의 두 종류가 나온다.

우선 무문의 토기에서는 고배, 다리 달린 대접[盌], 항아리, 몸의 한쪽이 편평한 항아리, 병, 시루, 장군 등 기형이 있는데, 고배·완이 가장 많다.

고배는 얕은 원추형 다리에 아주 조그만 구멍이 뚫린 것이며 배신의 뚜껑받이가 안쪽으로 거의 수평으로 꺾이다가 끝만 약간 일어선 것으로 뚜껑은 없으나 뚜껑을 받도록 되어있는데 고신라 유개고배의 마지막 모습이라고 할 수 있을 것이다.

양식상 이 고배의 다음에 오는 것이 경주 충효리 1호고분 출토의 고배들이며, 다른 형태는 안압지고배와 같으면서 뚜껑받이가 없는 무개고배로 되어 있다. 이제 유개고배는 완전히 소멸한 것이다.

안압지의 다리 달린 완은 구연부가 밖으로 벌어지며 둥근 테처럼 말린 대접에 약간 높은 대각 또는 권족圈足이 달린 것이며, 그것은 신라의 고배와 백제를 통해 들어오는 수隨·당唐 계통의 굽 달린 완이 합쳐진 것이라고 생각된다.

한편, 매병梅瓶 같은 어깨가 붙은 몸에 위로 벌어지는 긴 목이 달린 그릇은 화병이라고 할 수 있는 형태이지만 실은 다리달린 장경호를 외형상으로 재현한 것이라고 믿어지며 이것 역시 신라의 전통형태에 외래형태가 가미된 특수한 기형이라 하겠으며 그것이 신라인들의 외래문화 수용의 태도라고도 할 수 있을 것이다.

통일신라시대 후기의 토기자료로는 울릉도 천부동고분의 토기들을 들 수 있다. 즉, 여기 2호분에서는 안압지에서 본 바와 같은 다리달린 완과 함께 장군, 세로 평행 돌기선이 몸 전체에 있는 단지, 그리고 한쪽이 납작해진 병, 3호분에서는 인화문병, 몸 한쪽이 납작한 단지 또는 항아리, 그리고 다리달린 완들이 나오고 있다. 이 3호분의 인화문병은 고려시대의 청자장경호를 닮은 것과 목이 길면서 옆으로 퍼진 화병모양인 두 종류가 있는데 화병의 어깨가 아래쪽으로 밀려 몸이 측면관이 삼각형을 이루고 있는 것이 보통 보는 인화문병과 다르며 그것이 곧 시대차이를 말하고 있는 듯하다.

인화문토기는 통일신라토기의 특색 있는 형식이며 통일신라토기 하면 인화문토기라고 생각하기 쉬울 정도이나 인화문토기는 앞에서 언급한 것처럼 특수기능의 토기로서 그것은 수·당 도자기의 퇴화문堆花文·인화문에서 힌트를 얻어 7세기에 새로 출현한 것이라고 생각된다.

이것은 무늬를 새긴 토제土製 또는 목제의 도박陶拍 또는 도인陶印으로 눌러서 만든 문양이며, 문양으로는 팔자문·지그재그문·점선문·운문雲文·조문鳥文·화문花文·원권문·연주문連珠文·화승문花繩文 등 여러 가지가 있으며, 그 중 어떤 것은 다음 고려시대로 이어진 듯하다.

기형으로는 짧고 좁은 목이 달린 단지, 병, 화병, 다리 달린 단경호, 다리 달린 완, 어깨가 벌어진 귀 달린 항아리, 뚜껑 있는 둥근 합 등 가지각색이다.

안압지에서는 후기양식에 가까운 단구段口를 가진 장경호가 출토되었는데 비교적 빠른 단계의 형태인 듯하고, 울릉도 천부동의 화병은 후기형태라고 하겠다.

한편, 인화문토기에는 처음으로 중국에서 들어온 연유를 쓴 시유토기施釉土器가 나타난다. 연유는 고온에서는 모두 날라가 없어지기 때문에 700~800℃ 정도의 저온에서 구워야 했으며, 따라서 시유토기는 태토가 약하고 적갈색을 띠고 있다.

국립중앙박물관에 경주 출토의 삼채유토기三彩釉土器라는 적갈색 바탕에 검은 얼룩이 있는 유개고배가 있으나 이것은 삼채(청·녹·황)가 아니고 동분銅分이 많은 연유를 환원염으로 구운 것이라고 믿어지며 검은 얼룩은 동분이 10% 정도로 과다할 때 생기는 현상이다.

한편 경주군 현곡면 금장리에서는 청자색과 통하는 회유토기灰釉土器 요지가 발견되었다 하나 확실한 내용은 발표되지 않은 상태이다.

신라헌강왕릉新羅憲康王陵

경상북도 경주시 남산동 산 55번지에 있는 신라 제49대 헌강왕의 능. 사적 제187호. 지정면적 6만9627㎡. 무덤의 지름은 15.3m, 높이는 4.2m이다.

헌강왕의 성은 김씨, 이름은 정晸이며, 경문왕의 아들이다. 어머니는 문의왕후文懿王后, 비는 의명부인懿明夫人이다.

875년에 즉위하여 886년에 승하할 때까지 12년간 재위하면서 문치와 내정에 힘쓴 왕이다. 죽은 뒤 보리사菩提寺의 동남쪽에 장사하였는데, 바로 이곳에 해당된다.

무덤의 외부모습은 흙으로 덮은 원형봉토분으로서 밑둘레에는 길이 60~120㎝, 너비 30㎝ 내외의 다듬은 돌을 이용하여 4단으로 쌓아올려 무덤의 보호석으로 삼아 튼튼히 하였다. 이와 같이, 무덤 보호석을 다듬은 돌을 사용하여 4단으로만 쌓아 올려 마련한 예는 신라왕릉으로서는 유례가 없는 형식이다.

신라헌덕왕릉新羅憲德王陵

경상북도 경주시 동천동 80번지 내에 있는 신라 제41대 헌덕왕의 능. 사적 제29호. 지정면적은 1만8000㎡. 무덤의 지름은 26m, 높이는 6m이다.

헌덕왕의 성은 김씨, 이름은 언승彦昇, 왕비는 귀승부인貴勝夫人이다. 조카인 애장왕을 죽이고 809년에 왕이 되어 826년까지 18년간 왕으로 재위하면서 농사를 장려하고 친당정책親唐政策을 폈다. 김헌창金憲昌·김범문金梵文의 반란을 진압하는 등 당시의 국내정세는 혼란스러웠다. 승하한 뒤 시호를 헌덕이라 하고 천림사泉林寺 북쪽에 장사지냈는데 지금의 위치로 비정되고 있다.

무덤의 외형은 흙으로 덮은 원형봉토분圓形封土墳이고 매장추체부는 굴식 돌방무덤[橫穴式石室墳]이다. 무덤 밑둘레를 따라 잘 다듬은 판석板石을 사용해 병풍처럼 돌려 무덤의 보호석을 마련하였다. 판석과 판석 사이에는 두 판석을 맞물리게 하는 탱석撐石을 끼워 판석을 고정시켰으며 아울러 탱석에는 같은 간격으로 방향에 따라 12지신상十二支神像을 조각하였다. 이들 판석과 탱석 위로 갑석甲石을 올려 보호석을 마무리하였다.

12지는 12지생초十二支生肖라고도 하는데 중국에서 방위와 시간개념으로 출발한 것으로 불교의 영향으로 12동물로 대응한 것은 후대의 일로 알려져 있다. 이것이 무덤에 있는 것은 방위신方位神으로 무덤을 수호한다는 의미에서 만들었다. 신라의 왕릉에는 성덕왕릉·괘릉掛陵 등 몇몇 예가 있다. 김유신묘에도 무덤 주위에 12지신상이 조각되어 있다. 이 능에는 12지 중 돼지[亥]·쥐[子]·소[丑]·호랑이[寅]·토끼[卯] 등 5개 상만 남아 있고 그밖에는 없어졌다. 나머지는 무덤 전방으로 흐르는 경주의 북천北川이 1742년(조선 영조 18) 8월 22일에 범람해서 무덤의 일부가 유실되었던 것으로 보인다.

원래는 신라 제42대 흥덕왕릉과 마찬가지로 무덤의 전면에 문인석文人石과 무인석武人石을 갖추고 무덤의 둘레를 따라 돌난간을 마련했던 것으로 여겨진다. 현재의 모습은 1970년대 경주고도관광종합개발계획에 의하여 정비, 보수함으로써 병풍석 일부와 돌난간석을 새롭게 마련한 것이다.

신라헌안왕릉新羅憲安王陵

경상북도 경주시 서악동 산 92-2번지에 있는 신라 제47대 헌안왕의 능. 사적 제179호. 지정면적 37만9270㎡. 무덤의 지름은 15.3m, 높이는 4.3m 이다.

헌안왕의 성은 김씨, 이름은 의정誼靖(또는 우정祐靖)이며, 신라 제45대 신무 왕의 이복동생으로 어머니는 소명부인昭明夫人이다.

857년에 왕이 되어 861년에 죽었으며, 4년간 왕으로 있으면서 제방을 수 리하는 등 농사를 권장하였다. 공작지孔雀址에 장사지냈다는 기록에 의하여 이곳으로 비정하고 있다.

무덤의 외부 모습은 둥근 봉토분으로서 밑둘레에는 자연석을 사용하여 무 덤 보호석렬[石列]과 봉토의 흙이 흘러내림을 방지하게 한 것 같으나 지금 은 몇 개밖에 보이지 않고 있다. 가장 단순한 형태의 무덤 모습이다.

신라효공왕릉新羅孝恭王陵

경상북도 경주시 배반동 산 14번지에 위치하는 신라 제52대 효공왕의 능. 사적 제183호. 지정면적 37만9300㎡. 무덤의 지름은 21.2m, 높이는 5m이 다.

효공왕의 성은 김씨, 이름은 요嶢이며, 신라 제49대 헌강왕의 서자로 어머 니는 의명왕태후義明王太后이다.

897년에 왕이 되어 912년에 승하하였으며, 15년간 왕으로 있으면서 기우 는 국세를 바로잡지 못하고 후백제의 견훤, 후고구려의 궁예의 공략에 국토 를 빼앗겼다. 죽은 뒤 사자사獅子寺 북쪽에 장사지냈다는 기록에 의하여 이 곳으로 비정하고 있다.

무덤의 외부 모습은 흙으로 덮은 둥근 봉토분[圓形封土墳]으로서 밑둘레에 는 자연석을 사용한 3, 4개의 호석護石이 보이고 있어 원래는 밑둘레를 따라 자체적으로 보호석렬石列을 마련한 것으로 보인다. 일반민묘보다 규모가 조금 크게 보이는 외에 아무런 장식물이 없는 매우 단순한 형태의 무덤이다.

신라효소왕릉 新羅孝昭王陵

경상북도 경주시 조양동 산 8번지에 있는 신라 제32대 효소왕의 능. 사적 제184호. 면적 1만5385㎡. 무덤의 지름은 10.3m, 높이는 4.3m이다.

효소왕의 성은 김씨, 이름은 이홍理洪(또는 이공理恭)으로, 제31대 신문왕의 맏아들이며, 어머니는 신목왕후神穆王后이다. 692년에 즉위하여 702년에 승하할 때까지 10년간 재위하면서 모든 제도를 정비하고 당나라·일본 등과 수교하였다. 왕이 승하한 뒤 망덕사望德寺 동쪽에 장사지냈다고 하여 이곳으로 비정하고 있다.

무덤의 외부 모습은 흙으로 덮은 둥근 봉토분으로서 밑둘레에는 40~50㎝의 자연석을 사용하여 왕릉을 보호석렬保護石列을 마련한 것 같으나 지금은 대부분 묻혀 있고 일반 민묘보다 규모가 조금 크게 보일 뿐 아무런 장식물이 없는 일반적인 형태의 무덤이다.

이 능에 대해서는 무덤 앞에 있는 혼유석魂遊石이 빈약하고 무덤의 규모도 작아 통일신라기의 왕릉으로는 생각할 수 없어 효소왕릉이 아니라는 주장도 있다. 즉, 효소왕릉은 현재의 망덕사터의 남남동 방향 약 8㎞ 거리에 해당하므로 망덕사 바로 동쪽에 장사지냈다는 기록과 맞지 않는다는 것이다. 따라서 현재의 망덕사터에서 동으로 200m 미만의 가까운 거리에 인접해 있는 사적으로 지정된 신문왕릉이 효소왕릉일 것이며, 대신 신문왕릉은 경주 남산에 있는 황복사지 3층석탑皇福寺址三層石塔에서 동편으로 약 250m 거리에 있었다는 견해이다.

신라흥덕왕릉新羅興德王陵

경상북도 경주시 안강읍 육통리에 있는 신라 제42대 흥덕왕의 능. 사적 제 30호. 지정면적 6만5460㎡. 무덤의 지름은 20.8m, 높이는 6m이다.

흥덕왕의 성은 김씨, 이름은 수종秀宗이라 하였다. 제41대 헌덕왕의 아우이며, 왕비는 장화부인章和夫人이다. 826년에 왕이 되어 836년에 승하할 때까지 10년간 재위하였다. 승하 뒤 먼저 죽은 장화부인의 무덤에 합장하였다고 하는 기록에 따라 이 무덤으로 비정되고 있다.

무덤의 외부모습은 비교적 큰 둥근 봉토분으로, 무덤 밑둘레를 따라 병풍처럼 다듬은 판석板石을 사용하여 무덤 보호석을 마련하였고, 판석 사이사이에 탱석撐石을 끼워 판석을 고정시키고, 아울러 각 탱석에는 방향에 따라 12지신상十二支神像을 조각하였다. 판석과 탱석 위에는 갑석甲石을 올려 보호석을 마무리하였다. 호석 밑둘레를 따라 일정한 간격을 띄워 방사형으로 깐돌[敷石]을 깔았고 주변을 따라 돌난간을 세웠으나 난간기둥은 많이 없어졌다. 난간기둥에는 위아래에 둥글게 구멍을 뚫어 기둥돌을 끼웠으나 지금은 하나도 남아 있지 않다.

무덤의 네 모서리에는 각각 돌사자를 한 마리씩 배치하였고 전방의 좌우에는 문인석文人石과 무인석武人石을 각 1쌍씩 배치하였으며 무덤의 전방좌측에는 능에 관한 돌비[石碑]를 세웠던 받침돌인 귀부龜趺가 남아 있으나 손상이 심하고 비신碑身과 그 위에 얹어놓은 이수螭首는 없어졌다.

표식물의 양식 및 배치로 보아 신라 제33대 성덕왕릉과 제38대 원성왕릉을 많이 모방하였다.

● 신라시대의 주변국 : 삼한

변한弁韓

삼한三韓의 하나. 진한辰韓 소국 연맹체에 소속되지 않은 지금의 경상도지역의 여러 정치 집단으로서 '변진弁辰'으로 표기되기도 한다. 진한과 변한은 종족적 차이로 구분되기도 하고, 낙동강 동쪽과 서쪽이라는 지역적인 구분에 의해서 나뉘어 지거나 신라세력권과 가야세력권으로 대비되기도 한다. 그리고 사로국斯盧國의 세력권을 진한, 변진구야국弁辰狗邪國의 세력권을 변진으로, 또는 진왕辰王에게 소속된 12국은 진한으로, 그 나머지를 변진으로 간주하는 등의 여러 견해들이 있다.

≪삼국지≫ 동이전에는 변진과 진한은 잡거雜居하며 언어·법속法俗·의식주 생활이 같고 다만 제사풍속만이 다르다고 하여, 진한과 변한은 지역적인 경계에 의해 구분되지도 않을 뿐더러 전체적인 문화기반이 동일한 것으로 나타난다.

고고학 자료를 놓고 볼 때 청동기문화 단계에서는 아직 경상도지역 내에서 진한과 변한의 구분을 암시하는 이질적인 문화 요소가 발견되지 않는다. 묘제墓制에 있어서도 고인돌[支石墓]·돌널무덤[石棺墓]·독무덤[甕棺墓]·널무덤[土壙墓]과 같은 서로 다른 주민 집단의 무덤 양식이 시대에 따라 공통적으로 섞여 있어 주민 구성면에서도 특별한 차이를 발견할 수 없다. 또한 1~3세기까지의 와질토기瓦質土器 형태나 분포 상태도 공통된 양상을 나타내고 있어 3세기 이전 단계에서 이 지역의 정치 집단을 양분할 만한 문화적 요소는 발견되지 않는다. 그러므로 진한·변한의 구분은 소국의 성장 과정에서 발생하는 정치·경제적인 역학관계에 근거하는 것으로 생각된다.

낙동강 하류 및 남해안 지역에는 철자원이 풍부하였으므로 변진 소국들 중에는 철 생산과 교역을 통하여 재부財富를 축적하고 대내적으로 읍락집단邑落集團의 통합에 성공하여, 인근 지역에까지 영향력을 뻗쳐 나간 유력한 집단들이 많았다. 철기유물·유적이 다량 출토된 김해의 구야국狗邪國, 동래의 독로국瀆盧國, 함안의 안야국安邪國 등이 그러하다.

특히 진한과 변한은 철산지로 유명하여 마한馬韓·낙랑군樂浪郡·대방군帶方郡·동예東濊·왜倭 등이 모두 이곳의 철을 사갔다고 한다. 철광석은 야철 과정을 거쳐 철제 도구를 용이하게 제작할 수 있는 중간 소재로 가공되어 물자 교역의 수단으로서 화폐와 같이 사용되었다.

이 지역의 철기 보급 상태로 미루어 변진구야국을 중심으로 낙동강 하류의 다수 소국들 사이에도 경주·대구 중심의 세력권과 대비되는 일정한 세력권이 형성되었을 가능성이 높다. 그러나 3세기 후반 진晉나라에 사신을 파견한 동이 제국東夷諸國 중 마한과 진한은 있으나 변한은 나타나지 않는다. 《삼국지》의 변진은 12개 소국 이외에 독립된 거수渠帥가 있는 여러 소별읍小別邑(소국 정도의 세력에도 미치지 못하는 작은 규모의 독자적인 단위정치 집단)이 있다는 기록 역시 당시 변진이 특정한 구심체를 정점으로 일괄적으로 파악되는 집단체가 아니었음을 암시한다.

그러므로 변진은 경상도지역의 정치 집단들 중 진한 소국 연맹체에 포함되지 않고 개별적인 세력으로 존속하고 있던 정치 집단들을 포괄하는 것으로 이해된다. 변진 소국의 대부분은 독립된 가야소국으로서 5·6세기경까지 계속 성장하였다.

변진인은 신체가 크고 머리를 길렀으며 의복이 깨끗하였다고 한다. 또한 폭이 넓은 세포細布를 짜고 법속이 특별히 엄하였으며, 왜와 인접한 일부 지역에서는 문신文身의 풍속이 있었다고 한다.

– 변진 소국 위치 비정표

소 국 명	현 재 지 명	
	이병도 설說	천관우 설說
변진미리미동국 弁辰彌離彌凍國	경남 밀양군	경북 예천군 용군원산, 상주군 함창 포함
변진접도국 弁辰接塗國	경남 칠원	미상, 경북 상주 ?
변진고자미동국 弁辰古資彌凍國	경남 고성군	경북 고성
변진고순시국 弁辰古淳是國	미상	경남 사천·삼천포
변진반로국 弁辰半路國	경북 성주군	미상, 경남 합천 ?
변낙노국 弁樂奴國	경남 하동군 악양면 일대	미상 경남 진주 ?
변군미국 弁軍彌國	경남 사천군	경북 칠곡군 약목, 성주
변진미오야마국 弁辰彌烏邪馬國	경북 고령지방	경북 고령, 상산 포함
변진감로국 弁辰甘路國	경북 금릉군 개령 일대	경북 금릉군 개령, 선산 포함
변진구야국 弁辰狗邪國	경남 김해 일대	경남 김해
변진주조마국 弁辰走漕馬國	경북 금릉군 조마면 일대	경남 함안군 칠원, 마산
변진안야국 弁辰安邪國	경남 함안군	경남 함안
변진독로국 弁辰瀆盧國	경남 동래군	경남 동래

마한馬韓

삼한의 하나. 서기전 1세기~서기 3세기경 한강漢江 유역으로부터 충청·전라도 지역에 분포되어 있던 여러 정치 집단의 통칭이다.

≪삼국지≫ 동이전에는 마한지역에 위치한 54개 소국小國의 명칭이 열기되어 있는데, 큰 것은 1만여 가家, 작은 것은 수천 가였다고 한다. 규모가 큰 나라의 지배자는 '신지臣智', 작은 것은 '읍차邑借'라고 하였다.

마한을 형성한 주체에 대해서는 고예맥족古濊貊族(개마족)이 남하한 선주先住 토착 집단이라는 견해도 있고, 북마한北馬韓이 남쪽으로 이주한 세력이라는 주장도 있다.

실제 마한지역 소국 중에는 백제국처럼 북방계 유이민의 정착을 계기로 하여 형성된 집단도 있고 초기 철기문화를 배경으로 대두되는 집단도 있어 그 형성 시기가 일정하지는 않은 듯하다. 그러나 마한지역에서는 경상도지역에 비하여 청동기 유물이 풍부하게 출토되고 있어 이 시대부터 대두되고 있던 선진적인 정치 집단의 존재를 반영하고 있다.

대동강 유역과 함께 한반도 청동기문화의 양대 중심지의 하나가 되고 있는 금강錦江 유역에서는 중국 요령지방遼寧地方 청동기문화를 배경으로 서기전 3세기 이래 돌널무덤[石棺墓]계 주민들에 의하여 발달한 정치집단들이 나타나고 있다. 이러한 정치적 발전의 추세는 중국 전국시대戰國時代 계통의 청동기 문화 유입을 배경으로 마한 전역에 확산되었다. 그러므로 고고학 자료를 놓고 볼 때, 마한지역 소국의 대부분은 서기전 3, 2세기 이래의 세형동검문화細形銅劍文化를 배경으로 대두된 다수의 정치 집단들이 지속적으로 성장 발전한 것으로 해석될 수 있다.

마한지역에서는 늦어도 서기전 2세기경에는 북방 유이민의 정착을 저지하면서 원거리 통교를 시도하는 등 대외적으로 통일된 기능을 발휘하는 세력구심체가 형성되고 있었다. 당시의 결속기반은 아직 무력을 배경으로 하는 지배·복속관계나 마한 전역을 포괄하는 강력한 연맹체의 수준에는 미치지 못한 듯하다. 다만, 충남지역을 중심으로 하는 일정 범위 내의 정치 집단들이 결속되어 마한지역의 주도세력으로 기능함에 따라 마한 소국 연맹체의 토대를 이루고 있었다. 철기가 유입되기까지 이들은 청동기의 제작과 교역을 통하여 중남부 각지의 세력집단들에게 상당한 영향력을 행사하고 있었던 것으로 짐작된다. 경기도 고양·용인, 충청남도 부여, 전라남도 영암 등지에서 각종 청동기 거푸집[鎔范]이 발견되어 청동기 제작 사실을 뒷받침해 주고 있다.

≪삼국지≫ 동이전 진한조(辰韓條)에서, 진(秦)의 유망민에게 동쪽 영역을 분할해 주었다는 기록에 나오는 마한과, ≪삼국사기≫ 초기 기록에 나오는 마한왕의 실체는 이 단계의 세력 구심체와 직접적인 계승 관계에 있었던 것으로 생각된다. 청동기 문화단계에서 형성된 마한 소국 간의 결속 관계는

서기전 1세기 이후 전개되는 정치·문화적 변동 속에서 그 성격이 달라지고 있다. 위씨조선衛氏朝鮮 유민의 남주와 한군현漢郡縣 설치로 인한 철기문화의 유입으로 말미암아 마한 중심의 청동기 교역권이 붕괴되고, 경상도 지역을 중심으로 새로운 교역중심체가 대두되면서 마한 지역의 영향력도 상대적으로 위축된 듯하다. 이러한 약화 추세는 온조집단溫祚集團의 한강유역 이주를 계기로 더욱 가속화된다.

백제국은 형성 초기에는 토착소국연맹체의 한 구성원으로서 마한왕에게 신록神鹿을 보내거나 전쟁포로를 바치는 등 맹주국으로 떠받드는 격식을 취하고 있다. 그러나 점차 주의의 소국들을 병합하여 2세기 이후에는 세력범위가 한강유역으로부터 충청남도 지역까지 확대되어 토착맹주국의 국읍을 흡수하고 독자적인 세력권을 확립하였다.

이후 백제국 중심의 소국연맹체가 3세기 전반 대방군帶方郡 기리영崎離營을 공격하여 태수太守 궁준弓遵을 전사시키거나, 3세기 후반 진晉 본국에 마한의 이름으로 사신을 파견하는 등 대외적으로 전개되는 정치·경제적 교섭과정에서 마한의 주도세력으로 대두하였을 것으로 추정된다.

그러나 백제국의 세력권에 포함되지 않은 남부 지역의 마한 소국들도 비록 세력권이 줄어들기는 했으나, 상당한 변화를 거치면서 4세기 후반 백제 근초고왕에 의하여 병합되기까지, 종래의 기반을 토대로 독자적인 세력권을 유지하고 있었다. 그러므로 2세기 이후부터 백제가 마한 전역을 완전히 통합할 때까지 마한지역은 한강유역의 백제국 중심의 소국연맹체와 목지국目支國(삼국지에는 月支國으로 되어있음) 중심의 토착세력권이 병존하는 상태였다고 할 수 있다.

목지국의 위치는 충청남도 직산·성환·아산만 일대 또는 공주, 전라북도 익산 등지에 비정되고 있으나 확실한 위치는 알 수 없다. 목지국이 언제부터 마한 소국 연맹체의 맹주가 되었는지는 알 수 없으나, 목지국의 진왕辰王은 스스로 왕이 될 수 없다는 ≪삼국지≫의 기록으로 볼 때, 진왕의 지위는 무력으로 획득, 유지된 것이 아니라 소국 신지들의 선출에 의해 결정되었던 것으로 생각된다.

또한, ≪삼국지≫에는 진변한 24국 중 12국이 목지국 진왕에게 종속되어 있었다는 기록이 있어, 진왕이 진변한의 일부지역에 대하여 어떤 영향력을 행사하였던 것으로 나타난다. 이를 중국 군현에 가까이 위치하고 있던 소국들이 보다 먼 남부지역의 소국집단들에 대하여 행사하고 있었던 일종의 영도권으로 해석하는 견해도 있다.

한편, 목지국 진왕을 백제의 왕으로 해석하여, 목지국의 위치를 인천 지역으로 비정하는 견해도 있다. 그러나 중남부 지역에서 마한의 우월한 위치가 유지되는 것은 청동기 문화단계로서, 진변한에 대한 목지국 진왕의 영향력 행사는 철기가 보급되기 이전 청동기제작과 교역과정에서 획득한 마한의 우세한 위치를 반영하는 것으로 해석될 수도 있다. 특히, ≪삼국지≫ 마한조에 기록된 낙후한 사회상태도 청동기문화의 청산과 철기문화의 유입이라는 전환과정에서 나타나는 마한사회의 문화적 중층구조重層構造에 기인한 것으로 생각된다.

마한 소국 위치 비정표

주: △는 이병도설에서 진한으로 규정된 소국

소국 명	현재지명		소국 명	현재 지명	
	이병도 설	천관우 설		이병도 설	천관우 설
△원양국 爰襄國	경기 화성군 남양면 일대	경기 파주 연천 방면?	아림국 兒林國	충남 서천군?	충남 서천군
△모수국 牟水國	수원시 일대	경기 양주군	사로국 駟盧國	충남 홍성군 장곡면	충남 노성군 으진?
△상외국 桑外國	경기도 화성군 장안·우정면	경기 파주·연천?	내비리국 內卑離國	미상	충남 대전 유성
△소석색국 小石索國	경기 서해의 어느 섬	경기 가평	감해국 感奚國	전북 금마	전북 익산군
△대석색국 大石索國	소석색국과 인접한 곳	경기 강화	만로국 萬盧國	충남 보령군의 일부인 남포	전북 옥구군
△우휴모탁국 優休牟涿國	경기 부천	강원 춘천	벽비리국 辟卑離國	전북 김제 혹은 전남 보성군	전북 김제군
△신분활국 臣濆活國	경기 양성지방	경기 가평?	벽비리국 辟卑離國	전북 김제 혹은 전남 보성군	전북 김제군
△백제국 伯濟國	경기 광주지방	서울	구소오단국 臼斯烏旦國	전남 장성군 진원면 일대	전북 김제군 금구
△속로불사국 速盧不斯國	경기 통진지방	경기 포구 대곶·월곶	일리국 一離國	전남 나주	전북 부안군?
△일화국 日華國	미상	경기 안성·죽산?	불미국 不彌國	전남 나주군	전북 부안·태인?
△고탄자국 古誕者國	경기 안성·양성	경기 여주?	지반국 支半國	위례 僑名으로 간주	전북 부안·태인?
△고리국 古離國	경기 이천·음죽면 일대	경기 이천군?	구소단국 狗素湍國	미상	전북 고부
△노람국 怒藍國	경기 이천·여주의 일부	경기 이천	첩로국 捷盧國	전남 고창?	전남 정읍군
△목지국 目支國	경기 이천군의 일부	경기 이천?	모로비리국 牟盧卑離國	전북 고창	전남 고창군
△자리모로국 咨離牟盧國	충남 서산군 지곡면	충남 서산·태안지역	신소도국 臣蘇塗國	충남 태안신산	충남 태안군?
△소위건국 素謂乾國	미상	경기 보령?	고랍국 古臘國	전남 남원군	전남 남원군
△고원국 古爰國	미상	충남 예산·덕산	임소반국 臨素半國	충남 옥구군?	전남 장성·나주?
△막로국 莫盧國	미상	충남 예산·덕산	신운신국 臣雲新國	충남 천안·광주	충남 공산·나주?
비리국 卑離國	전북 옥구군 회미면 일대	전남 홍주?	여래비리국 如來卑離國	전북 여산지방	충남 회덕·논산?
점리비국 占離卑國	충남 홍성 결성	충남 청양·정산	초산도비리국 楚山塗卑離國	전북 정읍	전북 정읍·김제대면
신흔국 臣釁國	충남 청양?	충남 대흥	일난국 一難國	전남 대흥	전남 군나현?
지침국 支侵國	미상	충남 천안·진천?	구해국 狗奚國	전남 강진?	전남 해남군·보배?
구로국 狗盧國	충남 청양?	충남 청양·서천의 일부	불운국 不雲國	충남 공주의 서부인 도	전남 보성군·남악?
비미국 卑彌國	충남 서천군 비인지방?	충남 서천·비인	불사분야국 不斯濆邪國	충남 전주	전남 보성군
감해비리국 監奚卑離國	충남 공주의 일부	충남 공주·서천군	원지국 爰池國	전북 익산군	전남 화순·능주?
고포국 古蒲國	충남 보령군 남포	충남 서천군·한산	건마국 乾馬國	전북 익산군	전남 장흥군
치리국국 致利鞠國	충남 서산군 지곡면 일대	충남 서천군·한산?	초리국 楚離國	미상	전남 고흥군 남양
염로국 冉路國	미상	전북 임실군			

163

진한辰韓

삼한의 하나. 서기전 1세기부터 서기 3세기경까지 지금의 경상도지역에 형성되어 있던 여러 정치 집단의 명칭이다. 위치를 한강 하류 유역으로 비정하는 견해도 있으나 조선 중기 이래로는 낙동강 동쪽의 경상도 방면이라는 견해가 통설화되어 있다.

진한의 맹주는 경주 사로국斯盧國이며, 12개의 소국小國으로 구성되었다. 진한과 변한의 각 소국은 마한에 비하여 규모가 작은 것이 많아, 큰 것이 4,000~5,000가家, 작은 것은 600~700가로서 마한에 비하여 규모가 작은 것으로 되어있다.

≪삼국지≫와 ≪후한서≫ 동이전에는 진한 형성의 주체와 관련하여 서로 다른 두 가지의 내용이 실려 있다. 하나는 진한은 옛 진국辰國이라는 ≪삼국지≫의 기록이며, 다른 하나는 삼한 모두가 옛 진국이라는 ≪후한서≫ 동이전 기록으로서, 내용적인 모순으로 인하여 논쟁의 실마리가 되고 있는 부분이다. 진국을 남한 전역을 포괄하는 개념으로 이해하는 입장에서는 ≪후한서≫의 기록을 타당한 것으로 보고 있다.

반면, ≪삼국지≫의 기록에 대한 긍정적 해석을 시도하는 입장에서는 진국을 마한지역에 있던 특정 소국으로 규정하고 한강 유역에 있던 진국 또는 전라 북도 익산 부근에 있던 진국이 경상도지역으로 이주하여 진한 형성의 주체가 되었다는 주장도 있다.

진국 자체의 성격에 아직 많은 의문점이 있기는 하지만, 진국을 서기전 3~2세기 경 중남부 지역에 성립되어 있었던 유력한 세력 집단으로 간주한다면, 진국의 존재는 이 단계의 청동기 유물이 집중적으로 출토되고 있는 마한지역으로 설정하는 것이 보다 타당하다고 생각된다. 그러므로 고고학 자료를 놓고 볼 때, 진국의 존재를 경상도 방면에서 찾고 이를 진한과 관련시킬 근거는 아직 희박한 듯하다.

진한 형성에 관한 또 다른 기록은, 이른바 '진역秦役'을 피하여 한지韓地에 이주한 중국 전국계戰國系 유민이 마한의 동쪽 땅을 분할받아 진한을 형성하였고, 초기에는 6국이었으나 점차 12국으로 나누어졌다는 내용이다. 이 기록은 불합리한 전승으로, 고조선 유민 또는 온조溫祚 집단의 남주 정착 과정을 반영하는 기록으로 해석되기도 한다.

그런데 마한 지역과는 달리 경상도 지방에서는 전체적으로 위씨조선계衛氏朝鮮系 청동기·철기문화의 유입, 한漢 철기문화의 보급에 수반한 금속제 유물의 수량이 현저하게 증가된다. 다량의 금속기를 소유한 지배자의 출현은 정치집단의 대두현상을 반영하는 것으로, 진한 소국들 대부분이 이 시기에 형성된 것으로 볼 수 있다. 특히, 경주·대구 지역에서는 위씨조선계 금속 문화의 영향을 직접적으로 나타내는 다량의 청동기·철기 유물이 출토되고 있다.

이 같은 고고학 자료를 놓고 본다면 혁거세赫居世 집단의 대두와 6촌六村 통합에 관한 문헌인 《삼국사기》와 《삼국유사》의 기록은 위씨조선계 주민과 문화의 유입을 계기로 청동기문화 단계의 토착 세력 집단들이 다수 통합되면서 《삼국지》의 진한 사로국으로 형성되는 역사적 과정으로 설명될 수도 있다.

그리고 청동기·철기 교역을 통하여 이 지역을 중심으로 형성되고 있던 일정한 세력권을 상정하고, 이를 진한 소국 연맹체 형성의 실마리로 간주한다면, 진秦의 망명인들이 진한 형성의 주체가 되었다는 《삼국지》의 기록도, 넓은 의미에서 위씨조선계 유민의 경상도 방면 이주와 이에 따른 이 지역의 정치·경제적 변화 과정을 반영하는 것으로 해석될 수도 있다.

따라서 소국 연맹체로서 진한의 실체가 확립되는 것은 이 단계부터 내재하던 경주·대구 중심의 세력 토대가 12국으로 확대 발전되고 사로국 중심의 정치적·경제적인 총연맹조직이 성립되는 과정이었다고 할 수 있다.

이렇게 볼 때 《위략魏略》의 기사에 나오는 왕망王莽 지황연간地皇年間 (20~30)에 낙랑군에 조공하였다는 진한 우거수右渠帥 염사치廉斯鑡는, 12개 소국 연맹체로서의 진한이 아니라 경주·대구 세력권과 밀접한 관계를 가진 유력한 소국의 신지臣智로 간주된다. 3세기 후반까지도 진한의 이름으로 대외통교를 전개하고 있던 진한 소국의 대부분은 신라 국가의 기본세력으로 편제되어갔다. 그러나 이들 중에는 창녕의 소국(불사국 또는 난미리미동국에 비정됨)과 같이 3, 4세기 이후 진한 연맹체로부터 벗어나, 독립된 가야 소국으로 발전한 것도 있는 듯하다.

– 진한 소국 위치 비정표

소 국 명	현 재 지 명	
	이병도 설說	천관우 설說
이저국己柢國	경북 안동군	경북 영주군 풍기기목
불사국不斯國	경남 창녕군	경북 안동
근기국勤耆國	경북 영일군	경북 청도
난미리미동국 難彌離彌凍國	경북 의성군 단일면 일대	경남 창녕군 영산
염해국冉奚國	경남 울산군	미상, 아마도 경북 대구
군미국軍彌國	미상	경북 칠곡군 인동
여담국如湛國	경북 군위군	경북 의성군 탑리, 군위
호로국戶路國	경북 상주군 함창면 일대	경북 영천
주선국州鮮國	미상	미상, 경북 경산군 자인, 경산
마연국馬延國	미상	경남 밀양
사로국斯盧國	경북 경주	경북 경주
우유국優由國	경북 청도군	경북 울진

주: 이병도는 상기 12국을 진왕에 소속된 변진제국으로 간주함

상 대

(제1대~제28대)

01

복잡다난했지만 찬란했던
천년 역사의
씨앗을 심은 건국왕

혁거세
거서간

혁거세거서간 赫居世居西干
박씨 왕 1대

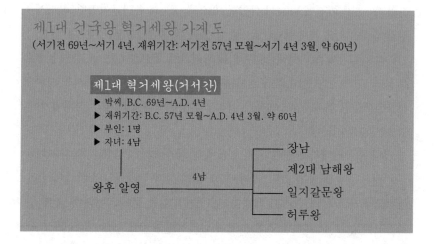

제1대 건국왕 혁거세왕 가계도
(서기전 69년~서기 4년, 재위기간: 서기전 57년 모월~서기 4년 3월, 약 60년)

제1대 혁거세왕(거서간)
▶ 박씨, B.C. 69년~A.D. 4년
▶ 재위기간: B.C. 57년 모월~A.D. 4년 3월. 약 60년
▶ 부인: 1명
▶ 자녀: 4남

왕후 알영 ――― 4남 ――― 장남
                    ――― 제2대 남해왕
                    ――― 일지갈문왕
                    ――― 허루왕

서기전 69~서기 4(혁거세왕 61). 신라의 건국시조. 재위 서기전 57~서기 4. 신라 박씨朴氏의 시조라고 한다. 일반적으로 박혁거세라고 지칭된다.

≪삼국사기≫와 ≪삼국유사≫에는 다음과 같은 건국설화가 있다.

서기전 69년 3월 1일 당시 사로 6촌斯盧六村의 촌장村長들이 자제를 거느리고 알천閼川 언덕 위에 모여서 임금을 모시어 나라를 세우고 도읍을 정할 것을 논의하고 있었다. 이 때 양산楊山 밑 나정蘿井이라는 우물 근처에 신기한 빛이 하늘에서 땅에 닿도록 비추고 있었고 흰말[白馬] 한 마리가 꿇어앉아 절하는 형상을 하고 있어 가보니 큰 알이 하나 있었다. 말은 하늘로 날아가고, 알을 깨고서 어린 사내아이가 나왔는데, 모양이 단정하고 아름다웠다. 동천東泉에 목욕시켰더니 몸에서 광채가 나고 새와 짐승들이 춤을 추었다. 이 아이가 박혁거세이다.

알의 크기가 박[瓠]과 같다고 하여 성을 박朴이라 하였고, 그 광채로 인하여 이름을 혁거세 혹은 불구내 弗矩内 라고 하였다. 고허촌高墟村 촌장인 소벌공蘇伐公(혹은 蘇伐都利)이 데리고 가서 길렀다. 6촌의 촌장들은 신비롭고 기이하게 여겨 존경하였고, 나이 13세가 되자 이들에 의해 왕으로 추대되었다.

이 때 왕의 칭호는 거서간 또는 거슬한居瑟邯이라 하였고, 나라이름을 서나벌徐那伐·서라벌徐羅伐·서벌徐伐 혹은 사라斯羅·사로斯盧라 하였다. 그리고 서기 전 53년(혁거세왕 5) 알영閼英을 비妃로 맞아들였다.

이 건국설화는 성읍국가城邑國家 단계를 반영하는 것으로 6촌장이란 이미 신라의 개국開國 이전에 나뉘어 살았던 고조선古朝鮮의 유민들이었다. 따라서, 토착 세력을 압도한 유이민流移民 박씨 집단을 상정할 수 있으며, 말[馬] 및 천신하강天神下降의 모티브로 볼 때, 이들은 말을 토템으로 하는 천신족天神族으로 볼 수 있다. 이것은 혁거세·불구내 등이 광명을 의미한다는 데서도 그들의 태양숭배를 엿볼 수 있다. 이들은 이미 개국연대 이전부터 경주 지역에 이주했을 가능성이 있다.

그러나 개국연대가 전한 효선제 오봉 원년 갑자前漢 孝宣帝 五鳳 元年 甲子(서기 전 57)라는 설은 문제가 있다. 첫째, ≪삼국사기≫가 신라중심의 관점에서 신라의 건국을 고구려高句麗나 백제百濟보다 먼저 잡은 것이 그러하다. 둘째, 갑자년이라는 간지干支가 참위설讖緯說의 갑자혁명설甲子革命說에 입각한 듯 하기 때문이다.

기원전 54년(혁거세왕 4) 4월 1일에 일식日食이 있었다.

기원전 53년(혁거세왕 5) 봄 정월에 용이 알영정閼英井에 나타나서 오른쪽 겨드랑이 갈빗대 밑으로 한 여자아이를 낳았다. 이를 본 한 노파가 아이를 거둬 우물 이름을 따서 알영閼英이라고 이름을 지었다. 알영은 자라갈수록 그 덕행이 뛰어나 시조가 이 말을 듣고 그를 맞아 왕비로 삼았다. 알영 왕비는 마음이 어질고 행실이 정숙하여 안팎으로 모든 일을 잘 도움으로 사람들은 시조 혁거세와 아울러 두 성인이라고 말하였다.

기원전 50년(혁거세왕 8)에 왜인들이 군사를 이끌고 변경을 침범하려 하였으나 시조의 신덕神德이 있다는 말을 듣고 곧 돌아가 버렸다.

기원전 49년(혁거세왕 9) 3월에 패성孛星(혜성)이 왕량王良에 나타났다.

기원전 44년(혁거세왕 14) 4월에 패성이 삼參에 나타났다.

기원전 41년(혁거세왕 17) 왕이 6부로 돌아다니면서 민정을 보살피는데 알영 왕비도 함께 행차하였다. 이때 농업과 양잠을 장려하며 토지를 잘 다루어 생산에 힘쓰도록 하였다.

기원전 39년(혁거세왕 19) 정월에 삼한의 하나로서 경남 지방에 있던 변한弁韓이 나라를 포기하고 항복하여 왔다.

기원전 37년(혁거세왕 21)에 서울에 성을 쌓아 금성金城이라고 이름 하였다. 이 해에 고구려 시조 동명東明이 나라를 세웠다.

기원전 34년(혁거세왕 24) 6월 1일에 일식이 있었다.

기원전 32년(혁거세왕 26) 정월에 서울의 금성에 궁전을 지었다.

기원전 28년(혁거세왕 30) 4월 그믐날에 일식이 있었다. 이때 고조선 부족국가 중의 하나이며 한사군漢四郡의 하나이기도 한 낙랑樂浪 사람들이 군사를 이끌고 침입하였는데, 이 지방 사람들이 밤에도 문을 닫지 아니하고 노적가리를 그대로 들에 쌓아 둔 것을 보고는 말하기를

"이 지방 사람들은 서로 도적질을 하지 않으니 가히 도의가 있는 나라다. 그런데 우리들이 가만히 군사를 이끌고 와서 이를 습격하는 것은 도적놈과 다름이 없으니 어찌 부끄럽지 않겠는가."

하며 곧 군사를 이끌고 돌아가 버렸다.

기원전 26년(혁거세왕 32) 8월 그믐날에 일식이 있었다.

기원전 20년(혁거세왕 38) 2월에 중신인 호공瓠公을 마한馬韓으로 파견하여 수교하니 마한의 왕이 호공에게

"진한과 변한은 우리의 속국이었는데 근년에는 공물도 보내지 아니하니 대국을 섬기는 예의가 이와 같을 수 있겠는가."

하고 꾸짖었다. 중국 사람들은 진秦나라의 난리를 피하여 망명한 사람들이

많았는데 그들은 마한 동쪽에 많이 자리를 잡고 진한과 섞여 살며 극성을 부렸으므로, 마한에서는 이를 꺼리고 책망한 것이었다. 그러자 호공은

"우리나라는 두 성聖(혁거세 거서간과 알영 왕비)이 나라를 이룩한 후로 인사人事가 화합하고 천시天時가 고르며 생업이 잘 되어 창고가 충실하여 사람들이 서로 공경하고 사양하므로 진한 유민으로부터 변한, 낙랑, 왜인들에게 이르기까지 두려워하는 마음을 품지 아니하는 자가 없습니다. 그러나 우리 임금께서는 겸허하셔서 하신下臣을 파견하여 수교하시니 이는 가히 과분한 예의라고 할 수 있겠거늘 대왕께서는 도리어 노하시고 군사로써 위협하니 이는 어떠한 뜻입니까."

하고 대답하였다. 마한의 왕은 더욱 성을 내며 호공을 죽이려고 하였으나 좌우에 간하는 사람들이 있어 죽이지 못하고 귀국하게 하였다.
호공이란 사람은 그 족성族姓이 상세하지 않으나 본래 왜인(일본인)으로서 처음에 표주박을 허리에 차고 바다를 건너 온 까닭으로 호공이라고 이름하였다.
기원전 19년(혁거세왕 39)에 마한의 왕이 돌아가셨다. 이때 사람들이 임금에게 말하기를

"마한 왕은 먼저 우리나라의 사신(호공)을 욕보인 일이 있습니다. 지금 그들이 국상을 당하고 있사오니 이때에 마한을 정벌하면 넉넉히 평정할 수가 있겠나이다."

하자 임금은

"남의 불행한 것을 다행으로 여기는 것은 아주 어질지 못한 일이로다."

하며 그 말을 쫓지 않고 곧 사신을 파견하여 그들을 조위하였다.
기원전 18년(혁거세왕 40)에 백제 시조 온조溫祚(부여 온조)가 나라를 세웠다.
기원전 15년(혁거세왕 43) 고조선 부족국가 중의 하나로 함남지방에 존재

하였던 동옥저東沃沮의 사신이 좋은 말 20필을 바치며 국서國書로 말하기를,
<과군寡君은 남한南韓에 성인이 계신다는 말을 들은 까닭으로 사신을 파견
하여 이 예물을 드립니다.>
하였다.

기원전 4년(혁거세왕 54) 2월에 패성이 하고河鼓(견우성牽牛星)에 나타났다.

기원전 2년(혁거세왕 56) 정월 1일에 일식이 있었다.

2년(혁거세왕 59) 9월 그믐날에 일식이 있었다.

3년(혁거세왕 60) 9월에 두 용이 금성의 우물 가운데 나타났는데 우레가 치
고 폭우가 쏟아지며 궁성의 남문이 진동하였다.

4년(혁거세왕 61) 3월 임금이 돌아가시므로 사릉蛇陵(경주 5릉)에 장사하였다.

● 혁거세왕대의 사람들

소벌도리蘇伐都利

생몰년 미상. 신라 초기의 고허촌高墟村 촌장. 원시 신라를 구성한 육촌六村의
하나인 고허촌의 촌장으로, 뒤에 육부六部의 하나인 사량부沙梁部의 시조가
되었다. ≪삼국사기≫에는 소벌공蘇伐公이라 하였다. '소벌'은 신라의 옛 칭
호인 '서라벌徐羅伐'을 약칭한 '서벌徐伐'이라 생각되며, 한편 도리는 집단의
뜻을 가진 '돌'·'두레'의 사음寫音으로 짐작된다. 나아가 고허촌의 '고허'는
'소벌'의 한역漢譯일 것이라 짐작된다. ≪삼국유사≫의 전설적인 기사에 따
르면, 처음 육촌에는 소벌도리와 그 밖에 알평謁平(及梁部)의 시조·구례마
俱禮馬(牟梁部)의 시조·지백호智伯虎(本彼部)의 시조·지타祉沱(또는 只他: 韓岐部)
의 시조·호진虎珍(習比部)의 시조의 6명이 하늘에서 내려와 각기 육촌의 촌장
이 되고, 동시에 육부의 시조가 되었다고 한다. 그 뒤 서기전 69년 3월 1일
에 소벌도리 등 육촌의 우두머리들이 각기 자제들을 이끌고 알천閼川 기슭
에 모여 덕이 있는 자를 찾아서 군왕으로 삼을 것과 수도를 정할 것을 의결

하였다고 한다. 이에 양산楊山(지금의 경상북도 경주) 南山 아래 나정蘿井 곁에서 난생아卵生兒인 혁거세赫居世를 얻어 거슬한居瑟邯, 또는 居西干으로 추대하고, 기원전 57년에 그를 왕으로 삼았다고 한다. 한편 ≪삼국사기≫에 따르면, 나정 곁에서 혁거세를 발견한 사람이 소벌공, 곧 소벌도리였다고 하며,그는 혁거세를 집에 데리고 와서 10여 세가 될 때까지 양육했다고 한다. 이와 같은 전설은 씨족장들이 모여 부족장을 선출하곤 하던 원시 신라 사회의 모습을 전하는 것으로 해석되며, 따라서 소벌도리 등 이른바 촌장들은 원시 신라를 구성하던 유력한 씨족장들이었을 것으로 추측된다.

● 혁 거 세 왕 시 대 의 세 계 동 향

▶ 동양

중국은 한漢나라 말기로 외척 왕씨 세력의 우두머리 왕망王莽은 대사마大司馬가 되어 조정을 뒤흔들었다. 왕망王莽은 스스로 태부太傅가 되기도 하여 종실의 공신을 측근 사람으로 채우고 스스로 천자天子 자리까지 노려보았다.

▶ 서양
  – 이집트에서 내란이 일어남
  – B.C. 52년 로마 폼페이우스Pompeius 통령이 됨
  – B.C. 51년 시이저 가리아caria 정복 완성
  – B.C. 38년 시실리 전쟁 일어남
  – B.C. 30년 로마 인도와 무역 시작
  – B.C. 4년 그리스도 출생(B.C. 2년설도 있음)

● 건국의 뒷 이야기들, 난생 신화

고구려에 이어 가야 · 신라 지역에서 잇달아 난생신화 출현

 신라의 건국신화를 실으면서 우리는 고구려 주몽의 탄생과 유사한 점을 신라의 건국에서도 발견할 수 있다. 그것은 사람이 알에서 태어났다는 것이다. 이 점은 가야의 수로왕 신화에서도 마찬가지로 보여진다. 그러나 여기서 사실 여부를 왈가왈부하는 것은 큰 의미가 없다고 본다. 중요한 것은 이 설화가 사회에 미치는 영향력이다. 알에서 태어났다는 이런 이야기는 보편적인 출생방법과 다른 과정을 제시하여, 그것이 하늘의 뜻에 따른 출생임을 상징함으로써 왕권의 신성함을 강조하기 위한 목적에서 만들어진 것으로 볼 수 있다. 실제 신라의 가장 강력한 지배세력으로 손꼽히는 박씨 세력의 이와 같은 시조 신화는 지배층을 신성시하는데 커다란 효과를 발휘하고 있다. 난생 설화가 갖는 이러한 효력은 다른 지배세력들 사이에서도 이 설화가 널리 이용되는 요인이 되고 있다.

● 신라의 시조 박혁거세

말이 하늘로 올라간 자리에 푸르스름한 커다란 알

 다른 나라와 마찬가지로 신라 역시 건국 시조와 관련된 신화가 전해 내려오고 있다. 신라의 시조는 박혁거세로서 그는 신라의 1대 임금을 지냈으며 그의 후손이 3대에 걸쳐 신라 사회를 다스려왔다. 박씨 집단의 시조설화이자 신라의 건국신화로 사람들 사이에 회자되고 있는 박혁거세 이야기는 다음과 같다.
진한 땅에는 일찍이 여섯 개의 마을이 있었다. 어느 날, 6개 마을 중 하나인

고허촌장이 나정이라는 우물 옆의 숲을 바라보니 말이 무릎을 꿇고 있었다. 이상히 여겨 가까이 가보니 말은 긴 울음소리와 함께 하늘로 올라가버리고 다만 있는 것은 푸르스름한 빛이 도는 큰 알 뿐이었다. 그 알을 쪼개었더니 생김새가 단정하고 아름다운 사내아이가 나왔다. 고허촌장은 이 아이를 데려다 정성을 다해 길렀다. 여섯 마을 사람들은 그 아이의 출생이 이상했던 까닭에 높이 받들어 그 아이가 열세 살이 되자 그를 임금으로 세웠다. 임금은 자신이 나온 알이 박처럼 생겼다 하여 성을 박씨, 세상을 빛으로 다스린다 하여 이름을 혁거세라 했고 국호는 신하라 했다. 혁거세가 태어날 무렵, 알영이라고 하는 우물에 용이 나타나 오른쪽 갈빗대에서 한 계집아이를 낳았다. 태어난 우물에서 이름을 딴 알영이 자라매 성품이 어질고 인물 또한 곱다하여 혁거세는 알영을 왕비로 맞이했다.

● 신라의 건국과 경주의 산천

음력 삼월 초하루에 알천 뒷산에 올랐다. 키 큰 나무 사이로 허리춤에 채이는 참꽃(진달래)이 꽃방울을 터뜨리며 볼그레한 연분홍으로 수줍은 듯이 맞이한다. 솔보드기 밑에는 '갈비(솔가리)'가 자부룩히 쌓여 있고 참나무 아래 낙엽 사이로는 달랭이, 물랭이, 취나물, 참나물이 뾰족이 싹을 내밀고 있다. 움트는 새싹을 바라보며 오르다 보니, 어느덧 금학산琴鶴山 꼭대기에 다다랐다. 평퍼짐한 산마루에 앉아 남쪽으로 눈을 돌려 남산(금오산金鰲山) 자락이 서쪽으로 뻗은 양산楊山 아래 나정蘿井 우물이 있는 숲을 찾았다.
봄기운이 땅에서 솟아올라 아지랑이가 아롱아롱 피어나는 풍광風光 속으로 신라 건국설화를 더듬어 본다.

아득한 옛날. 기원전 69년 삼월 초하루에 사로 육부의 어른들은 저마다 자제들을 거느리고 알천 거랑바닥(알천상閼川上)에 모여 의논하였다.

"우리들은 위로 임금이 없어 백성들은 모두 방자하여 저 하고자 하는대로 하고 있다. 그러니 어찌 덕德있는 사람을 찾아서 임금을 삼아 나라를 세우고 도읍을 정하지 않는단 말이냐!"

이에 그들은 높은 곳에 올라 남쪽을 바라보니(승고남망乘高南望), 양산 아래 나정(양천하나정楊山下蘿井) 우물가에 번개불 같은 이상한 기운이 땅에 닿도록 비치고 있었다. 흰 말 한 마리가 땅에 꿇어 앉아 절하는 형상을 하고 있었으므로 그곳을 찾아가 조사해 보았다. 거기에는 자줏빛 알 한 개가 있고, 말은 사람을 보더니 길게 울고는 하늘로 올라가 버렸다.
알을 깨고서 어린 사내아이를 얻으니, 그는 모양이 단정하고 아름다웠다. 모두 놀라고 이상하게 여겨 그(아이)를 동천東泉(새샘, 《삼국유사》에 동천사東泉寺는 사노들[사뇌야詞腦野] 북쪽에 있다)에 목욕 시켰더니 몸에서 광채가 나고 새와 짐승들이 따라서 춤을 췄다. 이내 천지가 진동하고 해와 달이 청명해졌다. 이에 그 아이를 혁거세赫居世라고 이름했다.

어느 나라든지 건국설화가 있다. 이웃나라 중국 삼황오제三皇五帝의 설화나 일본 건국설화는 말할 것도 없고, 아프리카 대륙의 부족들도 부족설화가 있다. 우리나라는 고조선 단군신화, 북부여의 해부루설화, 고구려 시조 고주몽설화 등이 전해져 내려오고 있다. 경주에는 사로 6부촌장이 하늘에서 내려온 설화, 신라 건국과 박혁거세설화, 석탈해왕설화와 김알지의 설화가 있다. 건국설화는 허황한 이야기로 구성돼 있지만 자세히 살펴보면 그 밑바닥에는 건국이념이나 당시 사람들이 바라던 바가 숨겨져 있는 법이다.
나는 신라 건국과 박혁거세에 관한 《삼국유사》의 글을 읽을 때, 몇 가지 주목해 본 대목이 있다.
첫째, 하필이면 삼월 초하루냐는 것이다. 그래서 일흔(70)살이 넘도록 농사만 지어온 동네 할아버지에게 물어봤다.

"할배요, 음력 삼월 초하룻날 거랑바닥[천상川上]에 남정내들이 모이면 뭐하능기요?"

"그거? 보洑작자들 물 대는 의논 안하나!"

아! 그렇구나! 어릴 때 아버지 따라 봇작자 회의하는데 따라갔던 기억이 어슴푸레 하다. 가래나 삽을 들고 거랑(내) 바닥에 퍼질러 앉아 봇도감(통솔자)을 뽑고는 봇갓(보에 필요한 나무를 베기 위해 공동관리하는 산)을 쳐서 보를 수리하는 일, 봇도랑을 깊이 파는 일 등을 진지하게 의논하던 모습. 그리고 물세[수세水稅]를 매기는데 논의 등급에 따라 한 마지기에 나락(벼) 몇 말씩 하던 광경이 신라 때, 아니 그 이전부터 땅과 물과 인간과의 관계를 결정짓는 중요한 의논이었구나! 가물 때, 봇도랑물 때문에 싸움이 나면 봇도감이 말리곤 했었지.

둘째, 왜 높은 데 올라 남쪽을 보았을까?[승고남망乘古南望] 남쪽을 보니 양산 아래 나정 부근[양천하나정楊山下蘿井]에 이상스런 기운이 번개불처럼 땅에 드리웠다니….

양산楊山은 우리말로 하면 '버들메'가 된다. 버들은 물 많은 땅에 잘 자라는 나무고, 나정蘿井은 '넌출우물'이란 한자다(넌출: 길게 뻗어나간 줄기). 바라본 곳이 물과 깊은 관련있는 곳이니 습기가 가득한 땅에서 어떤 기운이 위로 솟은 것은 아닐까?

알천에서 남쪽(정확히 남남서)으로 약 6km 지점에 있는 나정에 가보면 보호각 비석 뒤에 길고 넓적한 장대석으로 우물이 덮여 있다. 눈이 많이 온 겨울에 가 보았더니 장대석 위에 둥글게 눈이 녹아 돌만 드러나보였다. 이것은 겨울에 우물물이 더운 기운이 위로 치솟아 올라온 증거임에 틀림없다. 나정이 있는 곳은 둘레의 땅높이보다 조금 높다. 그런데도 수량이 많은 우물(예전에 장대석을 들어보니 물이 쪽박으로 퍼낼 만치 높이 찼더란다)이 있는 것에 주목해 볼 일이다. 삼월 초하루 알천 냇바닥에 모여 통솔자를 뽑자고 의논한 뒤, 물이 질펀한 버들메 아래 나정 우물에 찾아가서 희한한 일을 보고, 모두 즐거워 하니 물 푸는 바가지는 박朴이요, 물을 다스릴 사람은 세상을 밝게 다스리는 이니 혁거세赫居世 혹은 불거내弗拒內라 불렀다.

신라 건국설화에는 냇물[알천閼川], 우물[나정蘿井], 버들[양산楊山], 박[朴바가지], 샘물[동천東泉] 등 물과 관계있는 것이 모두 나온다.

이래서 물을 의논 좋게 고루 쓰기로 했으니 서라벌땅의 사람은 말할 것도 없고, 새봄을 맞이한 짐승들과 새들도 즐겁게 노래하며 춤추지 않았으리오! 그러한 새벌은 생기가 넘쳤으니 천지가 진동하는 것 같고 해와 달이 더욱 밝아져 보이지 않았겠는가?

아! 축복 받은 서라벌! 아름다운 신라의 건국 장면이여!

● 형산강

천년 사직의 영욕과 함께 흐르는 역사

서라벌 경주벌판은 남과 북, 서쪽으로 냇물이 땅을 적시며 흘러 살기 좋은 곳이다. 산이 있어 골짜기가 생겼으니 골물[곡수谷水]이 되고 시냇물이 모여 거랑(개울)이 되고 내[천川]가 된다.

내가 합쳐 강이 되고 강물은 바다로 흘러 들어 가나니, 동해 바다로 흘러 들어가는 형산강은 경주 부근의 여러 산골에서 흐르는 물이 모인 것이요 그 가장 큰 가닥이 서천내 줄기다

우리는 한자에서 온 말이거나 들어온 말(외래어)에 토박이 말을 붙이는 버릇이 있으니 '하얀 백고무신', '빵떡'과 같이, 서족에 흐르는 물줄기를 서천西川이라 해도 되나 서천내, 서천거랑이라 부르므로 곶감 접말(겹말)이라는 거다. 마을 앞에 흐르는 삶의 터전 큰거랑을 한문에 익은 이들이 대천大川이라 적었으니 토박이말을 그대로 쓰면서 한문으로 굳은 말도 왜 같이 쓸까 생각한다.

울산시 두서면 백운산골에서 나온 물줄기와 치술령에서 두동면으로 흐르는 시냇물이 모여 북쪽으로 봉계를 지나 경주시 내남면 노실[노곡리蘆谷里] 벌판을 가로지르면 미역내가 되는데 한문으로 쓰면 어색한 이름 곽천藿川이 된다. 미역내는 북쪽으로 흐르며 박달거랑과 이름도 고운 별내[성천星川]를 받아들여 기린내[인천麟川]가 되어 북쪽으로 흐른다.

다른 한 줄기는 경주 서쪽 서면, 현곡면, 건천읍이 갈라지는 지화골산只火谷山에서 나와 아화 심곡못을 이루고 아화거랑이 돼 남동으로 흐르다가 오봉산에서 나오는 샘촌[泉村]거랑과 단석산(달래산)에서 흐르는 송선거랑과 한실거랑[대곡천大谷川]과 방내, 고니[화천花川]거랑을 받아 큰 거랑[대천大川]이 되니 이른바 모량천毛良川이다.

또 한 줄기는 토함산에서 흘러내려 사등이내를 이루고 수남, 원들을 지나 양지버든, 갯들을 지나 월성 남으로 흐르니 보통 남천내라 부른다. 남천내는 문천이라고도 하는데 모래가 유난히 많다. 모래가 많으니 경주 말로 몰개내[사천沙川], 몰개(모래)라는 소리가 모갱이(모기)와 비슷하니 조선시대 서울 양반들이 경주에 와서 시를 지을 때, 운율에 맞춰 문천蚊川, 汶川이라 썼으니 풀이하면 문蚊은 모기 '문'이니 '모기내'라는 말로 얼토당토 않은 이름이 되어 굳어지고 말았다.

또한 남천의 상류를 한문으로 사등이천史等伊川이라 적었는데 이는 '사등이내'라는 토박이 말을 소리 나는 대로 한자를 빌어 적은 것이다. '새, 사'는 동쪽이라는 우리말이니 동쪽에서 불어오는 바람을 샛바람이라 일컫는 말과 같은 것이다. 등이는 등성이, 천은 내니 동쪽 등성이에서 흐르는 거랑·새등이내를 한자로 적으려니 사등이천史等伊川이 될 밖에….

세종대왕께서 한글을 만드실 때, '우리말과 중국말이 달라 한문자로는 우리말을 바로 나타내기 어려우므로 새로 글자를 만든다'고 하셨으니 바로 이런 경우를 두고 한 뜻임을 다시금 느끼게 된다.

기린내가 곧장 북쪽으로 흐르면서 북서쪽에서 내려오는 모량내와 동쪽에서 흘러드는 문천을 받아서 경주시가지의 서족으로 흘러가니 서천이라 부른다.

동대봉산 골짝에서 내린 물이 황룡거랑, 암곡거랑으로 따로 흐르다가 덕동못에 모여 경주 시민의 먹는 물을 공급하고 서쪽에 고여 보문못을 이루고는 아래로 내리는데, 경주시내에서 보면 동쪽으로 흐르니 동천東川이라 불리다가 하류쪽은 시가지 북쪽이 되므로 북천이라 불리는데 이 물줄기를 신라 때는 알천이라 불렀다.

이 물이 사천과 합쳐지는 곳이 애기청소고 여기서부터 형산강이 된다. 줄곧 내려가면서 현곡천見谷川, 소미기내(소합천), 안강의 한천[칠평천七坪川], 기계천[달성천達城川], 그 아래 왕신천旺信川을 합쳐 형산형산과 제산제산 사이 좁은 여울목을 간신히 빠져나가 평퍼짐한 포항을 거쳐 영일만으로 흘러 들어간다.

못 둘레에 갖가지 꽃나무를 심어 주위를 아름답게 꾸미고 놀이터도 만들고 호텔도 세운 보문못은 본래 경주평야의 논에 물을 대기 위해 만든 것이다.

못의 완성과 같은 1595년 '사라호'라는 대단한 태풍이 비바람을 몰고 와 보문못 둑이 터진다고(실제로 시멘트로 만든 밑개가 일부 떨어져 내렸다) 보따리를 싸들고 월성만댕이(꼭대기)로 피란하기도 했다.

몇 년 전에도 '글래디스호'라는 태풍이 비를 많이 내려 시 당국에서 보문못둑이 불안하니 안전지대로 대피하라고 방송하기도 했다.

1970년대에 보문관광단지를 만들면서 상류의 덕동못을 막게 되었다. 이유는 첫째, 보문못의 물높이를 일정하게 하기 위함이요, 둘째, 경주시민에게 수돗물을 충분히 공급하기 위함이요, 셋째, 불국사입실쪽의 논물을 대기 위해서였다. 동대봉산에서 내리는 물줄기는 경주에 많은 도움을 주는가 하면 때로는 피해를 입히기도 했다.

신라 건국을 의논한 곳이 알천내였고, 홍수로 말미암아 둑이 무너져 고려와 조선시대에 충청·전라경상도의 장정들을 동원해 둑을 다시 쌓기도 했다.

지금은 못을 두 개나 막아 홍수에 대비하고 가물어도 물걱정 없도록 했다.

이 물을 아껴쓰고 쓴 물도 깨끗이 정화하여 맑고 깨끗한 형산강을 만들어 나가야겠다.

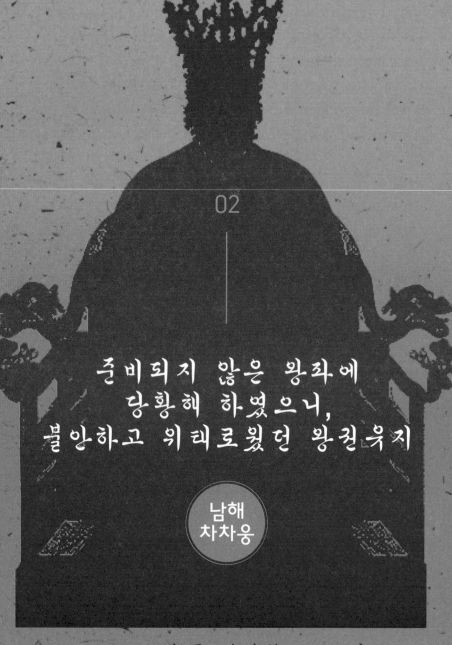

02

준비되지 않은 왕좌에
당황해 하였으니,
불안하고 위태로웠던 왕권욱지

남해
차차웅

新羅王朝實錄

남해차차웅 南解次次雄
박씨 왕 2대

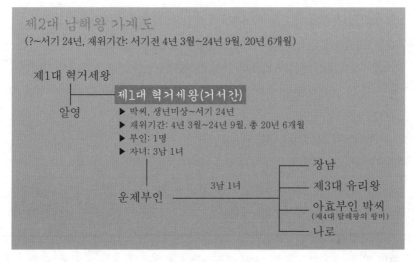

제2대 남해왕 가계도
(?~서기 24년, 재위기간: 서기전 4년 3월~24년 9월, 20년 6개월)

제1대 혁거세왕
알영

제1대 혁거세왕(거서간)
▶ 박씨, 생년미상~서기 24년
▶ 재위기간: 4년 3월~24년 9월, 총 20년 6개월
▶ 부인: 1명
▶ 자녀: 3남 1녀

운제부인 ── 3남 1녀 ── 장남
── 제3대 유리왕
── 아효부인 박씨 (제4대 탈해왕의 왕비)
── 나로

?~24(남해왕 21). 신라 제2대 왕. 재위 4~24. 성은 박씨. 혁거세의 맏아들이며, 어머니는 알영부인閼英夫人이고, 비는 운제부인雲帝夫人 또는 아루부인阿婁夫人이다. 누이동생으로 아로阿老가 있다. 차차웅이라는 칭호를 사용한 왕은 남해왕뿐이며 ≪삼국유사≫에는 거서간居西干과 동격의 의미라고 말하고 있다. 한편, ≪삼국사기≫에는 차차웅을 자충慈充이라고도 하는데, 이는 무巫를 의미하는 신라방언이라고 기록되어 있다. 따라서 남해왕 때는 정치장적 성격보다는 제사장적 기능이 농후하였음을 말해주고 있다. 서기 6년에 시조묘始祖廟를 세우고, 8년 탈해가 어질다 하여 맏딸로 아내를 삼게 하였으며, 또 대보大輔의 벼슬을 주어 나라의 일을 맡겼다. 14년 왜倭와 낙랑樂浪의 침입을 막았으며, 재위 21년에 죽으니 사릉원蛇陵園에 장사지냈다.

그는 키가 크고 성품이 심후하며 지략이 뛰어났다. 차차웅이라는 명칭은 자충慈充이라고도 하는데, 김대문金大問은 말하기를

"이는 방언에 무당을 이르는 것으로 사람들은 무당이 귀신을 섬기고 제사를 숭상하는 까닭에 이를 두텁게 공경하므로 드디어는 존장자尊長者를 칭하여 자충이라 하였다."

고 말하였다. 부왕의 뒤를 이어 3년에 즉위하고 원년元年이라 칭하였다.
김부식金富軾에 의하면 임금이 즉위하여 해를 넘어서 원년이라 칭하는 것은 그 법이 노魯나라 공자가 기록한 역사책≪춘추春秋≫에 상세한 것으로 이는 선왕先王의 고치지 못할 법전法典이었다. ≪서경書痙≫상서尙書 중 <이훈伊訓>에는
　〈성탕成湯이 돌아가매 태갑太甲 원년이라.〉
하였고 당唐의 공영달孔穎達의 해석을 보면
　〈성탕이 돌아가시매 그해를 곧 태갑 원년이라.〉
하였다. 그러나 ≪맹자孟子≫에는
　〈은殷나라 왕 성탕이 돌아가셨는데 장자 태정太丁은 즉위하지 못하고 동생들인 외병外丙은 2년, 중임仲壬은 4년을 즉위하였다.
하였으니, 아마도 ≪상서≫에는 누락된 부분이 있고 왕의王義는 잘못 이야기된 듯하다.
　혹은 말하기를

"옛날에 임금이 즉위하면 혹은 달을 넘어 원년이라 칭하고 혹은 해를 넘어 원년이라 칭하였다."

하였는데 달을 넘어 원년이라 칭한 것은 '성탕이 돌아가심에 태갑太甲 원년이라' 한 것이 곧 이것이요, 맹자에 '태정은 즉위하지 못하고' 한 것은 태정은 임금 자리에 서지 못하고 죽었다는 말이오, 또 '외병 2년'이니 '중임 4년'이니

한 것은 모두 태정의 아들인 태갑의 두 형들이 2년 혹은 4년을 살다가 죽었으므로 태갑이 탕의 뒤를 이어 왕위를 계승한 까닭이라 할 것이다. 그런데 사마천司馬遷이 기록한 ≪사기史記≫에서 중임과 외병을 두 군君으로 기록한 것은 잘못이다. 그러므로 전자는 선군의 돌아간 해로서 즉위 원년으로 칭한 것이니 옳지 못한 것이고 후자는 가히 상商이나 또는 은殷 인들의 예에 합당한 것이라고 할 것이다.

4년(남해왕 원년) 7월, 낙랑의 군사들이 침입하여 금성을 겹겹으로 포위하자 왕이 군신들에게 이르기를

"두 성聖이 돌아가시고 내가 백성의 추대로 잘못 왕위에 있으므로 위태롭기가 강물을 건너는 것과 같은데 지금 이웃 나라가 침입하니 이는 내가 보덕한 때문이다. 이를 어떻게 하면 좋을 것인가?"

하자 군신들은 대답하기를

"적들은 우리나라가 국상이 있는 것을 다행으로 여기고 망령스럽게 군사를 이끌고 쳐들어오므로 하늘은 반드시 적들을 돕지 않을 것이오니 두려워할 것이 없겠나이다."

하였다. 그런데 적들은 침략치 않고 갑자기 물러가고 말았다.

6년(남해왕 3) 정월에 시조 묘始祖廟를 세웠다. 10월 1일에 일식이 있었다.

8년(남해왕 5) 정월에 왕은 석탈해昔脫解가 어질다는 말을 듣고 맏딸을 그의 아내로 삼게 하였다.

10년(남해왕 7) 7월에 탈해에게 대보大輔라는 벼슬을 주고 군대와 나라의 정사를 맡겼다.

11년(남해왕 8) 봄과 여름에 한재가 들었다.

14년(남해왕 11) 왜인들이 병선 1백여 척으로 해변에 침입하여 민가를 약탈하므로 왕은 6부의 군사를 뽑아내어 이를 막았다.

이때 낙랑에서는 서나벌의 국내가 허약하다 하고 침입하여 금성을 공격하므로 격하므로 사세가 위급하였다. 그런데 밤에 유성이 적의 병영으로 떨어지니 적들은 모두 두려워하고 알천 상류로 물러나서 진을 치고 있다가 돌무더기[석퇴石堆] 스무 개를 쌓아놓고 도망하였다. 이때 6부의 군사 1천 명은 적을 추격하여 토함산吐含山 동쪽으로부터 알천에 이르렀으나 돌무더기를 보고 아직 적들이 무리를 지어 진을 치고 있는 것으로 알고 추격하지 않았다.

16년(남해왕 13) 7월에 그믐달에 일식이 있었다.

18년(남해왕 15)에 경성京城에 한재가 들었고 7월에는 메뚜기 떼의 피해가 심하여 백성들의 기근이 심하므로 나라에서는 창고를 풀어 이를 구제하였다. 19년(남해왕 16) 2월에 북명北溟(현 강릉江陵) 사람이 밭을 갈다가 고조선 부족 국가 중의 하나로 강원도 동부 지방 치소治所에 존재했던 예濊의 왕인王印을 얻어서 이를 나라에 바쳤다.

22년(남해왕 19) 나쁜 병이 크게 돌아 많은 사람들이 죽었다. 11월에는 물이 얼지 않았다.

23년(남해왕 20) 가을에 태백성太白星(금성金星)이 태미성太微城으로 들어갔다.

24년(남해왕 21) 9월에 메뚜기 떼의 피해가 있었다. 이때 왕이 돌아가시므로 사릉원蛇陵園(경주 5릉) 안에 장사하였다.

● 남해왕대의 사람들

운제부인雲帝夫人

생몰년 미상. 신라 남해차차웅의 비. 운제雲帝라고도 표기하며, 아루부인阿婁
夫人이라고도 한다. 고려시대 영일현의 서쪽에 운제산성모雲梯山聖母가 있는
데 가뭄 때에 여기에 빌면 감응이 있다고 하였다. 박혁거세朴赫居世의 부인 알
영閼英과 마찬가지로 운제부인 역시 신모神母, 즉 농업신農業神으로 후세까지
신앙되었다.

● 남해왕 시대의 세계동향

▶ 동양

중국에서는 한의 외척 왕망이 유씨 왕조를 멸하고 스스로 천자의 지위
에 올라 신新을 건국한다. 왕망은 계속되는 흉노의 침략을 막아내다
급기야 흉노를 치기에 이르는데, 그런 상황에서 농민반란이 일어난다.
또한 23년에 한漢 왕실의 후예들이 군대를 일으켜 유현劉玄을 황제로
옹립, 후한동한을 세운다. 그해에 후한의 유수 군대는 왕망의 군대를
격파하고 왕망을 살해한다.

▶ 서양

서양에서는 로마 땅으로 게르만족이 밀려들고, 서기 8년에 로마군이
토이토부르크에서 게르만과 싸웠으나 패배하였고, 14년에는 아우구스
투스가 죽고 티베리우스가 즉위한다. 그는 19년에 노예해방령을 발표
하여 로마 사회에 큰 파장을 불러일으킨다.

03

———

천년 앞날을 예견한 왕,
세계에서 유래가 없는 왕국의
초석을 놓고

유리
이사금

新羅王朝實錄

유리이사금 儒理尼師今
박씨 왕 3대

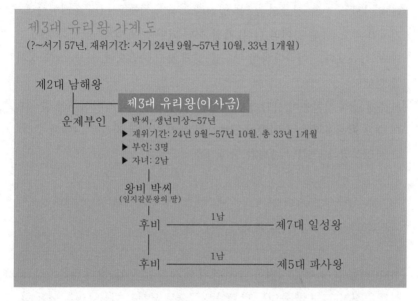

제3대 유리왕 가계도
(?~서기 57년, 재위기간: 서기 24년 9월~57년 10월. 33년 1개월)

제2대 남해왕

제3대 유리왕(이사금)

운제부인
▶ 박씨, 생년미상~57년
▶ 재위기간: 24년 9월~57년 10월. 총 33년 1개월
▶ 부인: 3명
▶ 자녀: 2남

왕비 박씨
(일지갈문왕의 딸)

후비 ——— 1남 ——— 제7대 일성왕

후비 ——— 1남 ——— 제5대 파사왕

?~57(유리왕사금 34). 신라 제3대 왕. 재위 24~57. 성은 박씨. 노례이사금弩禮尼師今이라고도 한다. 남해차차웅의 태자이며, 어머니는 운제부인雲帝夫人이다. 비妃의 이름은 알 수 없고, 일지갈문왕日知葛文王의 딸 박씨, 허루갈문왕許婁葛文王의 딸 또는 사요왕辭要王의 딸이라는 세 가지 설이 있으나, 일지갈문왕의 딸일 가능성이 가장 크다.

이사금이라는 왕호는 이질금尼叱今·치질금齒叱今이라고도 쓰는데, '잇금[齒理]'을 의미하는 신라 방언이라는 전통적 해석이 있으나 정확한 뜻은 알 수 없다. 사회적으로 이사금시대 왕의 성격은 부족연맹장部族聯盟長이라는 설이 있으나, 아무튼 종래의 거서간居西干 시대보다 문물제도면에서 향상된 시대였음은 인정할 수 있다. 28년유리이사금 5에 <도솔가兜率歌>를 지었고, 32년에 6부六部의 이름을 고치고 이들에게 이李, 최崔, 손孫, 정鄭, 배裵,

설薛의 성姓을 주었으며, 17관등官等을 마련하였다고 하나 이때에 된 것은 아닌 듯 하다. 6부의 여자들을 두 편으로 갈라 길쌈을 짜게 해 8월 15일에 짜낸 양으로 승부를 결정짓는 가배嘉俳놀이를 시켰는데, 이 때 부른 노래가 <회소곡會蘇曲>이었다. 낙랑樂浪·화려華麗·불내不耐 등의 사람들이 북변을 쳐들어왔으며, 맥국貊國과 우호관계를 맺었다. ≪삼국사기≫에서는 40년에 이서국伊西國: 지금의 淸道을 멸했다고 하나 이것은 14대 유례이사금의 기사가 착오錯誤된 것이라 한다. 재위 34년 되던 해에 탈해脫解의 재능이 그의 두 아들보다 뛰어나다하여 왕위를 잇게 하고 죽었으며, 사릉蛇陵에 장사를 지냈다.

처음에 남해 차차웅이 사망하자 태자인 유리가 마땅히 즉위하여야 할 것인데 대보 탈해가 평소에 덕망이 있음으로 유리는 임금 자리를 그에게 주려고 사양하였다. 그러나 탈해가 말하기를

"신기대보神器大寶(왕위)는 용렬한 사람이 감당할 바가 아닙니다. 듣건대 성스럽고 지혜로운 사람은 치아[齒]가 많다 하니 시험합시다."

하고 떡을 물어 이를 시험한 즉 유리의 이의 자국[치리齒理]이 많은지라, 군신들은 서기 24년 곧 유리를 받들어 임금으로 모시고 이사금이라 이름 하였다.

김대문이 이르기를

"이시금은 방언으로서 치리를 말하는 것이다. 옛날 남해 차차웅이 돌아가시려 할 때 아들 유리와 사위 탈해에게 이르기를 '내가 죽은 뒤에는 너희들 박朴·석昔의 두 성이 연장자로서 임금의 자리를 이으라' 하셨는데 그 뒤에 김성金姓이 또 일어났으므로 박朴·석昔·김金의 세 성이 치장자齒長者로서 서로 임금 자리를 이었던 까닭으로 이사금이라고 칭하였다."

고 한다.

25년(유리왕 2) 2월에 왕은 친히 시조 묘에 제사를 지내고 죄인들을 풀어주었다.

28년(유리왕 5) 11월 왕이 국내를 순행하다가 한 늙은이가 거의 얼어 죽을 지경이 된 것을 보고 말하기를

"내 미력한 몸으로 왕위에 있으면서 백성들을 잘 기르지 못하여 노인이나 어린아이들로 하여금 이와 같이 괴로운 지경에 이르게 하였으니 이는 나의 죄로다."

하고 곧 옷을 벗어 그를 덮어 주고 음식을 마련하여 먹인 후에 관리에게 명령하여 곳곳마다 돌아다니면서 홀어미와 고독한 늙은이와 병들어 스스로 생활할 수 없는 사람들을 위문하여 그들에게 먹을 것을 주어 생활하도록 하였다. 그러자 이웃 나라의 백성들이 이 말을 듣고 찾아오는 사람이 많았다. 이 해에 민속民俗이 편안하여 처음으로 아율가兒率歌를 지어 부르니 이것이 가락歌樂의 시초였다.

32년(유리왕 9) 봄에 왕은 6부의 이름을 고치고 성姓을 주었는데 양산부楊山部를 양부梁部라 하여 성을 이李라 하고, 고허부高墟部를 사양부沙梁部라 하여 성을 최崔라 하고, 대수부大樹部를 점양부漸梁部 또는 모양부牟梁部라 하여 그 성을 정鄭이라 하고, 가리부加利部를 한기부漢祇部라 하여 그 성을 배裴라 하고, 명활부明活部를 습비부習比部로 하여 그 성을 설薛이라 하였다. 이 6부 곧 6촌은 신라를 구성하는 모체로서 지금 경주를 중심으로 한 경북 일대를 의미한다.

또한 관제를 설정하고 17관등을 마련하였는데 1은 이벌찬伊伐飡, 2는 이척찬伊尺飡, 3은 잡찬迊飡, 4는 파진찬波珍飡, 5는 대아찬大阿飡, 6은 아찬阿飡, 7은 일길찬一吉飡, 8은 사찬沙飡, 9는 급벌찬級伐飡, 10은 대나마大奈麻, 11은 나마奈麻, 12는 대사大舍, 13은 소사小舍, 14는 길사吉士, 15는 대오大鳥, 16은 소오小鳥, 17은 조위造位라 하였다.

왕은 이미 6부를 정한 후에 이를 두 패로 가르고 딸 둘로 하여금 각각 부내의 여자들을 거느리게 하여 붕당朋黨을 만들어서, 7월 16일[기망旣望]부터

날마다 6부의 뜰에 모여 길쌈[적마績麻]을 하였다. 밤늦게(이경二更)을 파하고 8월 15일에 이르러 그 공의 정도를 살펴가지고는 진편에는 음식을 마련하여 이긴 편에게 사례하고 모두 노래와 춤과 온갖 놀이를 하였는데 이를 가위嘉俳라 하였다. 이때 진 쪽에서 한 여자가 일어나서 춤을 추면서 탄식하기를 '회소 회소會蘇會蘇' 하였는데 그 소리가 구슬프면서 아담하였으므로 뒷사람들이 그 소리를 인연으로 하여 노래를 지어 회소곡會蘇曲이라고 이름 하였다.

34년(유리왕 11)에 서울의 땅이 갈라지고 샘물이 솟아올랐다. 6월에는 큰물이 졌다.

36년(유리왕 13) 8월에 낙랑이 북변에 침입하여 타산성朶山城을 공격하여 함락 당하였다.

37년(유리왕 14) 고구려의 왕 무휼無恤(제3대 대무신왕大武神王)이 낙랑을 멸망시키자 낙랑인 5천명이 와서 항복하므로 6부에 나누어 살게 하였다.

40년(유리왕 17) 9월에 화려華麗, 불내不耐 2현縣 사람들이 연모連謀하여 기병을 거느리고 북경을 침범하였는데 맥국貊國의 거수渠帥(군장君長)가 군사를 거느리고 하서河西(현 강릉 지방)에서 이를 가로막고 패주시키자 왕은 크게 기뻐하며 맥국과 우호 관계를 맺었다.

42년(유리왕 19) 8월에 맥국의 거수가 짐승을 사냥하여 바쳤다.

54년(유리왕 31) 2월에 패성이 자궁성紫宮星에 나타났다.

56년(유리왕 33) 4월에 한 용이 금성의 우물에 나타나더니 곧 폭우가 서북으로부터 쏟아졌다. 5월에는 큰 바람이 불어 나무가 뽑혔다.

57년(유리왕 34) 9월에 왕은 병환 중에 있었는데, 신하들에게 말하기를

"탈해는 그 몸이 국척國戚 연결되고 벼슬이 보신輔臣(대보) 자리에 있으면서 여러 번 공을 세웠다. 짐의 두 아들은 그 재능이 훨씬 그에게 미치지 못하니 내가 죽은 뒤에는 탈해를 즉위케 하여 나의 유훈을 잊지 않도록 하라."

하였다. 10월에 왕이 돌아가시므로 사릉원에 장사하였다.

● 유리왕대의 사람들

일지갈문왕 日知葛文王

신라 상대의 갈문왕. 일지갈문왕에 대해서는 첫째는 신라 제3대왕인 유리이 사금의 왕비의 아버지, 둘째는 제7대왕인 일성이사금의 아버지, 셋째는 제7 대 왕인 일성이사금의 왕비의 아버지라는 세 가지 기록이 있다. 그런데 일성 이사금의 왕비의 아버지는 지소례왕支所禮王이라는 기록이 따로 있으므로 일 지갈문왕이 일성이사금의 왕비의 아버지일 가능성은 희박하다. 또한 일성이 사금은 148년(일성왕 15)에 박아도朴阿道를 갈문왕으로 추봉하고 있는데, 이 박 아도가 일성이사금의 아버지로 추정된다. 따라서 일지갈문왕은 유리이사금 의 왕비의 아버지라고 생각된다. 즉, 일지갈문왕은 왕비의 아버지로서 갈문 왕에 책봉되었다고 할 수 있는데 이것은 당시 신라에서 왕족에 대한 왕비족 의 중요성을 말하여주는 것이다.

● 유리왕 시대의 세계동향

▶ 동양
당시 중국은 왕망이 몰락하고 유현이 후한을 세웠다.
유현이 2년 동안 재위하다가 서기 25년에 광무제 유수가 즉위한다.
유수는 낙양에 도읍을 정하고, 서기 37년에 중국 전역을 통일한다.

▶ 서양
이 무렵, 서양 로마에서는 예수가 활동하다 30년 처형되고, 그 제자들이 순교의 대열을 잇는다. 또한 바울이 예수교에 귀의하고, 신약성서가 성 립된다. 정치적으론 클라우디우스 1세가 황후 아그리피나에게 독살되 고, 그녀의 아들 네로가 즉위한다.

● '이사금'이란 명칭의 유래

지혜의 상징, 이[치齒]자국 많은 사람이 왕

이사금은 우리말로 원래 '잇금'을 의미하는 말이다.

옛적에 남해 차차웅이 서거하기 직전 아들 유리와 사위 탈해에게 말하기를

"내가 죽은 후 너희 둘 중에 연장자로 왕위를 이으라"

고 했더니 연령이 많음에 따라 서로 왕위를 잇게 되었다. 여기서 연령이 많다는 것은 그만큼 지혜가 많다는 것과 같은 의미였다.

남해왕의 뒤를 이어 유리왕과 석탈해가 왕의 자리를 논할 때 서갈해가 '지혜 있는 사람은 이가 많다고 하니 떡을 물어 그 자국을 헤아리자'고 제의했다. 그래서 떡에 물린 이의 금을 헤아려 많은 쪽이 왕이 되었는데, 여기서 유래하여 왕을 부르는 칭호를 '잇금(=이사금)'이라고 하게 되었다.

왕을 부르는 칭호로서 이사금이 사용되었다는 것은 정치적으로 신라를 구성하고 있는 6개의 연맹 세력이 대등한 관계를 유지했음을 의미한다. 왕의 지위는 하나의 부족에게 독점되지 못하고 부족의 세력 변동에 따라 그때그때 강한 부족 출신이 왕위를 차지하는 식으로 돌아가면서 계승되었다.

이러한 상황에서 신라의 정치 참여 집단들은 명분상으로나마 왕위가 계승되는 원칙을 정해놓아야 했으며, 덕이 많은 사람이 왕위의 적임자라는 식의 주장을 내놓게 된 것이고 또 그렇게 하는 과정에서 이사금이라는 왕호가 출현하게 된 것이다. 따라서 이사금이 왕호로 사용되는 동안의 신라의 왕권은 그다지 강력하지 못한 것이라고 할 수 있다.

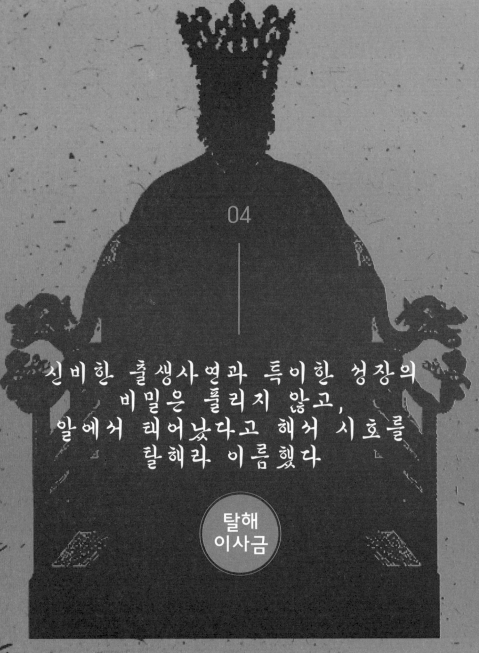

04

신비한 출생사연과 특이한 성장의
비밀은 풀리지 않고,
알에서 태어났다고 해서 시호를
탈해라 이름했다

탈해
이사금

新羅王朝實錄

탈해이사금 脫解尼師今
석씨 왕 1대

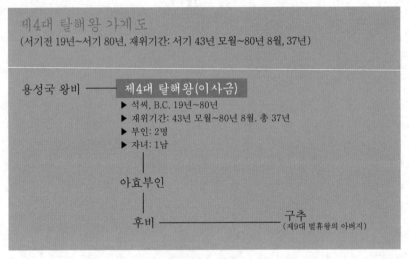

제4대 탈해왕 가계도
(서기전 19년~서기 80년, 재위기간: 서기 43년 모월~80년 8월, 37년)

용성국 왕비 ─── **제4대 탈해왕(이사금)**
▶ 석씨, B.C. 19년~80년
▶ 재위기간: 43년 모월~80년 8월. 총 37년
▶ 부인: 2명
▶ 자녀: 1남

아효부인

후비 ─────────────── 구추
(제9대 벌휴왕의 아버지)

서기전 5(혁거세왕 53)~서기 80(파사왕 1). 신라 제4대 왕. 재위 57~80. 성은 석씨昔氏. 토해吐解라고도 한다. 아버지는 다파나국多婆那國의 왕, 용성국龍城國의 함달파왕含達婆王, 또는 완하국琓夏國의 함달왕含達王이라는 여러 가지 전설이 있다. 어머니는 여국왕女國王의 딸 또는 적녀국왕積女國王의 딸이라고 한다. 왕비는 남해차차웅의 딸 아효阿孝(또는 阿尼), 또는 남해차차웅의 누이동생 阿老부인이다. 부왕父王인 다파나국의 왕이 비妃를 맞아 임신 7년 만에 큰 알[卵]을 낳자, 왕은 좋지 못한 일이라 하여 버리게 하였다. 이에 보물과 함께 비단에 싸서 궤짝에 넣어 바다에 띄워 보냈다. 궤짝에 실린 탈해는 금관가야金官加耶를 거쳐 계림鷄林 동쪽 아진포阿珍浦에 이르렀다. 이 때 한 노파가 이를 보고 건져, 알에서 깨어난 탈해를 길렀다. 탈해는 고기잡이로써 생업을 하며 양모養母를 공양하였다. 그러나 어머니는 탈해가 보통 사람이 아님을 알고 공부를 시켜, 학문과 지리에 두루 통달하게 되었다.

당시 이름난 신하인 호공瓠公의 집터뒤에 月城이 됨가 좋음을 보고 몰래 숫돌과 숯을 그 집에 묻어놓고는 자기의 집이라 우기니 관가에서는 주장하는 근거를 요구하였다. 이에 자신은 본래 대장장이[冶匠]였으니 땅을 파서 조사하자고 하여, 과연 숫돌과 숯이 나오자 탈해가 승소勝訴해 그 집을 차지하였다.

이 같은 내용의 설화에서 탈해집단이 경주 동해변에 살았다는 것을 알 수 있고, 그것은 그가 죽은 뒤 동악신東岳神으로 봉사奉祠되었음에서도 확인된다. 또한 석씨 부족이 어로를 주요 생활수단으로 하였지만, 이미 철기문화鐵器文化를 가지고 있었으며, 적어도 철을 다루는 능력이 왕위계승에까지 연결되는 강점의 하나였다고 생각된다.

탈해는 서기 8년(남해왕 5)에 남해왕의 사위가 되고, 서기 10년에는 대보의 자리에 올랐다. 유리이사금儒理尼師今의 즉위 시에 이미 왕위계승의 물망에 올랐지만, 유리이사금이 나이와 이빨 수가 많다는 이유로 먼저 왕이 되었다는 설화가 있다. 유리이사금은 후기 탈해에게 왕위를 넘겨주었다.

탈해가 왕이 될 수 있었던 것은 그가 남해왕의 사위이므로 결국 박씨집단朴氏集團의 일원이라는 동속개념同屬概念으로 설명되기도 한다. 또한 철을 이용한 군사력 확보 및 거기에 따르는 실질적인 정치실력파의 등장으로 박씨족과 석씨족이 연맹함으로써 왕실세력의 폭을 넓혔다고 본다.

삼국유사三國遺事에는 60년 시림始林에서 닭 우는 소리를 듣고 확인시켜보니, 금궤金櫃가 나무에 걸려 있고 그 아래 흰 닭이 있어, 궤를 열어보자 용모가 단정한 아이가 있었는데, 이가 김알지金閼智이다. 왕은 시림을 계림鷄林이라 고치고 이를 국호로 삼았다. 죽은 뒤, 성북城北의 양정壤井 언덕에 장사지냈다.

56년(탈해왕 2) 정월에 호공을 대보로 삼았다. 2월에 왕은 친히 시조 묘에 제사를 지냈다.

59년(탈해왕 3) 3월에 왕이 토함산吐含山으로 올라가니 검은 구름이 방석같이 왕의 머리 위에 오래도록 덮여 있다가 흩어졌다. 5월에 왜국과 우호 관계를 맺고 서로 수교하였다. 6월에 패성이 천선天船에 나타났다.

61년(탈해왕 5) 8월에 마한의 장수 맹소孟召가 복암성覆巖城을 열어 항복하였다.

56년(탈해왕 2) 정월에 호공을 대보로 삼았다. 2월에 왕은 친히 시조 묘에 제사를 지냈다.

59년(탈해왕 3) 3월에 왕이 토함산吐含山으로 올라가니 검은 구름이 방석같이 왕의 머리 위에 오래도록 덮여 있다가 흩어졌다. 5월에 왜국과 우호 관계를 맺고 서로 수교하였다. 6월에 패성이 천선天船에 나타났다.

61년(탈해왕 5) 8월에 마한의 장수 맹소孟召가 복암성覆巖城을 열어 항복하였다.

63년(탈해왕 7) 10월에 백제의 제2대 다루왕多婁王이 나라의 경계를 개척하기 위하여 낭자곡성娘子谷城(금강錦江 상류)에 이르러 사신을 파견하여 회견할 것을 청하였으나 탈해 이사금은 가지 않았다.

64년(탈해왕 8) 8월에 백제가 군사를 파견하여 와산성蛙山城(현 보은報恩)을 공격하였다. 10월에 백제가 또 다시 구양성狗壤城을 공격하므로 왕은 기병 2천 명을 파견하여 이를 역습하여 물리쳤다. 12월에 지진이 있었고 눈이 오지 않았다.

65년(탈해왕 9) 3월에 왕은 밤에 금성 서쪽 시림의 숲 사이에 닭이 우는 소리를 듣고 날이 밝자 호공을 파견하여 이를 살펴보게 하였는데 그가 시림에 이르러 보니 금색으로 된 조그만 궤짝이 나뭇가지에 달려 있고 흰 닭이 그 밑에서 울고 있으므로 돌아와 이 사실을 아뢰었다. 왕은 사람을 시켜 그 궤짝을 가져오게 한 다음 이를 열어 보니 조그만 사내아이가 그 속에 들어 있었는데 용모가 기이하게 뛰어났다. 왕은 크게 기뻐하며 군신들에게 이르기를

"이 어찌 하늘이 나에게 아들을 보내준 것이 아니라 하겠는가."

하고 거두어 길렀다. 그런데 아이가 자람에 따라서 아주 총명하고 지략이

많았는데 이름을 알지閼智(경주 김씨의 시조)라 하고 그가 금궤에서 나왔기에 성을 김씨金氏, 또 시림을 고쳐 계림으로 이름을 짓고 이를 국호로 삼았다.

66년(탈해왕 10) 백제가 와산성으로 쳐들어와 이를 빼앗고 군사 2백 명을 머무르게 하며 지켰으나 얼마 안 되어 신라에서 이를 도로 빼앗았다.

67년(탈해왕 11) 정월에 박씨의 친척에게 국내 주와 군은 나누어 다스리게 하고 주주州主, 군주郡主라고 이름 하였다. 2월에 순정順貞을 이벌찬으로 임명하고 정사를 맡겼다.

70년(탈해왕 14) 백제가 침범하였다.

73년(탈해왕 17) 왜인들이 목출도木出島에 침입하자 왕은 각간 우오羽烏를 파견하여 이를 막게 하였으나 이기지 못하고 우오는 전사하였다.

74년(탈해왕 18) 8월에 백제가 변방에 침입하므로 왕은 군사를 파견하여 이를 막았다.

75년(탈해왕 19) 큰 한재가 들어서 백성들의 기근이 심하므로 창고를 풀어 내어 이를 구제하였다. 10월에 백제가 서쪽 변방 와산성을 공격하여 이를 함락시켰다.

76년(탈해왕 20) 9월에 군사를 파견하여 백제의 군사를 정벌하여 와산성을 회복하고 백제에서부터 와서 살던 사람 2백여 명을 모두 죽였다.

77년(탈해왕 21) 8월에 아찬 길문古門이 가야伽倻(가락駕洛, 현 김해) 군사와 황산진黃山津 어귀에서 싸워 천여 명을 참획하였으며 길문을 파진찬에 승진시켜 그 공로를 가상하였다.

79년(탈해왕 23) 2월에 혜성이 동방에 나타났다가 또 북방에 나타나서 20일 만에 없어졌다.

80년(탈해왕 24) 4월에 서울에 큰 바람이 일어나서 금성 동문東門이 스스로 파괴되었다. 8월에 왕이 돌아가시므로 성의 북쪽에 있는 양정壤井 언덕에 장사하였다.

● 탈해왕대의 사람들

길문吉門

생몰년 미상. 신라 시대의 관리. 서기 77년(탈해왕 21)에 지금의 낙동강에서 신라에 쳐들어온 가야군사 1,000여 명을 참획한 공으로 제6등인 아찬阿飡에서 파진찬波珍飡으로 승급되었다. 또 76년에는 백제와의 충돌이 있었는데, 백제 다루왕은 지경地境을 개척하기 위하여 낭자곡성娘子谷城에 이르러 사신을 보내 회견할 것을 청하였으나 신라는 이를 거절하였다. 이 일이 있은 뒤 양국 사이가 좋지 않아 와산성蛙山城(지금의 報恩)을 공격하여 그곳에 살고 있던 백제인 200여 명을 죽이고 이를 빼앗았다.

김순정金順貞

생몰년 미상. 신라 초기의 재상. 서기 67년(탈해왕 11) 2월 이벌찬伊伐飡이 되어 정사를 관장하였다. 탈해이사금은 먼저 그해 정월에 국내를 주州·군郡으로 나누고, 박씨의 귀척貴戚들을 주주州主·군주郡主로 삼고 이를 다스리게 하였다. 이때 김순정이 재상으로 등장하게 된 것은 이들 귀척세력과 관련이 있는 것으로 보인다.

석구추昔仇鄒

생몰년 미상. 신라 상고上古시대의 석씨왕족昔氏王族. 벌휴이사금의 아버지이다. 아버지는 탈해이사금이고, 어머니는 아효부인阿孝夫人이다. 부인은 김씨金氏로 지진내례부인只珍內禮夫人이며, 그 소생은 벌휴이사금이다. 벼슬은 각간角干에 이르렀다.

김알지 金閼智

65(탈해왕 9)~? 신라인으로 경주김씨의 시조. ≪삼국사기≫에 의하면 탈해이사금 9년에 왕이 금성金城 서쪽 시림始林 속에서 우는 닭의 울음소리를 듣고 호공瓠公을 보내어 살펴보게 하니, 황금빛의 궤가 나뭇가지에 걸려 있고 빛이 궤에서 나오며 흰 닭이 나무 밑에서 울고 있었다. 호공이 보고 돌아와 왕에게 고하니, 왕이 친히 가서 궤를 열어 보자 용모가 수려한 사내아이가 나왔다. 이때부터 시림을 '계림鷄林'이라 하고, 이를 국호로 삼았다.

탈해왕은 이 아이를 거두어 길렀는데 금궤에서 나왔다고 해 성을 '김'씨로 하였으며, 성장함에 따라 총명하고 지략이 많아 '알지'라고 이름 하였다 한다. 그런데 ≪삼국유사≫에도 알지 설화가 수록되어 전하고 있다. 부분적으로는 ≪삼국사기≫와 약간 차이가 있으나 전체적인 줄거리는 같은 내용이다. 즉, 박·석 양 씨보다 먼저 경주 지역에 정착했으나 정치적으로는 뒤에 비중이 커진 김씨 부족이 그들의 토템인 닭과 그들의 조상을 연결해 이 같은 설화를 탄생시킨 것으로 보고 있다.

'알지'라는 명칭에도 많은 관심을 가져 왔다. ≪삼국유사≫에서는 그것이 '아기'라는 뜻이라고 했으며 이후 많은 학자들이 이를 따르기도 했으나, 근래에는 'Ar' 부족, 즉 '금金' 부족의 족장이라고 보는 견해가 유력하다. 알지의 아들은 세한勢漢(또는 熱漢)이며, 그 뒤의 계보는 아도阿都-수류首留(또는 水留)-욱보郁甫(또는 郁部)-구도俱道(또는 仇刀)로 이어지며 구도의 아들은 김씨로서는 최초로 왕위에 오른 미추이사금味鄒尼師今이다. 미추이사금은 알지의 7세손이 된다.

김지진 金只珍

내례부인內禮夫人으로, 석탈해왕昔脫解王의 아들인 각간角干 구추仇鄒의 비妃로서 벌휴왕伐休王의 어머니이다.

거도居道

생몰년 미상. 신라 탈해이사금 때의 족장. 가계와 출신지는 알 수 없다. 계략과 기병騎兵을 이용한 기습 공격으로 우시산국于尸山國과 거칠산국居柒山國을 병합하였다. ≪삼국사기≫에 탈해이사금에게 벼슬하여 간干이 되었다 함을 보면, 당시 족장이었다고 추측된다. 그리고 우시산국과 거칠산국은 지금의 울산과 동래지역으로 비정되는 작은 나라들이므로, 거도의 집단의 위치도 대체로 그 부근이 될 것이다. 두 나라를 병합하기에 앞서 매년 한 번씩 말을 장토張吐 벌판에 모아놓고 군사들로 하여금 타고 달리면서 즐기게 하니 이로 말미암아 당시 사람들이 '마숙馬叔'이라 불렀다. 이에 두 나라 사람들도 그 군마의 행사를 상례로 여겨 경계하지 않게 됨에, 거도는 병마를 몰아 갑자기 기습하여 두 나라를 점령하였다고 한다.

아효부인阿孝夫人

생몰년 미상. 신라 탈해이사금의 비. 아니부인阿尼夫人으로도 표기되어 있다. 남해차차웅의 딸이다. 아버지가 탈해의 슬기로움을 보고 탈해의 아내가 되게 하였는데, 탈해가 왕위에 오름으로써 왕비가 되었다.

우오羽烏

?~73(탈해왕 17). 신라 탈해이사금 때의 재상. 관직은 각간角干이었다. 73년에 왜인이 목출도木出島를 침노하자 우오가 군대를 끌고 나가 왜군을 방어하다가 이기지 못하고 전사하였다.

호공瓠公

생몰년 미상. 신라 상대의 재상. ≪삼국사기三國史記≫에 의하면 족성族姓은
자세하지 않으나 본래 왜인으로, 처음에 박[瓠]을 허리에 차고 바다를 건너
온 까닭에 호공이라 일컬었다고 한다.

이러한 설화로 보아 사로국斯盧國의 중심지로서 시조 박혁거세朴赫居世의 강
림지降臨地라고 하는 양산楊山 기슭에 근거하여, 사로국의 성장과정에서 중
요한 구실을 수행한 이주민집단의 지도자였던 것 같다.

서기 전 20년(혁거세왕 38) 2월 마한에 사신으로 파견되어, 불충실한 조공을
꾸짖는 마한왕에게 사로국의 성장을 과시하고 귀국하였다. ≪삼국유사三國
遺事≫에는 탈해이사금이 즉위하기 전에 지략으로써 호공의 집을 빼앗았다
고 전한다. 이것은 탈해이사금의 석씨세력과 호공세력이 접촉하게 되는 계
기로서, 그 뒤 호공의 활동으로 보아 두 세력은 밀접한 관계를 유지하였음
을 알 수 있다.

즉, 호공은 58년(탈해왕 2) 대보大輔(초기의 재상)에 임명되어 군국정사軍國政
事를 담당하였으며, 김알지金閼智의 탄생설화에 관련된 것으로 보아 김씨세
력과 석씨세력의 매개역할을 담당한 것으로 보인다. 한편, 호공이 박을 차
고 왔으며, 박혁거세가 박모양의 큰 알에서 태어났기 때문에 박씨라고 칭하
였다는 공통점에서 박씨족의 한 분파라고 하는 견해도 있다.

⦿ 탈해왕 시대의 세계 동향

▶ 동양

그 시대 중국은 후한의 광무제, 명제, 장제 연간으로 중원 통일 이후 국가 기강을 다지는 시기였다. 북으로 흉노와 선비가 후한과 대립하고 있었지만 내치에 주력한다. 이후 반초가 서역을 정벌하는 등 영토 확장 작업이 본격화된다. 채음 등이 서역에서 불경을 들여와 불교가 유포되고, 동시에 유학도 크게 장려되었다.

▶ 서양

- 58년 로마 파트리아 및 아르메니아와 싸움
- 60년 성聖 바울 로마에 투옥
- 68년 내란으로 네로 황제 자결, 바울이 순교. 《마가복음》, 《마태복음 》 등의 성서가 성립되며 플리니우스의 《박물지》를 완성시키다.
- B.C. 4년 그리스도 출생(B.C. 2년설도 있음)

⦿ 석탈해 난생 신화

수태한 지 7년 만에 낳은 알

탈해는 본래 다라나국 출생이다. 다파나국 왕이 여국왕의 딸을 데려다 아내를 삼았더니 수태한지 7년 만에 큰 알을 낳았다. 이에 왕이 말하기를 "사람으로서 알을 낳는 것은 좋지 못한 일이니 갖다 버려라"라고 했다. 그리하여 사람들이 알을 큰 궤짝에 넣어 바다에 띄워 보내 이 궤짝이 신라에 이르게 된 것이다. 이때 해변의 노모가 궤를 발견하고 아이를 키웠는데 그가 바로 석탈해이다. 박혁거세가 재위한 지 39년 되던 해의 일이었다.

신라 바닷가에 처음 궤짝이 와 닿을 때 까치 한 마리가 따라다녔으니 까치 작鵲자의 한 쪽을 취하여 석昔씨로 성을 삼고, 또 아이가 궤를 풀고 나왔으니 이름을 탈해脫解라 지었다고 한다. 처음에는 고기잡이로 업을 삼아 노모를 봉양했는데,

"너는 보통 사람이 아니니 학문을 배워 이름을 떨치도록 하라"

는 어머니의 말씀에 따라 학문에 힘썼으며 여러 가지 재주를 익혔다. 그리하여 자신이 배운 학문을 이용해 꾀를 내어 다른 사람의 집을 자기 것으로 만들어 사회적 진출의 발판을 마련하기도 했다.

● 석탈해, 신라 네 번째 왕으로 즉위

박씨 왕위 독점 깨져… 최초의 석씨 왕 탄생

석탈해(62세)가 신라의 네 번째 왕으로 즉위했다. 이로써 6촌이 연합해 형성된 국가인 신라에서 제4대만에 박씨 성이 아닌 '석씨' 군왕이 출현하게 되었다.

왕위가 유리왕의 아들도 아니며 더군다나 정치적으로 박시 집단도 아닌 석시 집단에게 넘어갔으나, 그 과정은 표면상 매우 순조로웠던 것으로 전해진다. 왕위 계승은 유리왕의 유언에 따른 것으로 유리왕은

"탈해는 전대 왕의 사위이며 그 지위가 대신의 자리에 있고 여러 번 공명을 나타냈다. 나의 두 아들은 재주가 탈해에게 훨씬 미치지 못하니, 나 죽은 뒤에는 탈해로 즉위케 하여 나의 유언을 저버리지 말도록 하라"

고 당부한 바 있다.

석탈해는 이주민 집단 출신으로 쇠를 다루는 능력이 매우 뛰어난 인물이다. 그는 뛰어난 재주를 바탕으로 신라의 제2대 왕이었던 남해 차차웅의 사위가 되었으며, 재상에 해당하는 대보 벼슬을 받아 나라 일을 훌륭히 수행하는 정치적 수완을 발휘하기도 했다. 그는 이러한 정치적 성장을 바탕으로 남해왕의 후계자 자리를 놓고 태자인 유리왕과 정치적 대결을 벌인 일도 있었다.

당시 그는 박씨 세력에 밀려 왕의 계승에 패배하는 좌절을 겪기도 했으나 유리이사금 체제하에서도 자신의 세력을 계속 유지하여 마침내 박씨 집단이 아닌 석씨 집단에서 왕위를 차지한 최초의 인물이 되었다.

● 신라의 왕위 결정 방식

6개 부족의 합의로 선출,
계승 때마다 부족 간의 치열한 대립

원래 신라는 삼한을 형성했던 마한, 진한, 변한 중에서 진한에 속한 작은 나라였다. 처음에는 나라 이름을 서라벌이라 했고 경주 지방에 자리 잡았다. 지역 토착세력 6개 부족이 연맹하여 성립된 소국가인 서라벌은 북방으로부터 이주해오는 집단들과 교류하면서 국가로 성장했다.

신라 정치의 중심이 된 6부 세력은 서로의 필요에 의해 하나의 국가를 이루고 있었으며, 외부적으로 연맹국가를 대표하고 내적으로는 6개 부족을 이끌어 나갈 군왕을 선출했다. 그러나 연맹체의 군왕은 6부를 앞장서서 이끌어나가는 지도자이기는 했으나 다른 부족을 통제하고 다스리는 지배자가 되지는 못했다.

그것은 이들 연맹 구성체들이 서로 대등한 크기의 세력을 가지고 있기 때문이다. 만일 어느 한 부족 출신의 군장이 왕위를 독점하기 위해서는 다른 부족들의 반발을 억누를 만한 힘을 갖추고 있어야만 가능한데, 아직 신라

사회에서 그만큼 강력한 세력을 보유하고 있는 집단은 6부 가운데 존재하지 않았다.

따라서 왕위 계승은 6부 합의에 따라 그 중 가장 유력한 정치집단이 차지하는 식으로 결정되었다. 이러한 상황에서 처음 신라의 왕권을 차지한 집단은 박씨 집단이다. 그러나 집권에 성공한 박씨 집단의 왕위는 박씨보다 강력한 집단이 나올 경우, 그 집단에게 왕위를 내주어야 하는 불안정한 것이었다. 이러한 불안정성은 왕위 계승 때마다 이를 둘러싼 갈등을 초래할 수밖에 없는 요인이 된다.

신라의 정치현실과 왕위계승방식

이 시기에 진행되는 신라 왕위계승의 가장 큰 특징은 자신의 자식이 있다 할지라도 그보다 덕이 많고 지혜로운 사람이 있을 경우, 자식이 아닌 그 사람에게 왕위를 물려준다는 것이다.

남해차차웅이 물러날 때 그 자신의 아들이나 사위를 막론하고 나이 많고 어진 이에게 왕위를 물려주겠다는 유언에 따라 유리왕에게 왕위가 계승됐고, 유리왕 역시 자신의 아들이 있음에도 석탈해에게 임금 자리를 선양했다.

자식이 아닌 능력 있고 어진 사람에게 왕위를 선양하는 이러한 계승방식은 신라가 처해 있는 정치현실을 그대로 보여주고 있는 것이다.

권력을 잡은 이들은 당연히 자신의 아들에게 세습하기를 원하기 마련이다. 그것은 아들이 가장 믿을 수 있으며, 자신이 물러나고 난 다음에도 자신의 정책 등 모든 것에 계속성을 보장받을 수 있기 때문이다. 신라의 군왕들 역시 예외는 아니라고 본다. 그들도 자신의 권력을 자신의 아들에게 세습하기를 원했을 것이다.

하지만 이는 신라의 정치 현실상 받아들여지기 어려운 실정이다. 대등한 세력을 갖춘 6개 부족의 연맹체로 운영되는 신라의 특성상, 어느 한 부족이 왕권을 독점하려면 나머지 5개 집단의 반발을 막아내고 견제를 물리칠 수 있는 월등한 힘을 가지고 있어야 한다. 하지만 이 시기의 신라 6개 부족 중에서는 다른 부족에 비해 세력이 다소 우세한 부족이 있다할지라도 왕권을 독점할 만큼의 월등한 실력은 가지지 못한 상황이었다. 따라서 신라의 왕위는 부족회의를 개최하여 연맹체 간의 합의에 따라 결정될 수밖에 없었다.

그러므로 신라의 왕위를 하나의 부족이 독점하지 않고 유력한 정치집단의 합의에 따라 계승자를 결정하여 현자에게 물려주는 방식은, 대등한 세력의 6부족이 하나의 국가를 형성하고 있는 신라의 정치현실에서 비롯된 것이라 할 수 있다.

● 석탈해왕대의 주요사건

관련일지

6년: 부여, 5만 병력 동원 고구려 공격, 대설로 실패.

9년: 부여왕, 고구려에 항복 권고

20년: 고구려, 부여에 대한 종속적 외교 관계 설정 거부.

13년: 부여, 학반령에서 대패.

21년: 고구려, 총공세. 부여왕을 살해.

22년: 부여 정치적 분열. 왕 대소의 동생과 왕의 종제들이 고구려로 투항.

28년: 고구려, 후한의 고구려 침공 극복. 부여에 대한 공세 강화.

49년: 후한, 고구려의 화북 기습작전에 부여와 적극적인 상호제휴관계 모색.

신라
낙동강 전투에서 가야에 승리

77년(탈해왕 2년) 6월 아찬 길문이 이끄는 신라군은 김해와 양산 사이의 낙동강에서 변한 군대와 대결하여 가야 병사 일천여 명을 살해하는 커다란 전과를 올렸다. 신라 조정은 승리에 공이 큰 여러 장군들에게 상을 내렸는데, 장군 길문은 관등이 아찬에서 파진찬으로 승격되어 한번에 2관등이 오르는 영광을 안았다.

신라
동해안 주변 정복 박차

100년을 전후 경주지역을 근거지로 하고 있는 진한 12개국 중 하나인 사로국은 동해안 주변세력의 정복에 힘쓰고 있다. 사로국이 진출하고 있는 지역은 형산강 물줄기를 따라 형성되어 있는 작은 나라들이다. 이 지역은 낮은 평지가 형성되어 있는 등 옛날부터 교통이 발달한 곳이다.

가야
금관가야, 연맹체 형성 추진

최근 변한지역의 금관가야는 소국 연맹체인 '가야연맹' 형성을 목표로 활발한 활동을 전개하고 있다.

금관가야는 해외 진출에 유리한 지리 조건을 이용, 바다 길로 낙랑에서 선진 문물을 수입, 문화를 축적하고 있으며, 그 중 일부를 주변 지역과 일본에 공급, 중개무역의 이익과 그 지역에 대한 통제력을 키우고 있다. 변한의 소국들은 벼농사와 조개채취 등 어업생산을 바탕으로 철 생산과 무역을 통해 성장을 거듭하고 있다.

백제
주변세력 통합하고 지속 성장
마한 지역 패권 놓고 목지국과 격돌 예상

마한지역의 연맹체들 사이에서 고구려에서 이주해왔다고 전해지는 온조가 건국한 십제十濟가 한강 유역에서 소국 연맹체의 맹주로 성장하고 있다. 이들 집단은 처음에는 한강 북쪽에 도읍하고 국명을 '십제'라 일컬었는데, 중국의 군현세력과 동예의 침입을 효과적으로 방어하기 위해 천혜의 요새인 하남위례성으로 중심지를 옮겼다. 그 후 이들은 한강 유역의 여러 세력집단을 자신의 지배하에 통합하면서 연맹체의 영역을 확대해나가, 국가의 명칭도 성장한 국력에 걸맞게 십제에서 '백제百濟'로 바꾸었다. 이러한 백제의 성장은 자연스럽게 목자국의 영도권을 위협하고 있어 목자국을 중심으로 하고 있는 마한지역의 세력 판도에 큰 변화를 불러올 것으로 보여 많은 관심이 쏟아지고 있다. 앞으로 마한 지역의 지배권을 다투는 한판 승부가 백제와 목자국 사이에서 벌어질 것으로 예상된다.

고구려, 최리의 낙랑국 정벌

32년(대무신왕 15) 4월 고구려는 최리가 지배하고 있던 낙랑의 일부지역을 급습, 정복하는데 성공했다. 이번의 정복전쟁에는 고구려의 왕자 호동이 큰 역할을 한 것으로 알려지고 있다. 최리의 낙랑국에는 적병이 오면 저절로 울리는 북이 있어 주변국들의 공격이 여의치 않았는데, 호동이 낙랑국의 공주와 결혼을 약속하며 공주를 시켜 북을 찢게 했다는 것이다. 낙랑왕 최리는 자명고가 울지 않으므로 방비를 하지 않고 있다가 고구려 병사들이 성 아래까지 닥친 후에야 비로소 사태를 파악한 것으로 알려지고 있다. 낙랑왕 최리는 자신의 딸을 죽이고 고구려 측에 항복했다.

● 신라의 풍속 가배

부녀자들의 길쌈 시합이 그 기원

 유리왕이 6부를 정한 후, 이를 둘로 나누어 왕녀 두 사람으로 하여금 각각 부에 있는 여자를 거느려 편을 짜서 음력 7월 16일부터 날마다 아침 일찍 마당에 모여 길쌈을 시작, 오후 10시경에 파하도록 했다. 그리하여 8월 15일에 이르러 어느 편이 많이 짜고 적게 짰는지를 조사하여, 지는 편은 술과 음식을 장만하여 사례하고 이에 노래와 춤, 그리고 온갖 유희가 일어나니 이를 가배라 한다. 이때 진편의 여자가 일어나 춤추며 탄식하기를, "회소, 회소"라 하여 그 음조가 슬프고 아름답거늘, 후대 사람이 그 소리로써 노래를 지어 이름을 회소곡이라 했다.

● 무너지는 고구려의 형사취수제

무너지는 형사취수제
변화하는 사회에 알맞은 정책을 기대한다

 고구려 주민들은 지금 커다란 혼란에 빠져 있다. 오랫동안 내려온 고구려의 전통적인 결혼제도의 하나인 '형사취수제'가 무너지고 있기 때문이다. 사람들은 기존의 가치관이 무너졌으나, 새로운 윤리체계가 세워지지 않은 상황에서 심한 정신적 분열을 겪고 있는 것이다.
 원래 고구려에서는 형이 죽으면 형수를 동생이 취하여 아내로 삼는 취수혼이 행해져 왔으며, 시동생에게 시집간 여인이 죽어서 묻힐 때에는 반드시 전 남편 옆에 묻혀야 한다는 원칙이 세워져 있었다. 그런데 이러한 풍습이 점차 무너지면서 문제가 발생하고 있는 것이다. 이번에 죽은 고국천왕의 오라비였던 우씨가 그녀의 유언에 따라 고국천왕 곁에 묻히지 않고 둘째 남편인 신상왕 곁에 묻힌 것도 형사취수의 원칙이 무너지고 있는 대표적 사례로 꼽을 만하다.

 하지만 이 과정에서 당사자가 겪는 고통은 말할 것도 없고, 여론의 분열 역시 매우 심각한 실정이다. 우씨가 죽은 이후 우씨의 결정에 대해

"고난에 찬 어려운 결정이었다"

며 동정의 시선을 보내는 사람도 있으나,

"지도층에 있는 사람이 어떻게 전통을 무시할 수 있느냐"

고 맹비난을 퍼붓는 사람도 적지 않다는 사실은 현재 고구려 사회가 처해 있는 심한 가치관의 혼란상을 말해주는 단적인 증거이다. 이러한 가치관의 대립 속에서 어느 한쪽으로 결정을 내려야 하는 딱한 입장에 처해있는 당사자들은 우씨의 경우처럼 적지 않은 고통을 받고 있는 실정이다.

 이러한 상황에서 정부가 해야 할 일은 나라의 입장을 분명히 밝혀 사회의 혼란상을 바로 잡는 것이다. 그러기 위해 정부는 형사취수제가 무너지는 이유를 분명히 인식해야 하겠다. 일부에서는 형사취수제의 붕괴가 사람들의 사고방식이 잘못된 방향으로 나가기 때문이라고 보고 있으나 이는 옳지 못하다. 사람들의 사고방식이 바뀌고 형사 취수제가 무너지는 진정한 이유는 고구려 사회가 발달하는 데서 비롯된 것이다. 즉, 사적 소유제도가 점차 발달하면서 친족공동체적 유대나 공동체적 소유형태가 분해되어 권위나 재산이 형제상속에서 부자상속으로 바뀌어가고 있으며, 이러한 변화가 결혼제도에도 영향을 주어 형사취수제가 무너지게 된 것이다.

 우리는 고구려 정부가 이번 문제의 원인을 분명히 인식하고 사회 발전의 방향에 따르는 정책을 내놓아 가치관의 혼돈상황에 놓여있는 고구려 사회를 안정시켜주기 바란다.

영명했던 군주 파사왕의
치적은 신라국의 기틀을
형성시켰다

파사
이사금

新羅王朝實錄

파사이사금 婆娑尼師今
박씨 왕 4대

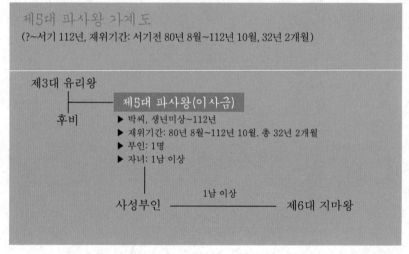

제5대 파사왕 가계도

(?~서기 112년, 재위기간: 서기전 80년 8월~112년 10월, 32년 2개월)

제3대 유리왕
후비

제5대 파사왕(이사금)
▶ 박씨, 생년미상~112년
▶ 재위기간: 80년 8월~112년 10월. 총 32년 2개월
▶ 부인: 1명
▶ 자녀: 1남 이상

사성부인 ——— 1남 이상 ——— 제6대 지마왕

?~112년(파사왕 33). 신라 제5대왕. 재위 80~112. 성은 박씨. 유리이사금의 둘째 아들로 태자 일성逸聖보다 인물이 뛰어나 즉위하였다고도 하고, 유리이사금의 아우인 내로奈老의 아들이라고도 한다. 어머니는 사요왕辭要王의 딸이고 왕비는 허루갈문왕許婁葛文王의 딸인 사성부인史省夫人(혹은 史肖夫人)이다. 비계妃系가 김씨 한기부漢岐部의 유력자임은 파사이사금이 유찬楡湌의 못으로 사냥을 갔을 때 이찬 허루가 딸을 데리고 나와 춤을 추었으며, 이어 허루는 주다酒多(나중의 角干)가 되었음을 보아도 알 수 있다.

파사이사금이 유리이사금의 직계라면 탈해이사금 이후 왕위를 계승한 것이 문제가 없으나, 그가 내로의 아들일 경우 월성月城에 기반을 둔 석씨세력과 긴밀한 관계를 맺어 즉위한 것으로 보기도 한다.

파사이사금의 즉위기간 동안의 군사적 치적에 근거해 이 왕대王代를 고대

국가의 시초로 보기도 한다. 재위 33년에 승하하자 사릉원蛇陵園 안에 장사 지냈다. 파사는 검소한 생활 태도로 백성들을 사랑하며 모든 일을 잘 보살 폈다.

81년(파사왕 2) 2월에 왕이 시조 묘에 제사를 지냈다. 3월에 주와 군으로 돌 아다니며 민심을 안정시키고 창고에 쌓아둔 곡식을 풀어내어 백성들을 구 제하고 이죄二罪 또는 사형 죄가 아닌 죄수들은 모두 놓아주었다.

82년(파사왕 3) 정월에 왕은 분부하기를

"지금 창고가 비고 군기가 둔하여 쓰지 못하게 되었는데 만약 큰물이 지거나 가뭄 이 들고 변방으로 적들이 침입하면 어떻게 이를 막을 수 있겠는가. 곧 유사有司들에 게 명령하여 농사와 양잠을 권하고 군사를 단련하고 전구를 마련하여 군비를 가다 듬음으로써 불의에 대비하도록 하라."

라고 하였다.

84년(파사왕 5) 2월에 명선明宣을 이찬으로 삼고 윤량允良을 파진찬으로 삼 았다. 5월에 고타군주古陀郡主(현 안동安東)가 푸른 소를 바쳤다. 남신현南新 縣에는 보리가 쌍둥가리로 되어 큰 풍년이 들어 행인들은 양식을 싸가지고 다니지 않게 되었다.

85년(파사왕 6) 정월에 백제가 변경을 침범하였다. 2월에 길원吉元을 아찬으 로 삼았다. 4월에 객성客星이 자미성紫微星에 들어갔다.

87년(파사왕 8) 7월에 왕이 분부하기를

"짐은 부덕한 사람으로 이 나라를 다스리게 되어서 서쪽으로는 백제와 이웃하고 남 쪽으로는 가야와 인접하였으나 덕은 능히 백성들을 편안케 하지 못하고 위력은 넉 넉히 그들을 두렵게 하지 못하니 마땅히 성루를 구축하여 그들의 침범하는 것을 대 비하도록 하라."

하였다. 이달에 가소성加召城과 마두성馬頭城 축조하였다.

90년(파사왕 11) 7월에 왕은 사자 10명을 각 주군에 파견하여, 주주州主, 군주君主로서 공사를 게을리 하여 논밭을 많이 황폐하게 한 자를 살피게 하여 그러한 주주와 군주는 관직에서 내쫓았다.

93년(파사왕 14) 정월에 윤량允良을 이찬으로 삼고 계기啓其를 파진찬으로 삼았다. 2월에 왕은 고소부리군古所夫里郡으로 순행하여 친히 고령자들에게 곡물을 하사하였다. 10월에 서울에서 지진이 있었다.

94년(파사왕 15) 2월에 가야의 도적들이 마두성으로 쳐들어와서 포위하자 왕은 아찬 길원을 파견하여 이를 치게 하니 그는 군사 1천 명을 거느리고 나가 적을 격파 퇴주시켰다. 8월에 왕은 알천에서 열병閱兵을 하였다.

96년(파사왕 17) 7월에 폭풍이 남쪽으로부터 불어와서 금성 남쪽의 큰 나무들이 뿌리가 빠졌다. 9월에 가야 사람들이 남쪽 변방으로 침입하므로 왕은 가加 또는 가소加召의 성주 장세長世를 파견하여 이를 막게 하였는데 적에게 피살되었다. 왕은 크게 노하여 친히 군사 5천 명을 거느리고 나가 싸워 적을 패주시키고 많은 무리를 노획하였다.

97년(파사왕 18) 정월에 왕은 군사를 일으켜 가야를 정벌하고자 하였는데 그 국왕이 사신을 파견하여 죄를 사과하여 이를 중지하였다.

98년(파사왕 19) 4월에 서울에 한재가 들었다.

99년(파사왕 20) 7월에 우박이 많이 내렸는데 날아다니는 새들이 맞고 죽어 떨어졌다. 10월에 서울에 지진이 일어나서 민가가 쓰러지고 사망한 사람들이 있었다.

101년(파사왕 22) 2월에 궁성을 쌓아 월성이라 이름하고 7월에 왕은 월성으로 이주하였다.

102년(파사왕 23) 8월에 음즙벌국音汁伐國(현 안강安康)과 실직곡국悉織谷國(현 삼척三陟)이 서로 지경地境을 다투다가 왕에게로 와서 이를 판결하여 달라고 청하였으나 왕은 어려운 일이라 하며 말하기를

"금관국金官國 수로왕首露王은 연로하고 지식이 많으므로 그를 불러서 묻자."

하고 곧 그를 초빙하였는데 수로왕은 의론을 바로 세움으로써 그들이 서로 다투는 땅을 음즙벌국에게 속하게 하였다. 이에 왕은 6부에게 명령하여 모이게 하고 수로왕을 위하여 잔치를 베풀었다. 그런데 5부에서는 모두 이찬으로서 접빈주接賓主를 삼았으나 오직 한지부漢祇部에서만 벼슬이 낮은 자로서 접빈주를 삼으므로 수로왕은 크게 노하여 종 탐하리眈下里에게 명하여 한지 부주部主인 보제保齊를 죽이고 돌아갔다. 이때 탐하리는 도망하여 음즙벌국주 타추간陁鄒干의 집에 피신해 있었는데 왕이 사자를 보내어 탐하리를 수색하였다. 그러나 타추가 탐하리를 보내주지 않자 왕은 군사를 일으켜 음즙벌국을 정벌하니 타추는 무리를 거느리고 항복하였다. 이에 실직, 압독押督(현 경산慶山) 두 나라도 항복하였다. 10월에 복숭아와 오얏 꽃이 피었다.

104년(파사왕 25) 정월에 많은 별들의 비 오듯 떨어졌으나 땅에는 이르지 않았다. 7월에 실직국이 모반하자 왕은 군사를 내어 이를 토평하고 그 무리들을 남쪽 변방으로 옮겼다.

105년(파사왕 26) 정월에 백제가 사신을 파견하여 화친을 청하였다. 2월에 서울에 눈이 3척이나 쌓였다.

106년(파사왕 27) 정원에 왕은 압독押督에 순행하여 빈궁한 사람들을 구제하고 3월에 압독으로부터 서울로 돌아왔다. 8월에 왕은 마두 성주에게 명령하여 가야를 정벌하였다.

108년(파사왕 29) 5월에 큰물이 지고 백성들이 기근이 심하므로 왕은 열 개의 도에 사자를 파견하여 곡창을 열어 백성들을 구제하였다. 한편 군사를 일으켜 비지국比只國(현 창녕昌寧), 다벌국多伐國(현 대구大邱), 초팔국草八國(현 초계草溪)을 정벌하여 이를 병합시켰다.

109년(파사왕 30) 7월에 메뚜기 떼로 인하여 곡식에 피해가 심하므로 왕은 널리 산천에 제사를 드림으로써 재해를 빌었더니 곧 메뚜기 떼로 인한 재해가 없어지고 풍년이 들었다.

111년(파사왕 32) 4월에 궁성 문이 스스로 무너지고 5월부터 7월에 이르기까지 비가 오지를 않았다.

113년(파사왕 34) 10월에 왕이 돌아가서 사릉 구역 안에 장사하였다.

● 파사왕대의 사람들

길원吉元

생몰년 미상. 신라 파사이사금 때의 관리. 아찬阿湌의 관등을 지냈다. 94년 (파사왕 15) 2월에 가야가 마두성馬頭城에 쳐들어와 포위를 당했을 때, 군사 1,000인을 거느리고 나가 적을 퇴주시켰다.

보제保齊

?~102(파사왕 23). 신라 파사이사금 때 신라 6부의 하나인 한지부漢祇部의 우두머리. 102년 8월에 음즙벌국音汁伐國(경주시 강서면 일대로 추정)이 실직곡 국悉直谷國(경주 외곽 또는 삼척으로 추정)과 서로 경계선을 다투다가 신라왕에 게 와서 재판을 청하였다. 파사이사금이 이를 난처하게 여겨 금관국金官國 수로왕首露王이 나이와 지식이 많으므로 그를 불러 결정하게 하였는데, 수로왕이 그 땅을 음즙벌국에 속하게 하였다. 이에 파사이사금은 6부에 명하여 수로왕을 위하여 연회를 베풀게 하였는데, 5부는 다 이찬伊湌으로 접빈接賓의 장을 삼았으나 오직 한지부만이 지위가 낮은 자로 접빈하게 하였다. 이 사실을 안 수로왕은 노하여 그의 노복 탐하리耽下里라는 자에게 명령하여 한지부의 우두머리인 보제를 죽이고 돌아갔다. 보제를 죽인 노복은 도망하여 음즙벌국 타추간陁鄒干의 집에 숨었다. 이 사실을 들은 파사이사금은 사람을 보내어 그 노복을 수색하였으나 타추간이 보내지 않으므로 이에 파사이사금이 음즙벌국을 공격하자 타추간이 무리를 이끌고 와서 항복하였다.

사성부인 史省夫人

생몰년 미상. 신라 제5대 파사이사금의 비妃. 성은 김씨. ≪삼국사기≫에는 허루갈문왕許婁葛文王의 딸 사성부인으로 표기되었으나, ≪삼국유사≫에는 사초부인史肖夫人으로 되어 있다. 전거에 따라 '省(성)'과 '肖(초)'의 차이가 보이는데 ≪삼국유사≫에서는 단 한 군데에 나오며, ≪삼국사기≫에서는 두 군데에 나온 것으로 보아 '肖'는 '省'의 오기인 것 같다. 아들이 제6대 지마이사금으로 왕위를 계승하였다.

윤량 允良

생몰년 미상. 신라 파사이사금 때의 관리. 84년(파사왕 5) 2월에 파진찬波珍湌에 임명되었고, 93년 정월에는 이찬伊湌에 임명되어 국정을 다스렸다.

장세 長世

?~96(파사왕 17). 신라 파사이사금 때의 성주城主. 신라 파사이사금 때에는 여러 차례에 걸친 가야의 침공이 있었다. 그리하여 서기87년파사이사금 87월에는 가야의 침공에 대비하여 가소성加召城과 마두성馬頭城을 신축하였다. 그런데 장세가 가소성주로 있을 때인 96년 9월 가야인이 남변南邊을 침공하여오자 나가서 막다가 전사하였다.

계기 啓其

93년(파사왕14) 1월에 파진찬波珍湌이 되었다.

명선明宣

84년(파사왕 5) 2월에 이찬伊湌이 되었다.

박물픔朴勿品

벼슬은 파진찬波珍湌으로 파사왕破娑王의 증손曾孫 아도阿道의 아들이며, 박제상朴堤上의 부친父親이다.

◉ 파사왕 시대의 세계동향

▶ 동양

중국에서는 87년에 후한의 반초가 서역의 50여 나라를 굴복시키고, 90년에는 쿠샨 왕조 인도를 격파하고 중국에 조공토록 했다. 서역도호가 된 반초는 수하 감영을 로마에 파견하여 동서양의 교류를 성사시키는데, 이 무렵에 조정은 환관의 전횡으로 혼란을 겪고 있었다. 그 때문에 미당 등이 반란이 일으켰고, 지방에서도 반란이 일어나기 시작했다. 105년 황제(和帝화제) 죽음. 108년 공전公田을 번민에게 나누어주었다.

▶ 서양

로마에서는 80년에 콜로세움이 세워지고, 기독교인에 대한 유대교도인 으로부터의 대대적인 박해가 가해진다. 정치적으론 96년 로마 황제 도미리아누스가 황후에게 피살.

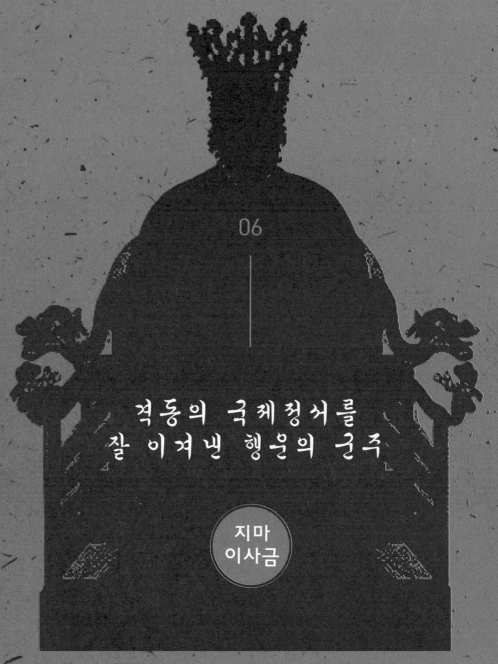

06

격동의 국제정세를
잘 이겨낸 행운의 군주

지마
이사금

新羅王朝實錄

지마이사금 祇摩尼師今
박씨 왕 5대

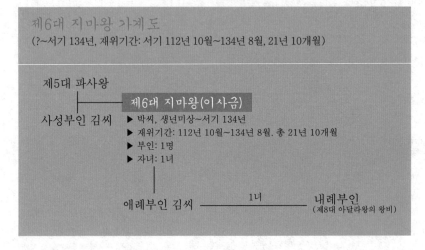

제6대 지마왕 가계도

(?~서기 134년, 재위기간: 서기 112년 10월~134년 8월, 21년 10개월)

제5대 파사왕

사성부인 김씨

제6대 지마왕(이사금)
▶ 박씨, 생년미상~서기 134년
▶ 재위기간: 112년 10월~134년 8월. 총 21년 10개월
▶ 부인: 1명
▶ 자녀: 1녀

애례부인 김씨 ——————— 1녀 ——————— 내례부인
(제8대 아달라왕의 왕비)

?~134(지마왕 23). 신라 제6대 왕. 재위 112~134. 지미祇味 또는 지마祇磨라
고도 한다. 성은 박씨朴氏. 아버지는 파사이사금婆娑尼師今이고, 어머니는 허
루갈문왕許婁葛文王의 딸인 사성부인史省夫人이며, 비는 갈문왕 마제摩帝의 딸
애례부인 김씨愛禮夫人金氏이다. 아버지인 파사이사금이 유찬楡湌의 못으로
사냥갔다가 돌아오면서 한지부漢祇部를 지나게 되었는데, 이 때 마제 이찬伊
湌의 처가 딸을 데리고 나오자 태자 지마가 기뻐하였다고 한다. 따라서 이
때 혼담이 오간 것을 알 수 있다. 115년(지마왕 4)·116년에는 친히 병력을 이
끌고 황산하黃山河(낙동강 하류)를 건너 가야를 침공하였다. 125년 말갈군이
대령책大嶺柵(대관령)으로 쳐들어 왔으나 백제의 원병이 물리쳤다. ≪삼국유
사≫에는 음질국音質國(安康)과 압량국押梁國(지금의 慶山)을 멸망시켰다고 하
였으나, ≪삼국사기≫에는 파사이사금 때의 기록으로 되어 있다.

재위 23년에 아들이 없이 죽었다.

처음에 파사왕이 유찬瑜湌의 못가에서 사냥을 할 때 태자인 지마가 옆에서 시중을 들었다. 사냥이 끝난 뒤에 한기부漢祇部를 지나는데 이찬 허루許婁가 잔치를 베풀고 있었다, 허루가 술에 취하자 허루의 아내가 한 소녀를 데리고 나와서 춤을 추었고, 마제의 아내도 역시 그 딸을 불러내니 태자가 보고 이를 즐거워하였으나 허루는 좋아하지 않았다. 이때 왕이 허루에게 말하기를

"이곳 지명이 대포大疱라 하는데 공이 이렇게 성찬과 술을 내어 즐거운 잔치를 베푸니 마땅히 공에게 주다酒多라는 벼슬을 주어 이찬 벼슬의 위에 있게 하겠다."

하였다. 그리고 마제의 딸을 태자에게 비로 맞게 하였다. 주다는 뒤에 각간角干이라 칭하였다.

113년(지마왕 2) 2월에 왕이 시조 묘에 제사를 지냈다. 창영昌永을 이찬으로 삼아 정사에 참여하게 하고 옥권玉權을 파진찬으로, 신권申權을 일길찬으로, 순선順宣을 급찬으로 삼았다. 3월에 백제에서 사신을 파견하여 수교하였다.

114년(지마왕 3) 3월에 우박이 내려서 보리의 싹이 상하고 4월에 큰물이 지자 왕은 죄수들 중 사형에 처할 죄를 제외하고는 모두 석방시켰다.

115년(지마왕 4) 2월에 가야가 남쪽 변방을 침범하였다. 7월에 왕은 가야를 정벌하기 위하여 군사를 거느리고 황산하黃山河(낙동강 하류)를 건너는데 숲속에 가야 복병이 일어나 몇 겹으로 포위를 당하였다. 그러나 왕은 군사들을 격려하며 공격하여 포위를 뚫고 빠져나왔다.

116년(지마왕 5) 8월에 왕은 장병을 파견하여 가야로 쳐들어가게 하고 정병 1만 명을 거느리고 그 뒤를 따라 쳐들어갔다. 그러자 가야에서는 군사를 정비하고 굳게 성문을 지켰으나 오랫동안 비가 와서 왕은 군사를 돌렸다.

120년(지마왕 9) 2월에 큰 별이 월성의 서쪽에 떨어졌는데 그 소리가 우레소리와 같았다. 3월에 서울에 큰 병이 돌았다.

121년(지마왕 10) 정월에 익종翼宗을 이찬으로, 흔련昕連을 파진찬으로, 임권

林權을 아찬으로 삼았다. 2월에 대증산성大甑山城(현 증산甑山)을 쌓았다. 4월에 왜인들이 동쪽 변방을 침범하였다.

122년(지마왕 11) 4월에 큰바람이 동쪽으로부터 불어와서 나무가 부러지고 기왓장이 날렸는데 저녁때에 이르러서야 그쳤다. 그런데 도성 사람이 거짓말로 왜병들이 크게 무리를 지어 쳐들어온다고 하여 사람들은 서로 다투어 산속으로 도망하였다. 이에 왕은 이찬 익종 등에게 명하여 백성들을 잘 설득하게 하여 이를 제지시켰다. 7월에 메뚜기 떼로 인해 곡식에 피해가 많았고 흉년이 들어 기근이 심하고 도적들이 많았다.

123년(지마왕 12) 3월에 왜국과 강화를 맺었다. 4월에 서리가 내리고 5월에 금성 동쪽의 민가가 허물어져 빠지면서 연못이 되고 연꽃이 피었다.

124년(지마왕 13) 9월 그믐날에 일식이 있었다.

125년(지마왕 14) 정월에 말갈靺鞨이 많은 군사를 일으켜 북쪽 변경으로 침입하여 관리와 백성들을 죽이며 약탈을 자행하고 7월에 또 대령책大嶺柵(현 대관령大關嶺)을 습격하려 하여 니하尼河를 지나오므로 왕은 백제에 글을 보내어 구원을 청하였다. 백제에서는 돕기 위하여 다섯 장군을 파견하였는데 적들은 이 말을 듣고 곧 군사를 돌이켜 퇴주하였다.

127년(지마왕 16) 7월 1일에 일식이 있었다.

128년(지마왕 17) 8월에 혜성이 나타났다. 10월에 서울의 동쪽에 지진이 일어나고 11월 우레가 울렸다.

129년(지마왕 18) 가을에 이찬 창영이 죽자 파진찬 옥권玉權을 이찬에 임명하여 정사에 참여하게 하였다.

131년(지마왕 20) 5월에 큰비가 내려 인가가 파묻혔다.

132년(지마왕 21) 2월에 궁성의 남문이 화재를 입었다.

134년(지마왕 23) 봄과 여름에 가뭄이 들었다. 8월에 왕이 아들 없이 돌아가셨다.

● 지마왕대의 사람들

애례부인愛禮夫人

 생몰년 미상. 신라 지마이사금의 왕비. 성은 김씨金氏. 갈문왕마제葛文王摩帝 또는 磨帝國王의 딸이다. 어느 날 파사이사금婆娑尼師今이 태자 지마와 함께 유찬택楡湌澤에서 사냥을 하고 돌아오다가 한기부韓歧部에서 이찬伊湌 허루許婁가 베푼 잔치를 대접받았다. 술이 취할 즈음 허루의 처가 한 소녀를 이끌고 나와 춤을 추자 이찬 마제의 아내도 그의 딸을 데리고 나와 춤을 추니 태자 지마가 보고 기뻐하였다. 허루가 이를 좋아하지 않자 왕이 허루에게

 "이곳 지명이 대포大庖인데 공이 이곳에서 성찬盛饌과 좋은 술을 베풀어 잔치를 하니 마땅히 주다酒多(角干)에 있게 하여 이찬의 윗자리에 있게 하리라."

고 하여 무마하였다. 그리고 마제의 딸인 애례를 태자 지마와 짝을 짓게 하였다. 지마가 왕위에 오르자 애례는 왕비가 되었다. 이 사실에서, 딸을 왕비가 되게 함으로써 자기의 세력을 넓히려는 신라 귀족의 서로 경쟁이 있었음을 알 수 있다.

옥권玉權

 생몰년 미상. 신라 지마이사금 때의 관리. 113년(지마왕 2) 파진찬波珍湌이 되었고, 129년 이찬伊湌 창영昌永이 죽자, 이찬이 되어 136년(일성왕 3) 웅선雄善이 이찬에 오를 때까지 중요한 정사에 참여한 것으로 생각된다.

익종翌宗

생몰년 미상. 신라 지마이사금 때의 재상. 121년(지마왕 10)에 이찬伊湌이 되었다. 또, 이 때 흔련昕連은 파진찬波珍湌, 임권林權은 아찬阿湌으로 함께 임명되었다. 이듬해 4월에 큰 바람이 불어 나무가 부러지고 기와가 날아갔다. 또, 서울사람들이 와언訛言하기를 왜병이 크게 쳐들어온다고 하여, 다투어 산골짜기로 숨어 달아났다. 이에 왕이 익종에게 명하여 타일러 안정시키라고 하였다.

창영昌永

?~129(지마왕 18). 신라 상대의 대신. 113년(지마왕 2) 2월 이찬伊湌으로 정사에 참여하였다. 129년 죽을 때까지 약 16년 이상 재임하면서 국정의 기무를 관장, 처리하였다.

영창永昌

113년(지마왕 2) 이찬伊湌에 임명任命되어 정사政事에 참여했다.

임권林權

121년 (지마왕 10) 1월에 아찬阿湌이 되었다.

흔연昕連

121년(지마왕 10) 1월에 이찬伊湌이 되었다.

허루갈문왕許婁葛文王

생몰년 미상. 신라 상고시대上古時代의 갈문왕. 한지부漢歧部 또는 韓岐部의 족장族長. 성은 김씨金氏 또는 박씨朴氏라는 두 가지 기록이 있으나, 같은 한지부 출신인 마제갈문왕摩帝葛文王의 성이 김씨이므로 허루갈문왕도 김씨로 보는 것이 타당하다.

신라 제5대 파사이사금이 유찬택楡湌澤에서 사냥을 한 뒤 한지부를 지나는데, 그때 그 곳의 이찬伊湌 허루가 잔치를 열어 주었다. 그 때 허루의 처는 그의 딸을 데리고 나와 춤을 추게 하였으나, 같은 한지부의 이찬 마제의 딸이 파사이사금의 태자뒤의 祇摩尼師今와 혼인하게 되었다. 이에 파사이사금은 허루에게 이찬보다 더 높은 주다酒多(뒤의 角干)의 벼슬을 주었다.

한지부는 동해변에 위치해 해상 활동에도 익숙하였는데, 한지부와 신라왕실이 결합한 것은 신라왕실의 통치력이 점차 강해지고 있음을 보여준다.

허루는 뒤에 갈문왕이 되었는데 그와 왕실의 관계에 대해서는 첫째, 제3대 유리이사금의 왕비의 아버지이자 제5대 파사이사금의 어머니의 아버지라는 것이다. 둘째, 파사이사금의 왕비의 아버지(장인)이라는 2가지 기록이 있다.

그런데 유리이사금의 왕비의 아버지로서는 일지갈문왕日知葛文王이 그 가능성이 크다고 알려지고 있기 때문에 허루갈문왕은 파사이사금의 왕비의 아버지라고 생각된다.

즉, 허루는 왕비의 아버지로서 갈문왕에 책봉되었는데 이것은 당시 신라가 박씨 왕족과 김씨 왕비족의 연합시대였음을 보여 주며, 왕족에 대한 왕비족의 중요성을 말해 주는 것이다.

● 지마왕 시대의 세계동향

▶ 동양

　111년 사공司空 원창袁敞 자살

　118년 임상任尙 피살

　125년 3월 황제 안제安帝 죽음

　128년 흉노 선우가 죽고 동생 휴리休利가

　132년 효렴 연한 과시법을 세움

▶ 서양

　113년 로마의 트라야누스 기념 주柱 건립

　114년~116년까지 로마 황제 트라야누스 파르티아에 침범

　117년 로마 황제 하드리아누스 138년까지 즉위

　132~135년까지 유대의 반란

07

망명객의 한을 안고
여든 살에 왕위에 오른 왕

일성
이사금

新羅王朝實錄

일성이사금 逸聖尼師今
박씨 왕 6대

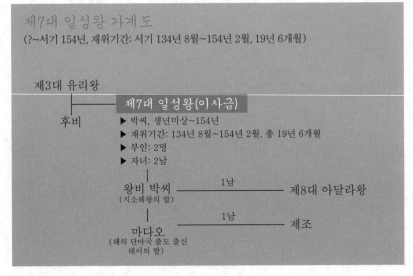

제7대 일성왕 가계도
(?~서기 154년, 재위기간: 서기 134년 8월~154년 2월, 19년 6개월)

제3대 유리왕

후비

제7대 일성왕(이사금)
- 박씨, 생년미상~154년
- 재위기간: 134년 8월~154년 2월. 총 19년 6개월
- 부인: 2명
- 자녀: 2남

왕비 박씨 ——— 1남 ——— 제8대 아달라왕
(지소례왕의 딸)

마다오 ——— 1남 ——— 제조
(왜의 단마국 출도 출신
태이의 딸)

?~154(일성왕 21). 신라 제7대 왕. 재위 134~154. 성은 박씨. 그의 아버지에 대해서는 유리이사금, 일지갈문왕, 노례이사금의 형, 지마이사금이라는 네 가지 설이 있지만 모두 타당성이 없다. 다만 148년(일성왕 15)에 박아도朴阿道를 갈문왕으로 봉한 사실로 미루어 아도갈문왕이 유리이사금의 아들이며 일성이사금의 아버지일 가능성이 가장 크다. 어머니는 이간생부인伊刊生夫人이다. 비妃는 지소례왕支所禮王의 딸 혹은 지마이사금의 딸이라고도 한다.

134년(일성왕 원년) 9월에 죄수들을 대사하였다.

135년(일성왕 2) 정월에 왕은 친히 시조 묘에 제사하였다.

136년(일성왕 3) 정월에 웅선雄宣을 이찬으로 삼아 내외 병마권兵馬權을 겸하게 하고 근종近宗을 일길찬으로 삼았다.

137년(일성왕 4) 2월에 말갈이 군사를 일으켜 변경에 침입하여 장령長嶺 (현 강릉 부근) 오책五柵을 태워버렸다.

138년(일성왕 5) 2월에 정사당政事黨을 금성에 설치하였다. 7월에 알천 서쪽에서 대열大閱을 실시하였다. 10월에 왕이 북변을 순행하여 친히 태백산太白山에 제시를 지냈다.

139년(일성왕 6) 7월에 서리가 와서 콩이 모두 상했다. 8월에 말갈이 군사를 일으켜 장령을 습격하고 백성들을 사로잡고 재물을 약탈하여 갔다. 이후 10월에 또 말갈이 침입하였으나 이때 우레가 심하게 울려 그만 퇴주하였다.

140년(일성왕 7) 2월에 장령에 목책木柵을 세움으로써 말갈을 방비하였다.

141년(일성왕 8) 9월(신해辛亥) 그믐날에 일식이 있었다.

142년(일성왕 9) 7월에 왕은 군신을 불러서 말갈 정벌을 의논하였으나 이찬 웅선이 반대하여 이를 그만두었다.

143년(일성왕 10) 2월에 궁성을 수리하였다. 6월(을축乙丑)에 형혹성熒惑星이 진성鎭星을 범하였다. 10월에 우레가 울렸다.

144년(일성왕 11) 2월에 왕은 분부하기를

"농사는 정치의 근본이요, 식량은 백성들이 가장 고귀하게 생각하는 것이니 모든 주와 군에서는 제방의 수리를 완전하게 하여 논밭을 널리 개척하라."

하고 또 분부하기를

"백성들이 금은주옥金銀珠玉을 쓰는 것을 금지하라."

하였다.

145년(일성왕 12) 봄과 여름에 한재가 들었는데 남쪽 지방이 가장 심하여 백성들이 굶주리자 왕은 율곡栗穀을 그 지방으로 옮겨 이를 구제하였다.

146년(일성왕 13) 10월에 압독이 모반하자 왕은 군사를 내어 이를 평정하고 그 무리를 남쪽 지방으로 옮겼다.

147년(일성왕 14) 7월에 왕은 군신들에게 명하여 지략과 용맹이 뛰어나서 장수가 될 수 있는 사람을 천거하게 하였다.

148년(일성왕 15) 박아도朴阿道를 봉하여 갈문왕으로 삼았다.

149년(일성왕 16) 정월에 득훈得訓을 사찬으로 삼고 선충宣忠을 내마로 삼았다. 8월에 적성赤星이 천시원天市垣에 나타났다. 11월에 우레가 울고 서울에는 무서운 병이 돌았다.

150년(일성왕 17) 4월부터 비가 오지 않다가 7월에 이르러서야 비가 내렸다.

151년(일성왕 18) 2월에 이찬 웅선의 죽음으로 대선大宣을 이찬으로 하고 내외 병마사를 겸하게 하였다. 3월에 우박이 내렸다.

153년(일성왕 20) 10월에 궁성 문에 화재가 있었다. 이때 혜성이 동쪽과 동북 방향에 나타났다.

154년(일성왕 21) 2월에 왕이 돌아가셨다.

● 일성왕대의 사람들

박아도갈문왕朴阿道葛文王

생몰년 미상. 신라 상고시대의 귀족. 박제상朴堤上의 할아버지이다. 148년(일성왕 15)에 갈문왕으로 책봉되었다. 박아도와 박아도를 갈문왕으로 책봉해 준 일성이사금과의 관계는 확실치 않다. 박아도와 일성의 관계에서 생각할 수 있는 것은, 첫째 박아도를 일성의 비부妃父였다는 박씨 지소례왕支所禮王과 동일한 인물로 보거나, 둘째 박아도가 일성의 아버지로서 일성에 의하여 추봉追封되었다고 볼 수 있는 것이다. 특히, 후자의 경우 신라 제12대 점해이사금이 그의 아버지 골정骨正을 세신갈문왕世神葛文王으로 추봉하였고, 제17대 미추이사금이 그의 아버지 구도仇道를 갈문왕으로 추봉한 것과 같은 현상이라고 본다면 자연스러운 견해로 받아들일 수 있게 된다. 특히, 제7대 일성이사금이 제3대 유리이사금과 다른 가계家系를 가졌다고 생각되기 때문에 박아도가 일성의 아버지일 가능성은 더욱 커지게 된다. 박아도가 일성의 아버지로서 갈문왕에 추봉되었다는 것은, 당시 신라에서 다른 씨족이 왕위에 즉위하였을 때 그들은 자기의 아버지를 갈문왕으로 추봉하였다는 현상을 말해준다. 결국 이것은 신라사회가 박씨왕시대보다 지배세력의 기반이 확대되어나가는 것을 보여주는 것이다.

박월명부인朴月明夫人

갈문왕葛文王 국반國飯(國芬이라고도 함)의 비妃로 진성여왕眞聖女王의 모친母親이다.

웅선雄宣

?~151(일성왕 18). 신라 일성이사금 때의 재상. 136년(일성왕 3) 정월에 이찬伊湌에 임명되어 내외의 병마사兵馬事를 맡았다. 이 무렵 말갈靺鞨의 침입이 잦았다. 그리하여 142년 7월에 왕이 중신을 모아놓고 말갈을 치기를 논의하였는데 웅선이 불가하다고 주장하여 중지시켰다. 151년 2월에 죽으매 대선大宣이 후임으로 이찬에 임명되었다.

● 일성왕 시대의 세계동향

▶ 동양
　135년 중국 쿠샹貴霜 왕제, 카니시카 불교를 믿음
　139년 장규 등 사형됨
　141년 이고李固 태산태수泰山太守 됨
　144년 조충趙沖 강羌과 싸워 죽음
　145년 충제沖帝 황제 죽음
　152년 최식崔寔 정론政論을 저술

▶ 서양
　138년 로마 황제 안토니누스 피우스 즉위 161년까지
　140년 안토니우 안토니누스의 성새城塞 부히라니아에 쌓아짐
　152년 로마 황제 안토니누스 기독교도들 박해 중지

08

왕권유지에 전력을 다했으나
나눠가질 수 없는
권력이었기에

아달라
이사금

新羅王朝實錄

아달라이사금 阿達羅尼師今
박씨 왕 7대

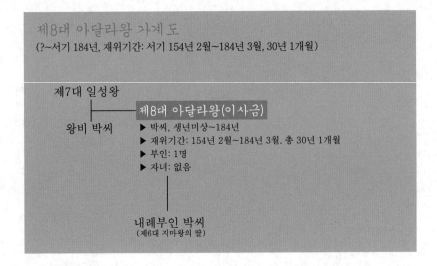

제8대 아달라왕 가계도
(?~서기 184년, 재위기간: 서기 154년 2월~184년 3월, 30년 1개월)

제7대 일성왕

제8대 아달라왕(이사금)
▶ 박씨, 생년미상~184년
왕비 박씨
▶ 재위기간: 154년 2월~184년 3월. 총 30년 1개월
▶ 부인: 1명
▶ 자녀: 없음

내례부인 박씨
(제6대 지마왕의 딸)

?~184(아달라왕 31). 신라 제8대 왕. 재위 154~184. 성은 박씨朴氏. 아버지는 일성이사금이고, 어머니는 지소례왕支所禮王의 딸로 박씨이다. 왕비는 지마이사금의 딸인 내례부인內禮夫人 박씨로 8촌 사이의 족내혼이었다.

이와 같은 족내혼은 박씨왕족의 힘을 규합하려는 세력연합의 성격을 지닌 것으로 해석하기도 한다. 아달라이사금 시기에는 서북쪽으로의 영토개척이 이루어 졌는데, 이러한 서북지역에 대한 영토개척을 석씨昔氏세력의 남하로 간주하기도 한다. 이는 미추이사금의 아버지인 구도九道가 파진찬波珍湌이 된 사실을 친석씨계親昔氏系의 부상으로 보는 견해에서 비롯된 것이다. 재위 21년부터 31년 사망할 때까지 기록의 공백이 있어 왕실세력의 교체와 관련하여 주목을 요한다. 결국 아달라이사금은 아들이 없이 죽고 석씨왕계가 즉위하게 되었다. 그는 키가 7척이고 콧마루가 우뚝한 기이한 용모를 지니고 있었다.

154년(아달라왕 원년) 3월에 계원繼元을 이찬으로 삼아 군국 정사軍國政事를 맡겼다.

155년(아달라왕 2) 정월에 왕은 친히 시조 묘에 제사를 지내고 죄인들을 대사하였으며, 흥선興宣을 일길찬으로 삼았다.

156년(아달라왕 3) 4월에 서리가 내렸다. 계립령鷄立嶺(현 문경聞慶)의 도로를 개척하였다.

157년(아달라왕 4) 2월에 처음으로 감물甘勿(현 밀양密陽) 마산馬山(현 청도淸道) 두 현을 설치하였다. 3월에 왕은 장령진長嶺鎭(현 강릉 부근)으로 순행하여 군사들을 위로하고 모든 장병들에게 군복을 하사하였다.

158년(아달라왕 5) 3월에 죽령竹嶺(경상도와 충청도의 경계)의 도로를 개척하였다. 왜인이 수교하러 왔다.

160년(아달라왕 7) 4월에 폭우가 쏟아져서 알천의 물이 넘쳐 집이 떠내려가고 금성의 북문이 스스로 허물어졌다.

161년(아달라왕 8) 7월에 메뚜기 떼가 농작물을 먹어 곡식에 피해가 많았고 바다에서 고기들이 많이 나와 죽었다.

162년(아달라왕 9) 왕은 사도성沙道城(현 영덕盈德)에 순행하여 군사들을 위로하였다.

164년(아달라왕 11) 2월에 용이 서울에 나타났다.

165년(아달라왕 12) 10월에 아찬 길선吉宣이 모반을 꾀하다 발각되자 죽을 것을 두려워하여 백제로 도망하였다. 왕이 국서를 보내어 돌려보낼 것을 요구하였으나 백제에서 이를 허락하지 않자 이에 노한 왕은 군사를 일으켜 쳐들어갔는데 백제는 성에 군비를 갖추고 굳게 지키며 나와 싸우지 않았고, 아군은 군량이 다하여 곧 군사를 돌렸다.

166년(아달라왕 13) 정월 1일에 일식이 있었다.

167년(아달라왕 14) 7월에 백제는 군사를 일으켜 서쪽에 있는 두 성을 습격하여 백성 1천 명을 잡아갔다. 그러자 왕은 8월에 일길찬 흥선興宣에게 명하여 군사 1만 명을 거느리고 이를 정벌하게 하였다. 또한 왕이 친히 기병 8천

명을 거느리고 한수漢水(한강漢江)에서 싸움터에 이르자 백제는 크게 두려워하여 이미 사로잡아 갔던 남녀를 돌려보내고 화친할 것을 요청하였다.

168년(아달라왕 15) 4월에 이찬 계원이 죽으므로 흥선을 이찬으로 삼았다.

170년(아달라왕 17) 2월에 시조 묘를 수리하였다. 7월에 서울에 지진이 있었고 서리와 우박이 쏟아져서 곡식에 피해가 많았다. 10월에 백제에서 군사를 일으켜 변방을 침범하였다.

171년(아달라왕 18) 봄에 곡식이 귀하여 백성들의 기근이 심하였다.

172년(아달라왕 19) 정월에 왕은 구도仇道를 파진찬으로 삼고 구수혜仇須兮를 일길찬으로 삼았다. 2월에 시조 묘에 제사를 지냈으며 서울에서 큰 병이 돌았다.

173년(아달라왕 20) 5월에 왜국 여왕 비미호卑彌乎가 사신을 보내어 수교하였다.

174년(아달라왕 21) 정월에 흙비가 내리고, 2월에 한재가 들어 우물과 샘물이 모두 말랐다.

175년(아달라왕 22) 3월에 왕이 돌아가셨다.

● 아달라왕대의 사람들

길선吉宣

생몰년 미상. 신라시대의 관리. 아달라이사금 때 아찬阿湌을 지냈다. 165년(아달라왕 12) 10월에 모반을 하다가 실패하여 이웃 달아났는데, 아달라이사금은 백제의 개루왕에게 글을 보내어 그를 돌려보내줄 것을 청하였다. 그러나 개루왕은 이를 받아들이지 않았다. 이에 아달라이사금은 군사를 일으켜 백제에 쳐들어갔으나, 백제는 군비를 갖추고 성을 굳게 지키며 나와 싸우지 않았다. 그리하여 군량이 떨어진 신라군은 싸움을 포기하고 군사를 돌이켰다.

세오녀 細烏女

생몰년 미상. 신라 아달라이사금 때의 <연오랑세오녀설화>의 여자 주인 공. 연오랑의 부인이다. 157년(아달라왕 4)에 동해 바닷가에 연오랑과 세오녀 부부가 살고 있었다. 하루는 연오랑이 바다에 가서 해초를 따고 있는데 갑자기 고기 한 마리(또는 바위 하나)가 나타나 연오랑을 싣고 일본으로 가버렸다. 그리고 그곳에서 왕이 되었다. 세오녀는 남편이 돌아오지 않자 찾다가 남편이 벗어놓은 신발을 보고 그 위로 올라가니, 물고기는 또한 그전처럼 세오녀를 싣고 갔다. 부부가 서로 만나게 되어 세오녀는 귀비貴妃가 되었다. 이때 신라에서 해와 달이 없어지니 일관日官이 말하였다.

"해와 달의 정기精氣가 우리나라에 있었던 것이 지금 일본으로 가버린 때문에 이런 괴변이 일어났습니다."

라고 하자, 신라의 왕은 사자使者를 일본에 보내어 두 사람을 찾았다. 연오 랑은 말하기를

"내가 이 나라에 온 것은 하늘이 시킨 일이니, 이제 어찌 돌아갈 수 있겠소. 그러나 나의 비妃가 짠 고운 명주비단이 있으니, 이것으로 하늘에 제사를 지내면 될 것이오."

라고 하였다. 이에 비단을 받아가지고 사자가 돌아와 그 말대로 제사를 지냈더니 그 뒤로 해와 달이 그전과 같아졌다. 그 비단을 임금의 창고에 간직, 국보로 삼고 그 창고를 귀비고貴妃庫라 하고, 하늘에 제사지낸 곳을 영일현迎日縣 도기야都祈野라 하였다.

연오랑延烏郎

생몰년 미상. 신라시대 <연오랑세오녀설화>의 남자주인공. 동해가에서
어업에 종사하였다. ≪삼국유사≫에 의하면 157년(아달라왕 4)의 어느 날 연
오랑은 해조류를 채취하러 바다로 나갔다가 바위(혹은 물고기)의 등을 타고
일본으로 건너가 그곳의 왕이 되었다. 세오녀도 그를 찾아 나섰다가 남편
이 벗어놓은 신발을 발견하고, 그 바위에 올라타고 마찬가지로 일본으로 건
너가 마침내 부부가 서로 재회하고 세오녀는 귀비貴妃가 되었다. 이때 신라
에서는 해와 달이 빛을 잃자 그것은 연오랑과 세오녀가 일본으로 건너갔기
때문이라고 여기고 사신을 보내어 귀국을 요청하였다. 그러나 연오랑은 자
신이 돌아오는 대신에 세오녀가 짠 세초細綃를 주면서 이것을 하늘에 제사
지내면 된다고 하였다. 사신이 돌아와서 그대로 하자 해와 달이 과연 빛을
되찾았다고 한다. 이처럼 연오랑이 일본의 왕이 되었다는 데에 대해서는,
변방의 읍의 작은 왕이 되었을 것이라는 주장과, ≪일본서기≫ 등 일본 측
자료에 보이는 <천일창설화天日槍說話>의 주인공 천일창이 연오랑이라는
주장이 있다.

흥선興宣

생몰년 미상. 신라 아달라이사금 때의 대신. 155년(아달라왕 2) 일길찬一吉
湌에 임명되었다. 167년 7월 백제가 나라 서쪽의 두 성城을 공격하여 함락
시키고 백성 1,000명을 포로로 한 사건이 일어났다. 이에 같은 해 8월에 흥
선은 국왕의 명을 받아 2만의 대군을 거느리고 백제를 공격하였다. 그리고
아달라이사금이 친히 8,000기병을 거느리고 백제의 한수漢水에 진군하니
백제 근초고왕은 크게 두려워하여 포로로 잡아갔던 신라인들을 돌려보내
고 화친을 청하였다. 흥선은 이 전역에서 큰 공을 세웠다. 이로 인하여 168
년 4월에 이찬伊湌에 임명되었다.

김구도 金仇道, 俱道, 仇刀

신라시대의 장군將軍. 김알지金閼智의 5대손으로 미추왕의 아버지. 172년(아달라왕 19) 파진찬波珍飡, 185년(벌휴왕 2) 좌군주左軍主가 되어 소문군召文國을 정벌, 188년 백제의 군대를 모산성母山城에서 막고, 189년 구양狗壤에서 백제 군사를 격파했다. 190년 백제의 원산향圓山鄕 습격에 패하여 부곡성주缶谷城主로 좌천되었다. 아들 미추味鄒가 왕이 됨으로써 263년(미추왕 2) 갈문왕葛文王으로 추봉되었다.

계원 繼元

?~168(아달라왕 5). 신라 상대의 재상. 154년(아달라왕 1) 3월 아달라이사금의 즉위와 더불어 이찬伊飡의 관직에 임명되어 군국정사軍國政事를 담당하였다. 그의 재임 동안에 신라는 북쪽으로 영토를 넓혀 계립령鷄立嶺과 죽령竹嶺을 열었으며, 165년 10월 아찬阿飡 길선吉宣의 모반을 발각하였다. 168년 4월에 죽을 때까지 재임하였다.

구수혜 仇須兮

생몰년 미상. 신라 상대의 군주軍主. 172년(아달라왕 19) 정월 일길찬一吉飡에 임명되었다. 185년(벌휴왕 2) 2월에 파진찬波珍飡 구도仇道와 함께 좌우군주左右軍主에 임명되어 소문국召文國(지금의 의성)을 쳤다. ≪삼국사기≫에 의하면 군주를 둔 것은 이것이 처음이라 한다. 그러나 사실은 505년(지증왕 6) 2월에 실직주悉直州를 두어 이사부異斯夫를 군주로 임명한 것이 군주의 효시이다.

◉ 아달라왕 시대의 세계동향

▶ 동양

165년 처음으로 밭의 세금 받음

167년 환제桓帝 죽음

168년 진번 두무 환관을 죽이려다 피살됨

172년 발해왕 이悝 피살

▶ 서양

166년 로마 황제 안토니누스의 사절 중국에 이름

169년 로마 황제 루키우스 베루스 죽음

172년 이집트의 부코리족 반란

176년 시리아 지사知事 아비디우스 카시우스 반란하여 피살

09

한 톨의 쌀알을 늘고 투쟁
끝에 취한 세력가

벌휴
이사금

新羅王朝實錄

벌휴이사금 伐休尼師今
석씨 왕 2대

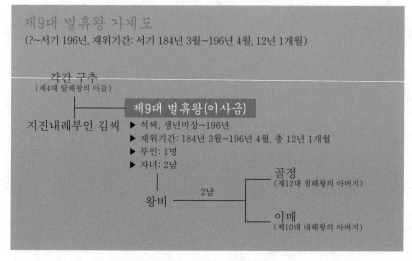

제9대 벌휴왕 가계도

(?~서기 196년, 재위기간: 서기 184년 3월~196년 4월, 12년 1개월)

각간 구추
(제4대 탈해왕의 아들)

지진내례부인 김씨

제9대 벌휴왕(이사금)

▶ 석씨, 생년미상~196년
▶ 재위기간: 184년 3월~196년 4월. 총 12년 1개월
▶ 부인: 1명
▶ 자녀: 2남

왕비 ──2남──

골정
(제12대 첨해왕의 아버지)

이매
(제10대 내해왕의 아버지)

　?~196(벌휴왕 13). 신라 제9대 왕. 재위 184~196. 발휘이사금發暉尼師今이라고도 한다. 성은 석昔씨. 부계父系는 탈해이사금의 아들인 구추仇鄒 각간角干의 아들로 되어 있으나, 연대상으로 탈해가 죽은 지 104년 만에 즉위한 것이므로 세대 간의 차이가 너무 심하다.

　따라서 이것은 탈해 이후 석씨 세력이 쇠퇴해 그 기록이 제대로 남아 있지 않기 때문이거나, 벌휴계伐休系가 탈해의 후손이라고 스스로 부회附會하였기 때문으로 보인다. 그것은 벌휴가 홍수, 가뭄 및 그 해의 풍흉을 미리 알았고 사람의 그릇됨과 올바름을 알아맞혀 성인聖人이라 불린 데에서 시조적 성격이 농후하며, 《삼국사기》 벌휴이사금 즉위조 이외에 구추에 관한 기록이 없는 것에서도 짐작이 간다.

　어머니는 김씨 지진내례부인只珍內禮夫人이다. 아달라이사금이 아들 없이 죽자 나라 사람들이 그를 임금으로 세웠다고 한다. 이는 전투 능력을 비롯한 문화 수준에서 우위에 있던 새로운 세력 집단이 경주로 진출해 종래의 지배층을 압도한 것으로 풀이된다. 따라서 석씨 왕계의 성립 이후 신라는 보다 급격하게 영역을 확대하는 양상을 보였다. 왕비가 누구인지는 알 수 없으나 어머니가 김씨인 점으로 보아, 이때를 기준으로 박씨계는 고립되고 석씨와 김씨의 제휴 시대를 맞게 된 것으로 보인다.

왕은 천기를 점쳐 미리 수재와 한재 및 그해에 흉년이나 풍년이 있을 것을 미리 알았고, 사람의 바르고 그른 것을 잘 아는 까닭에 사람들은 왕을 성인이라고 말하였다.

185년(벌휴왕 2) 정월에 왕은 시조 묘에 제사를 지내고 죄수들을 대사하였다. 2월에 파진찬 구도와 일길찬 구수혜를 좌우 군주軍主로 삼아 소문국召文國을 정벌하였는데 군주라는 이름이 이때에 처음 사용되었다.

186년(벌휴왕 3) 정월에 왕은 친히 주와 군을 순행하여 백성들을 관찰하였다. 5월 그믐날에 일식이 있었다. 7월에 남신현南新縣에서 상서로운 벼를 왕에게 바쳤다.

187년(벌휴왕 4) 3월에 왕은 주와 군에 분부하기를

"토목 역사를 시작하여 농사의 때를 잃게 하는 일이 없게 하라."

하였다. 10월에 북쪽 지방에 큰 눈이 내려 한길이나 쌓였다.

188년(벌휴왕 5) 2월에 백제가 군사를 일으켜 모산성母山城(현 진천鎭川)으로 쳐들어오자 왕은 파진찬 구도로 하여금 군사를 거느리고 나가 이를 막게 하였다.

189년(벌휴왕 6) 7월에 구도는 백제 군사와 구양狗壤에서 싸워 이를 격파하여 승리하고 5백여 명을 참획하였다.

190년(벌휴왕 7) 8월에 백제 군사와 서쪽 변경의 원산향圓山郷(현 예천醴泉)을 습격하고 또 부곡성缶谷城으로 쳐들어와서 포위하자 구도는 날랜 기병 5백명을 거느리고 나가 이를 공격하니 백제 군사들이 거짓으로 도망하였다.

구도는 그들의 계책인 줄 모르고 이를 추격하여 와산蛙山(현 보은報恩)에 이르렀다가 백제에게 패하고 말았다. 그러자 왕은 그의 벼슬을 깎아 부곡 성주로 삼고 설지薛支를 좌군주로 삼았다.

191년(벌휴왕 8) 9월에 치우기蚩尤旗(혜성의 일종)가 각항角亢(28숙宿의 하나)에 나타났다.

192년(벌휴왕 9) 정월에 국량國良을 아찬으로 삼고, 술명述明을 일갈찬으로 삼았다. 4월에 서울에 눈이 내렸는데 3척이나 쌓였다. 5월에 큰 홍수가 있어 산이 십여 곳이나 무너졌다.

193년(벌휴왕 10) 정월 1일에 일식이 있었다. 3월에 한지부漢祇部에서 한 여자가 한번에 4남 1녀를 낳았다. 6월에 왜인들이 큰 기근으로 천여 명이나 식량을 구걸하러 왔다.

194년(벌휴왕 11) 6월 그믐날에 일식이 있었다.

196년(벌휴왕 13) 2월 궁전을 수리하였다. 3월에 한재가 들었으며 4월에는 벼락이 궁성 남쪽에 있는 큰 나무를 치고 또 금성의 동문을 쳤으며 왕이 돌아가셨다.

● 벌휴왕대의 사람들

국량國良

192년(벌휴왕 9) 아찬阿飡이 되었다.

술명述明

192년(벌휴왕 9) 1월에 일길찬一吉飡이 되었다.

구수혜仇須兮

생몰년 미상. 신라 상대의 군주軍主. 172년(아달라왕 19) 정월 일길찬一吉湌에 임명되었다. 185년(벌휴왕 2) 2월에 파진찬波珍湌 구도仇道와 함께 좌우군주左右軍主에 임명되어 소문국召文國(지금의 의성)을 쳤다. ≪삼국사기≫에 의하면 군주를 둔 것은 이것이 처음이라 한다. 그러나 사실은 505년(지증왕 6) 2월에 실직주悉直州를 두어 이사부異斯夫를 군주로 임명한 것이 군주의 효시이다.

구도갈문왕仇道葛文王

생몰년 미상. 신라 상고시대上古時代의 갈문왕. 성은 김씨金氏이며 미추이사금의 아버지이다. 172년(아달라왕 19)에 파진찬波珍湌이 되었으며, 185년(벌휴왕 2)에는 군사軍事를 맡는 좌군주左軍主가 되어 소문국召文國을 정벌하였다. 188년과 189년에는 신라를 침공한 백제군을 물리쳤으나, 190년에는 도리어 대패하여 부곡성주缶谷城主로 좌천되기도 하였다. 구도의 딸은 조분이사금의 왕비인 옥모부인玉帽夫人이며, 아들은 미추이사금과 각간角干 말구末仇이다. 각간 말구의 아들이 내물마립간이다. 이러한 구도의 활약과 그의 가문은 석씨왕시대昔氏王時代에 김씨족金氏族이 중요한 정치세력집단으로 신라의 중앙정계에 등장하였음을 의미한다. 그리고 이러한 정치적 배경에서 김씨로서 맨 처음 미추이사금이 왕위에 오르게 되었고, 미추는 263년(미추왕 2) 2월 아버지 구도를 갈문왕으로 추봉追封하였다. 다시 말하면 왕실이 이성異姓으로 바뀌면서 새로운 왕실의 첫 왕이 자기의 아버지를 갈문왕으로 책봉한 것이다. 이러한 사실은 당시 신라의 지배세력이 씨족을 단위로 하고 있었음을 말해주는 것이다. 그러나 박씨왕시대朴氏王時代보다는 지배세력의 사회적 기반이 더욱 넓어졌음을 나타내고 있다.

지진내례부인 只珍內禮夫人

생몰년 미상. 신라 벌휴이사금伐休尼師今의 어머니. 성은 김씨金氏. 남편은 탈해이사금의 아들인 구추仇鄒 각간角干이다. 아들 벌휴는 박씨왕인 아달라이사금이 아들이 없이 죽자 국인國人에 의하여 왕으로 추대되었다. 이로 볼때, 당시 석씨세력과 김씨세력이 혼인으로 연합, 석씨인 벌휴가 왕위에 오른 것으로 추측된다.

● 벌휴왕 시대의 세계동향

▶ 동양
  184년 황건적 장각張角 등 봉기
  190년 동탁董卓 홍농왕 죽임
  192년 동탁董卓 피살

▶ 서양
  184년 부리타니아 토벌전에서 로마군 승리
  192년 로마 황제 콤모두스 피살

10

어렵게 취한 군주의 자리
그 책무도 게을리 하지
않았다

내해
이사금

新羅王朝實錄

내해이사금 奈解尼師今
석씨 왕 3대

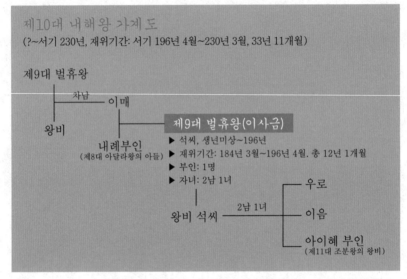

제10대 내해왕 가계도

(?~서기 230년, 재위기간: 서기 196년 4월~230년 3월, 33년 11개월)

제9대 벌휴왕

차남 ─ 이매

왕비

내례부인
(제8대 아달라왕의 아들)

제9대 벌휴왕(이사금)

▶ 석씨, 생년미상~196년
▶ 재위기간: 184년 3월~196년 4월. 총 12년 1개월
▶ 부인: 1명
▶ 자녀: 2남 1녀

왕비 석씨 ── 2남 1녀

우로

이음

아이혜 부인
(제11대 조분왕의 왕비)

?~230(내해왕 35). 신라 제10대 왕. 재위 196~230. 석씨昔氏. 제9대 벌휴이
사금의 태자인 골정骨正과 둘째아들 이매伊買가 일찍 죽고 적손인 골정의
아들 조분助賁이 아직 어리므로, 이매의 아들 내해가 왕이 되었다. 어머니
는 내례부인內禮夫人이며 비는 조분왕의 누이 석씨로서, 사촌 간에 근친결혼
을 하였다. 자녀로는 태자 우로于老와 병마사兵馬事를 관장하였던 이벌찬 이
음利音이 있었다. 그밖에 조분왕의 비가 된 딸 아이혜阿爾今가 있다.

재위기간 동안 백제와의 전투가 빈번했던 반면, 가야와는 밀접한 관련을
맺은 바 있다. 재위 35년이 되는 해에 죽었다. 내해 이시금은 용모와 재능이
뛰어났다고 전해진다.

197년(내해왕 2) 정월에 시조 묘를 배알하였다.

198년(내해왕 3) 4월에 시조 묘 앞에 쓰러져 있던 버드나무가 저절로 일어

섰다. 5월에 서쪽 지방에 큰 홍수가 있었으므로 왕은 수재 지역의 주와 현에는 1년 동안의 세금을 면제시키고 7월에는 사자를 그 지방으로 파견하여 위문하고 민생을 안정시켰다.

199년(내해왕 4) 7월에 백제가 군사를 일으켜 변경으로 침입하였다.

200년(내해왕 5) 7월에 태백성이 대낮에 나타나 보이고 서리가 내려 풀들이 말랐다. 9월 1일에 일식이 있었다. 왕은 알천에서 크게 열병을 실시하였다.

201년(내해왕 6) 2월에 가야국이 화친할 것을 요청하였다. 3월 1일에 일식이 있었는데 큰 한재가 들자 왕은 죄가 가벼운 죄수들은 모두 석방하였다.

203년(내해왕 8) 10월에 말갈이 군사를 일으켜 변경으로 침입하였다. 이때 복숭아와 오얏의 꽃이 피고 많은 사람들이 병에 걸렸다.

205년(내해왕 10) 2월에 왕은 진충眞忠을 일벌찬으로 삼아 국정에 참여시켰다. 7월에 서리와 우박이 내려 곡식이 상하였다. 이때 태백성이 달을 범하고, 8월에는 여우가 금성과 시조 묘정廟庭에서 울었다.

207년(내해왕 12) 정월에 왕자 이음利音(또는 나음奈音)을 이벌찬으로 삼고 천외 병마사를 겸하여 보게 하였다.

208년(내해왕 13) 2월에 왕은 서쪽 지방의 군읍을 순행하고 10일 만에 돌아왔다. 4월에 왜인들이 변경을 침범하자 왕은 이벌찬 이음을 파견하여 군사를 거느리고 나가 적을 막게 하였다.

209년(내해왕 14) 7월 포상 팔국浦上八國이 가라加羅(김해의 가락)의 침략을 도모하자 가라 왕자가 와서 구원을 청하였다. 왕은 태자 우로于老와 이벌찬 이음으로 하여금 6부의 군사를 거느리고 가라를 구원하기 위하여 출정시켰다. 그리하여 포상 팔국의 장군들을 죽이고 그들에게 사로잡혔던 6천 명을 빼앗아 돌려보냈다.

210년(내해왕 15) 봄과 여름에 한재가 들자 왕은 사자를 각 군과 읍으로 파견하고 감옥의 죄수들 중 사형 죄를 제외한 모든 죄인들을 석방하였다.

211년(내해왕 16) 정월에 훤견萱堅을 이찬으로 삼고 윤종允宗을 일갈찬으로 삼았다.

212년(내해왕 17) 3월에 가야에서 왕자를 보내어 인질로 삼았다. 5월에 민가가 떠내려갈 정도의 큰비가 왔다.

214년(내해왕 19) 3월에 큰 바람이 불어서 나무가 부러졌다. 7월에 백제가 군사를 일으켜 나라 서쪽의 요거성腰車城(현 상주尙州)을 침공하여 성주인 설부薛夫를 죽이자, 왕은 이벌찬 이음에게 명하여 적을 막게 하였다. 이음은 군사 6천 명을 거느리고 나가 백제군을 치고 사현성沙峴城을 격파하였다. 12월에 우레가 울렸다.

218년(내해왕 23) 7월에 무고武庫의 병기구가 스스로 움직여 나왔는데 백제 군사들이 장산성獐山城으로 쳐들어와 성을 포위하자 왕은 친히 군사를 거느리고 나가서 이를 격파하여 퇴주시켰다.

220년(내해왕 25) 3월에 이벌찬 이음이 죽어 충훤忠萱을 이벌찬으로 삼고 병마사를 겸하여 보게 하였다. 7월에 왕은 양산 서쪽에서 열병을 실시하였다.

222년(내해왕 27) 4월에 우박이 내려 보리와 콩에 피해가 많았다. 남신현南新縣 사람이 죽었다가 한 달이 지나서 다시 살아났다. 10월에 백제가 군사를 일으켜 우두주牛頭州(또는 춘주도春州道, 현 춘천)에 침입하자 왕은 이벌찬 충훤에게 이를 막도록 하였다. 그러나 충훤이 웅곡熊谷(현 구미龜尾)에 이르러 적에게 패하고 혼자서 말을 타고 돌아오자 왕은 그 벼슬을 깍아 진주鎭主로 삼고 연진連珍을 이벌찬으로 삼아 병마시를 겸하여 보게 하였다.

224년(내해왕 29) 7월에 이벌찬 연진이 군사를 거느리고 나가 백제군과 봉산烽山(현 영주榮州)에서 싸워 이를 격파하고 1천여 명을 죽이거나 사로잡았다. 8월에 봉산성烽山城을 쌓았다.

226년(내해왕 31) 봄에 비가 오지 않더니 7월에 이르러서야 비가 왔다. 한재로 인하여 백성들의 기근이 심하자 왕이 창곡을 풀어내어 이를 구제하고 10월에는 감옥의 죄수들을 다시 살펴 죄가 가벼운 이들은 석방하였다.

227년(내해왕 32) 2월에 왕이 서남 지방의 군읍을 순행하고 3월에 환궁하였다. 파진찬 강훤康萱을 이찬으로 삼았다.

229년(내해왕 34) 4월에 뱀이 남고南庫에서 3일 동안이나 울었다, 9월에 지진이 있었고 10월에는 큰 눈이 와서 5척이나 쌓였다.

230년(내해왕 35) 3월에 왕이 돌아가셨다.

● 내해왕대의 사람들

물계자勿稽子

 생몰년 미상. 신라 내해이사금奈解尼師今 때의 지사志士. 집안이 대대로 한미하였으나 사람됨이 남달리 뛰어나고 어릴 때부터 장한 지조가 있었다. 209년(내해왕 14) 팔포상국八浦上國들이 공모하여 아라가야국阿羅加耶國(지금의 함안咸安 지방)을 침범하자, 아라가야국은 신라에 구원을 요청하였다. 내해이사금은 왕손 내음榛音으로 하여금 군사를 거느리게 하여 이를 구원하고 8국의 군사를 격퇴시켰다. 이 싸움에서 물계자는 큰 공을 세웠다. 3년 뒤 물계자는 골포骨浦(지금의 창원昌原), 칠포柒浦(지금의 사천), 고사포古史浦(지금의 고성)의 세 나라가 신라의 갈화성竭火城을 침입하였을 때도 많은 공을 세웠다. 그러나 두 차례 모두 공을 인정받지 못하였다. 내음과의 사이가 좋지 않아 그 공이 기록되지 않았기 때문이다. 그러나 물계자는 누구를 원망하기보다는 자신의 충정을 다하지 못하였음을 부끄러워하였다. 그는

 "전일의 포상, 갈화의 싸움은 가히 위험하고 어려운 것이었는데, 능히 목숨을 내놓고 몸을 버리지 못하였다는 말을 듣게 될 것이니, 장차 무슨 면목으로 거리로 나가 사람들을 대하리요."

라 하고, 결국 머리를 풀고 거문고를 메고 사체산師彘山으로 들어가 다시는 세상에 나오지 않고 노래를 지으면서 살았다.

연진連珍

 생몰년 미상. 신라 내해이사금 때의 관리. 222년(내해왕 27)에 이벌찬伊伐湌이 되어 군사軍事를 관장하였고, 224년 백제와 봉산烽山 아래에서 싸워 적군 1,000여명을 죽이고 이어 봉산성烽山城을 쌓았다.

진충眞忠

205년(내해왕 10)에 일길찬一吉飡이 되어 국정國政에 참여했다.

윤종允宗

211년(내해왕16) 정월에 일길찬一吉飡이 되었다.

훤견萱堅

211년(내해왕 16) 1월에 이찬伊飡이 되었다.

석우로昔于老

?~249(첨해왕 3) 혹은 ?~253(첨해왕 7). 신라 상대의 왕족·장군. 내해이사
금의 아들이다. 각간角干 수로水老의 아들이라는 설도 있다. 흘해왕의 아버
지이며, 부인은 조분왕의 딸 명원부인命元夫人이다. 209년(내해왕 14) 포상팔
국浦上八國이 가야를 침공해오자 이벌찬伊伐飡 이음利音과 더불어 가야를 구
원해주었으며, 231년(조분왕 2) 감문국甘文國을 정복하였고, 233년 침입해온
왜인을 섬멸하는 등의 무공을 세웠다. 244년 이찬伊飡에서 서불한舒弗邯으
로 승진되면서 병마관계의 일을 주관하였다. 245년 고구려가 침입해오자
북변에서 막으려 하다가 실패하여 마두책馬頭柵까지 후퇴하였으나, 부하들
과 동고동락하면서 사기를 진작시켰다. 247년 신라의 세력권 내에 있던 사
량벌국沙粱伐國이 배반하여 백제와 결합하려고 하자 토벌하였다. 253년(첨
해왕 7) 왜의 사신을 접대하면서 왜의 왕과 왕비를 가리켜 희롱한 것이 화
근이 되어 왜인의 침입을 초래하였으나, 왜의 진영에 스스로 가서 책임을
지고 죽임을 당함으로써 왜군을 물러가게 하였다. 그의 부인은 남편의 원
수를 갚기 위해 신라에 온 왜국의 사신을 죽였고, 이 때문에 왜인이 금성金
城을 침공했다. ≪삼국사기≫에서 전하는 이와 같은 석우로에 관한 기사는

원래 계절풍을 이용한 왜구의 침범이 잦았던 동해안의 우유촌于柚村지역에 퍼져 있던 민간전승이었는데, 뒤에 신라왕족의 영웅설화로 변개, 확대되어 정리되었다고 보는 견해도 있다.

● 내해왕 시대의 세계동향

▶ 동양

중국에선 황건적 토벌을 계기로 일어난 군벌들이 난립하였고, 전국 시대를 평정한 조조, 손권, 유비가 삼국 시대를 열어 패권을 다툰다.

▶ 서양

로마에서는 카리칼라 황제가 즉위하여 212년에 제국의 모든 자유민에게 시민권을 부여하는 안토니누스 칙령을 공포하였다. 그러나 217년에 카리칼라가 피살되어 로마는 정권 다툼에 휩싸인다. 214년에 페르시아에서 마니교의 교조 마니가 탄생하고, 226년에 페르시아가 사산 왕조가 일어나 227년에 로마와 페르시아 사이에 전쟁이 일어난다. 230년에 페르시아에서는 조로아스터교가 국교가 된다.

11

혼정 속에서도 꽃은 피었다
탁월했음인가, 행운이었던가

조분
이사금

조분이사금 助賁尼師今
석씨 왕 4대

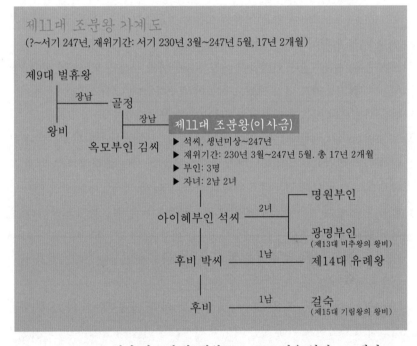

제11대 조분왕 가계도

(?~서기 247년, 재위기간: 서기 230년 3월~247년 5월, 17년 2개월)

제9대 벌휴왕

장남 — 골정

왕비

옥모부인 김씨

장남 —

제11대 조분왕(이사금)

▶ 석씨, 생년미상~247년
▶ 재위기간: 230년 3월~247년 5월. 총 17년 2개월
▶ 부인: 3명
▶ 자녀: 2남 2녀

아이혜부인 석씨 — 2녀 — 명원부인

광명부인
(제13대 미추왕의 왕비)

후비 박씨 — 1남 — 제14대 유례왕

후비 — 1남 — 걸숙
(제15대 기림왕의 왕비)

?~247(조분왕 18). 신라 제11대 왕. 재위 230~247. 성은 석씨昔氏. 제귀諸貴라고도 하는데, 이는 제분諸賁의 잘못일 것이다. 벌휴이사금의 손자로, 골정갈문왕骨正葛文王의 아들이다. 어머니는 구도갈문왕仇道葛文王의 딸 옥모부인 김씨玉帽夫人金氏이고, 비는 내해이사금의 딸 아이혜부인阿爾兮夫人이다.

내해이사금이 죽을 때 사위인 조분에게 왕위를 잇도록 유언하였다고 하지만, 조분은 이미 벌휴의 대손大孫이었고 개인의 능력이 뛰어났다는 것도 왕위계승의 충분한 이유가 될 것이며, 왕비계王妃系 김씨세력의 영향력도 있었을 것이다.

즉위 후 영토확장에 주력하였는데, 이 같은 대외전쟁을 주도하였던 장군은 내해이사금의 태자인 우로于老였다. 그는 244년에 이찬伊飡에서 서불한舒弗邯(이벌찬의 별칭)이 되었고 병마사兵馬事도 맡아보았다.

왕은 키가 크고 용모와 풍채가 아름답고 매사를 명확하게 판단하고 결정하여 사람들이 그를 공경하였다.

230년(조분왕 원년) 연충連忠을 이찬으로 삼고 군국 정사를 맡겼다. 7월에 왕은 시조 묘를 배알하였다.

231년(조분왕 2) 7월에 왕은 이찬 우로를 대장군으로 삼아 감문국甘文國(현 김천金泉)을 토평하고 그 지방을 군으로 하였다.

232년(조분왕 3) 4월에 왜인들이 갑자기 쳐들어와 금성을 포위하자 왕은 친히 군사를 거느리고 나가 싸웠고 적들이 패주하였다. 그러자 왕은 날랜 기병을 파견하여 이를 추격하였고 1천여 명을 참획하였다.

233년(조분왕 4) 4월에 큰 바람이 불어서 집과 기와장이 날렸다. 5월에 왜병들이 동쪽 변방으로 침입하였다. 7월에 왕은 이찬 우로로 하여 적을 막게하자 우로는 군사를 거느리고 왜적과 사도沙道에서 싸우는데 바람을 이용하여 불을 질러 적의 배를 태워버리고 물에 뛰어드는 적들까지 모조리 죽여 버렸다.

235년(조분왕 6) 정월에 왕은 동쪽 지방에 순행하여 민심을 안정시키고 백성들을 구제하였다.

236년(조분왕 7) 2월 골벌국骨伐國(현 영천永川)의 왕 아음부阿音夫가 그 무리를 거느리고 항복하자 이에 왕은 저택과 전지를 주어 편히 살게 하고 그 지방을 군으로 하였다.

237년(조분왕 8) 8월에 메뚜기 떼로 인해 곡식에 피해가 있었다.

240년(조분왕 11) 백제가 군사를 일으켜 서쪽 변방을 침범하였다.

242년(조분왕 13) 가을에 큰 풍년이 들었고, 고타군에서는 왕에게 가화嘉禾를 바쳤다.

244년(조분왕 15) 정월에 이찬 우로를 서불한舒弗邯으로 삼아 병마사를 겸하여 보게 하였다.

245년(조분왕 16) 10월 고구려가 군사를 일으켜 북변으로 침입하였다. 우로는 군사를 거느리고 나가 적을 공격하였으나 패하여 마두책馬頭柵으로 물러나 방비하였다. 그날 밤에 날씨가 몹시 추워서 군사들이 피로해하자 우로는 몸소 나무를 해서 불을 피움으로써 그의 배려에 모든 군사들이 감격하였다.

246년(조분왕 17) 10월에 동남쪽에 백기白氣가 비단같이 퍼졌다. 11월에 서울에 지진이 있었다.

247년(조분왕 18) 5월에 왕이 돌아가셨다.

◉ 조분왕대의 사람들

옥모부인玉帽夫人

생몰년 미상. 신라 상대의 왕족. 성은 김씨. 아버지는 김알지金閼智의 5세손인 구도갈문왕仇道葛文王, 일명 世神葛文王이며, 남편은 벌휴이사금의 아들 골정갈문왕骨正葛文王이다. 소생으로는 조분이사금과 첨해이사금이 있다. 골정은 아버지 벌휴이사금보다 먼저 죽고 아들의 나이가 어리므로 왕위계승은 골정의 동생인 이매伊買의 아들 내해이사금으로 승계되었다. 그 뒤 내해이사금의 유언에 따라 조분이사금이 왕통을 계승함으로써 그는 왕의 생모가 되었다.

아이혜부인阿爾兮夫人

생몰년 미상. 신라 조분이사금의 비. 아버지는 내해이사금이다. 내해이사금은 유언으로 사위인 조분助賁, 일명 諸貴을 왕이 되게 함에 따라 왕비가 되었다.

명원부인 命元夫人

생몰년 미상. 신라의 왕족. 조분이사금의 딸로서, 남편은 각간角干 우로于老이며, 제16대 흘해이사금의 어머니이다. 기림이사금이 아들이 없이 죽자, 군신들이 의논하여 어려서부터 노련하고 성숙함과 덕이 있는 그녀의 아들 흘해를 왕으로 추대하였다.

석우로 昔于老

?~249(첨해왕 3) 혹은 ?~253(첨해왕 7). 신라 상대의 왕족, 장군. 내해이사금의 아들이다. 각간角干 수로水老의 아들이라는 설도 있다. 흘해왕의 아버지이며, 부인은 조분왕의 딸 명원부인命元夫人이다. 209년(내해왕 14)포상팔국浦上八國이 가야를 침공해오자 이벌찬伊伐飡 이음利音과 더불어 가야를 구원해주었으며, 231년(조분왕 2) 감문국甘文國을 정복하였고, 233년 침입해온 왜인을 섬멸하는 등의 무공을 세웠다. 244년 이찬伊飡에서 서불한舒弗邯으로 승진되면서 병마관계의 일을 주관하였다. 245년 고구려가 침입해오자 북변에서 막으려 하다가 실패하여 마두책馬頭柵까지 후퇴하였으나, 부하들과 동고동락하면서 사기를 진작시켰다. 247년 신라의 세력권 내에 있던 사량벌국沙梁伐國이 배반하여 백제와 결합하려고 하자 토벌하였다. 253년(첨해왕 7) 왜의 사신을 접대하면서 왜의 왕과 왕비를 가리켜 희롱한 것이 화근이 되어 왜인의 침입을 초래하였으나, 왜의 진영에 스스로 가서 책임을 지고 죽임을 당함으로써 왜군을 물러가게 하였다. 그의 부인은 남편의 원수를 갚기 위해 신라에 온 왜국의 사신을 죽였고, 이 때문에 왜인이 금성金城을 침공했다. ≪삼국사기≫에서 전하는 이와 같은 석우로에 관한 기사는 원래 계절풍을 이용한 왜구의 침범이 잦았던 동해안의 우유촌于柚村 지역에 퍼져 있던 민간전승이었는데, 뒤에 신라왕족의 영웅설화로 변개, 확대되어 정리되었다고 보는 견해도 있다.

● 조분왕 시대의 세계동향

▶ 동양

중국은 위, 촉, 오가 서로 뒤엉켜 싸우는 가운데 조조, 유비, 제갈량 등
삼국 시대를 연 1세대 인물들이 모두 차례로 죽고, 조비, 유선 등 2세대
인물들의 대결이 지속된다.

▶ 서양

로마는 사산조 페르시아와 전쟁을 지속하였고, 내부적으론 막시미누스
트라쿠스가 즉위하면서 군인황제 시대가 열린다. 이때 페르시아는 조로
아스터교를 국교로 삼고, 242년부터 마니의 종교 전파가 시작된다.

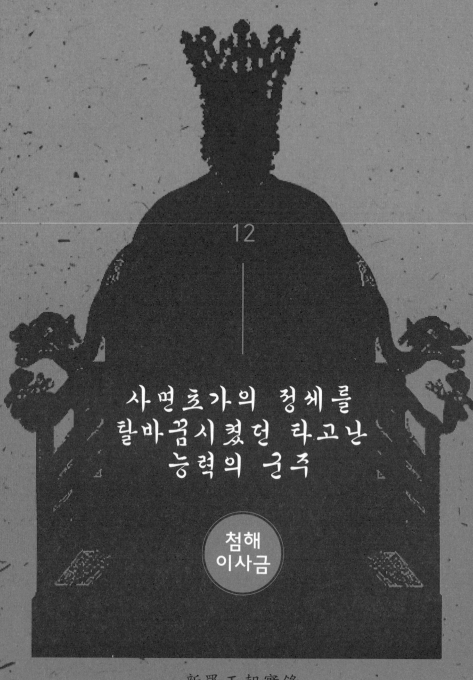

12

사면초가의 칭세를
탈바꿈시켰던 타고난
능력의 군주

첨해
이사금

新羅王朝實錄

첨해이사금 沾解尼師今
석씨 왕 5대

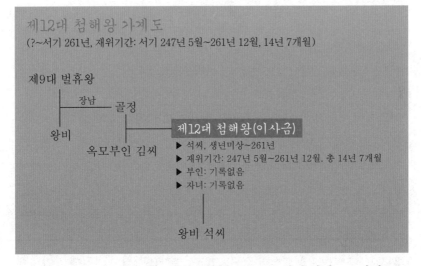

제12대 첨해왕 가계도
(?~서기 261년, 재위기간: 서기 247년 5월~261년 12월, 14년 7개월)

제9대 벌휴왕

장남 골정

왕비

옥모부인 김씨

제12대 첨해왕(이사금)
▶ 석씨, 생년미상~261년
▶ 재위기간: 247년 5월~261년 12월. 총 14년 7개월
▶ 부인: 기록없음
▶ 자녀: 기록없음

왕비 석씨

?~261(첨해왕 15). 신라 제12대 왕. 재위 247~261. 일명 이해理解, 점해詁解라고도 한다. 조분이사금의 동모제同母弟로, 아버지는 골정骨正이고, 어머니는 옥모부인玉帽夫人이다.

즉위년 247년에 아버지 골정을 세신갈문왕世神葛文王에 봉한 것으로 보아, 점해이사금의 즉위를 형제상속으로 보기도 하고, 골정계骨正系의 독립이라는 점에서 가계내의 계승으로 보기도 한다. 한편, 영토의 확장에 노력하여, 달벌성達伐城 (지금의 대구大邱)을 쌓았으며 사벌국沙伐國(지금의 상주尚州)을 점령하였다. 그리하여 이때에 이르러 사로국斯盧國은 진한의 전 지역을 통일하였다. 261년 12월에 갑자기 병이 들어 죽었다.

247년 첨해 이사금이 즉위하였다. 왕은 조분 이사금의 동복아우이다.

247년(첨해왕 원년) 7월에 왕은 시조 묘에 배알하고 아버지 골정骨正을 세신

世神 갈문왕으로 삼았다. 논하건대 한漢나라 선제宣帝가 즉위하자 유사가 상
주하기를

"남의 후사가 된 자는 그를 위하는 아들이 되는 것이다. 그런 까닭으로 그 생부모를
낮추어 제사 지내지 않는 것은 곧 조상을 높이는 뜻입니다."

했다. 또한

"그러므로 제帝의 소생부所生父는 친親이라 칭하고 시諡를 도悼라 하고 소생모所
生母를 도후悼后라 하여 제후를 왕에게 비교하는 것이라."

하였으니 이는 경의經義에 합당하고 만세의 법이 된다. 그런 까닭으로 후
한後漢 광무제光武帝와 송宋나라 영종英宗은 이 법을 시행하였다. 신라왕의
친족으로부터 들어서서 대통을 계승하는 임금은 그 아버지를 높이 봉하여
왕으로 칭하지 않음이 없으며 이와 같을 뿐만 아니라 그 외구外舅(처부妻父)
를 또한 이렇게 봉하는 일까지 있으니 이는 예의가 아니니 옳은 법이 아니
라고 할 것이다.

248년(첨해왕 2) 정월에 이찬 장훤張萱을 서불한으로 삼아 국정에 참여케 하
였다. 2월에 왕은 고구려로 사신을 파견하여 화친을 맺었다.

249년(첨해왕 3) 4월에 왜인이 서불한 우로를 죽였다. 7월에 남당南堂을 궁성
남쪽에 지었고, 양부良夫를 이찬으로 삼았다.

251년(첨해왕 5) 정월에 왕은 처음으로 정사를 남당에서 청취하였는데 한
기부 사람 부도夫道는 집이 빈궁하나 남에게 아첨함이 없고 공工, 서書,
산算을 잘하여 이름이 났다. 왕은 그를 등용하여 아찬으로 삼고 물장고物
葬庫의 사무를 맡겼다.

253년(첨해왕 7) 4월에 용이 궁성 동쪽 연못에 나타나고 금성 남쪽에 쓰러
져 있던 버드나무가 저절로 일어섰다. 5월부터 7월에 이르기까지 비가 오
지 않으므로 왕이 조묘祖廟와 명산名山에 기우제를 지내니 비가 내렸다.

그러나 흉년이 들어서 기근이 심하고 도적이 많았다.

255년(첨해왕 9) 9월에 백제가 군사를 일으켜 변경에 침입하여 일벌찬 익종翊宗은 군사를 거느리고 나가서 괴곡槐谷(현 괴산槐山)의 서쪽에서 싸웠으나 적에게 피살되었다. 10월에 백제는 봉산성으로 침입하였으나 성은 함락되지 아니하였다.

256년(첨해왕 10) 3월에 나라의 동쪽 바다에 큰 고기 3마리가 나왔는데 그 길이가 3장丈이고 높이가 1장 2척이나 되었다. 10월 그믐날에 일식이 있었다.

259년(첨해왕 13) 7월에 한재가 들고 메뚜기 떼가 농작물에 큰 피해를 입혀 흉년이 들고 도적이 많았다.

260년(첨해왕 14) 여름에 큰비가 와서 산이 40여 개나 무너졌다. 7월에 패성이 동쪽 방향에 나타나 25일 만에야 없어졌다.

261년(첨해왕 15) 2월에 달벌성達伐城(현 대구)을 쌓고 나마극종奈麻克宗을 그 성주로 삼았다. 3월에 백제가 사신을 파견하여 화친을 청하였으나 왕은 이를 허락하지 않았다. 12월 28일에 왕이 돌아가셨다.

● 첨해왕대의 사람들

부도夫道

생몰년 미상. 첨해이사금 때의 관리. 신라 6부의 하나인 한지부漢祇部 출신으로 집이 가난했으나 아첨이 없고 서書와 산算을 잘해 당시에 이름을 나타내었으므로 첨해이사금이 251년(첨해왕 5) 정월에 그를 불러 아찬阿湌을 삼고 물장고物藏庫의 사무를 맡겼다. 이러한 사실로 미루어 부도를 남당회의와 관련해 신라 최초의 품주稟主로 보는 견해가 있다.

양부良夫

생몰년 미상. 신라 상대의 재상. 248년(첨해왕 2) 궁 남쪽에 남당南堂이 설치되자, 이찬伊湌이 되어 남당 축조에 관여하였고, 263년(미추왕 2)에는 서불한舒弗邯으로 승진하여 내외병마사內外兵馬使를 관장하였다.

익종翊宗

?~255(첨해왕 9). 신라 첨해이사금 때의 이벌찬伊伐湌. 당시 이벌찬은 군국병마사軍國兵馬事를 관장하는 재상직이므로 아마 석씨昔氏의 왕손일 것이다. 255년 9월에 백제가 신라에 쳐들어오자 이를 괴곡槐谷 서쪽에서 맞아 싸우다가 전사하였다.

장훤長萱

248년(첨해왕 2) 이찬伊湌을 거쳐 서불한舒弗邯이 되었다.

● 조분왕 시대의 세계동향

▶ 동양
　　252년 오왕吳王 손권孫權 죽음
　　260년 위왕 모 피살, 환奐 즉위

▶ 서양
　　250년 로마 제7차 기독교도 심한 박해, 고오트족 로마령에 침입
　　256년 고오트족 소小 아세아 및 그리스에 침입 269년까지

13

알쏭달쏭한 계보
남은 연구과제이다

미추
이사금

미추이사금 味鄒尼師今
김씨 왕 1대

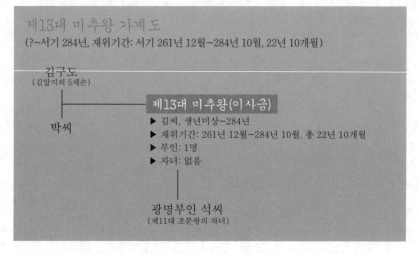

제13대 미추왕 가계도

(?~서기 284년, 재위기간: 서기 261년 12월~284년 10월, 22년 10개월)

김구도
(김알지의 5세손)

박씨

제13대 미추왕(이사금)

▶ 김씨, 생년미상~284년
▶ 재위기간: 261년 12월~284년 10월. 총 22년 10개월
▶ 부인: 1명
▶ 자녀: 없음

광명부인 석씨
(제11대 조분왕의 차녀)

?~284(미추왕 23). 신라 제13대 왕. 재위 262~284. 일명 미조未祖(未照) 또는 미고未古, 미소未召라고도 한다. 미추의 계보는 알지閼智에서부터 비롯하여, 알지 − 세한勢漢(熱漢) − 아도阿道 − 수류首留 − 욱보郁甫 − 구도仇道 − 미추味鄒로 이어진다. 그러나 문무왕릉비문을 비롯한 금석문 자료에는 김씨金氏 왕실의 시조를 성한星漢 또는 聖漢이라 하여 이를 세한으로 보는 설과 반대의 설이 있어 아직 결론이 나지 않았다.

미추의 조상으로 역사에 나타나는 인물은 아버지인 구도로서 그는 8대 아달라이사금阿達羅尼師今에서부터 9대 벌휴이사금伐休尼師今 때까지 활약하한 인물이며, 263년(미추왕 2) 갈문왕葛文王으로 추봉追封되었다. 구도는 이칠 갈문왕伊柒葛文王의 딸인 술례부인述禮夫人 또는 生乎 박씨朴氏와 혼인했고, 딸인 옥모부인玉帽夫人은 벌휴이사금의 큰아들인 골정 갈문왕骨正葛文王과 혼인하였다. 아들 미추이사금의 비妃는 조분이사금助賁尼師今의 딸인 광명부인光明夫人으로, 결국 그는 조분이사금의 사위라는 자격으로 왕위에 오른 셈이다. 백제가 봉산성烽山城(지금의 영주榮州?), 괴곡성塊谷城 등에 쳐들어왔다는 ≪삼국사기≫의 기사가 있는데, 이것을 역사적 사실로 볼 것인가에 대해서는 학자에 따라 다른 견해가 있다.

미추이사금이 재위 23년에 죽자 대릉大陵(죽장릉竹長陵이라고도 함)에 장사 지냈다고 한다. 제14대 유례이사금儒禮尼師今 14년 이서고국伊西古國(지금의 淸道)이 금성金城에 쳐들어왔을 때 귀에 대나무 잎을 꽂은 죽엽군竹葉軍이 갑자기 신라군을 도와 이들을 물리친 일이 있는데, 이들 병사들이 돌아간 곳을 찾아보니 죽장릉 위에 대나무 잎이 쌓여 있어 선왕先王의 음덕이라는 것을 알았다는 설화가 있다.

262년(미추왕 원년) 3월에 용이 궁성 동쪽 연못에 나타났다. 7월에 금성서문에 화재가 있었는데 인가 1백여 구가 연소되었다.

263년(미추왕 2) 정월에 이찬 양부를 서불한으로 삼고 내외 병마사를 겸하여 보게 하였다. 2월에 왕은 친히 국조 묘에 제사를 지내고 죄수를 대사하였으며, 아버지인 구도를 갈문왕으로 추봉하였다.

264년(미추왕 3) 2월에 왕은 동쪽으로 순행하여 해역을 보고, 3월에 황산黃山(현 양산梁山)으로 순행하여 고령자나 집이 가난하여 스스로 생활할 수 없는 사람들을 구제하였다.

266년(미추왕 5) 8월에 백제가 군사를 일으켜 봉산성으로 쳐들어왔다. 왕은 이 보고를 듣고 직선直宣은 장사 2백 명을 거느리고 나가서 적을 격파하였다. 왕은 이 보고를 듣고 직선을 일길찬으로 벼슬을 올리고 모든 군사들에게 후한 상을 내렸다.

268년(미추왕 7) 봄과 여름에 비가 오지 않자 왕은 군신들을 남당에 모아놓고 친히 정사와 형벌의 득실을 물었으며, 사자 5명을 각지로 파견하여 백성들의 괴로움을 살피고 이를 위문하게 하였다.

272년(미추왕 11) 2월에 왕은 농사에 피해가 있는 모든 일을 일체 없애버리도록 분부하였다. 7월에 서리와 우박이 내려서 곡식에 피해가 많았다. 11월에 백제가 군사를 일으켜 변경을 침범하였다.

276년(미추왕 15) 2월에 군신들이 궁전을 개조하자고 하였으나, 왕은 백성의 수고로움을 생각하여 그 말을 따르지 않았다.

278년(미추왕 17) 3월에 폭풍이 불어 나무가 뽑혔다. 11월에 백제가 군사를 일으켜 괴곡성槐谷城으로 쳐들어와서 성을 포위하자 왕은 파진찬 정원正源에게 명하여 군사를 거느리고 나가 이를 막게 하였다.

280년(미추왕 19) 4월에 한재가 들자 왕은 죄수들을 다시 보살피도록 하였다.

281년(미추왕 20) 정월에 홍권弘權을 이찬으로, 양질良質을 광겸光謙을 사찬으로 삼았다. 2월에 왕은 국묘國廟를 배알하였다. 9월에 양산楊山의 서쪽에서 군사들을 크게 검열하였다.

283년(미추왕 22) 9월에 백제가 군사를 일으켜 변방을 침범하고 10월에 괴곡성을 포위하자 왕은 일길찬 양질에게 명하여 군사를 거느리고 나가서 이를 막게 하였다.

284년(미추왕 23) 2월에 왕은 나라의 서쪽에 있는 제후들의 성으로 순행하여 민심을 안정시켰다. 10월에 왕이 돌아가시자 대릉大陵(또는 죽장릉竹長陵)에 장사하였다.

● 미추왕대의 사람들

광명부인 光明夫人

생몰년 미상. 신라 미추이사금의 비. '광명랑光明娘'이라고도 한다. 성은 석씨昔氏로서 조분이사금助賁尼師今의 딸이다. 어머니는 아이혜부인阿爾兮夫人이다.

양질良質

생몰년 미상. 신라 미추이사금 때의 관리. 281년(미추왕 20) 정월에 일길찬一 吉湌이 되었으며, 283년 9월 백제가 변경을 침범하여 10월 괴곡성槐谷城(지금 의 괴산)을 에워싸자, 왕명을 받고 군사를 거느리고 나가 이를 물리쳤다.

김수류金首留

신라김씨시조新羅金氏始祖 김알지金閼智의 3세손인 아도阿道의 아들. 미추 왕味鄒王의 증조부曾祖父가 된다.

김말구金末仇

신라新羅 왕족王族. 미추왕味鄒王의 동생, 내물왕의 아버지. 291년(유례왕 8) 이벌찬伊伐湌이 되어 왕의 측근에서 정치의 도를 가르쳤다.

● 미추왕 시대의 세계동향

▶ 동양

263년 사마소司馬昭 진공晋公이 됨

265년 진왕晋王 사마소司馬昭 죽음

272년 흉노 진晋에 항복

▶ 서양

268년 로마 황제 클라우디우스 고티쿠스 즉위 270년까지

272년 제9차 기독교도 박해

275년 아우렐리아누스 피살

14

뺏고 빼앗기는 왕권
왕의 치적은 국토를 넓히는 일

유례
이사금

新羅王朝實錄

유례이사금 儒禮尼師今
석씨 왕 6대

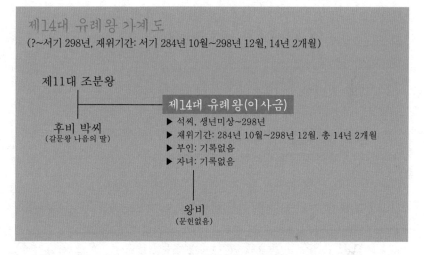

제14대 유례왕 가계도

(?~서기 298년, 재위기간: 서기 284년 10월~298년 12월, 14년 2개월)

제11대 조분왕
┏━━━━━━━━━━━━━ **제14대 유례왕(이사금)**
후비 박씨
(갈문왕 나음의 딸)　　　▶ 석씨, 생년미상~298년
　　　　　　　　　　　　▶ 재위기간: 284년 10월~298년 12월. 총 14년 2개월
　　　　　　　　　　　　▶ 부인: 기록없음
　　　　　　　　　　　　▶ 자녀: 기록없음

왕비
(문헌없음)

?~298년(유례왕 15). 신라 제14대 왕. 재위 284~298. 《삼국사기》의 주註에서는 《고기古記》를 인용해 제3대와 제14대 두 임금의 이름이 유리儒理 혹은 유례儒禮로 똑같다고 하였다. 이른바 신라상고新羅上古 왕위계승의 허구론虛構論에 의하면, 눌지訥祗와 위의 두 왕은 왕명王名이 같아 '늙[老]'의 의미를 가진 역사시대의 눌지가 상대上代로 투사되어 만들어졌다고도 한다. 이들 셋은 '누리[世·享·繼]'의 뜻을 지녔고 박, 석, 김의 3성에 각각 이러한 이름을 가진 왕이 병립했던 것을 하나의 계보로 만들어버린 결과라고 보기도 한다.

그러나 최근에는 신라 상고의 기사를 그대로 믿는 경향으로 기울어져서, 유례이사금은 제11대 조분이사금의 맏아들이고 어머니는 이씨갈문왕葛文王 내음奈音의 딸인데 별빛이 입 속으로 들어와 잉태했다는 전설이 전해진다. 그런데 조분이사금의 비는 내해이사금의 딸 아이혜부인阿爾兮夫人이므로 조분이사금의 비가 둘일 리도 없으니, 조분이사금은 유례이사금의 할아버지일지도 모른다는 설이 있다.

선왕 미추가 네 명의 석씨왕에 이어 조분이사금의 사위 자격으로 왕위에 올랐으므로 왕위는 다시 석씨인 유례에게로 돌아온 것이다. 유례이사금의 비는 알 수 없다.

285년(유례왕 2) 정월에 왕은 시조 묘를 배알하였다. 2월에 이찬 홍권弘權을 서불한으로 삼고 국정의 기무機務를 맡겼다.

286년(유례왕 3) 정월에 백제가 사신을 파견하여 화친을 청하였다. 3월에 한재가 들었다.

287년(유례왕 4) 4월에 왜인들이 일례부一禮部를 급격하여 민가에 불을 놓고 노략질을 하면서 1천 명의 백성들을 사로잡아 가지고 도망하였다.

289년(유례왕 6) 5월에 왜국이 군사를 일으켜 침입하려 한다는 말을 듣고 전선을 수리하고 갑옷과 병기를 수선하였다.

290년(유례왕 7) 5월에 비가 와서 큰물이 지고 월성이 허물어졌다.

291년(유례왕 8) 정월에 말구末仇를 이벌찬으로 삼았는데 말구는 충정하고 지략이 뛰어나 왕은 항상 그를 찾아 정사의 요긴한 것을 물었다.

292년(유례왕 9) 6월에 왜병이 사도성으로 쳐들어와서 성을 함락시키자 왕은 일갈찬 대곡大谷에게 이를 치게 하였다. 대곡은 군사를 거느리고 사도성에 이르러서 적을 완전히 격파하고 이를 회복시켰다. 7월에 한재가 들고 메뚜기 떼로 인한 곡식의 피해가 있었다.

293년(유례왕 10) 2월에 사도성을 개축하고 사벌주沙伐州(현 상주)의 부유한 민가 8십여 호를 옮겨 살도록 하였다.

294년(유례왕 11) 여름에 왜병들이 장봉성長峯城으로 쳐들어왔으나 이기지 못하였다. 7월에 다사군多沙郡에서 왕에게 가화를 바쳤다.

295년(유례왕 12) 봄에 왕은 군신들에게 말하기를

"왜인들이 번번이 우리나라의 성과 읍을 침범하여 백성들이 편안히 살 수 없으니 나의 생각으로는 백제와 더불어 일시에 바다를 건너 왜국으로 쳐들어가서 아주 그 나라를 격멸시키는 일을 도모하는 것이 좋을 것 같은데 어떠한가?"

하였다. 서불한 홍권이 대답하기를

"우리나라 사람들은 해전에 익숙하지 못한데 모험적인 원정을 하면 도리어 위험한 일이 생길 수도 있으니 이는 염려될 일이며, 백제는 거짓이 많고 항상 우리나라를 삼켜 버리려는 욕심을 가졌으므로 또한 그들과 동모하는 것은 어려운 일이라 생각되나이다."

라고 하자 왕은 그의 말이 옳다고 하며 왜인 정벌을 그만두었다.

297년(유례왕 14) 정월에 지량智良을 이찬으로 삼고 장흔長昕을 일갈찬으로, 순선順宣을 사찬으로 삼았다. 이때 이서고국伊西古國(현 청도淸道)이 금성으로 쳐들어와 아군은 크게 군사를 동원하여 적을 방어하였으나 이를 격파하지 못하였다. 그런데 갑자기 수효를 헤아릴 수 없이 많은 수의 군사들이 머리에 대나무 잎을 꽂고 몰려와 아군과 함께 적을 격파하였다. 그러나 뒤에 그들의 간 곳을 알지 못하였는데 어떤 사람이 대나무 만 개가 즉장릉竹長陵(미추왕릉味鄒王陵)에 쌓여 있는 것을 보았다고 하였다. 이를 두고 사람들은 말하기를

"이는 선왕이 음병陰兵을 내어 싸움을 도운 것이라."

고 하였다.

298년(유례왕 15) 2월에 서울에 옆 사람도 분간할 수 없을 정도로 큰 안개가 끼었는데 5일 만에야 날이 개였다. 12월에 왕이 돌아가셨다.

● 유례왕대의 사람들

대곡大谷

생몰년 미상. 신라 유례이사금 때의 장군. 관등은 일길찬—吉湌이었다. 292년(유례왕 9) 왜병이 사도성沙道城(지금의 영덕)을 공격하여 함락하였다. 이 때 대곡은 왕의 명을 받아 군사를 거느리고 가서 사도성을 구원하여 완전히 수복하였다. 다음해 신라에서는 사도성을 개축하고 사벌주沙伐州의 부호 80여가를 그곳으로 옮겼다고 한다.

홍권弘權

생몰년 미상. 신라 상대의 재상. 281년(미추왕 20) 이찬伊湌에 임명되었다. 285년(유례왕 2) 서불한舒弗邯이 되어 국가의 기무機務를 맡았다. 295년 왕이 왜구를 백제와 함께 치는 것에 대하여 여러 신하에게 물었을 때,

"우리들은 수전水戰에 익숙하지 못한데 모험하여 원정을 하였다가 혹 위험이라도 생기면 어떻게 하며, 또 백제는 속임이 많아서 우리를 집어삼키려고 하는 마음이 있으니, 백제와 함께 도모함은 어렵습니다."

라고 불가함을 건의하여 중지시켰다.

장흔長昕

생몰년 미상. 신라 상대의 대신. 297년(유례왕 14) 일길찬—吉湌에 임명되었고, 299년(기림왕 2)에는 이찬伊湌에 임명되어 내외內外의 병마사兵馬事를 관장하였다.

◉ 유례왕 시대의 세계동향

▶ 동양
290년 황제(무제武帝) 죽음
297년 삼국지 저자 진수陳壽 죽음

▶ 서양
285년 로마 황제 카리누스 피살
286년 로마제국 양분 디오클레리아누스는 동부, 막시미아누스는 즉위
하여 서부를 맡음

15

우리창같이 밝지 못한
신라의 역사
후예들의 할 일은 쌓여만 간다

기림
이사금

기림이사금 基臨尼師今
석씨 왕 7대

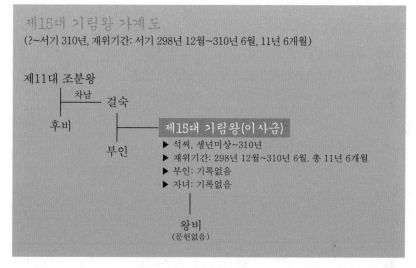

제15대 기림왕 가계도

(?~서기 310년, 재위기간: 서기 298년 12월~310년 6월, 11년 6개월)

제11대 조분왕

차남

걸숙

후비

부인

제15대 기림왕(이사금)

▶ 석씨, 생년미상~310년
▶ 재위기간: 298년 12월~310년 6월. 총 11년 6개월
▶ 부인: 기록없음
▶ 자녀: 기록없음

왕비
(문헌없음)

?~310(기림왕 13). 신라 제15대 왕. 재위 298~310. 기림이사금基立尼師今이라고도 부른다. 조분이사금助賁尼師今의 아들·손자·증손이라는 여러 설이 있으나, 나이 차이로 보아서 아들일 가능성은 희박하다. 기림이사금이 조분이사금의 손자나 증손일 경우, 아버지는 걸숙乞淑이고, 어머니는 아이혜부인阿爾兮夫人이다.

300년에 비열홀比烈忽(지금의 안변安邊)에 순행하였고, 우두주牛頭州(지금의 춘천春川)에 이르러 태백산을 망제望祭하였으며, 낙랑樂浪·대방帶方 두 나라가 귀속하였다고 하나 모두 믿기 어려운 기술이다. 307년에 '덕업일신 망라사방德業日新 網羅四方'의 뜻을 따라 국호를 다시 신라로 정했다고 하나, 실제로 이것은 지증왕 4년의 일이었다. 재위 13년 만에 사망하였다. 장지는 미상이다.

다. 왕은 성품이 너그러워 사람들은 모두 그 덕을 칭찬하였다.

299년(기림왕 2) 정월에 장흔을 이찬으로 삼아 내외 병마사를 겸하여 보게 하였다. 2월에 왕은 시조 묘에 제사를 지냈다.

300년(기림왕 3) 정월에 왜국과 더불어 수교하였다. 2월에 왕은 비열홀比列忽(현 안변)에 순행하여 친히 고령자와 빈민들을 위문하고 곡식을 하사하였다. 3월에 우두주에 이르러 태백산에 제사를 지냈다. 이때 낙랑과 대방帶方의 양국이 복속하였다.

302년(기림왕 5) 봄에 이어 여름까지 한재가 들었다.

304년(기림왕 7) 8월에 지진이 일어나고 샘물이 솟아올랐으며 9월에 또 서울에 지진이 일어나 민가가 헐고 죽은 사람도 있었다.

307년(기림왕 10)에 나라 이름을 다시 신라新羅라고 부르게 하였다.

310년(기림왕 13) 5월에 왕이 병환으로 여러 날 누워 있자 내외 감옥의 죄수들을 놓아주었다. 6월에 왕이 돌아가셨다.

● 기림왕대의 사람들

아이혜부인 阿爾兮夫人

생몰년 미상. 신라 조분이사금의 비. 아버지는 내해이사금이다. 내해이사금은 유언으로 사위인 조분助賁(일명 제귀諸貴)을 왕이 되게 함에 따라 왕비가 되었다.

● 기림왕 시대의 세계동향

▶ 동양
300년 조왕趙王 윤倫이 가후賈后 및 장화張華 내외를 죽임
302년 장사왕長沙王 제왕齊王 경을 죽임

▶ 서양
303년 제10차 기독교도 박해
306년 로마 황제 콘스탄티우스 1세 죽음

● 기림왕대에서 눈여겨 봐야 할 것들

복잡하게 얽힌 국제 정세와 기림왕의 기민한 대처

《삼국사기》는 기림의 왕위 계승 과정에 대해 어떠한 언급도 하지 않았다. 다만 기림이 '성격이 관대하여 사람들이 모두 칭송하였다'는 기록만 남아 있다.

당시 정황으로 판단하건대, 유례왕에서 기림왕으로 이어지는 과정에서 반란이 일어난 흔적은 없다. 그렇다고 유례왕이 급작스럽게 죽었다는 기록도 없다. 말하자면 기림왕은 유례왕의 지명과 절차에 따라 적법하게 왕위에 오른 인물인 셈이다.

그렇다면 유례왕은 왜 기림을 후계자로 지목했을까? 기림은 유례왕의 이복동생인 걸숙의 아들인데, 단순히 그 이유만으로 그를 후계자로 삼았을까?

《삼국사기》는 유례왕의 가족에 대한 언급 역시 하지 않고 있다. 이것은 내물왕과 관련이 있다. 내물의 후예인 김씨 왕족들은 내물왕의 왕위 계승을 합리화하기 위해 유례왕의 부인인 미추왕의 딸을 내물의 부인으로 만들어 놓았다. 이 때문에 유례왕 가족들의 존재를 고의로 삭제했던 것이리라.

그 결과로 유례왕의 자식들에 대해 알 길이 없어졌다. 하지만 유례왕을 이어 조카인 기림이 왕위를 이른 것을 볼 때, 유례왕에겐 아들이 없었던 것이 분명하다. 그렇다고 딸조차 없었다고 단정할 수는 없다.

신라 사회에선 관습적으로 아들이 없으면 사위가 왕위를 이었다. 즉, 유례왕에게 아들이 없었다면 필시 사위가 왕위를 이었을 것이다. 유례왕에 이어 기림이 후계자로 지명되어 왕위를 이었다는 것은 기림이 유례의 사위였을 것이라는 추론을 가능케 한다. 당시 풍습으론 사촌간의 결혼은 다반사였고, 혈통을 중시하던 신라 왕실에선 너무나도 당연시되던 일이었다. 따라서 기림은 유례왕의 조카로서가 아니라 사위로서 왕위에 오른 것이 분명하다.

기림은 11년여 동안 왕위에 있었는데, 많은 치적을 남기지는 않았다.

그의 치세에서 가장 주목할 만한 일은 재위 3년(서기 300년) 정월에 왜국과 외교 관계를 맺은 일이다. 유례왕 대엔 왜와 치열한 싸움을 벌였고, 그로 인해 신라 사회는 늘 전쟁 분위기에 휘말려 있어야만 했다. 그렇기 때문에 왜와 화친한 사건은 신라인들에겐 큰 의미가 있었다.

신라인들은 동해를 끼고 살았기 때문에 왜인의 침입만큼 염려스러운 일은 없었다. 백제나 고구려, 말갈 등은 항상 육로를 택해 쳐들어왔고, 그것도 높은 산맥을 넘어오거나 강을 건너와야만 했다. 따라서 그들을 방어하는 것은 그다지 어렵지 않았다. 그러나 왜군은 달랐다. 왜는 항상 수군을 이끌고 와서 상륙 작전을 감행했기 때문에 금성을 포함한 모든 신라 땅이 침입로가 될 수 있었고, 일단 수군이 뚫리면 속수무책으로 당할 가능성이 높았다. 더구나 왜는 수전에 매우 능숙했기 때문에 신라인들이 그들을 두려워하는 것은 당연했다. 유례왕이 그 골칫거리를 해결하기 위해 왜국 원정을 감행하려 했지만, 그 때도 왜군의 탁월한 수전 능력을 무너뜨릴 가능성이 없어 포기했다.

신라인들이 왜를 얼마나 골칫거리로 여기며 두려워했는지는 문무왕의 수중 왕릉에서 잘 엿볼 수 있다. 왜의 침입이 얼마나 염려스러웠으면, 문무왕은 자기가 죽어서 바다의 용이 되어서라도 왜군을 막겠다며 수중 왕릉을 조성하라고 했겠는가?

이런 이유 때문에 신라는 가급적 왜와 화친하려 했다. 왜와 화친하는 것만이 신라의 안정을 유지하는 길이었던 것이다. 기림왕 3년에 성사시킨 왜와의 화친 약조는 바로 그런 안정의 기반을 만드는 일이었다.

기림왕 치세에 또 하나 주목할 만한 것은 재위 3년 2월에 비열홀을 순행하고, 3월에 낙랑과 대방 두 나라가 항복해 왔다는 것이다. 비열홀은 함경남도 안변이다. 안변은 원산항과 영흥평야를 끼고 있는 곳으로, 북방에서는 비교적 살기 좋은 땅이다. 이곳은 필시 한반도 낙랑인 동예의 도읍이 되었을 법한 곳인데, 기림왕이 이곳을 방문했다는 기사는 뜻밖이다. 더구나 바로 다음 달에 낙랑과 대방 두 나라가 항복해 왔다는 기사를 싣고 있다.

대개 학자들은 이 기사들을 터무니없는 기록으로 치부하고 있다. 당시 신라의 북방 경계는 기껏해야 소백산맥 정도였을 것이라는 것이 일반적인 견해이기 때문이다. 그러나 꼭 그렇게 단정할 일은 아니다. 조분왕 때에 석우로가 고구려군과 싸우다가 후퇴하여 마두책에 저지선을 마련했다는 기록이 나오는데 마두책은 경기도 포천의 옛 이름이다. 즉, 조분왕 대에 신라는 임진강 근처까지 진출했다는 뜻이 된다.

당시 상황을 고려해 보면, 전혀 터무니없는 일도 아니다. 당시 이 땅을 차지하고 있던 세력은 말갈족이었다. 하지만 말갈은 여러 부족이 각기 세력을 형성하고 있던 터라 부족 간에 갈등이 생긴 경우엔 전혀 저항력이 없는 집단으로 전락하기 십상이었다. 거기다 당시 말갈을 지배하고 있던 고구려는 중국의 위나라와 패권 다툼을 벌이느라 한반도 쪽을 돌아볼 겨를이 없었다. 신라는 그런 상황을 이용하여 북진을 감행해 임진강까지 진출했다. 뒤늦게 그 사실을 안 고구려가 군대를 동원하여 신라군을 응징한 것이 석우로가 마두책에서 방어진을 형성하고 싸운 전쟁일 것이다. 하지만 고구려는 그 뒤에 위나라와 싸우다가 도성인 환도성이 무너지는 어려움에 봉착하는데, 이 일로 한반도에 대한 고구려의 영향력이 크게 위축되었을 것이다.

기림왕이 비열홀을 순행하던 300년에도 고구려는 내정의 불안으로 몹시 어려움을 겪고 있었다. 봉상왕의 독재와 전횡으로 민심이 크게 격앙되어 있었고, 결국 창조리가 반정을 일으켜 봉상왕을 내쫓고 미천왕을 옹위한 것이 같은 해 9월이다. 더구나 당시 중국은 진이 무너지면서 5호 16국 시대로 접어들고 있었고, 고구려는 중국 대륙의 각축장에 뛰어들어 중원으로 세력을 확대하려 하고 있었다.

당시 비열홀은 고구려의 지배 아래 놓여 있었지만, 고구려는 내정의 불안과 중원의 급격한 변화에 대응하느라 한반도 쪽을 돌아볼 여유가 없었다. 신라는 그런 상황을 이용하여 동예(한반도 낙랑) 왕실의 후예들에게 손을 뻗쳤고, 급기야 기림왕이 직접 동예의 도성인 안변으로 찾아가 그들의 망명을 권유하여 데려온 것이다. 기림왕 재위 3년에 낙랑이 항복해 왔다는 것은 바로 동예의 왕실 후예들이 대거 망명해 온 사실을 기록한 것일 게다. 이로써 소백산맥 이북으로 영토를 확대할 수 있는 기반을 만든 셈이다.

그렇다면 대방이 항복해 왔다는 기록은 어떻게 이해해야 할 것인가? 대방은 지금의 중국 산동 지역에 형성되어 있던 곳으로 247년에 그 곳의 태수 궁준이 백제의 고이왕과 싸우다 패배하여 전사했다. 이후 대방은 백제와 결혼 동맹을 맺고, 대방 왕의 딸 보과를 고이왕의 태자 책계에게 시집보내야 했다. 이로써 백제는 대방을 병합한 꼴이 되었는데, 책계왕 대에 이르러 백제는 완전히 대방을 병합하여 대륙백제를 건설했다. 대륙백제 건설 후, 백제의 행정은 대륙과 한반도로 분리되어 대륙은 왕이 직접 다스렸고, 한반도는 외척이 다스리는 형태를 띠었다. 그러나 한성을 지배하고 있던 외척 진씨들의 전횡으로 반란이 일어나 300년경부터 약 45년간 나라가 양분되는 사태를 맞았다.

대방이 신라에 항복했다고 기록된 300년 당시엔 한성을 지배하고 있던 외척 진씨 세력의 학정에 반발하여 비류가 구수왕의 아들임을 자처하며 반란을 일으켰다. 그리고 진씨 세력을 제거하고 한성을 장악해 버렸다.

이때 한성에는 볼모로 잡혀 온 대방의 왕족들이 머물러 있었을 것이다. 반군에 의해 한성이 무너지자, 이들은 신라 땅으로 달아나 항복했을 것이다. 즉, 기림왕 3년에 대방이 항복해 왔다는 기사는 한성에 머물고 있던 대방의 볼모가 신라로 달아나 망명한 것을 기록한 것이다.

기림왕 치세 중에 또 하나 짚고 넘어갈 것은 10년 기사에 '국호를 다시 신라로 하였다'는 내용이 나오는데, 이는 탈해왕 이후 계림국으로 쓰던 것을 신라로 복구했다는 뜻이다. 원래 신라는 서라, 사로, 신라, 서벌, 계림 등으로 불렀는데, 탈해왕 대에 계림으로 부르다가 기림왕 대에 다시 계림을 폐하고 종전의 명칭으로 되돌렸다는 것이다. 그리고 지증왕 대에 가서 '신라'를 국호로 확정하게 된다.

기림왕은 재위 내내 병마에 시달렸던 모양이다. 그리고 재위 13년 5월에는 병이 위독해져 죽음을 예고했고, 6월에 생을 마감했다.

기림왕은 이전 왕들과 마찬가지로 이사금을 칭호로 사용했으며, 능과 가족에 관한 기사는 전혀 남아 있지 않다.

16

즐타기 외교와 백성의 생민을
함께 짊어졌던 왕

흘해
이사금

新羅王朝實錄

흘해이사금 訖解尼師今
석씨 왕 8대

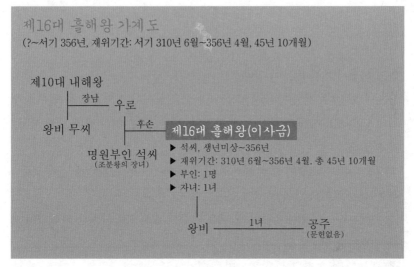

제16대 흘해왕 가계도

(?~서기 356년, 재위기간: 서기 310년 6월~356년 4월, 45년 10개월)

제10대 내해왕
┃── 장남 ── 우로
왕비 무씨   ┃── 후손 ── 제16대 흘해왕(이사금)
                ▶ 석씨, 생년미상~356년
        명원부인 석씨   ▶ 재위기간: 310년 6월~356년 4월. 총 45년 10개월
        (조분왕의 장녀)   ▶ 부인: 1명
                          ▶ 자녀: 1녀

        왕비 ──── 1녀 ──── 공주
                            (문헌없음)

?~356(흘해왕 47). 신라 제16대 왕. 재위 310~356. 내해이사금의 아들이라고도 하고, 각간角干 수로水老(혹은 于老)의 아들이라고도 한다. 따라서, 내해-우로-흘해로 계보가 이어지는데, 생존연대상으로 미루어 보아 우로와 흘해 사이에 2, 3세대가 더 있을 것이라는 설도 있다. 어머니는 조분이사금의 딸인 명원부인命元夫人이다. 기림이사금이 아들 없이 죽자 왕으로 추대되었다. ≪삼국사기≫에는 330년에 벽골지碧骨池(전라북도 김제)를 개착開鑿하였다고 기록되어 있으나, 이는 백제의 기록이 잘못 들어온 것 같다. 한편, ≪삼국유사≫에는 백제병이 처음으로 쳐들어왔다고 하였으니, 이것은 두 나라가 처음으로 직접 충돌한 것이라고 보아 ≪삼국사기≫의 초기 백제관계기사를 의심하게 한다. 재위 47년에 아들 없이 승하하였다.

흘해가 어릴적 용모가 남달리 수려하고 정신과 담력이 명철하고 민첩하여

모든 일에 있어 유달리 뛰어났다. 우로는 이 모습을 보고 제후들에게

"우리 집안을 일으킬 사람은 반드시 이 아이일 것이라."

하였다 전한다.
또 기림 이사금이 아들 없이 돌아가시자 군신들은 의논하기를

"흘해는 어려서부터 노성老成한 덕이 있다."

라고 하면서 그를 받들어 임금으로 세웠다.
311년(흘해왕 2) 정월에 급리急利를 아찬으로 삼아 국정의 중요한 업무를 맡기고 내외 병마사를 겸하여 보게 하였다. 2월에 왕은 친히 시조 묘에 제사를 지냈다.
312년(흘해왕 3) 3월에 왜국 왕이 사신을 보내어 아들의 혼인을 청하므로 왕은 아찬 급리의 딸을 보내어 결혼시켰다.
313년(흘해왕 4) 7월에 한재와 황재로 기근이 심하므로 사자를 파견하여 이를 구제하고 민심을 안정시켰다.
314년(흘해왕 5) 정월에 아찬 급리를 이찬으로 삼았다. 2월에 궁전의 수리를 시작했으나 비가 오지 않아 중지시켰다.
317년(흘해왕 8) 봄과 여름에 한재가 들자 왕은 친히 죄수들을 다시 살펴서 다스리고 많은 죄수들을 놓아주었다.
318년(흘해왕 9) 2월에 왕은 분부하기를

"먼저는 한재로 인하여 연사年事가 순조롭게 이루어지지 않았으나 지금에는 땅의 기운이 일어나서 농사를 막 시작하게 되었으니 농민들을 수고롭게 하는 일은 모두 이를 그만두게 하라."

하였다.

330년(흘해왕 21) 처음으로 벽골제碧骨堤(현 김제金堤)를 개척하였는데 그 연못의 언덕 길이가 1천8백 보였다.

337년(흘해왕 28) 2월에 백제에서 사신을 파견하여 수교하였다. 3월에 우박이 오고 4월에 서리가 내렸다.

344년(흘해왕 35) 2월에 왜국이 사신을 파견하여 혼인을 청하였으나 신라에서는 먼저 여자를 출가시킨 것을 이유로 이를 사절하였다. 4월에 폭풍이 불어 궁성 남쪽의 큰 나무가 뽑혔다.

345년(흘해왕 36) 정월에 강세康世를 이벌찬으로 삼았다. 2월에 왜국 왕이 절교를 선언하는 글을 보내옴으로써 양국의 국교가 단절되었다.

346년(흘해왕 37) 왜병들이 갑자기 풍도風島에 침입하여 변방의 민가에서 약탈을 자행하고 또 금성으로 쳐들어와서 성을 포위하여 공격하였다. 왕은 친히 나가 싸우려고 하였으나 이벌찬 강세가 왕에게 말하기를

"적들은 멀리 와서 싸움으로써 그 예봉을 당하기 어려울 것이오니 이를 그대로 두어 그 군사들이 피로한 것을 기다려 치는 것이 옳겠습니다."

라고 하여 왕도 그 말이 옳다고 생각하고 성문을 굳게 닫고 나오지 않았다. 그리고 적들이 식량이 다 떨어져 퇴주하려 할 때 왕은 강세에게 명하여 적을 치게 하니, 강세는 날랜 군사를 거느리고 적을 추격하여 이를 패주시켰다.

348년(흘해왕 39)에 궁성의 우물물이 갑자기 솟아 넘쳤다.

350년(흘해왕 41) 3월에 황새가 월성의 한 모퉁이에 집을 짓고 깃들었다. 4월에 열흘 동안이나 비가 많이 와서 평지의 물이 34척이나 불었고 관송官松의 가옥들이 떠내려가고 산도 13개소나 무너졌다.

356년(흘해왕 47) 4월에 왕이 돌아가셨다.

● 흘해왕대의 사람들

강세 康世

생몰년 미상. 신라 흘해이사금 때의 정치가. 345년(흘해왕 36) 정월에 이벌찬伊伐滄이 되었다. 이듬해 왜병이 바다를 건너와 민가를 약탈하고 마침내 금성金城까지 공격해오자 왕은 그들을 바로 격퇴하고자 하였으나, 그는 지구전법을 왕에게 건의하여 적을 고립시킨 뒤 식량이 모두 떨어질 때를 기다렸다가 일거에 적을 공격, 격퇴시켰다.

급리 急利

생몰년 미상. 신라 흘해이사금 때의 정치가. 311년(흘해왕 2)에 아찬阿滄이 되어 주요정사를 맡았고, 내외의 병마사를 함께 관장하였으며 314년에 이찬伊滄이 되었다. 312년에 왜국왕이 사신을 보내 그의 아들과 신라여자와의 혼인을 요청해오자, 급리의 딸을 보내어 혼인시켰다. 당시 왜인들은 빈번히 신라의 성읍을 침범하여 백성들이 편안히 살 수가 없었다. 이에 조정에서는 왜국을 정벌하자는 의견도 있었으나 신라인들이 수전水戰에 익숙하지 못하여 왜국정벌을 포기하고 말았다. 급리의 딸과 혼인한 왜국은 그 뒤에도 계속 혼인을 청해왔으나, 거절하고 345년에 왜국과 국교를 단절하였다.

명원부인 命元夫人

생몰년 미상. 신라의 왕족. 조분이사금의 딸로서, 남편은 각간角干 우로于老이며, 제16대 흘해이사금의 어머니이다. 기림이사금이 아들이 없이 죽자, 군신들이 의논하여 어려서부터 노련하고 성숙함과 덕이 있는 그녀의 아들 흘해를 왕으로 추대하였다.

● 흘해왕 시대의 세계동향

▶ 동양

308년 한왕漢王 연淵 황제를 칭함

337년 태학太學을 세움

349년 후조의 석호石虎 황제를 칭함

354년 11월 전량前凉 장중화張重華 죽음

▶ 서양

307년 세베루스 막센티우스와 싸워 전사

310년 콘스탄티누스 막시미아누스를 죽임

312년 콘스탄티누스 막센티우스를 패사敗死케 함

337년 콘스탄티누스 1세 죽고 아들 콘스탄티누스 2세 즉위

17

물러가는 석씨 왕실
떠오르는 태양 같은 김씨의 왕실
국력의 신장은 그들의 할일이었던가

내물
마립간

新羅王朝實錄

내물마립간 奈勿麻立干
김씨 왕 2대

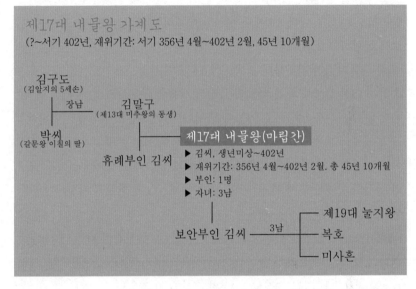

제17대 내물왕 가계도

(?~서기 402년, 재위기간: 서기 356년 4월~402년 2월, 45년 10개월)

김구도
(김알지의 5세손)
┃
├── 장남 ─── 김말구
┃   (제13대 미추왕의 동생)
박씨
(갈문왕 이칠의 딸)   제17대 내물왕(마립간)

휴례부인 김씨   ▶ 김씨, 생년미상~402년
                ▶ 재위기간: 356년 4월~402년 2월. 총 45년 10개월
                ▶ 부인: 1명
                ▶ 자녀: 3남

                        ┏━ 제19대 눌지왕
보안부인 김씨 ─── 3남 ──┣━ 복호
                        ┗━ 미사흔

?~402(내물왕 47). 신라 제17대 왕. 재위 356~402. 성은 김씨. 구도갈문왕仇道葛文王의 손자이며, 각간角干 말구未仇의 아들이다. 어머니는 휴례부인休禮夫人 김씨이고, 왕비는 미추이사금의 딸인 보반부인保反夫人 김씨이다. ≪삼국사기≫에는 미추이사금의 사위라고 했으나, ≪삼국유사≫ 왕력王曆에는 미추이사금의 아버지인 구도갈문왕의 아들, 또는 미추이사금의 동생인 각간 말구의 아들이라고 기록되어 있어 미추이사금의 동생 또는 조카로도 알려져 있다. 이처럼 계보는 확실하지 않으나, 미추이사금과 근친관계가 있는 것만은 확실하다. 아마도 이 때문에 흘해이사금이 후계자 없이 죽은 뒤에 왕위를 계승할 수 있었던 것 같다.

왕호는 ≪삼국사기≫에는 '이사금尼師今'으로 기록되어 있고, ≪삼국유사≫에는 '마립간'으로 표기되어 있는데, 일반적으로 내물왕 때에 '마립간'의 왕호를 처음 사용한 것으로 이해하여 ≪삼국유사≫의 설을 따르고 있다.

마립간은 수석장首席長 또는 후세의 군장君長에 대한 존칭어인 상감上監에 해당하는 왕호로 짐작된다. 왕호가 마립간이었다는 사실은 신라의 전신인 사로국斯盧國이 국가적 면모를 일신해 국가체제가 정비됨으로써 왕권이 보다 강화되어 더욱 존엄성이 있는 왕호가 필요했던 현실을 반영하고 있다. 이로써 내물마립간은 신라의 귀족들인 대등大等으로 구성된 귀족회의의 중앙정청中央政廳인 '남당南堂'에서 정사를 주재하는 명실상부한 최고 통치자로서 군림하게 되었다.

또한 내물마립간 이후부터는 박朴·석昔·김金의 삼성三姓이 왕위를 교대로 계승하는 대신 김씨에 의한 왕위의 독점적 세습이 가능해졌다. 이러한 현상은 강화된 왕권을 바탕으로 가능했을 것이다. 신라가 고대국가로 발전해 가는 과정에서 내물마립간의 이러한 체제 내적인 정비는 중국과의 국제관계에도 관심을 기울이게 해, 377년(내물왕 22)과 382년 두 차례에 걸쳐서 고구려 사신의 안내를 받아 부견符堅의 전진前秦과 외교관계를 수립할 수 있게 되었다.

특히 382년에 전진에 사신으로 파견된 위두衛頭와 전진의 왕 부견 사이의 대화는 당시 신라의 사정을 살피는 데 좋은 자료가 된다. ≪태평어람太平御覽≫에 인용되어 있는 ≪진서秦書≫의 기사에 의하면

"그대가 말하는 해동海東(新羅)의 일이 예와 같지 않으니 어찌된 일인가."

라는 부견의 질문에 대해 위두는

"중국에서 시대가 달라지고 명호名號가 바뀌는 것과 같으니 지금 어찌 같을 수 있으리오."

라고 대답하고 있다. 이것은 중국사회에 변화가 있었으므로 신라사회의 변화도 당연하다는 것으로 신라의 고대국가체제 정비를 알려주는 중요한 자

료이다.

이와 같은 신라와 전진의 외교관계는 곧바로 중국문물 수입의 계기가 되었을 것으로 생각된다. 내물마립간대에 와서 신라가 고대국가체제를 완성하게 된 계기는 백제 근초고왕의 마한 정복과 백제군의 낙동강 유역으로의 진출이 신라에 자극을 주었을 것이라는 데서 우선 찾아야 할 것이다.

당시 백제가 왜倭와 연합한 다음 왜병을 끌어들여 364년과 393년 등 여러 차례 신라를 침범하자 이들에 대항할 목적으로 신라 내부를 통합할 필요성이 더욱 절실해졌고, 그 결과 체제정비가 이루어진 것으로 추측할 수 있다. 그러나 신라 단독으로는 백제와 왜의 연합세력을 물리칠 수 없었기 때문에 마침내 우호적 관계에 있던 고구려의 군사적 지원을 받게 되었다. 399년에 내물마립간이 군사적 지원을 요청하자 고구려의 광개토왕은 이듬해 5만 명의 보병·기병 군사를 신라의 국경지대로 파견해 백제군과 연합한 왜군을 크게 격파한 일이 있었다. 한편 이와 같은 고구려의 신라에 대한 군사적 지원은 결과적으로 신라의 자주적 발전을 저해하는 요인이 되었다.

즉 고구려와의 우호적인 외교관계를 유지하기 위해 392년에는 내물마립간이 고구려의 강성함을 두려워해 이찬伊飡 대서지大西知의 아들 실성實聖을 고구려에 볼모로 보내야 하였으며, 401년에 고구려로부터 귀국한 실성이 내물마립간이 죽은 뒤에 여러 아들들을 배제시키고 왕위를 계승할 수 있었던 것도 고구려의 압력이 배후에서 작용하였을 것으로 짐작되고 있다.

이런 만큼 신라가 내물마립간 때에 대내적으로는 비록 고대국가 체제를 정비하고 있었다 할지라도 대외적으로는 고구려에 대하여 군사적 지원을 요청해야 하였고, 그 결과 고구려의 내정간섭으로 인해 자주적인 발전 기반을 확고히 마련하지 못하였다.

이밖에도 내물마립간 때에는 전국에 관원을 파견해 백성들을 위문하거나, 흉년이 든 하슬라何瑟羅(지금의 강릉江陵) 지방의 1년 동안의 세를 면제해 민심을 수습하기도 하였다. 그리고 백제의 독산성주禿山城主가 300명의 주민을 이끌고 투항하자 백제와 외교문제가 있었음에도 이를 받아주었으며, 동북경 지방에서는 말갈의 침입을 성공적으로 방어하기도 하였다.

357년(내물왕 2) 봄에 왕은 사자를 각지로 파견하여 늙어서 의지할 곳 없는 사람들을 위문하고 각각 그들에게 곡식 석 섬씩을 하사하였다. 그리고 효제孝悌로서 그 행실이 유달리 뛰어난 사람에게는 관직을 주었다.

358년(내물왕 3) 2월에 왕은 친히 시조 묘에 제사지내는데 자줏빛의 상서로운 구름이 신위를 모신 위로 서리어 돌고 상서로운 참새(신작神雀)가 묘정에 모여들었다.

362년(내물왕 7) 4월에 시조 묘정의 나무들이 서로 가지가 연하여 이롭게 이어졌다(연이連理).

364년(내물왕 9) 4월에 왜병이 크게 침입하자 왕은 풀로 허수아비 수 천 개를 만들어 옷을 입힌 다음 사람처럼 만들고 각각 병기를 들려 토함산 밑에 세우고 용사 1천 명을 부현釜峴(현 경주 부근) 동원東原에 복병을 배치시켰다. 왜병들이 자신들의 숫자가 많은 것만 믿고 그대로 진격하여 오자 급히 복병을 일으켜 이를 격파하니 적들은 불의의 습격을 받고 대패하여 도망하였다. 이에 아군은 적을 추격하여 거의 다 격살하였다.

366년(내물왕 11) 3월에 백제 사람이 와서 수교하였다. 4월에 큰 홍수가 나서 산이 13개소나 허물어졌다.

368년(내물왕 13) 봄에 백제가 사신을 파견하여 좋은 말 2필을 바쳤다.

372년(내물왕 17) 봄과 여름에 큰 한재가 있고 흉년이 들어 기근이 심하자 백성들이 많이 유랑하였다. 이에 왕은 사자를 각지로 파견하여 창곡을 풀어 백성들을 구제하였다.

373년(내물왕 18) 백제의 독산성禿山城(현 영평永平) 영주가 남녀 3백 명을 거느리고 항복하여 오자 왕은 이들을 받아들여 6부에 나누어 살게 하였다. 그런데 백제 근초고왕近肖古王이 왕에게 글을 보내어 말하기를

"양국이 서로 화친하여 형제가 되기를 약속하였는데 지금 대왕이 우리나라에서 도망한 백성을 거두어 두시니, 이는 화친하는 뜻에 심히 어긋나는 일로써 이런 것을 대왕에게 바란 바 아니오니 청컨대 이들을 곧 돌려 보내주기를 바라는 바입니다."

하였다. 이에 대하여 왕은 답하기를

"백성들은 상심이 없는 것으로 생각이 나면 오기도 하고 마음에 싫으면 가버리기도 하는 것을 구태여 만류하지 못하는 것입니다. 그런데 대왕은 백성들의 불안한 것을 걱정하지는 아니하고 도리어 과인을 책망하시니 그 어찌 심하지 아니하오."

하였고, 백제왕은 이 말을 듣고 다시는 말하여 오지 않았다. 5월에 서울에 비가 왔는데 그 속에 물고기가 섞여 내렸다.

376년(내물왕 21) 7월에 부사군夫沙郡에서 뿔이 1개만 있는 사슴을 바쳤다. 이해에 큰 풍년이 들었다.

379년(내물왕 24) 4월에 양산에서 작은 새가 큰 새의 새끼를 낳았다.

381년(내물왕 26) 봄과 여름에 한재가 들었고 흉년이 들어서 백성들의 기근이 심하였다. 왕은 위두衛頭를 전진前秦의 부견왕符堅王에게 파견하여 토산물을 보내고 국정을 말하니, 부견왕이 위두에게 묻기를

"경의 말이 해동海東(신라)의 사정이 옛날과 같지 않다고 함은 무엇을 말하는가?"

하자 위두가 대답하기를

"이는 마치 중국의 시대 변혁이나 명호名號를 바꾸는 것과 같은 것이니 이 어찌 옛날과 같으리오."

하였다.

388년(내물왕 33) 4월에 서울에 지진이 있었다. 6월에 또 지진이 있었고 겨울에는 얼음이 얼지 않았다.

389년(내물왕 34) 정월에 서울에 큰 질병이 돌았으며 2월에는 흙비가 내렸다. 7월에 메뚜기 떼로 인한 피해로 곡식이 잘되지 않았다.

392년(내물왕 37) 정월에 왕은 고구려로 사신을 파견하였는데, 이때 고구려는 광개토대왕을 중심으로 크게 강성하였으므로 이찬 대서지大西知의 아들 실성實聖을 인질로 보내었다.

393년(내물왕 38) 5월에 왜인들이 쳐들어와서 금성을 포위하고 5일 동안이나 공격하였다. 장병들은 모두 나가 싸우기를 청하였으나, 왕이 말하기를

"지금 적들은 배를 타고 깊이 사지死地에 들어와 있으므로 그 예봉을 가히 당하기 어려울 것이다."

하고 성문을 굳게 닫고 지키니, 적들은 공격이 소용이 없음을 깨닫고 퇴주하였다. 이때 왕은 먼저 날랜 기병 2백 명을 파견하여 적의 퇴로를 끊고 뒤이어 보병 1천 명을 파견하여 독산獨山(현 영일)까지 추격하여 이를 사방으로 포위하고 크게 격파하였는데, 당시에 적을 참획한 수효는 헤아릴 수 없이 많았다.

395년(내물왕 40) 8월에 말갈이 군사를 일으켜 북변으로 침입하자 왕은 군사를 파견하여 실직의 벌판에서 적을 크게 격파하여 퇴주시켰다.

397년(내물왕 42) 7월에 북변의 하슬라河瑟羅(현 강릉)에 한재와 함께 메뚜기 떼로 인해 흉년이 들고 백성들의 기근이 심하였다. 그러자 왕은 죄수들을 놓아주고 1년 동안의 세금을 면제하였다.

399년(내물왕 44) 7월에 메뚜기 떼가 들판을 뒤덮었다.

400년(내물왕 45) 8월에 혜성이 동방에 나타났다. 10월에 왕이 타는 말이 무릎을 꿇고 엎드려 눈물을 흘리면서 슬피 울었다.

401년(내물왕 46) 봄과 여름에 한재가 들었다. 7월에 고구려에 볼모로 가 있던 실성이 돌아왔다.

402년(내물왕 47) 2월에 왕이 돌아가셨다.

● 내물왕대의 사람들

대서지 大西知

생몰년 미상. 신라 상대의 왕족. 실성이사금의 아버지이며, 알지閼智의 후손이다. ≪삼국유사≫ 왕력王曆에는 미추이사금의 아우라고 기록되어 있다. 부인은 아간阿干 석등보昔登保의 딸인 이리부인伊利夫人이다. 392년 정월 고구려 광개토왕의 사신이 신라에 오니 고구려에 신속臣屬하던 신라는 이찬伊飡 대서지의 아들 실성實聖을 볼모로 고구려에 보냈다. 401년(내물왕 46) 7월 고구려에 볼모로 갔던 아들 실성이 돌아왔다. 402년 내물마립간이 아들이 없이 죽자, 그의 아들이 화백회의和白會議에서 국왕으로 추대되었다.

박사람 朴娑覽

생몰년 미상. 신라 내물마립간 때 왜에 파견된 사신. 391년(내물왕 36) 왜의 사신이 와서 이르기를

"우리 임금이 대왕의 신성함을 듣고 신臣으로 하여금 백제의 죄를 고하게 하였으니, 대왕은 왕자 한 사람을 보내어 성의를 표하십시오."

라고 상주하였다. 당시 신라는 백제와 왜의 연합세력의 침략으로 위급한 상태에 있었으므로, 백제를 견제하기 위하여 내물왕의 셋째아들 미해美海를 볼모로 왜에 파견하고자 하였다. 미해는 10세 밖에 되지 않는 어린 나이였으므로 내신內臣이었던 박사람을 부사副使로 삼아 함께 왜에 파견하였다.

위두 衛頭

생몰년 미상. 신라 내물마립간 때 중국 전진前秦에 파견된 사신. 382년(내물왕 27)에 역사상 최초로 신라가 중국에 통빙通聘하였다. 즉, 위두를 사신으로 전진의 왕 부견符堅에게 특산물과 아름다운 머리를 가진 신라의 미녀를 보냈다. 이 때 부견은 위두에게

"그대의 말에 해동海東의 형편이 옛날과 같지 않다고 하니 무엇을 말함인가?"

하고 물었다. 이에 대답하기를

"이는 마치 중국의 시대변혁과 이름이 바뀐 것과 같은 것이니, 지금이 어찌 옛날과 같을 수 있으리요."

하고 설명하였다. 이 기록은 매우 귀중한 것으로서 그 때까지 마한·진한·변한 등의 수십 나라가 있었는데, 이제 진한에서 '신라'라는 새로운 나라가 탄생하여 지배적인 지위를 확립하고 통일적 세력을 형성한 시기를 말하여 주는 것으로 유명하다. 이 귀중한 사료는 《태평어람太平御覽》에 인용된 《진서秦書》의 기사이다. 이 기사에서 신라의 왕 이름이 누한樓寒이라 쓰여, 내물奈勿 또는 나밀那密이라 한 내물마립간이 누한이라고 호칭된 것은 매우 주목된다. 그리고 위두가 사신으로 간 연도가 《삼국사기三國史記》에는 381년인데, 《태평어람》에는 건원建元 18년, 즉 태원太元 7년, 임오壬午(382년)로 기록되어 있어 1년의 차이가 난다. 그러나 정황상 382년이 맞는 것으로 생각된다.

김잉숙 金仍宿

관직은 각간. 내물왕奈勿王의 증손曾孫이다.

습보갈문왕智寶葛文王

생몰년 미상. 신라의 왕족. 성은 김씨金氏. 신라 제17대 내물마립간의 손자이며 제22대 지증왕의 아버지이다. 부인은 제19대 눌지마립간의 딸인 오생부인烏生夫人 김씨이다. ≪삼국유사≫에는 눌지마립간의 동생인 기보갈문왕期寶葛文王을 지증왕의 아버지라고 하였다. 그러므로 기보와 습보는 동일인물일 가능성도 있다. 그런데 이들을 가계로 보아 부자관계로 추정하는 견해도 있는 것으로 보면 서로 다른 인물일 가능성 역시 크다. 또, 이차돈異次頓의 증조부가 박씨 습보갈문왕으로 되어 있는 등 습보에 대한 기록은 매우 혼란스럽다. 그 까닭은 눌지마립간의 직계비속이 왕위를 계승해나가는 동안 가계가 분화되면서 중요성이 덜한 가계집단의 계보를 기억하는 데 착오가 생겼기 때문이다. 그가 갈문왕에 책봉될 수 있었던 것은 왕의 아버지였기 때문이라고 믿어진다.

휴례부인休禮夫人

생몰년 미상. 신라의 왕족. 성은 김씨金氏. 내물마립간의 어머니이다. 남편은 미추이사금의 동생인 각간角干 말구末仇(구도갈문왕仇道葛文王)으로 추봉됨이다. 아들 내물은 흘해이사금이 아들이 없이 죽자 뒤를 이어 왕이 되었다.

보반부인保反夫人

신라의 왕족. 일명 내례고포內禮古怖라고도 함. 내물왕奈勿王의 비妃가 되었다. 성姓은 김씨金氏로 미추왕味鄒王의 딸이며, 눌지왕訥祇王을 낳았다.

● 내물왕 시대의 세계동향

▶ 동양

중국에선 5호 16국 시대가 절정. 이들 다섯 외족들은 성한, 전조, 후조, 전연, 후량, 전진, 후연 등으로 불리며 400년대 초까지 지속적으로 건국과 멸망을 거듭했다. 그 한쪽에선 사마씨의 동진이 세력을 형성하고 그들과 각축전을 벌이다.

▶ 서양

로마에서는 게르만족의 대이동이 시작되고, 프랑크족, 훈족, 고트족 등이 힘을 형성하고 있었다. 또한 364년에 로마는 동서로 분리되었다가 394년에 테오도시우스 황제에 의해 재통일된다. 그러나 395년에 테오도시우스가 죽자, 다시 동서로 분열되어 다른 길을 걷는다.

테오도시우스는 392년에 기독교를 국교로 정하였고, 394년 기독교 이외의 교를 완전히 금지시켰다.

18

권력세습에서 한 걸음도 나아가지
못한 군주, 신라 개국 후
처음으로 살해된 왕

실성
마립간

新羅王朝實錄

실성마립간 實聖麻立干
김씨 왕 3대

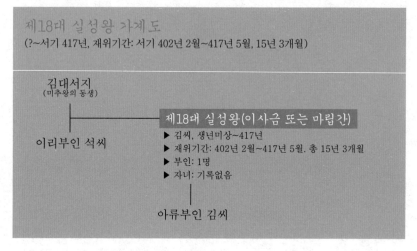

제18대 실성왕 가계도
(?~서기 417년, 재위기간: 서기 402년 2월~417년 5월, 15년 3개월)

김대서지
(미추왕의 동생)

이리부인 석씨

제18대 실성왕(이사금 또는 마립간)
▶ 김씨, 생년미상~417년
▶ 재위기간: 402년 2월~417년 5월. 총 15년 3개월
▶ 부인: 1명
▶ 자녀: 기록없음

아류부인 김씨

?~417년(실성왕 16). 신라 제18대 왕. 재위 402~417. 성은 김씨金氏. 알지閼智의 후손으로 이찬伊飡 대서지大西知의 아들이다. 어머니는 아간阿干 석등보昔登保의 딸인 이리부인伊利夫人이며, 왕비는 미추이사금의 딸인 아류부인阿留夫人이다. 왕은 신장이 7척[尺] 5촌[寸]으로 매우 컸으며, 명민하고 지혜로웠다고 한다.

≪삼국사기≫에는 왕호가 이사금尼師今이라고 되어 있으나 ≪삼국유사≫에 나타난 것처럼 내물왕 이래 마립간을 왕호로 사용하였다고 여겨지므로 실성마립간이 옳은 듯하다. 내물왕이 죽은 뒤 아들들이 나이가 어려 화백회의에서 실성을 추대해 왕위를 계승했다고 ≪삼국사기≫에 기록되어 있다.

그러나 사실은 실성이 자신을 고구려에 볼모로 보낸 내물왕을 원망했고 그가 401년에 고구려로부터 귀국한 다음해에 내물왕이 죽자 왕자들을 제쳐놓고 즉위한 점으로 미루어보아 그의 왕위계승에는 고구려의 군사적 후원이 작용했을 가능성도 있다.

그는 403년(실성왕 2)에 효과적으로 국가를 통치하기 위해 미사품未斯品을 서불한舒弗邯(伊伐湌)으로 삼고 군국軍國의 일들을 위임하였다. 외교적으로는 왜와의 화호和好를 위해서 402년에 내물왕의 왕자인 미사흔未斯欣을 볼모로 보내고, 412년에는 고구려와 우호적으로 지내기 위해 내물왕의 왕자인 복호卜好를 고구려에 볼모로 보내기도 하였다.

이와 같은 실성왕의 인질외교人質外交는 왜와 고구려 양국과의 관계개선 내지 관계유지라는 대외적인 명분도 있었지만 실제적으로는 전왕인 내물왕의 왕자들을 외국에 볼모로 보냄으로써 내물왕계의 세력을 약화시키는 한편, 실성왕계를 중심으로 왕권을 강화시키려는 의도가 있었던 것으로 보인다. 왜와는 관계개선을 위한 외교적 노력이외에 405년에는 왕이 친히 기병을 이끌고 명활성明活城에 침입해 온 왜병을 맞아 싸워서 300여 명을 참획斬獲하는 군사적 응징도 가하였다.

실성왕은 내물왕의 태자인 눌지訥祇가 덕망이 높아 자신의 왕권을 위협하자 고구려의 힘을 이용해 눌지를 제거하려 하였으나, 오히려 고구려는 눌지를 지원해 정변을 일으켜서 실성왕은 살해되었다. 이 정변으로 말미암아 실성왕의 모계인 석씨세력은 김씨계에 의해 철저히 타도되어 소멸하게 되었다. 실성왕에 뒤이어 내물왕계인 눌지왕이 즉위하였다.

402년(실성왕 원년) 3월에 왜국과 우호를 쌓고 내물 이사금의 아들 미사흔未斯欣으로서 인질을 삼았다.

403년(실성왕 2) 정월에 미사품未斯品을 서불감으로 삼아 군국 정사를 맡겼다. 7월에 백제가 군사를 일으켜 변경을 침범하였다.

404년(실성왕 3) 2월에 왕이 친히 시조 묘를 배알하였다.

405년(실성왕 4) 4월 왜병이 명활성明活城(현 경주)으로 쳐들어오다가 패하여 퇴주하자 왕은 친히 기병을 거느리고 독산 남쪽으로 나가 요충지에 복병을 하고 있다가 다시 싸워 적을 격파하고 3백여 명을 참획하였다.

406년(실성왕 5) 7월에 나라의 서쪽 지방에 메뚜기 떼로 인해 곡식에 피해가 많았다. 10월 서울에 지진이 있었고 11월에는 얼음이 얼지 않았다.

407년(실성왕 6) 3월에 왜인들이 동쪽 변방에 침입하여 백성 1백 명을 약탈하였다.

408년(실성왕 7) 2월에 왕은 왜인들이 대마도對馬島에 군영을 설치하고 병기구와 군량을 저축하며 신라를 습격하려고 도모한다는 말을 듣고, 적들이 쳐들어오기 전에 먼저 정병을 뽑아 적들의 군비를 격파하자고 하였다. 이때 서불한 미사품이 말하기를

"신이 들자옵건데 군사는 흉기이고 싸움은 위험한 일이라 하옵는데 항차 큰 바다를 건너서 왜인을 정벌하다가 만일에 승리하지 못하오면 후퇴하여도 이를 바로잡지 못할 것으로 여겨지옵니다. 신의 어리석은 생각 같아서는 만약 험한 곳을 의지하여 요새지를 설치하고 있으면서 적들이 침입하면 이를 막아 치고 우리가 이로울 때는 나가서 적을 사로잡는 것만 같지 못한 것으로 아오니, 이것은 이른 바 남을 유인할지언정 남에게 유인당하지 말라는 것이오니 이렇게 하는 것이 상책인가 하옵니다."

하자, 왕은 그의 말을 쫓아 대마도 수복을 그만두었다.

412년(실성왕 11) 내물왕의 아들 복호卜好를 고구려에 인질로 보냈다.

413년(실성왕 12) 8월에 구름이 낭산狼山(현 경주)에 일어났는데, 누각과 같이 보이고 향기가 매우 성하게 퍼지며 오랫동안 없어지지 아니하였다. 이에 군신들에게 말하기를

"이는 반드시 하늘에서 신령이 내려와서 노는 것으로 그곳은 응당 복지福地일 것이다."

하니 그 뒤부터는 누구도 그 곳에서 나무를 베지 않도록 금하였다. 이때 새로 평양주平壤州(현 양주楊州)의 대교大橋를 완성하였다.

415년(실성왕 14) 7월에 왕은 경주 부근에 있는 혈성원穴城原에서 군사를 크게 검열하고 금성의 남문에 나가 군사들의 활쏘기를 관람하였다. 8월 에 왜

인들과 풍도에서 싸워 이를 격파하고 승리하였다.

416년(실성왕 15) 3월에 동쪽 해변에서 큰 고기를 잡았는데, 뿔이 있고 그 크기가 수레에 가득 찰 정도였다. 5월에 토함산이 무너지고 샘물이 세 길이나 높이 솟아올랐다.

417년(실성왕 16) 5월 왕이 돌아가셨다.

◉ 실성왕대의 사람들

김무金武

생몰년 미상. 신라시대의 의관醫官. ≪일본서기≫에는 '김파진한기무金波鎭漢紀武'로 적고 있는데, 이로 보아 그의 관등은 파진찬이었던 것으로 판단된다. 414년(실성왕 13) 일본 윤공주允恭主(19대 왕)의 초청을 받고 일본에 건너가 윤공주의 병을 치료한 뒤 후한 상을 받고 신라로 돌아왔다. ≪일본서기≫에서는 윤공주를 치료한 김무의 의술에 대하여

"그가 깊이 약방藥方을 안다."

라고 적고 있다. 이 기록이 너무 간단하여 약방의 내용을 알기 어려우나, 근대 일본의 학자들은 이 약방이 신라가 중국에서 배워온 한약방일 것이라고 주장하였다. 그러나 당시 중국과 신라와의 관계, 그리고 고구려와 백제 의학의 성격 등을 고려하여 볼 때 일본학자들의 주장은 근거가 매우 약하다. 김무의 약방은, 당시 고구려·백제가 중국의술을 수입하기 시작하던 시기였으므로, 이들 나라를 통하여 간접적으로 들어오기 시작하던 중국의술의 영향 아래 신라 고유의 전통에 기초하여 발전한 독자적 방법에 의한 것이었다고 판단된다.

미사품 未斯品

생몰년 미상. 신라 실성마립간 때의 대신. 403년(실성왕 2) 정월 서불한舒弗邯에 임명되었다. 408년 왜가 대마도對馬島에 군영軍營을 두고 병기와 병참 물자를 쌓아 신라를 습격하려 한다는 정보를 듣고 실성마립간은 이를 미연에 방지하고자 정예군대로 이를 기습하여 격파하려 하였다. 이에 그는 바다를 건너야 하는 대마도 정벌의 부당함을 극력 상주上奏하여 만류하였다.

석등보 昔登保

생몰년 미상. 신라 상고시대의 석씨昔氏 왕족. 석등야昔登也라고도 한다. 벼슬은 아간阿干에 이르렀다. 딸은 이리부인伊利夫人 또는 禮生夫人으로서 실성이사금의 어머니이다.

이리부인 伊利夫人

생몰년 미상. 신라 실성이사금의 어머니이다. 예생부인禮生夫人 또는 기리부인企利夫人이라고도 한다. 아간阿干 등보登保, 또는 登世의 딸로서, 남편은 미추이사금의 동생인 이찬伊湌 대서지大西知이다. 아들 실성實聖은 내물마립간이 죽은 뒤 그의 자식들이 어리므로, 국인國人의 추대를 받아 왕위에 올랐다.

내류부인 内留夫人

신라新羅 실성왕實聖王의 비妃, 미추왕味鄒王의 딸이다.

● 실성왕 시대의 세계동향

▶ 동양
402년 유연柔然(종족이름) 막북莫北에 근거를 두고 가한可汗이라 칭함
403년 후량後涼 멸망
408년 후연後燕 남량南涼 하夏를 공격

▶ 서양
406년 7월 서로마 제국의 스티리크, 동고오트, 반달족을 섬멸
410년 아라리크 로마를 공격, 캄파니아로 진격하여 죽음
416년 칼타고에 종교회의

● 명활산과 명활성

간밤에 떨어진 별이 오늘 밤 다시 오르고

경주평야의 바로 동쪽 산이 명활산明活山이다. 곧 보문관광단지의 보문 못 남쪽 산이다. 높이 259m인 이 산 서쪽에는 보문사普門寺 절터가 있는 남촌南村마을이 있고, 산 북쪽으로 난 4번국도 경감로慶甘路 옆에는 숲머리마을이 있다. 요즘 한창 4차선 확장공사를 하는 보문교를 왼편으로 비껴 두고, 오른쪽으로 난 도로를 따라가는 산이 명활산이다.

산 중턱에는 돌을 쌓아 만든 성터가 남아 있으니, 신라 초기부터 ≪삼국사기≫에 나오는 명활성明活城이다.

405년(실성왕 4) 왜병倭兵이 명활성을 공격하였으나 이기지 못하고 돌아가는데 왕이 기병을 거느리고 쳐부쉈다는 기록이 있는데 이것이 명활성에 대한 최초의 기록이다. 이때의 명활성은 흙으로 쌓은 토성이었으며, 늦게 잡

아도 지금으로부터 1,600여 년 전에 명활성이 축조되었음을 알 수 있다.

그 후 473년(자비왕16)에는 성을 수리하고, 2년 뒤에 왕이 거처를 옮겨 지내다가 돌아가시고, 488년(소지왕10)에 월성月城으로 이사하기까지 13년간 궁성으로 이용되었다.

자비왕이 명활성으로 궁성을 옮긴 까닭은 고구려의 장수왕이 평양으로 수도를 옮기면서 남하정책을 계속하여 신라와 백제에 압력을 가하였기 때문이며, 백제의 개로왕蓋鹵王이 한성漢城을 빼앗기고 자신은 죽음을 당하는 처절한 운명을 겪게 되는 급박한 국제정세가 결정적인 동기가 되었던 것이다. ≪삼국사기≫에는 명활성에 관해 다음과 같은 기록을 더 남기고 있다.

진흥왕(24대) 15년(554) 가을 7월에 명활성을 수축하였다.
진평왕(26대) 15년(593) 가을 7월에 명활성을 고쳐 쌓았는데 둘레가 3천보步다.

27대 선덕여왕 16년(647)에는 상대등 비담毗曇과 염종廉宗 등이 반란을 일으켰는데 그 근거지가 명활성이었다.

왕은 김유신 장군 등의 활약에 기대를 걸었지만, 처음에는 반란군의 기세가 등등하여, 여러 차례 공방전이 거듭되면서도 양편이 팽팽히 맞서게 되었다.

그러던 어느 날 밤에 별똥별[유성流星]이 하늘에서 서쪽으로 떨어졌다. 명활성에서 이것을 본 반란군들이

"별이 하늘의 뜻인데, 별이 서쪽 월성으로 떨어졌으니 이는 여왕이 망할 징조다."

하고 사기가 치솟은 반면 백성들과 왕이 군사들은 미심쩍게 여겼다. 때는 매서운 바람이 휘몰아치는 정월이었다.

이튿날 저녁 김유신 장군은 커다란 연을 만들어 불을 붙여 하늘로 띄워 날리고는 소문을 퍼뜨렸다.

"어젯밤에 떨어졌던 별이 오늘밤 도로 올라갔다."

왕의 군사는 사기가 충천했고 반란군의 사기는 땅에 떨어졌다. 다음날 싸움에서 반란군이 항복하였으므로 난리는 평정되었다.

이때 명활성은 크게 파손되었을 것이며, 이 사건이 있은 이후로는 명활성에 관한 기록이 없는 것으로 보아 통일신라 때는 성곽으로 거의 이용하지 않은 것 같다.

이 성에 관하여 몇 십 년 전까지는 석성石城뿐인 줄 알았다가 여러번 답사를 해본 결과 토성土城자리도 확인하였는데 그 길이는 석상이 4km, 토성이 5km가 넘는다.

1988년 여름에 북쪽 성벽에서 석성을 처음 쌓을 때 기록인 명활산성작성비明活山城作成碑가 발견되어 지금 국립경주박물관에 전시되고 있다. 높이 67cm 크기의 직육면체 화강석에 148 글자가 옴폭새김[음각陰刻] 되어 있다. 글의 내용은 성벽을 쌓는데 동원된 지역의 최고책임자와 그 밑의 실무책임자 이름, 담당한 성벽의 길이, 공사 날짜, 글쓴 사람 이름 등이며, 제작연대는 551년(진흥왕 12)으로 추정된다.

《삼국사기》에 기록된 성 쌓은 연대(554년)과 3년의 차이가 있는데 진흥왕 때의 금석문金石文 연구와 사회상을 이해하는 데 귀중한 자료가 된다.

호수를 끼고 낸 꼬불꼬불한 길을 지나면, 북쪽에는 '경주월드'라는 놀이터가 있고 남쪽 들판에는 석탑이 둘 서 있다. 마을이름이 천군千軍인지라 '천군동 3층쌍石塔' 이라 부른다. 보물 제168호로 지정되어 있다.

보문저수지는 6·25전쟁이 끝난 후 1950년대 중반 UN 운크라에서 지원하는 양곡을 근로의 댓가로 배급하면서 만든 '수리조합 저수지'였다. 못 막기 전에는 모래 자갈이 깔려 있는 황무지였는데 그때는 염소나 소를 먹이던 곳이라 '양골' 또는 '양장羊場'이라 불렀다.

이곳의 이름이 천군마을이고 그 북쪽은 북군北軍마을이니 이 부근은 군軍과 깊은 관계가 있는 곳이라 짐작되어 《삼국사기》를 뒤적여 보았다.

200년(내해왕 5년) 9월에 알천의 위쪽[알천지상閼川之上]에서 왕이 몸소 군대를 검열하는 '대열大閱'을 하였다는 기록부터 후기인 804년(애장왕 5)에도 알천 위쪽에서 대열하였다는 기록까지 여러 번 군대 열병과 관계되는 기록이 보인다.

알천은 지금도 조선시대 '알천수개기'가 있는 보문 숲머리 앞 동천 상류이니, 그 위쪽 보문거랑을 거슬러 올라가 군대를 열병할 만한 장소는 바로 지금 보문못의 바닥과 그 언저리다.

천군동에 있던 절은 필시 명활성이나 천군·북군에 있던 군사들의 기도처나 발원 사찰이었으리라.

이런 예는 만리성萬里城이라 부르는 모화毛火에 있는 관문성關門城부근의 원원사원사가 대표적이다. 곧 김유신·김술종 장군 등이 호국불교 신인종의 안혜안혜·낭융낭융 등과 함께 왜적을 막으려는 발원으로 지은 절이었다.

명활성은 지금이 양남·양북·감포쪽 동해안으로 침범해 들어오는 왜국를 막는 중요한 군사 요충지였고 천군과 북군마을은 서라벌을 지키는 정예군사의 훈련장이었거나 주둔지였을 것이다. 그러니 임금이 몸소 시행하는 대열大閱을 여기서 행한 것이 아닌가?

오늘날 보문관광단지에 국내외인들의 발길이 이어지는 것은 어찌보면 예부터 많은 군사들이 밟던 것과 같이, 이 땅은 사람들이 북적대도록 만들어진 땅인지도 모른다.

19

실익을 제일의 목표로 한
덕과 지혜의 군주, 그의 치적에는
박제상 같은 충신이 있었기에

눌지
마립간

新羅王朝實錄

눌지마립간 訥祇麻立干
김씨 왕 4대

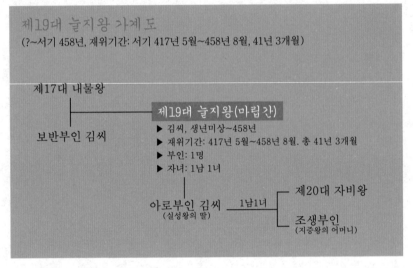

제19대 눌지왕 가계도
(?~서기 458년, 재위기간: 서기 417년 5월~458년 8월, 41년 3개월)

제17대 내물왕

보반부인 김씨

제19대 눌지왕(마립간)
▶ 김씨, 생년미상~458년
▶ 재위기간: 417년 5월~458년 8월. 총 41년 3개월
▶ 부인: 1명
▶ 자녀: 1남 1녀

아로부인 김씨
(실성왕의 딸)

1남1녀

제20대 자비왕

조생부인
(지증왕의 어머니)

?~458(눌지왕 42). 신라 제19대 왕. 재위 417~458. 성은 김씨. 아버지는 내물마립간이고, 어머니는 미추이사금의 딸인 보반부인保反夫人이며, 비는 실성이사금의 딸이다.

≪삼국사기≫에 의하면 최초로 마립간이라는 왕호를 사용한 것으로 되어 있다. 그러나 ≪삼국유사≫에서 마립간이 실제로는 내물왕 때 이미 사용되었음에도 불구하고 이때에 처음 사용되었다고 한 것은 종래의 왕호인 이사금尼師今이 마립간과 더불어 내물과 실성 양대에 걸쳐 혼용되고 있었기 때문인 듯하다.

마립이라는 호칭에 대하여서는 김대문이 말하기를, 마립은 방언으로 말뚝(궐橛)으로서 곧 함조諴操를 말하는 것인데 이는 자리를 정하여 두는 것이니 곧 왕궐王橛이 주主가 되고 신궐臣橛이 아래에 나열하여 있게 되는 것이다.

그러므로 마립간이란 마립의 우두머리로써 임금을 칭하는 것이라 하였다.

392년(내물왕 37)에 내물마립간이 실성을 고구려에 볼모로 보냈는데, 401년에 귀국해 내물마립간에 이어 왕위에 오르게 되었다. 실성이사금은 즉위 후, 자신이 외국에 볼모로 갔던 것을 원망해 고구려를 이용, 내물마립간의 아들 눌지를 해침으로써 원수를 갚으려고 하였다. 그러자 실성 마립간은 고구려에 있을 때 서로 잘 아는 사람을 불러 비밀히 말하기를

"눌지로 하여금 그대를 맞게 할 것이니 그대는 눌지를 보거든 죽이라."

하고 곧 눌지에게 명하였다. 그러나 중로에서 눌지를 만난 고구려 사람은 그의 용모와 기상에 군자의 기풍이 있음을 알고 눌지에게

"그대의 국왕이 내게 그대를 죽이라 하여 그렇게 하려 하였으나, 지금 그대를 보니 실로 죽이지 못하겠노라."

라고 말하며 곧 돌아가 버렸다. 눌지는 사실을 알고는 실성 마립간을 죽이고 스스로 왕위에 올랐다. 오히려 고구려의 지원을 받아 정변을 일으킨 눌지에 의해 살해되었고, 눌지는 실성이사금에 이어서 즉위하게 되었다.

이처럼 그의 왕위 계승에 고구려의 힘이 작용한 것으로 보인다. 그러나 즉위 후 신라에 대한 고구려의 영향력을 배제하기 위해 418년에 고구려에 볼모로 가 있던 동생 복호卜好를 고구려에서 탈출시켰으며, 또한 왜倭와의 화호和好를 위해 실성이사금 때 볼모로 보내졌던 동생 미사흔未斯欣도 귀국시켰다.

고구려와는 424년에 사신을 보내어 정상적인 외교관계를 유지하는 한편, 고구려의 평양천도 이후의 남진정책에 대항하기 위해 433년에는 종래 적대적 관계에 있던 백제와 동맹을 체결하였다. 455년에 고구려가 백제를 공격하자 왕은 나제동맹羅濟同盟에 입각해 군사를 파견, 백제를 지원하기도 하였다. 미사흔을 귀국시킨 뒤, 왜가 431, 440, 444년 등 여러 차례에 걸쳐

신라를 침범하자 이를 모두 막아내었다. 그리고 450년에는 신라의 하슬라 성주何瑟羅城主 삼직三直이 고구려의 변장邊將을 살해해 고구려가 침범하자 외교적인 사과로 해결하였다.

이와 같이 불안한 대외적 위기상황 속에서 왕실 내부의 분쟁을 미리 막기 위해 왕위계승의 부자상속제를 확립시켰다. 이 때문에 직계인 자비마립간 과 소지마립간은 혼란 없이 왕위를 계승할 수 있었다.

이 밖에도 중앙정청인 남당南堂에서 왕이 친히 노인들을 봉양함으로써 민심을 수습하였고, 저수지인 시제矢堤(위치 미상)를 축조해 농업생산력의 증대 를 도모하였다. 또한 백성들에게는 우차牛車의 사용법을 가르쳐서 화물유 통을 쉽게 하였다.

418년(눌지왕 2) 정월에 왕이 친히 시조 묘를 배알하였다. 왕의 아우 복호가 고구려로부터 내마 박제상과 함께 돌아왔다. 가을에 왕의 아우 미사흔이 왜 국으로부터 도망쳐 돌아왔다.

419년(눌지왕 3) 4월에 우곡牛谷 지방에 물이 솟아올랐다.

420년(눌지왕 4) 봄과 여름에 큰 한재가 들었고 7월에 서리가 내려서 곡식 이 많이 상하자 백성들이 기근을 이기지 못하고 자식을 팔기까지 하였다. 이에 왕은 죄수들을 살펴 죄인을 놓아 주었다.

423년(눌지왕 7) 4월에 왕은 남당에 양로연養老宴을 베풀어 노인들에게 친히 음식을 먹이고 곡물과 포백을 하사하였다.

424년(눌지왕 8) 2월에 왕은 고구려에 사신을 파견하여 수교하였다.

429년(눌지왕 13)에는 새로 제방을 쌓았는데 둑의 길이가 2천170보였다.

431년(눌지왕 15) 4월에 왜병이 동변으로 쳐들어와서 명활성을 포위하였으 나 아무 공을 이루지 못하고 퇴주하였다. 7월에 서리와 우박이 내려서 곡식 이 많이 상했다.

432년(눌지왕 16) 봄에 곡식이 귀하여 사람들이 소나무 껍질을 벗겨 먹었다.

433년(눌지왕 17) 5월에 미사흔이 죽자 서불한이라는 벼슬을 추증하였다. 7 월에 백제가 사신을 파견하여 화친을 청하자 왕은 이를 허락하였다.

434년(눌지왕 18) 2월에 백제왕이 좋은 말 2필을 보내왔고, 9월에 또 흰 매를 보내오자 10월에 왕은 황금과 명주를 백제에 보냄으로써 그 호의에 보답하였다.

435년(눌지왕 19) 정월에 큰 바람이 불어 나무가 뽑혔다. 2월에는 역대의 원릉園陵을 수리하고 4월에 시조 묘에 제사를 지냈다.

436년(눌지왕 20) 4월에 우박이 내리자 왕은 죄수들을 다시 보살폈다.

438년(눌지왕 22) 4월에 우두군牛頭郡(현 춘천)에 사태와 홍수가 나서 50여 호가 떠내려갔고, 서울에서는 큰 바람이 불고 우박이 쏟아졌다. 이때 백성들에게 소달구지를 이용하는 방법을 가르쳤다.

440년(눌지왕 24) 왜인들이 남쪽 변방에 침입하여 백성들을 약탈해 가더니, 6월에 또다시 동쪽 변방으로 침입하였다.

441년(눌지왕 25) 2월에 사물현史勿縣(현 사천泗川)에서 꼬리가 긴 수꿩을 바치자 왕은 크게 기뻐하며 그 현리縣吏에게 곡식을 하사하였다.

444년(눌지왕 28) 4월에 왜병이 쳐들어와서 금성을 포위하고 10일 동안 있다가 양식이 다하여 그만 퇴각하였다. 이때 왕은 군사를 내어 적을 추격하려 하였으나, 군신들이 말하기를

"병가兵家에서 말하기를 궁한 적구는 이를 추격하지 말라 하였으니, 대왕께서는 이를 놓아 보내는 것이 좋을 듯하나이다."

하였다. 그러나 왕은 이 말을 듣지 않고 친히 기병 수천 명을 거느리고 적을 쫓아가서 독산 동쪽(현 신광神光)에서 싸웠으나, 적에게 패하여 장병들을 절반이나 잃어버렸다. 왕이 급히 말을 버리고 산으로 올라가니 적들이 왕을 겹겹으로 포위하여 위험한 지경에 빠졌으나 갑자기 짙은 안개가 끼어 지척을 분별할 수 없게 되자 적들은 이는 하늘의 도움이라 하고 곧 군사들을 거두어 이끌고 돌아갔다.

450년(눌지왕 34) 7월에 고구려의 변장邊將이 실직원悉直原에서 사냥을 하였는데, 하슬라 성의 영주인 삼직三直이 군사를 내어 그를 죽여 버렸다. 고구려왕은 이 말을 듣고 크게 노하여 사신을 보내 말하기를

"나는 대왕과 수교하는 것을 기뻐하고 있는데, 지금 군사를 내어 우리 변장을 죽이니 이것이 어찌 의리라고 할 것인가?"

하고, 곧 군사를 내어 신라의 서쪽 변방으로 침입하자 눌지 마립간이 그 잘 못을 사과하였고, 고구려는 곧 군사를 돌이켜 돌아갔다.

452년(눌지왕 36) 7월에 대산군大山郡에서 상서로운 벼를 왕에게 바쳤다.

453년(눌지왕 37) 봄과 여름에 한재가 들었고 7월에 이리 떼가 시림으로 들어왔다.

454년(눌지왕 38) 7월에 서리와 우박이 내려 곡식에 피해가 있었다. 8월에는 고구려가 군사를 일으켜 북쪽 변경을 침범하였다

455년(눌지왕 39) 10월에 고구려가 군사를 일으켜 백제를 침범하자 왕은 군 사를 파견하여 백제를 구원하였다.

457년(눌지왕 41) 2월에 큰 바람이 불어서 나무가 뽑히고 4월에는 서리가 내려 보리가 상했다.

458년(눌지왕 42) 2월에 지진이 일어나고 금성의 남문이 저절로 헐렸다. 8월 에 왕이 돌아가셨다.

● 눌지왕대의 사람들

강구려 康仇麗

생몰년 미상. 신라 상고시대의 인물. 생애에 관하여는 별로 알려진 바가 없 다. ≪삼국유사≫에 의하면, 당시 신라에서는 눌지마립간이 즉위하여, 이미 30년 동안이나 왜倭에 인질로 억류되어 있던 왕의 아우 미사흔未斯欣 또는 美海을 구출하기 위하여 박제상朴堤上을 파견하였는데, 박제상은 처음 왜왕 의 환심을 사서 안심시킨 뒤 그들이 방심한 틈을 타서 미사흔을 구출하고, 당시 신라사람으로 일본에 가 있던 강구려로 하여금 미사흔의 환국을 호송

하게 하였다. 강구려는 그를 보좌하여 무사히 바다를 건너왔다. 미사흔은 먼저 강구려로 하여금 자신의 환국을 전국에 알리게 하였으며, 이 때 눌지 마립간은 백관들에게 명하여 미사흔을 마중하게 하였다. 왕은 아우 보해寶海와 더불어 남교南郊까지 나아가 친히 미사흔을 맞이하고 궁궐로 돌아와 잔치를 베풀고, 대사면령을 내려 죄인을 풀어주었다.

모례毛禮

생몰년 미상. 신라 최초의 불교신도. 모록毛祿이라고도 한다. 지금의 경상 북도 선산군에 해당하는 일선군一善郡에 살았다. 눌지왕 때 고구려의 승려 묵호자墨胡子가 불교를 전파하기 위해서 신라로 왔으나, 당시 신라가 외래 종교에 대한 탄압이 심하여 전파할 수 없게 되었을 때 집안에 굴을 파서 3년 동안 묵호자를 숨겨주었다. 소지왕 때에도 승려 아도阿道가 시자侍者 3인을 데리고 신라로 왔을 때 자기의 집에 머무르게 하고 불교신도가 되었다. 그때 모례의 누이 사씨史氏도 아도에게서 구족계具足戒를 받고 승려가 되었으며, 뒤에 영흥사永興寺를 창건하였다고 한다. 모례의 이름이 모록으로 기록된 것은 녹祿과 예禮의 글자 모양이 비슷한 데서 생긴 와전으로 추정된다. 또 도리사사적비桃李寺事蹟碑에는, 아도가 모례에게 시주를 받아 신라 최초의 사찰인 도리사를 창건하였다고 하였다. 현재 도리사 주변에는 모례장자터와 모례장자샘이 남아 있다. 또한 우리나라에서 사찰을 절이라고 부르게 된 것은 모례의 '털 모毛'를 '털례'라고 불렀다가 '례'를 빼고 털로, 다시 절로 바뀐 것이라는 설이 있다.

삼직三直

생몰년 미상. 신라 눌지마립간 때의 장수. 450년(눌지왕 34) 7월 하슬라何瑟羅(지금의 강릉)의 성주城主로 있을 때에 고구려의 변장邊將이 실직悉直(지금의 삼척)의 원야原野에 와서 사냥하는 틈을 타서 군사를 내어 그를 습격, 죽였다. 이에 고구려의 장수왕이 격노하여 사신을 보내어 신라를 문책하는 한편, 군사를 일으켜 신라의 서쪽 변방을 침략하였다. 신라왕이 사과함으로써 고구려 군대는 곧 물러갔으나, 어쨌든 이 사건이 하나의 계기가 되어서 이로부터 신라, 고구려 양국 간의 화평관계는 끊어지고 말았다.

미사흔 未斯欣

?~433(눌지왕 17). 신라의 왕족. 내물마립간의 셋째아들이다. 그는 실성마립간의 보복인사에 의하여 402년(실성왕 1) 왜에 볼모로 가게 되었다. 실성은 내물마립간 때 고구려에 볼모로 가서 10년간(392~401)의 억류생활을 마치고 귀국하여 실성마립간으로 즉위하였다.

그 뒤 402년 내물마립간의 왕자 복호卜好와 미사흔을 고구려와 왜에 각각 볼모로 보냄으로써 내물마립간이 자기를 고구려에 보낸 데 대한 보복인사를 단행하였을 뿐만 아니라 417년 내물마립간의 태자 눌지까지 죽이려다 오히려 눌지에게 살해되었다.

실성을 제거하고 즉위한 눌지마립간은 왕제 미사흔을 구출하기 위하여 박제상朴堤上을 왜에 파견하여, 그의 희생적 기지로 구출하여 418년 귀국하는 데 성공하였다.

미사흔의 딸은 사촌인 자비마립간의 왕비가 되었으며, 소지마립간은 그의 외손자이다. 눌지마립간과 미사흔의 우의를 찬양한 노래로 '우식곡憂息曲'이 있다. 서불한舒弗邯(이벌찬)에 증직되었다.

박제상 朴堤上

생몰년 미상. 신라의 충신. 내물왕 때부터 눌지왕 때까지 활동한 인물이다. 김제상金堤上이라고도 한다. ≪삼국사기≫에 박제상은 신라 시조 혁거세赫居世의 후손으로 제5대 파사이사금의 5세손이며 할아버지는 아도갈문왕阿道葛文王, 아버지는 파진찬波珍湌 물품勿品으로 되어 있으나, 이러한 그의 세계世系는 거의 신빙성이 없다.

신라는 백제 세력을 견제할 필요에 의해 402년(실성왕 1) 내물왕의 셋째아들인 미사흔未斯欣을 왜에, 412년에는 내물왕의 둘째아들인 복호卜好를 고구려에 파견해 군사 원조를 요청하였다.

그러나 왜와 고구려는 이들 왕자를 인질로 감금하고 정치적으로 이용하고 있었다. 내물왕의 큰아들 눌지왕은 즉위 후 두 동생을 고구려와 왜로부터 구출하기 위해 군신을 불러 협의한 결과, 수주촌간水酒村干 벌보말伐寶靺, 일리촌간一利村干 구리내仇里迺, 이이촌간利伊村干 파로波老 등 세 사람이 모두 박제상이 그러한 역할을 맡을 역량이 있는 적절한 인물이라고 천거하였다. 당시 박제상은 양산梁山 지방의 토호 세력으로서 삽량주간歃良州干이라는 직책에 있었다.

그는 418년(눌지왕 2) 왕명을 받들어 먼저 고구려에 가서 장수왕을 언변으로 회유해 복호를 구출하고 무사히 귀국하였다. 귀국한 즉시 왜에 인질로 가 있는 미사흔을 구출하기 위해 부인의 간곡한 만류를 뿌리치고 떠났다. 왜에 이르러 마치 신라를 배반하고 도망해 온 것처럼 속였다. 마침 백제 사신이 와서 고구려와 신라가 모의해 왜를 침입하려 한다고 참언하므로 이에 왜가 병을 파견해 미사흔과 박제상을 향도로 삼아 신라를 침략하고자 하였다. 왜의 침략 세력이 신라를 치러 오는 도중에 박제상은 강구려康仇麗와 협력해 왜병을 속여 미사흔을 탈출시키는 데 성공했으나, 그 자신은 붙잡혀 왜 왕 앞에 끌려갔다.

왜왕은 그를 신하로 삼기 위해 온갖 감언이설과 협박으로 회유했으나, 그는 차라리 신라의 개나 돼지가 될지언정 결코 왜의 신하가 될 수 없다고 해 끝까지 충절을 지키다가 마침내 유형에 처해져 불에 태워지는 참형을 받아 죽었다.

이러한 사실이 신라에 알려지자 눌지왕은 그의 죽음을 애통해하며 그를 대아찬으로 추증하고 부인을 국대부인國大夫人으로 책봉했으며, 둘째 딸을 미사흔의 아내로 삼게 하였다.

● 늘지왕 시대의 세계동향

▶ 동양

중국은 5호 16국 시대가 종결되고, 386년에 선비족의 탁발규가 북위를
세운 이래 420년에 유유가 남송을 세움으로써 이른바 남북조 시대로 접
어든다. 이에 따라 남송과 북위 사이에 치열한 패권 다툼이 전개된다. 이
때 북위에는 도교가 널리 전파되어 교단의 조직이 확립되면서 444년에
는 승려와 무당을 사사로이 양성하는 것을 금지하는 법령이 반포됨

▶ 서양

동로마와 사산조 페르시아가 서로 화해하고, 페르시아에서도 기독교를
인정하는 조치가 내려진다. 로마 변방의 외족들은 날로 성장하여 서고
트족이 에스파냐를 정복하고, 반달왕 가이세리크는 카르타고를 정복하
여 수도로 삼고 앵글로색슨 및 유트족이 영국에 침입, 456년 게르만족
의 용병장군 리키메르가 서로마제국의 정권을 장악하는 일이 벌어진다.

● 장사 벌사지

충신의 기개는 아내의 가슴에 한을 남기고

간간수월래看看水越來 보고 또 보아도 물결만 밀려오네

경주역에서 7번 국도를 따라 울산쪽으로 4km 쯤 가면 유명한 호국 사찰
이었던 사천왕사四天王寺터가 있고, 거기서 오른쪽 통일로를 따라 300m를
가면 화랑교가 나오는데, 다리를 건너기 전에 동쪽으로 난 방천둑을 따라
200m 더 가면, 망덕사터 앞에 높이 1.5m 되는 자연석에 '장사長沙 벌지지伐

知旨'라 내리쓴 빗돌이 서 있다.

여기가 도대체 어떤 곳이길래 '석굴암연구회'라는 단체이름으로 이 표석 (1989년 10월에 세우고 향토의 서예가 심천心泉 한영구韓永久가 글씨를 쓴 것)을 세웠을까?

신라의 충신忠臣 박제상朴堤上이라면 예부터 지금까지 충절의 본보기로 입에 오르내리는 분이고, 이곳 경주에서 격년제로 열리는 신라문화제新羅文化祭 때마다 가장행렬에 단골로 등장하는 볼거리의 주인공이기도 하다.

제상에 관한 기록은 ≪삼국사기≫ <신라본기>418년(눌지왕 2)에 간략히 실려 있고, 또 이 책 <열전 제5>에는 '박제상'이라고 해서 상세하게 적어 놓았다.

그런가 하면 ≪삼국유사≫에는 '내물왕과 김제상'이라는 제목으로 길게 적어 놓았는데, 두 책의 공통된 내용은 이렇다.

눌지왕 때, 왕이 고구려와 왜국倭國에서 볼모로 붙잡아 두고 있던 두 동생을 데려 오고자 하므로 뭇 사람이 십량주(십리군: 지금의 경남 양산지방) 태수 제상을 천거하였다.

제상이 먼저 고구려에 가서 왕의 큰 동생을 데려오고, 다음은 왜국에 가서 작은 아우를 신라로 돌려보내는데 성공하지만, 자기는 왜왕倭王의 분노를 사서 화형을 당하였다는 것이다.

두 책의 기록에 다른 것이 많지만 두드러진 것 몇 가지를 간추려 보면 첫째, 성姓이 다르다는 점이다.

유사에은 '김金'으로 사기에는 '박朴'으로 적으면서 시조 혁거세의 후손이요, 파사니사금의 5대손이며, 할아버지는 아도 갈문왕이요, 아버지는 물품 파진찬이라 하였다. 이름은 두 군데 다 제상堤上으로 적었는데, 사기에는 '혹은 모말毛末이라고도 한다.' 고 했다.

여기서 이름에 대하여 생각해 보면, 제상堤上은 우리말을 한문투로 적은 것이다. 본디 우리말로는 '모마루'다. 제堤는 '못 제堤' 이니, 땅을 파서 물이 괴어 있도록 잡아둔 곳을 일컫는 말로 지금오 '못 안쪽에 있는 마을'을 제내提內라는 한문투 이름으로도 쓰는 곳이 많다. '상上'은 위, 우. 마루의 뜻이니, 우리말 '못마루(모마루)'를 한자의 뜻을 빌어 적다가 보니 제상提上이다. 사기에는 '모말毛末이라고도 한다.'했으니 이는 '모마루-모말'을 한자를 빌어 소리나는대로 적은 것이다. 여기다가 ≪일본서기≫에는 일본식 표기로 제상提上(모마이질지毛瘷利叱知, 모마루)이라 적혀 있다니 이것은 들은대로 적은 것이리라.

유사에 따르면 모마루[제상提上]가 고구려에서 왕의 아우 보해(사기에는 복호라 했음)를 데리고 무사히 돌아오자 왕(눌지마립간)이 보해를 만나고 보니 미해(사기에는 미사흔이라 했음) 생각이 더하여, 한편으로는 그지없이 기쁘고 한편으로는 한량없이 슬픈지라, 콩알같은 눈물을 뚝뚝 흘리며 측근자들에게 말하기를

"한 몸뚱이에 앞 하나만 달린 것 같고, 한 얼굴에 눈 한쪽만 붙은 것 같구나. 동생 하나는 찾았지마는 딴 동생은 앞에 없으니 가슴이 미어지고 찢어지는 듯 하구나!"

했다. 제상이 이 말을 듣고 그냥 있을 졸장부가 아닌지라.

"왜국에 가서 반드시 왕제王弟님을 모시고 오겠심더."

하고는 말을 타고 사랑스러운 아내와 눈에 넣어도 아프지 않을 자식들이 기다리는 집에는 들르지도 않은 채, 길을 떠나 곧장 밤개율포栗浦 해변가에 닿았다.

그의 아내가 이 소문을 듣고 말을 달려 밤개에 이르러 보니, 자기 남편이 탄 배는 이미 닻을 올려 돛에다 바람을 싣고 사공들은 노를 저어 바다로 나아가고 있었다.

허겁지겁 배를 향해 애타게 불렀건만, 눈물에 가린 눈에는 지아비의 흔드는 손만 어른거릴 뿐이었다. 모든 것이 떠나버린 것 같은 허탈함에 사랑하

는 만큼 원망스럽고 야속하여 멍하니 바다만 바라볼 뿐이었다. 뒤쫓아간 친척들에게 이끌리어 정신없이 딸려온 곳이 이곳 망덕사(이 절은 나중 30대 문무왕 때 세웠지만) 문 남쪽 모래벌이었다.

"마나님, 이제 정신 채리이소(차리세요). 서라벌에 다 왔심더."

하는 소리에 눈을 떠보니 남편과 거닐던 몰개내(모래내: 사천沙川, 남천) 바닥이었고 눈 앞 지평선 위에는 지아비가 드나들던 월성月城이 어른거리고 멀리는 선도산 마루가 하늘에 맞닿아 보이니, 모마루의 자상하고 늠름한 모습이 사무치게 그립기만 하였다.
무서운 고구려 땅에 들어간 뒤 하루도 걱정되지 않은 날이 없었는데, 그보다 더한 왜국으로 떠났으니 대쪽 같은 그의 성미로 보아 왕제王弟님은 어떤 일이 있어도 서라벌로 모셔 보내겠지만 자기의 목숨이야 어떻게 될는지.
차리리 바다에 뛰어 들어 헤엄쳐 따라가든지, 가다가 지쳐서 빠져 죽기라도 했더라면, 혼백이라도 그이를 따라 갔을 것을.

"나는 안 간다. 아무 데도 안 갈란다..."

고 울부짖으며 모래벌에 길게 누워 버렸으니 서라벌 사람들이 뒤에 이곳을 두고 긴 장長, 모래 사沙, 장사長沙라 불렀다.
누워서 억머구리 같이 슬퍼 우는 부인을 친척 두 사람이 겨드랑이에 팔을 넣어 잡아 당겼건만 그럴수록 더욱 용을 쓰며 모래땅에 뻗디디는 지라, 또한 땅이름을 '벋디디'라 했으므로 소리 나는 대로 한문을 빌어 쓰니 '벌지지伐知旨'인 것이다.
이래서 토함산에서 흘러 내린 사등이내[史等伊川]가 망덕산 문 앞에 와서는 '장사長沙 벌지지伐知旨'가 된 것이다.

● 내물왕대의 주요사건

세력 기상도

* 고구려: 광개토왕, 삼국항쟁의 주도권 확보, 장수왕은 본격적인 삼국통합 감행.
* 백제: 신라와 연합전선 취함. 그러나 고구려의 공격에 국가적 비운을 겪게 됨. 가야에 대한 영향력도 약화.
* 신라: 고구려의 정치적 간섭을 받기도 하나 차츰 고구려의 지배를 벗어나면서 성장 도모.
* 가야: 전기가야연맹 와해. 고대국가로의 성장에 타격. 5세기 후반 후기가야연맹 형성하여 발전 도모.
* 중국: 남북조의 대립기.
* 왜: 통일이 이루어지지 않음.

백제와 신라, "우리는 동지"
적대관계 청산 합의, 나ㆍ제 동맹에 가야도 참여할 듯
고구려 무력 침공 시 다른 국가는 군사 원조의 의무를 진다

433년 백제와 신라 두 국가는 그 동안의 적대관계를 청산하며

"둘 중 어느 한 국가가 고구려의 공격을 받을 때 다른 한 나라는 즉시 도와주기로 했다"

며 나제동맹이 체결됐다고 발표했다.
고구려의 평양천도와 남하정책에 대한 백제·신라의 가장 적극적이고도 효과적인 대응책이라 할 수 있는 이번 동맹에는 가야연맹도 참여할 것으로 알려지고 있다.
이번 동맹은 고구려를 공동의 적으로 하는 양측의 이해관계에 의해 체결

된 것이니만큼 상당한 효력을 발휘할 것으로 예상된다.

이 동맹은 백제 비류왕이 신라에 먼저 제의한 것으로 알려지고 있는데, 그간 고구려의 공세로 많은 피해를 입은 백제의 입장으로서는 신라와 힘을 합칠 필요를 절감하고 있었고, 신라 역시 고구려의 영향력에서 벗어나 독자적인 세력으로 자립하기 위해서는 백제의 힘이 필요했기에 신라의 눌지왕이 백제의 제의를 쾌히 수락함으로써 이번 동맹이 성립된 것으로 보인다.

신라, 국가 면모 일신
고구려 영향하에 왕권 확립, 국제무대 진출

서라벌을 중심으로 일어난 신라는 주변의 여러 나라를 정복하여 낙동강 유역 일대의 큰 나라로 성장하였으며 4세기 후반 '내물 마립간'에 이르러서는 중앙집권국가로 발전하고 있다.

현재 신라의 영토는 낙동강 유역까지 확장되었으며, 박·석·김의 3성이 번갈아 왕위에 오르는 대신, 김씨에 의한 왕위 계승권이 확립되었다.

또 대외적으로 신라는 377년(내물왕 22) 고구려의 주선 하에 전진에 사신을 파견함으로써 국제무대에 얼굴을 내밀고 있기도 하다. 신라의 이러한 성장은 고구려의 영향력 하에 이루어진 것이다. 고구려가 한반도 서북지방의 낙랑군·대방군을 소멸시킨 후 그 영향력은 죽령을 넘어 신라에까지 미치게 됐다.

그 결과 신라는 진한 지역에 있는 여러 소국들의 맹주 역할을 계속 유지하면서 한편으로는 고구려의 지배하에 그 문물을 수입하며 자기 지역에 대한 통솔력을 더욱 공고히 해나가고 있다.

내물왕의 집권체제 강화 조치
김씨, 타(他) 부족대표 제압하고 왕위독점
왕의 칭호도 통치자 의미하는 '마립간'으로 바꿔

 실제로 이 시기 신라의 집권체제 강화를 대표적으로 보여주는 지표는 왕위 계승이 박·석·김 세 성이 번갈아하는 방식에서 김씨에 의해 독점된 것이다.

 잘 알다시피 신라는 6부족 연맹체로서 하나의 부족이 왕위를 독점하기 위해서는 나머지 다섯 부족의 반발을 억누를 만한 힘이 필요한데 4세기에 들어 김씨 집단이 그러한 권력을 행사할 수 있는 집단으로 성장하여 다른 부족을 제압할 수 있게 된 것이다.

 다른 부족의 대표와 크게 차이 나지 않는 대등한 지위에 불과했던 왕권이 이제 이들 부족장들을 초월하는 왕권이 이제 이들 부족장들을 초월하는 지위로 상승한 것이다. 신라의 내물왕은 이러한 세력강화에 부응하여 왕위 칭호를 그전까지의 연맹체의 대표를 의미하는 '이사금'에서 지배자, 통치자를 뜻하는 '마립간'으로 격상시키고 있다.

 물론 신라의 이와 같은 성장이 눈부신 것이기는 하지만 고구려나 백제는 이미 이러한 단계를 넘어선 국가들이기에 4세기 현재로서는 신라의 국가 발달 단계가 3국 중 가장 낮은 단계라고 평가할 수 있겠다.

고구려 지배에 묶여 있는 신라
고구려, 신라에 군대 주둔, 내정에 깊숙이 개입

 내물왕 시기 신라는 비약적인 발전을 이룩했으나 정치적으로 여전히 고구려의 영향력 하에 있어 대내적 통합을 이루지 못해 고대국가로의 성장이 지연되고 있다. 근래 있었던 실성왕의 실각과 눌지왕의 옹립은 이를 뒷받침하고 있다.

 392년 신라는 실성을 고구려에 볼모로 보내야 하는 처지였으며 백제·왜·가야 연합군이 침공했을 때 고구려의 도움을 받아야 할 만큼 그 힘이 미약했다. 고구려는 신라에 군대를 주둔시키고 정치에 깊이 관여하여 신라의 왕위에 친親고구려적 인물을 앉히기도 했다. 내물왕 이후 볼모로 있던 실성이 왕위에 오른 것이 그 단적인 예이며, 최근 실성의 세력이 강해지자 고구려는 다시 눌지를 지원하는 등 신라정치에 깊숙이 개입하고 있다.

가야
고구려에 의해 금관가야 소국연맹체 와해

김해의 금관가야를 중심으로 한 가야 지역 소국연맹체가 와해됐다.
백제·왜·가야 연합군이 신라에 대한 공격을 감행했을 때 광개토대왕의 군대가 한강 하류 지역까지 내려와 가야를 토벌하게 된 것이다. 고구려에 비해 전반적인 문화수준이 떨어지는 전기 가야연맹은 결정적인 타격을 입고 와해될 수밖에 없었으며 특히 김해를 비롯한 경남해안 지역에 있는 소국들은 막대한 피해를 입었다.

후기 가야연맹 건설을 위한 움직임 활발
대가야 중심
백제 약화, 신라 성장 등 주변 정세 변화에 위기의식

5세기 후반 백제가 약화되고 신라가 성장해가는 주변정세의 변화에 위기의식을 느낀 가야의 소국들 사이에 재결속의 기운이 일고 있다.
이 재결속의 주도세력인 고령의 대가야는 최상의 농업입지 조건을 가지고 있으며 예로부터 철 생산량이 높아 급속히 발전해온 지역이다.

눌지왕 이후 자주화운동 전개
고구려 백제 침공 때 원군 파견, 백제와 연합 고구려에 대항
고구려 영향력에서 벗어나 집권체제 강화에 박차

신라는 최근 들어 장수왕이 백제를 유린할 때(475) 1만의 구원군을 파병하는가 하면 고구려의 직접적인 침공에 대항하여 백제와 연합, 이를 물리침

으로써 대외적으로 두드러진 성장을 보이고 있다. 역으로 그만큼 고구려와의 충돌이 심해졌다고도 볼 수 있어 앞으로의 양국관계가 주목된다.

이러한 신라의 성장과 자주적 움직임은 눌지왕 때부터 시작된 것으로 당시 신라는 고대국가로 성장하기 위해 내부적으로 집권체제를 강화하기 시작했는데 이는 곧 내적통합을 가로막는 고구려의 간섭으로부터 벗어나는 것을 의미했다.

눌지왕 자신은 비록 고구려 세력에 의해 즉위했지만 인질로 잡혀 있던 동생 복호를 고구려에서 탈출시키고 왜에 볼모로 가 있던 왕자 미사흔을 귀환시키는 등 고구려 세력의 영향력을 배제하는데 주력했다. 또한 433년 백제와 우호관계를 맺어 고구려의 영향력에서 벗어나려 애쓰는 등 신라의 대외적 독자성 확보에 꾸준한 노력을 기울여왔다.

신라 눈부신 약진, 경제발전 가속화

신라는 소백산맥과 낙동강으로 가로막혀 문물을 받아들이는데 불리했던 지리적 여건을 극복, 빠르게 성장하고 있다.

발전의 양상이 두드러지게 나타나는 것은 5세기 후반 들어서이다. 고구려의 침략에 대응하여 백제와 동맹을 체결했던 신라는 백제의 지원을 받으면서 고구려와 맞설 정도의 정치적 성장을 거두었다.

신라의 이러한 성장은 그동안 꾸준히 전개되어온 '경제발전'의 산물이라는 것이 일반적인 평가이다.

5세기 후반 신라는 국가의 적극적인 정책과 지도하에 농업생산력이 비약적으로 발전해왔다. 특히 지증왕 때에 이르러 농업기술 향상, 농기구개량으로 경제발전이 가속화되고 있을 뿐만 안라 정치 문화도 성숙하고 있어 한반도의 새로운 주자로 등장할 것으로 보인다.

백제와 신라, 고구려 공세 저지 성공
나·제 양국, 혼인 통해 동맹 결속 더욱 강화

삼국 관계에서 주도권을 장악해온 고구려의 공세가 백제와 신라의 공동방
어로 번번이 좌절되고 있다(전쟁일지 참조). 백제와 신라 양국은 서로가 고
구려의 공격으로 어려움에 처해 있을 때 군사적 지원을 아끼지 않고 있으
며 493년에는 백제의 제의에 신라가 동의하여 백제 동성왕의 왕자와 신라
의 최고 관직 이벌찬의 딸 사이의 결혼이 이루어졌다. 이와 같은 혼인동맹
을 통하여 양국의 결속은 더욱 굳건해지고 있다.

부 록

● 부록 차례

1. 신라 56대 왕 계보

2. 신라 건국 통계 연표

3. 신라 건국 연원
   ▶박씨 왕계편
   ▶박씨 왕계통표
   ▶박씨 추존왕 일람
   ▶석씨 왕계통표
   ▶석씨 왕릉 실전표
   ▶김씨 왕계편
   ▶김씨 왕릉 실전편
   ▶김씨 추존왕 일람

4. 삼국시대 관등표

5. 통일신라 직관표

6. 세계표

7. 신라의 속국들

8. 시대별 지명 변화

1. 신라 56대 왕 계보

(?: 미확인 또는 연대 미상)

사기 史記	유사 遺事	대	왕 명	이 름	재위년	생몰년
상고 上古	상대	1	혁거세 거서간赫居世居西干	혁거세赫居世, 불구내弗矩內	기원전 57~4	기원전 70~4
		2	남해 차차웅南解次次雄	?	4~24	?~24
		3	유리 이사금儒理尼師今	?	24~57	?~57
		4	탈해 이사금脫解尼師今	?	57~80	기원전 5~80
		5	파사 이사금破娑尼師今	?	80~112	?~112
		6	지마 이사금祇摩尼師今	지미祉味	112~134	?~134
		7	일성 이사금逸聖尼師今	?	134~154	?~154
		8	아달라 이사금阿達羅尼師今	?	154~184	?~184
		9	벌휴 이사금伐休尼師今	발휘發暉	184~196	?~196
		10	내해 이사금奈解尼師今	?	196~230	?~230
		11	조분 이사금助賁尼師今	제귀諸貴, 제분諸賁	230~247	?~247
		12	첨해 이사금沾解尼師今	이해理解, 점해詁解	247~261	?~261
		13	미추 이사금味鄒尼師今	미조味照, 미고未古, 미소未召	262~284	?~284
		14	유례 이사금儒禮尼師今	유리儒理, 유례儒禮	284~298	?~298
		15	기림 이사금基臨尼師今	?	298~310	?~310
		16	흘해 이사금訖解尼師今	?	310~356	?~356
		17	내물 마립간奈勿尼師今	?	356~402	?~402
		18	실성 마립간實聖尼師今	?	402~217	?~417
		19	눌지 마립간訥祇尼師今	?	417~458	?~458
		20	자비 마립간慈悲尼師今	?	458~479	?~479
		21	소지 마립간炤知尼師今	비처毗處	479~500	?~500
		22	지증 마립간智證尼師今	지대로智大路, 지철로智哲路, 지도로智度路	500~514	437~514
		23	법흥왕法興王	원종原宗, 모진慕秦	514~540	?~540
중고 中古		24	진흥왕眞興王	삼맥종彡麥宗, 심맥부深麥夫	540~576	534~576
		25	진지왕眞智王	사륜舍輪, 금륜金輪	576~579	?~579
		26	진평왕眞平王	백정白淨	579~632	572~632
		27	선덕여왕善德女王	덕만德曼	632~647	?~647
		28	진덕여왕眞德女王	승만勝曼	647~654	?~654

사기 史記	유사 遺事	대	왕 명	이 름	재위년	생몰년
하고 下古	중대	29	태종무열왕太宗武烈王	춘추春秋	654~661	602~661
		30	문무왕文武王	법민法敏	661~681	?~681
		31	신문왕神文王	정명政明, 명지明之	681~692	?~692
		32	효소왕孝昭王	이홍理洪, 이공理恭	692~702	643~702
		33	성덕왕聖德王	융기隆基, 흥광興光	702~737	?~737
		34	효성왕孝成王	승경承慶	737~742	?~742
		35	경덕왕景德王	헌영憲英	742~765	?~765
		36	혜공왕惠恭王	건운乾運	765~780	758~780
	하대	37	선덕왕宣德王	양상良相	780~785	?~785
		38	원성왕元聖王	경신敬信	785~798	?~798
		39	소성왕昭聖王	준옹俊邕	798~800	?~800
		40	애장왕哀莊王	청명淸明, 중희重熙	800~809	788~809
		41	헌덕왕憲德王	언승彦昇	809~826	?~826
		42	흥덕왕興德王	수종秀宗, 경휘景暉, 수승秀升	826~836	?~836
		43	희강왕僖康王	제융悌隆, 제옹悌顒	836~838	?~838
		44	민애왕閔哀王	명明	838~839	?~839
		45	신무왕神武王	우징祐徵	839~839	?~839
		46	문성왕文聖王	경응慶應	839~857	?~857
		47	헌안왕憲安王	의정誼靖, 우정祐靖	857~861	?~861
		48	경문왕景文王	응렴膺廉, 의렴疑廉	861~875	846~875
		49	헌강왕憲康王	정晸	875~886	?~886
		50	정강왕定康王	황晃	886~887	?~887
		51	진성여왕眞聖女王	만曼, 탄坦	887~897	?~897
		52	효공왕孝恭王	요嶢	897~912	?~912
		53	신덕왕神德王	경휘景暉, 수종秀宗	912~917	?~917
		54	경명왕景明王	승영昇英	917~924	?~924
		55	경애왕景哀王	위응魏膺	924~927	?~927
		56	경순왕敬順王	부傅	927~935	?~979

* 차차웅次次雄: 무당을 뜻하는 말로서 제사와 정치가 일치하던 시대의 수장임을 나타낸다.

* 이사금尼師今 / 마립간麻立干: 신라 때 임금을 이르던 칭호의 하나이다.

2. 신라 건국 계통 연표 新羅建國繼統年表

(?: 미확인 또는 연대 미상)

왕대	왕호	휘	재위 연수	연도	혈족 계통	비고
1	시조왕始祖王	박혁거세朴赫居世	60년	기원전 57년	신라 건국 시조	박씨 1대왕
2	남해왕南解王	박남해朴南解	20년 6개월	4년	혁거세의 아들	박씨 2대왕
3	유리왕儒理王	박유리朴儒理	33년 1개월	24년	남해왕의 아들	박씨 3대왕
4	탈해왕脫解王	석탈해昔脫解	약3년	43년	다파나국 왕의 아들/ 남해왕의 사위	석씨 1대왕
5	파사왕破娑王	박파사朴破娑	32년 2개월	80년	유리왕의 아들	박씨 4대왕
6	지마왕祗摩王	박지마朴祗摩	21년 10개월	112년	파사왕의 아들	박씨 5대왕
7	일성왕逸聖王	박일성朴逸聖	19년 6개월	134년	유리왕의 아들	박씨 6대왕
8	아달라왕 阿達羅王	박아달라朴阿達羅	30년 1개월	154년	일성왕의 아들	박씨 7대왕
9	벌휴왕伐休王	석벌휴昔伐休	12년 1개월	184년	탈해왕의 손자	석씨 2대왕
10	내해왕奈解王	석내해昔奈解	33년 11개월	196년	벌휴왕의 장손	석씨 3대왕
11	조분왕助賁王	석조분昔助賁	17년 2개월	230년	벌휴왕의 2손	석씨 4대왕
12	첨해왕沾解王	석첨해昔沾解	14년 7개월	247년	조분왕의 아들	석씨 5대왕
13	미추왕味鄒王	김미추金味鄒	22년 10개월	261년	대보공大輔公의 7세손 구도仇道의 아들 조분助賁의 사위	김씨 1대왕
14	유례왕儒禮王	석유례昔儒禮	14년 2개월	284년	조분왕의 아들	석씨 6대왕
15	기림왕基臨王	석기림昔基臨	11년 6개월	298년	조분왕의 손자	석씨 7대왕
16	흘해왕訖解王	석흘해昔訖解	45년 10개월	310년	내해왕의 손자	석씨 8대왕
17	내물왕奈勿王	김내물金奈勿	45년 10개월	356년	미추왕의 조카	김씨 2대왕
18	실성왕實聖王	김실성金實聖	15년 3개월	402년	미추왕의 조카	김씨 3대왕
19	눌지왕訥祇王	김눌지金訥祇	41년 3개월	417년	내물왕의 아들	김씨 4대왕
20	자비왕慈悲王	김자비金慈悲	20년 6개월	458년	눌지왕의 아들	김씨 5대왕
21	소지왕炤知王	김소지金炤知	21년 9개월	479년	자비왕의 아들	김씨 6대왕

왕대	왕호	휘	재위 연수	연도	혈족 계통	비고
22	지증왕智證王	김지대로 金智大路	13년 8개월	500년	내물왕의 아들	김씨 7대왕
23	법흥왕法興王	김원종金原宗	26년	514년	지증왕의 아들	김씨 8대왕
24	진흥왕眞興王	김삼맥종 金彡麥宗	36년 1개월	540년	법흥왕의 동생 갈문왕葛文王/ 입종立宗의 아들	김씨 9대왕
25	진지왕眞智王	김사륜金舍輪	2년 11개월	576년	진흥왕의 아들	김씨 10대왕
26	진평왕眞平王	김백정金白淨	52년 6개월	579년	진흥왕의 손자	김씨 11대왕
27	선덕여왕 善德女王	김덕만金德曼	15년	632년	진평왕의 장녀	김씨 12대왕
28	진덕여왕 眞德女王	김승만金勝曼	7년 2개월	647년	진평왕의 동생 갈문왕 국반國飯의 아들	김씨 13대왕
29	태종무열왕 太宗武烈王	김춘추金春秋	7년 3개월	654년	진지왕의 손자 추존 문흥왕의 아들	김씨 14대왕
30	문무왕文武王	김법민金法敏	20년 1개월	661년	태종무열왕의 아들	김씨 15대왕
31	신문왕神文王	김정명金政明	11년	681년	문무왕의 아들	김씨 16대왕
32	효소왕孝昭王	김이홍金理洪	10년	692년	신문왕의 아들	김씨 17대왕
33	성덕왕聖德王	김융기金隆基	34년 7개월	702년	신문왕의 둘째 아들	김씨 18대왕
34	효성왕孝成王	김승경金承慶	5년 3개월	737년	성덕왕의 아들	김씨 19대왕
35	경덕왕景德王	김헌영金憲英	23년 1개월	742년	효성왕의 아들	김씨 20대왕
36	혜공왕惠恭王	김건운金乾運	14년 10개월	765년	경덕왕의 아들	김씨 21대왕
37	선덕왕宣德王	김양상金良相	4년 9개월	780년	내물왕 10세손 해찬海湌 효방孝方의 아들	김씨 22대왕
38	원성왕元聖王	김경신金敬信	13년 11개월	785년	내물왕 12세손	김씨 23대왕
39	소성왕昭聖王	김준옹金俊邕	1년 5개월	799년	원성왕의 태자 인겸의 아들	김씨 24대왕
40	애장왕哀莊王	김청명金淸明	9년 1개월	800년	소성왕의 아들	김씨 25대왕
41	헌덕왕憲德王	김언승金彦昇	17년 3개월	809년	소성왕의 동복동생	김씨 26대왕
42	흥덕왕興德王	김수종金秀宗	10년	826년	헌덕왕의 동복동생	김씨 27대왕
43	희강왕僖康王	김제륭金悌隆 김제옹金悌顒	1년 1개월	836년	원성왕의 손자 이찬 헌정憲貞 의 아들	김씨 28대왕
44	민애왕閔哀王	김명金明	1년 1개월	838년	원성왕의 증손자 대아찬 충공의 아들	김씨 29대왕

왕대	왕호	휘	재위 연수	연도	혈족 계통	비고
45	신무왕神武王	김우징金祐徵	6개월	839년	원성왕의 손자 상대등 균정의 아들	김씨 30대왕
46	문성왕文聖王	김경응金慶膺	18년 2개월	839년	신무왕의 아들	김씨 31대왕
47	헌안왕憲安王	김의정金誼靖 김우정金祐靖	3년 4개월	857년	신무왕의 이복동생	김씨 32대왕
48	경문왕景文王	김응렴金膺廉	14년 6개월	861년	희강왕의 아들 아찬 계명啓明의 아들	김씨 33대왕
49	헌강왕憲康王	김정金晸	10년 10개월	875년	경문왕의 아들	김씨 34대왕
50	정강왕定康王	김황金晃	1년	886년	경문왕의 둘째 아들	김씨 35대왕
51	진성여왕 眞聖女王	김만金曼	9년 11개월	887년	헌강왕의 여동생	김씨 36대왕
52	효공왕孝恭王	김요金嶢	14년 10개월	897년	헌강왕의 서자	김씨 37대왕
53	신덕왕神德王	박경휘朴景暉	5년 5개월	912년	아달라 이사금의 후손	박씨 8대왕
54	경명왕景明王	박승영朴昇英	7년 1개월	917년	신덕왕의 아들	박씨 9대왕
55	경애왕景哀王	박위응朴魏膺	3년 3개월	924년	경명왕의 동복동생	박씨 10대왕
56	경순왕敬順王	김부金傅	7년	927년	문성왕의 현손 실홍實虹의 차자	김씨 38대왕
마의태자麻衣太子		김부			이찬 효종孝宗의 아들 경순왕의 장자	

* 갈문왕葛文王: 신라 때에 왕의 아버지나 장인, 외조부, 형제 또는 여왕의 남편 등에게 내리던
   칭호로서 왕에 버금갈 정도의 높은 지위였다.

3. 신라 건국 연원

<신라 건국의 시작>

 옛날 진한辰韓에는 6촌村이 있었다.

 첫 번째로 알천양산촌閼川楊山村은 경상북도 경주시 오릉五陵 남쪽에 있었던 담암사曇嚴寺 방면이다. 촌장은 알평謁平이라 하여 처음에 하늘에서 표암봉瓢嚴峯으로 내려오니 이가 급양부及梁部 이씨李氏의 조상이 되었다. 제3대 유리 이사금노례왕弩禮王 9년인 서기 32년에 부部를 두어 급양及梁이라 하였는데 고려 태조太祖 천복天福 5년 경자庚子에 중흥부中興部라 바꾸었다. 파잠波潛, 동산東山, 피상彼上, 동촌東村이 이에 속한다.

 두 번째는 돌산고허촌突山高墟村으로 촌장은 소벌도리蘇伐都利라 하여 처음 형산兄山에 내려와 사량부沙梁部 최씨崔氏의 조상이 되었는데, 고려 태조 때에는 남산부南山部라 하여 구량벌仇良伐, 마등조麻等烏, 도북道北, 회덕廻德 등 남촌南付이 이에 속했다.

 세 번째는 무산대수촌茂山大樹村으로서 촌장은 구례마俱禮馬(또는 仇禮馬)라 하여 처음에 이산伊山(또는 개비산皆比山)으로 내려와 점량부漸梁部(또는 점탁부漸涿部) 일운一云 모량부牟梁部 손씨孫氏의 조상이 되었는데, 고려 태조 때에는 장복부長福部라 하여 박곡촌朴谷村 등 서촌西村이 이에 속했다.

 네 번째는 취산진지촌嘴山珍支村(또는 보지賓之, 보자영지賓子永之)으로서 촌장은 지백호智伯虎라 하여 처음 화산花山에 내려와 본피부本彼部 정씨鄭氏의 조상이 되었는데, 고려 태조 때에는 통선부通仙部라 하여 시파柴巴 등 동남촌東南村이 이에 속했다.

 다섯 번째는 경주 북천北川 북쪽 금강산의 백률사栢栗寺 부근에 있었던 금산가리촌金山加里村으로서 촌장은 지타祗沱(또는 只他)라 하여 처음 명활산明活山에 내려와 한지부漢歧部 일운一云 한지부韓歧部 배씨裵氏의 조상이 되었다. 고려 태조 때에는 가덕부加德部라 하여 상서지上西知, 하서지下西知, 내아乃兒 등 동촌東村이 이에 속했다.

 여섯 번째는 명활산고야촌明活山高耶付으로서 촌장은 호진虎珍이라 하여 처음 금강산金剛山으로 내려와 습차부智比部 설씨薛氏의 조상이 되었다. 고려 태조 때에는 임천부臨川部로서 물이촌勿伊村, 잉구미촌仍仇彌村, 궐곡闕谷(또는 갈곡葛谷) 등 동북촌東北村이 이에 속했다.

이들 촌장이 진한의 여섯 촌장, 즉 신라의 개국 좌명공신인 것이다.

위의 글을 보면 이 6부部의 조상들이 모두 하늘에서 내려온 것으로 되어 있는데 이는 신라의 기원을 신격화하기 위한 상징으로 보인다. 32년(유리왕 9)에 왕은 6부의 이름을 고치고 또 여섯 촌장에게 각각의 성姓을 주었다. 양산부楊山部를 양부梁部라 하여 그 성을 이씨李氏라 하고, 고허부高墟部를 사량부沙梁部라 하여 그 성을 최씨崔氏라 하고, 대수부大樹部를 점량부漸梁部(또는 모량부牟梁部)라 하여 그 성을 손씨孫氏라 하고, 진지부珍支部를 본피부本彼部라 하여 그 성을 정씨鄭氏라 하고, 가리부加利部를 한지부漢祇部라 하여 그 성을 배씨裵氏라 하고, 명활부明活部를 습차부智此部라 하여 그 성을 설씨薛氏라 하였다. 6부, 곧 6촌은 신라 구성을 이루는 근본으로서 현재 경주慶州를 중심으로 한 경상북도 일대이다. 한편 그 당시 여섯 촌의 백성들은 나라의 왕이 없음을 항상 크게 근심한 나머지 6부 촌장들이 각기 자제들을 데리고 알천閼川에 모여

"우리가 위에 백성을 다스릴 군주가 없어, 백성들이 모두 방탕하여 제멋대로 하니, 어찌 덕이 있는 사람을 찾아 임금으로 삼아 나라를 세우고 도읍을 청하지 아니하겠는가."

하고는, 3일간 목욕재계한 후에

"우리들에게 거룩하신 임금님 한 분을 내려 보내 주시옵소서."

하며 천신께 경건한 마음으로 정성껏 기원하였다.

이윽고 기원전 69년(전한前漢 선제宣帝 지절地節 원년, 임자壬子) 3월 초 1일에 고허촌장 소벌공蘇伐公이 우연히 양산楊山 아래 나정蘿井(또는 계정鷄井)이란

우물이 있는 곳을 바라보니, 울창한 숲 사이에서 오색의 상서로운 기운이 번갯불과 같이 땅에 비치더니, 그 가운데에 한 마리 말이 크게 소리쳐 울며 그 옆에는 선인仙人 한 분이 재배하는 현상이 보였다. 소벌공은 이것을 보고 신기하게 여겨 곧 그곳으로 가서 보니 말과 신선은 없어지고 다만 큰 알 같기도 하고 큰 바가지 같기도 한 것이 있기에 깨어보니, 그 속으로부터 옥같이 귀엽고 아름다우며 모습이 늠름한 아기가 탄생하였다. 이 어른이 곧 박씨朴氏의 시조이며 신라의 왕이 된다.

경이로운 일로 여긴 촌장들이 그 아이를 동천東泉에서 목욕시키니 몸에서 광채가 나고 새와 짐승이 따라 춤을 추며 하늘과 땅이 진동하고 해와 달이 청명하게 빛났다. 여섯 마을 촌장들은 그 출생을 신기하게 여겨 아기에게 하례를 올리고 받들어 기르게 되었는데, 그 당시 방언으로 바가지를 '박'이라 하므로 '박朴' 자로 성을 삼고 그 빛남이 당대에 거하신다 하여 '혁거세赫居世' 세 자로써 휘를 삼았다. 이 일로 인하여 그 사내아이를 혁거세왕赫居世王이라 이름하였다. 또는 불구내왕弗矩內王이라고도 하니 이는 밝게 세상을 다스린다는 뜻이다. 위호位號를 거슬한居瑟邯 또는 거서간居西干이라고도 하는데, 이는 그가 처음 입을 열 때 스스로 말을 하되

"알지거서간閼智居西干이 한번 일어난다"

하였으므로 그 말로 인해서 일컫게 된 것이다. 이로부터 왕자의 존칭이 거슬한 또는 거서간이 되었다. 시인詩人이 서로 다투어 치하하기를 이제 천제天帝의 아들이 내려왔으니 마땅히 덕이 있는 황후를 찾아서 짝을 지어야 할 것이라 하였다.

이날에 사양리沙梁里 알영정閼英井 또는 아리영정娥利英井 가에 계룡鷄龍이 나타나 왼편 갈비에서 여자아이 하나를 낳았다. 또는 용이 나타나 죽으니, 그 배를 갈라 여자아이를 얻었다는 설도 있다. 여자아이의 자태와 얼굴은 유달리 고왔으나 입술이 닭의 부리와 같았는데, 월성月城 북천北川에 가서 목욕을 시키니 그 부리가 빠짐으로 그 내를 발천撥川이라 하고, 여자아이의

이름은 알영정에서 발견되었으므로 알영關英이라고 하였다.

촌장들은 궁실宮室을 남산南山 서쪽 기슭에 세워서(창림사昌林寺가 있던 곳) 성스러운 두 아이를 받들어 극진히 부양하였다.

혁거세가 7세가 되었을 때, 하루는 성인이 나오는 꿈을 꾸었다. 신인神人이 금으로 된 자(금척金尺)를 주면서 말하기를

"이 자로 금구金甌를 정하라."

하였는데, 꿈을 깨어보니 혁거세의 손에 금척이 들려 있었다. 그 금척으로 사망한 사람과 병든 사람을 재어본 즉 죽은 자는 다시 살아나고 병든 자는 완쾌되어 사람들이 신의 공덕이 깃들었다고 하였다.

기원전 57년(전한 선제 오봉五鳳 원년, 갑자甲子) 그의 나이 열세 살에 벌써 늠름한 대장부와도 같으므로 6부의 백성들은 혁거세를 추존하였고, 그는 즉위하여 호를 거서간이라 하고 알영을 왕후로 삼았으며, 국호를 서라벌徐羅伐이라고 하였다. 또는 서벌徐伐, 사라斯羅, 사로斯盧라고도 하였다. 고려 때에 '서울 경京'자를 가르침에 있어 서벌이라 하던 것도 이 까닭이다.

시조왕 탄생에 대하여 말하기를 이는 서술성모西述聖母가 낳은 바이니, 중국 사람들이 선도성모仙桃聖母를 찬양한 말에 '현인을 낳아 나라를 창시한다'는 뜻의 신현조방娠賢肇邦이란 말이 있는 것도 이 까닭이다. 계통이 상서로움을 나타내고 박혁거세의 왕비인 알영을 낳았다는 이야기도 서술성모의 현신을 말한 것이 아닐까 싶다. 처음에 왕이 계정에서 태어난 까닭에 계림국鷄林國이라 하였는데 계룡이 상서로움을 나타낸 까닭이었다. 일설에는 제4대 탈해 이사금 즉위시 김알지金閼智를 얻을 때 닭이 숲 속에서 울었으므로 국호를 고쳐 계림鷄林이라 하였다고 한다.

혁거세 거서간은 그 뒤에 다시 국호를 고쳐서 신라新羅라고 하니 '신新'은 어진 업적을 날마다 새롭게 한다는 뜻이오, '나羅'는 사방을 망라한다는 큰 뜻을 갖고 있다.

혁거세가 나라를 다스린 지 60년 만에 하늘로 올라가더니 그 후 7일 만에

유체遺体가 흩어져 땅에 떨어지며 왕후도 따라 돌아갔다고 한다. 신라인들이 합장하고자 하니 큰 뱀이 쫓아와 방해하므로 몸 다섯 부분을 각각 장사지내어 5릉이라고 하였다. 또 사릉蛇陵이라고도 하는데 담암사曇巖寺 북릉北陵이 이것이다.

<신라 개국 좌명공신>

≪삼국사기三國史記≫ <신라본기新羅本紀> 제1면에는 이李, 최崔, 정鄭, 손孫, 배裵, 설薛 등의 순서로 기록되어 있다. 경주 정씨慶州鄭氏 문중의 기록에는 ≪삼국사기≫와 같은 순서로 기록되어 있고, 손씨孫氏 문중의 기록에는 이, 최, 손, 정, 배, 설 등의 순서로 기록되어 있다.

여섯 촌장은 656년태종 3 제29대 태종 무열왕에 의해 왕으로 추봉되었다, 먼저 알천양산촌 촌장 알평은 은렬왕恩烈王으로 추봉되었으며, 돌산고허촌 촌장 소벌도리는 문열왕文烈王으로, 무산대수촌 촌장 구례마는 문의왕文義王으로, 취산진지촌 촌장 지백호는 감문왕甘文王으로, 금산가리촌 촌장 지타祇沱는 장렬왕壯烈王으로, 명활산고야촌 촌장 설호진은 장무왕壯武王으로 추봉되었다.

박씨 왕계편 朴氏王系篇

<시조 편>

5년(남해왕 2)에 시조 묘를 세워 사시四詩로 제사 지내고 시조 혁거세 거서간의 딸이자 제2대 남해 차차웅의 친 여동생 아로阿老를 제주祭主로 삼았었다. 제3대 유리 이사금이 즉위 원년에 시조 묘를 배알하고 죄인들을 사면하여 주었으며, 이후부터는 새 왕이 즉위하면 종묘를 배알하고 죄수들을 사면해 주는 것이 상례로 되었다.

<신궁>

487년(소지왕 9)에 내을신궁奈乙神宮을 설치하였다. 내을奈乙은 시조 왕이 탄생한 곳으로서 나정蘿井 이후부터 새로 임금의 자리에 오르면 반드시 이 신궁에서 친히 제사하였다.

<추존왕>

* 이비伊非(일휘一諱 이칠伊漆)

제6대 지마 이사금의 아들로서 갈문왕葛文王으로 추존되었다.

* 벽방碧芳

제8대 아달라 이사금의 아들로서 갈문왕으로 추존되었다.

* 예겸乂謙

성순成順의 아들이다. 제53대 신덕왕이 즉위하고 부친 예겸을 선성왕宣聖王으로 추존하였다.

박씨 왕 계통표 朴氏王系統表

박씨 왕 대수	신라 조朝 대수	왕호	휘	아버지	어머니	비	재위 연수	즉위 월년	즉위 서기	왕릉 소재지
1	1	시조 왕 혁거세 거서간	박혁거세 朴赫居世	6촌 군장 軍長이 양육함			60	갑자 甲子	기원전 57년	경주시 탑동
2	2	남해 차차웅	박남해 朴南解 해자海字	혁거세 거서간	알영 閼英 부인	운제 雲帝 또는 아루 阿婁 부인	20	갑자 甲子	4년	경주시 탑동
3	3	유리 이사금	박유리 朴儒理 흡리洽理	남해 차차웅	운제 부인	일지日知 갈문왕의 딸 또는 허루왕 許婁王의 딸	33	갑신 甲申	24년	경주시 탑동
4	5	파사 이사금	박파사 朴破娑	유리 이사금		김씨 사성史省부인	32	경진 庚辰	80년	경주시 탑동
5	6	지마 이사금	박지마 朴祗摩	파사 이사금	김씨 사성 부인	김씨 애례愛禮부인	22	임자 壬子	112년	경주시
6	7	일성 이사금	박일성 朴逸聖	유리 이사금		박씨 지소례왕 支所禮王의 딸	20	갑술 甲戌	134년	경주시 장전동
7	8	아달라 이사금	박아달라 朴阿達羅	일성 이사금	박씨 소례왕의 딸	박씨 내례 內禮 부인 지마왕 祗摩王의 딸	30	갑오 甲午	154년	경주시 배일산
8	53	신덕왕	박경휘 朴景暉	예겸乂兼 또는 銳謙	정화 貞和 부인	김씨 헌강왕의 딸	5	임신 壬申	912년	경주시 배일산
9	54	경명왕	박승영 朴昇英	신덕왕	의성 義成 왕후		7	정축 丁丑	917년	경주시 배일산
10	55	경애왕	박위응 朴魏膺	신덕왕			3	갑신 甲申	924년	경주시 배일산

석씨 왕 계통표 昔氏王系統表

(8명의 석씨 왕이 174년간 재위하였다.)

석씨 왕 대수	신라 조 대수	왕호	휘	아버지	어머니	비	재위 연수	즉위		왕릉 소재지
								원년	서기	
1	4	탈해 이사금	석탈해 昔脫解 일작一作 토해吐解	완하국 玩夏國 함달파왕 含達婆王 일작一作: 화하국왕花夏國王	여국왕 女國王의 딸	아로 부인 / 남해 이사금의 딸	23년	정사 丁巳	57년	경주시 동천동 산 17
2	9	벌휴 이사금	석벌휴 昔伐休	탈해 이사금의 아들	지진내례 只珍內禮 부인 김씨		12년	갑자 甲子	184년	실전
3	10	내해 이사금	석내해 昔奈解	벌휴 이사금의 장손	내례 內禮 부인	석씨 조분 이사금의 여동생	34년	병자 丙子	196년	실전
4	11	조분 이사금	석조분 昔助賁	벌휴 이사금의 손자 / 골정骨正의 아들	옥모玉帽 부인 김씨 / 구도 갈문왕의 딸		17년	경무 庚戊	230년	실전
5	12	첨해 이사금	석첨해 昔沾解	조분 이사금의 친동생			15년	정묘 丁卯	247년	실전
6	14	유례 이사금	석유례 昔儒禮	조분 이사금의 아들	○소○ 김 부인 박씨 / 갈문왕 내음奈音의 딸		15년	갑진 甲辰	284년	실전
7	15	기림 이사금	석기림 昔基臨	조분 이사금의 손자 / 이찬 걸숙의 아들	아이 阿爾 부인		12년	무우 戊于	298년	실전
8	16	흘해 이사금	석흘해 昔訖解	내해 이사금의 손자 / 각간 유노의 아들	명원 命元 부인		46년	경우 庚于	310년	실전

석씨 왕릉 실전표

신라 조대 수	석씨 왕대 수	연수	왕호	휘	재위 연수
9	2	184년	벌휴 이사금	석벌휴昔伐休	12년
10	3	196년	내해 이사금	석내해昔奈解	34년
11	4	230년	조분 이사금	석조분昔助賁	17년
12	5	247년	첨해 이사금	석첨해昔沾解	15년
14	6	284년	유 례 이사금	석유례昔儒禮	14년
15	7	298년	기림 이사금	석기림昔基臨	12년
16	8	310년	흘해 이사금	석흘해昔訖解	46년

김씨 왕계편金氏王系篇

<신라 김씨 선원新羅金氏璿源>

 신라 제4대 탈해 이사금 즉위 9년째인 65년 3월에 왕은 밤에 금성金城 서쪽 시림始林 사이에서 닭이 우는 소리를 듣고 날이 밝자 호공瓠公을 파견하여 살펴보게 하였는데 그가 시림에 이르러 보니 금색으로 된 조그만 궤짝이 나뭇가지에 달려 있고 흰 닭이 그 밑에서 울고 있었다. 그가 돌아와 이 사실을 알리니 왕은 사람들을 시켜 그 궤짝을 가져오게 한 다음 열어 보니 조그만 사내아이가 그 속에 들어 있는데 용모가 기이하게 뛰어났다. 왕은 크게 기뻐하며 군신들에게 이르기를

"이 어찌 하늘이 나에게 아들을 보내준 것이 아니겠는가."

하며 거두어 길렀다. 사내아이는 자람에 따라 아주 총명하고 지략이 많았는데 이름을 알지閼智라 하고 그가 금궤에서 나왔으므로 성을 김씨金氏라 하였고 또 시림을 고쳐 계림鷄林으로 이름하고 이로써 국호를 삼았다. 알지는 세한勢漢을 낳고, 세한은 아도阿道를 낳고 아도는 수류首留를 낳고, 수류는 욱보郁甫를 낳고 욱보는 구도仇道를 낳고 구도는 미추味鄒를 낳았는데 미추가 신라 제13대 왕위에 오르니 신라의 김씨는 대보공大輔公 김알지에서 시작되었다.

김씨 왕 계통표 金氏王系統表

(38명의 김씨 왕이 587년간 재위하였다.)

김씨 왕 대수	신라 조 대수	왕호	휘	아버지	어머니	비	재위 연수	즉위 원년	즉위 서기	왕릉 소재지
1	13	미추왕	미추 味鄒	구도 九道	박씨 갈문왕 이칠伊柒의 딸	광명光明 부인 석씨 / 제11 대왕 조분왕의 딸	2	임오 壬午	262	부남府 南 황남리 黃南里 죽엽릉 竹葉陵 대릉大 陵
2	17	내물왕	내물 奈勿	말구 末仇	휴례休禮 부인 김씨	희례希禮 부인 김씨	46	병진 丙辰	356	첨성대 瞻星臺 서남쪽 금성金 城 남쪽 10리
3	18	실성왕	실성 實聖	대서지 大西知	이리伊利 부인 석씨 / 아간 등보登 保의 딸	아류阿留부인 김씨	16	임인 壬寅	402	
4	19	눌지왕	눌지 訥祇	내물왕	희례希禮 부인 김씨	아노阿老부인 김씨	4	정사 丁巳	417	부산 남산 南山 아래
5	20	자비왕	자비 慈悲	눌지왕	아노阿老 부인 김씨	희도希道 부인 김씨	21	무오 戊午	458	
6	21	소지왕	소지 炤知	자비왕	희도希道 부인 김씨	선혜善兮 부인 김씨 / 이찬 내숙乃宿의 딸	21	기미 己未	479	
7	22	지증왕	지대로 智大路	습보 習寶	조생鳥生 부인 김씨	연례延禮 부인 박씨 / 등흔登 欣의 딸	14	경진 庚辰	500	
8	23	법흥왕	원종 原宗	지증왕	연례延禮 부인 박씨	보도保刀 부인 박씨	26	갑오 甲午	514	와와리 臥瓦里 산 위 애공사 哀公寺 북쪽 산
9	24	진흥왕	삼맥종 三麥宗	입종 立宗	식도息道 부인 박씨	사도思道 부인 박씨	36	경신 庚申	540	서악리 西岳里 애공사 북쪽 산

김씨 왕 대수	신라 조 대수	왕호	휘	아버지	어머니	비	재위 연수	즉위 원년	즉위 서기	왕릉 소재지
10	25	진지왕	사륜 舍輪	진흥왕의 둘째 아들	사도思道 부인 박씨	지도知道 부인 박씨	3	병신 丙申	576	진문리 晋門里 영경사永敬寺 북쪽
11	26	진평왕	백정 白淨	동륜 銅輪	만호萬呼 부인 김씨	마야摩耶 부인 김씨 / 복승福 勝의 딸	53	기사 己巳	579	내동면 內東面 한지漢只
12	27	선덕 여왕	덕만 德曼	진평왕	마야摩耶 부인 김씨	*부夫 김인평 金仁平	15	임진 壬辰	632	부동府東 낭산狼山 남쪽 고개
13	28	진덕 여왕	승만 勝曼	국반 國飯	월명月明 부인 박씨	*부夫 김기안 金基安	7	정미 丁未	647	사양부 沙梁部 금견곡 今見谷
14	29	태종 무열왕	춘추 春秋	용춘 龍春	문명文明 왕후 김씨	문명文明 부인 김씨 / 서현舒 玄의 딸	7	갑인 甲寅	654	서악西岳 평야 영경사 북쪽
15	30	문무왕	법민 法敏	태종 무열왕	문명文明 왕후 김씨	자의慈儀 왕후 김씨	20	신유 辛酉	661	동해 대석암 大石岩 아래
16	31	신문왕	정명 政明	문무왕	자의慈儀 왕후 김씨	신목神穆 왕후 김씨 / 일길찬 흠운欽運의 딸	11	신사 辛巳	681	천왕사 天王寺 동쪽 금배반리 今排盤里
17	32	효소왕	이홍 理洪	신문왕	신목神穆 왕후 김씨	김씨	10	임진 壬辰	692	부동 방남리 方南里 도지道只
18	33	성덕왕	융기 隆基 흥광 興光	신문왕의 둘째 아들	신목神穆 왕후 김씨	소덕昭德 왕후 김씨 / 소판 원태元泰의 딸	35	임인 壬寅	702	부동 부지곡 部只谷
19	34	효성왕	승경 承慶	성덕왕의 둘째 아들	소덕昭德 왕후 김씨	혜명惠明 왕후 김씨 / 이찬 순원順元의 딸	5	정축 丁丑	737	화장 후 수장

김씨 왕 대수	신라 조 대수	왕호	휘	아버지	어머니	비	재위 연수	즉위 원년	즉위 서기	왕릉 소재지
20	35	경덕왕	헌영憲英	성덕왕의 셋째 아들	소덕昭德 왕후 김씨	만월滿月 부인 김씨 / 서불감 의충義忠의 딸	24	임오 壬午	742	모지사 毛祗寺 서쪽 봉우리
21	36	혜공왕	건운乾運	경덕왕	만월滿月 부인 김씨	창화昌花 부인 김씨 / 이찬 유성維 誠의 딸	15	을사 乙巳	765	천왕리 天王里 금배반리
22	37	선덕왕	양상 良相	효방 孝方	사소四炤 부인 김씨	구족具足 부인 김씨 / 각간 양품良 品의 딸	5	병신 丙申	780	화장 후 동해에 수장
23	38	원성왕	경신 敬信	효양 孝讓	계오繼烏 부인 박씨	숙정淑貞 왕후 신씨 / 각간 신술神 述의 딸	14	을축 乙丑	785	봉덕사 奉德寺 남동쪽 활성리 活城里 곡칭谷稱 괘릉掛陵
24	39	소성왕	준옹 俊邕	인겸 仁謙	성목聖穆 왕후 김씨 / 신미神 迷의 딸	계화桂花 부인 김씨 / 숙명叔明의 딸	2	기묘 己卯	799	
25	40	애장왕	청명 淸明	소성왕	계화桂花 부인 김씨	정화貞和 부인 박씨	9	경진 庚辰	800	
26	41	헌덕왕	언승 彦昇	인겸 仁謙	성목聖穆 왕후 김씨	귀승貴勝 부인 김씨	17	기축 己丑	809	부동 천림리 泉林里
27	42	흥덕왕	수종 秀宗	인겸 仁謙	성목聖穆 왕후 김씨	장화章和 부인 김씨	10	병오 丙午	826	안강安康 육통리 六通里 북쪽 / 장화 부인 능에 합장
28	43	희강왕	제융 悌隆	헌정 憲貞	순성順成 왕후 박씨	문목文穆 왕후 김씨 / 충공忠恭의 딸	2	병진 丙辰	836	소산 蘇山 금청도군今 淸道郡

김씨왕대수	신라조대수	왕호	휘	아버지	어머니	비	재위연수	즉위 원년	즉위 서기	왕릉 소재지
29	44	민애왕	명明	충공忠恭	선의宣懿 태후 박씨	윤용允容 왕후 김씨 / 시중 영공永恭의 딸	1	무오戊午	838	부남사府南社 골짜기 북쪽 야산
30	45	신무왕	우징祐徵	균정均貞	헌목憲穆 태후 박씨	진종眞從 부인 박씨 / 명해明海의 딸	4개월	기미己未	839	내동면 동방리東方里 제형산 弟兄山
31	46	문성왕	경응慶應	신무왕	진종眞從 왕후 박씨	소성昭聖 태후 김씨 / 위흔魏欣의 딸	18	기미己未	839	서악西岳 공작지 孔雀地
32	47	헌안왕	의정誼靖 우정祐靖	균정	조명照明 부인 김씨	안정安貞 왕후 김씨	4	정축丁丑	857	서악 공작지
33	48	경문왕	응렴膺廉	계명啓明	광의光義 왕후 박씨	문의文懿 왕후 김씨	14	신사辛巳	861	
34	49	헌강왕	정晸	경문왕	문의文懿 왕후 김씨	의명懿明 왕후 김씨	11	을미乙未	875	보제사菩提寺 동남쪽 금남산今南山 아래
35	50	정강왕	황晃	경문왕	문의文懿 왕후 김씨	문숙文淑 왕후 김씨	1	병오丙午	886	남유상 南由上
36	51	진성여왕	만曼	경문왕	문의文懿 왕후 김씨	*부夫 김필대金必大	10	정미丁未	887	양산군梁山郡 황산黃山
37	52	효공왕	요嶢	헌강왕	의명懿明 부인 김씨	계아桂娥 부인 박씨 / 이찬 예겸乂謙의 딸	15	정사丁巳	897	사자곡獅子谷 천왕天旺 동랑산東狼山
38	56	경순왕	부傅	효종孝宗	계아桂娥 부인 김씨	죽방竹房 부인 박씨 / 낙랑樂浪 공주 왕씨	9	정해丁亥	927	장단부長湍府 남팔리南八里 천향동 泉向洞

김씨 왕릉 실전표

신라 조대 수	김씨 왕대 수	연수	왕호	휘	재위 연수
18	3	402년	실성實聖	실성實聖	15년
19	4	417년	눌지訥祇	눌지訥祇	41년
20	5	458년	자비慈悲	자비慈悲	22년
21	6	479년	소지炤知	소지炤知	21년
22	7	500년	지증智證	지대로智大路	14년
34	19	737년	효성孝成	승경承慶	5년
36	21	765년	혜공惠恭	건운乾運	15년
37	22	780년	선덕宣德	양상良相	5년
39	24	799년	소성昭聖	준옹俊邕	1년
40	25	800년	애장哀莊	청명淸明	9년
48	33	861년	경문景文	응렴膺廉	14년
51	36	887년	진성眞聖	만曼	10년

추존왕追尊王

<시조 대보공大輔公 김알지金閼智>

공의 7세손 미추味鄒가 신라 제13대 왕위에 오른 다음 김알지를 세조 대왕으로 추존하였다.

<세한勢漢(일휘一諱 열한熱漢)>

시조 대보공 알지의 아들이다. 벼슬은 이찬으로 100년(파사왕 21)에 거서간(왕)의 호를 받았다.

<아도阿道(일휘 아도阿都)>

세한의 아들이다. 벼슬은 이찬으로 111년(파사왕 32)에 파진찬에 올랐다. 파진찬은 파미간波彌干으로서 '파미波彌'는 지명이며 군장君長의 칭호이다.

<수류首留(일휘 수류壽留)>

파진찬 아도의 아들이다. 벼슬은 이벌찬으로서 126년(지마왕 15)에 각간이 되었다.

<욱보郁甫(일휘 욱보郁甫)>
 각간 수류의 아들이다. 벼슬은 이벌찬으로서 148년(일성왕 15)에 각간이 되었다.

<추존 갈문왕葛文王 구도仇道(일휘 구도俱道)>
 각간 욱보의 아들이며 비는 술예述禮 부인 박씨로서 제6대 지마 이사금의 아들 이비伊
非의 딸이다. 벼슬은 파진찬으로 185년(벌휴왕 2)에 좌 군주左軍主가 되어 우 군주右軍主인
구수혜仇須兮와 같이 소문국召文國을 평정하였다. 188년(벌휴왕 5) 2월에 모산성母山城을 침
략한 백제의 군대를 격퇴하였고 이듬해 7월에 구양拘壤에서 다시 백제군과 교전하여 크게
승리하였다.

또 190년(벌휴왕 7) 8월에 백제군이 신라 국경 서쪽의 원산향圓山鄕을 격파하고 악곡성岳谷
城을 침공하자, 왕은 우수한 군사들을 거느리고 친히 싸움터로 나가 적을 격퇴한 후 적지
인 주산柱山까지 추격하였으나 적의 반격으로 인하여 패전하고 말았다. 이에 좌 군주 구
도는 전투의 실패에 대한 책임을 지고 악곡성주岳谷城主로 물러났으나, 아들 미추가 왕위
에 오르고 갈문왕으로 추존하였다.

<추존 갈문왕 미구未仇(일휘 미굴未屈)>
 구도의 셋째 아들이자, 제13대 미추 이사금의 동생이며 비는 휴례休禮 부인 김씨이다. 미
구는 천성이 충성스럽고 절개가 곧았으며 지략 또한 비범하여 유례 이사금은 매번 정사
를 문의하였다. 356년(흘해왕 47)에 각간이 되었으며, 아들 내물奈勿이 왕위에 오른 다음 모
문왕募文王으로 추존하였다.

<추존 갈문왕 복호卜好(일휘 보로寶露)>
 제17대 내물 마립간의 둘째 아들이자 제19대 눌지 마립간의 동생이다. 412년(실성왕 11)
에 볼모로 고구려에 가서 10년을 지내다 눌지訥祗가 실성 마립간의 뒤를 이어 즉위한 지 2
년째에 박제상朴堤上으로 하여금 모셔 오게 하였다. 그 후 손 지증智證이 왕위에 오르고 갈
문왕으로 추존하였다.

<추존 갈문왕 습보習寶(일휘 사보斯寶)>

복호의 아들이며 비는 조생鳥生 부인 김씨이다. 벼슬은 이찬으로 459년(자비왕 2)에 각간이 되었다. 아들 지증智證이 왕위에 오르고 나서 조부 복호와 부친을 갈문왕으로 추존하였다.

<추존 갈문왕 입종立宗>

제22대 지증 마립간의 둘째들이자 제23대 법흥왕의 동생이며 비는 식도息道 부인 김씨이다. 벼슬은 이찬이었으며, 아들 진흥眞興이 왕위에 오르고 갈문왕으로 추존하였다.

<추존 갈문왕 동륜銅輪>

제24대 진흥왕의 아들이며 비는 만호萬戶 부인 김씨이다. 불행하게도 세상을 빨리 떠났으며, 아들 진평眞平이 왕위에 오르고 갈문왕으로 추존하였다.

<추존 성덕왕聖德王 국반國飯>

갈문왕 동륜의 둘째들이자 제26대 진평왕의 동생이며 비는 명월明月 부인 박씨이다. 벼슬은 이찬으로서 딸 진덕 여왕이 왕위에 오른 다음 갈문왕으로 추존하였다.

<추존 흥문왕興文王 용수龍樹(일휘 용수龍壽 또는 용춘龍春)>

제25대 진지왕의 이들이며 비는 천명天明 부인 김씨이다. 벼슬은 이찬으로서 622년(진평왕 44)에 내성內省 사신으로 628년(진평왕 50)에 대장이 되어 고구려 낭비성娘臂城을 정벌하였다. 그 후 아들 춘추春秋가 왕위에 오르자 문흥왕文興王으로 추존하고 비 천명 부인은 문정文貞 태후로 추봉되었다.

<추존 현성왕玄聖王 법선法宣>

서간 마차摩次의들이다. 벼슬은 대아찬으로 현손 원성元聖이 왕위에 오르고 현성왕玄聖王으로 추존하였다.

<의관義寬(일휘 의관義官)>

추존 현성왕 법선의 아들이다. 벼슬은 이찬으로 증손 원성元聖이 왕위에 오르고 신영왕神英王으로 추존하였다.

<추존 개성왕開聖王 효방孝芳>

아간 원훈元訓의 아들이며 비는 사소四召 부인 김씨이다. 벼슬은 각간으로 아들 선덕宣德이 왕위에 오른 다음 개성왕開聖王으로 추존되고 사소 부인은 정의貞懿 태후로 추봉하였다.

<추존 흥평왕興平王 위문魏文>

의관의 아들이다. 벼슬은 이찬을 거쳐 시중이 되었으며 손 원성元聖이 왕위에 오른 다음 흥평왕興平王으로 추존하였다.

<추존 명덕왕明德王 효양孝讓>

위문의 아들이며 비는 계오繼烏 부인 박씨로 창도昌道의 딸이다. 벼슬은 일길찬으로서 아들 원성元聖이 왕위에 오르고 명덕왕明德王으로 추존되었으며 계오 부인은 소문昭文 태후로 추봉되었다.

<추존 혜충왕惠忠王 인겸仁謙(일휘 인선仁譔)>

제38대 원성왕의 아들이며, 비는 신씨申氏로 신술神述의 딸이다. 처음 태자로 책봉되었으나 조졸하였으므로, 아들 소성昭聖이 왕위에 오른 다음 혜충왕惠忠王으로 추존하고 비는 성목聖穆 왕후로 추봉하였다.

<추존 혜강왕惠康王 예영豫英(일휘 효진孝眞)>

제38대 원성왕의 셋째 아들이자, 추존 혜충왕 인겸의 동생이다. 벼슬은 각간으로 손 희강僖康이 왕위에 오르고 혜강왕惠康王으로 추존하였다.

<추존 익성왕翼城王 헌정憲貞>

예영의 아들이며 비는 미도美道 부인 박씨이다. 벼슬은 이찬으로 아들 희강喜康이 왕위에 오른 후 익성왕翼城王으로 추존하고 미도 부인은 순성順成 왕후로 추봉하였다.

<추존 성덕왕成德王 균정均貞>

추존 혜강왕 예영의 둘째 아들로서 비는 박씨朴氏이다. 벼슬은 대아찬으로서 812년(헌덕왕 4)에 상대등 시중이 되었다가 같은 해 웅천 도독 김헌창金憲昌이 반란을 일으키자 군장軍將이 되어 이를 토평하였다.

이후 제42대 흥덕왕이 사망하였을 때 후손이 없으므로 종질 제륭悌隆과 왕위 계승을 위하여 서로 다투다가 김명金明, 이홍利弘 등에게 살해당하였다. 아들 신무神武가 왕위에 오른 다음 성덕왕成德王으로 추존되고 비는 헌목憲穆 태후로 추봉되었다.

<추존 선강왕宣康王 충공忠恭>

제39대 소성왕의 셋째 아들이고 비는 박씨朴氏이다. 벼슬은 시중으로 아들 민애閔哀가 왕위에 오른 다음 선강왕宣康王으로 추존하고 비는 의의宜懿로 추봉되었다.

4. 삼국시대 관등표 三國時代官等表

(《삼국사기》에 의함)

나라이름 출전出典 관등官等	백제		신라 삼국사기		고구려								
	삼국사기	수서隋書	중앙	지방	삼국지위지 三國志魏志	주서周書	수서隋書	통전通典		책부원구 冊府元龜	신당서 新唐書	한원翰苑	
1품	좌평佐平	좌평佐平	이벌찬伊伐飡(이벌간伊罰干, 간벌찬干罰飡, 각간角干, 각찬角粲, 서발한舒發翰, 서불한舒弗邯)		상가相加	대대로大對盧	태대형太大兄	상가相加	토졸土拙(대대로大對盧)	대대로大對盧	대대로大對盧(토졸土拙)	대대로大對盧	(토졸土拙)
2품	달솔達率	대솔大率	이척찬伊尺飡(이찬伊飡)		대로對盧	태대형太大兄	대형大兄	대로對盧	태대형太大兄	태대형太大兄	울절鬱折	태대형太大兄	(막하라지莫何羅支)
3품	은솔恩率	은솔恩率	잡찬迊飡(잡판迊判, 소판蘇判)		패자沛者	대형大兄	소형小兄	패자沛者	울절鬱折	대형大兄	태대사자太大使者	울절鬱折	(주부主簿)
4품	덕솔德率	덕솔德率	파진찬波珍飡(해간海干, 파미간破彌干)		고추가古雛加	소형小兄	대로對盧	고추대가古雛大加	태대부인사자太大夫人使者	소형小兄	조의두대형皁衣頭大兄	대부사자大夫使者	(알사謁奢)
5품	한솔扞率	간솔杆率	대아찬大阿飡		주부主簿	의후사意侯奢	의후사意侯奢	주부主簿	조의두대형皁衣頭大兄	의후사意侯奢	대사자大使者	조의두대형皁衣頭大兄	(중리조의中裏皁衣)(두태형頭大兄)
6품	나솔奈率	나솔奈率	아찬阿飡(아척간阿尺干, 아찬阿粲)(사중四重)		우태優台	오졸烏拙	오졸烏拙	우태于台	대사자大使者	오졸烏拙	대형大兄	대사자大使者	(대사大奢)

나라이름	백제		신라		고구려								
7품	장덕將德	장덕將德	일길찬日吉湌(을길간乙吉干)	악간嶽干	승丞	태대사자太大使者	태대사자太大使者	사자使者	대형大兄	태대사자太大使者	상위사자上位使者	대형가大兄加	(힐지纈支)
8품	시덕施德	시덕施德	사찬沙湌(살찬薩湌, 사돌간沙咄干)	술간述干	사자使者	대사자大使者	대사자大使者	조의皂衣	수위사자收位使者	대사자大使者	제형諸兄	발위사자拔位使者	(유사儒奢)
9품	고덕固德	고덕固德	급벌찬級伐湌(급찬級湌, 급복간及伏干)	고간高干	조의皂衣	소사자小使者	소사자小使者	선인先人	상위사자上位使者	소사자小使者	소사자小使者	상위사자上位使者	(을사乙奢)
10품	계덕季德	계덕季德	대나마大奈麻(대내말大奈末)[구중九重]	귀간貴干	선인先人	욕사褥奢	욕사褥奢		소형小兄	욕사褥奢	과절過節	소형小兄	(실원失元)
11품	대덕對德	대덕對德	나마奈麻(나말奈末)[칠중七重]	선간選干		예속翳屬	예속翳屬		제형諸兄	예속翳屬	선인先人	제형諸兄	(예속翳屬)
12품	문독文督	문독文督	대사大舍(한사韓舍)	상간上干		선인先人	선인先人		과절過節	선인先人	고추대가古雛大加	과절過節	
13품	무독武督	무독武督	사지舍知(소사小舍)	간干		욕살褥薩			불과절不過節	욕살褥薩		불절不節	
14품	좌군佐軍	좌군佐軍	길사吉士(계지罽知, 길차吉次)	일벌一伐					선인先人		선인先人		
15품	진무振武	진무振武	대오大烏(대오지大烏知)	일척一尺									
16품	극우剋虞	극우剋虞	소오小烏(소오지小烏知)	피일彼日									
17품			조위造位(선저지先沮知)	아척阿尺									

5. 통일신라 직관표 統一新羅職官表

(≪삼국사기≫에 의함)

<문관직>

관청	관직	관등	연혁
상대등上大等(상신上臣)			531년 설치
집사성 執事省	중시中侍(651)→시중侍中(747) 전대등典大等(565)→시랑侍郎(747) 대사大舍(685)→낭중郎中(759) 사지舍知(685)→원외랑員外郎(759) 　　→사지舍知(776) 사史→낭郎(경景)→사史(혜惠)	2~5 6~11 11~13 12~13 12~17	본명은 품주稟主(조주祖主). 651년에 집사부執事部로, 829년에 집사성執事省으로 고침.
병부兵部	영令(516) 대감大監(623)→시랑侍郎(경)→대감大監(혜) 제감弟監(589)→대사大舍(658) 　　→낭중郎中(경)→대사大舍(혜) 노사지弩舍知(672)→사병司兵(경) 　　→노사지弩舍知(혜) 사史 노당弩幢(671)→소사병小司兵(경) 　　→노당弩幢(혜)	태太~5 6~? 11~13 12~13 12~17 12~17	
조부調部	영令(651) 경卿 대사大舍(진眞)→주부主簿(경)→대사大舍(혜) 사지舍知(685)→사고(司庫(경)→사지舍知(혜) 사史	태太~금衿 6~? 11~13 12~13 12~17	584년에 설치, 제35대 경덕왕 때 대부大府로 개칭. 제38대 혜공왕 때 환원.
경성주 작전 京城周作典	영令(732) 경卿(733) 대사大舍→주부主簿(경)→대사大舍(혜) 사지舍知→사공司功(경)→사지舍知(혜) 사史	대大~5 6~11 10~13 12~13 12~17	경덕왕 때 수성부修城府로 개칭. 혜공왕 때 환원.
사천왕 사성전 四天王 寺成典	금하신衿荷臣→감령監令(경) 　　→금하신衿荷臣(혜)→감령監令(애哀) 상당上堂→경卿(경)→상당上堂(혜) 　　→경卿(애) 적위赤位→감監(경)→적위赤位(혜) 청위靑位→주부主簿(경)→청위靑位(혜) 　　→대사大舍(애) 사史	1~5 6~11 11~13	경덕왕 때 감사천왕사부監 四天王寺府로 개칭. 혜공왕 때 환원.

＊ 통일 신라는 신라가 백제와 고구려를 멸망시키고 삼국을 통일한 676년 이후의 신라를 말한다.

관청	관직	관등	연혁
봉성사성전 奉聖寺成典	금하신衿荷臣→검교사檢校使(경) 　→금하신衿荷臣(혜)→영令(애) 상당上堂→부사副使(경)→상당上堂 적위赤位→판관判官(경)→적위赤位 청위靑位→녹사綠事→청위靑位 사史→전典(경)→사史		경덕왕 때 수영봉성사사원修營奉 聖寺使院으로 개칭. 후에 환원.
감은사성전 感恩寺成典	금하신衿荷臣→검교사檢校使(경) 　→금하신衿荷臣(혜)→영令(애) 상당上堂→부사副使(경)→상당上堂(혜) 　→경卿(애) 적위赤位→판관判官(경)→적위赤位 청위靑位→녹사綠事(경)→청위靑位 사史→전典(경)→사史		경덕왕 때 수영감은사사원修營感 恩寺使院으로 개칭. 후에 환원.
봉덕사성전 奉德寺成典	금하신衿荷臣→검교사檢校使(경) 　→금하신衿荷臣(혜)→영令(애) 상당上堂→부사副使(경)→상당上堂(혜) 　→경卿(애) 적위赤位→판관判官(경)→적위赤位 청위靑位→녹사綠事(경)→청위靑位 사史→전典(경)→사史(혜)		759년 수영봉덕사사원修 營奉德寺使院으로 개칭. 후에 환원.
봉은사성전 奉恩寺成典	금하신衿荷臣(혜)→영令(애) 부사副使(혜)→상당上堂→경卿(애) 대사大舍 사史		
영묘사성전 靈廟寺成典	상당上堂→판관判官(경)→상당上堂 청위靑位→녹사綠事(경)→대사大舍 사史		759년 수영영묘사사원修 營靈廟寺使院으로 개칭. 후에 환원.
영흥사성전 永興寺成典	대사마大舍麻→감監(경) 사史		684년 설치. 759년 감영흥사관監永興寺使 館으로 개칭.
창부倉部	영令 경卿(651)→시랑侍郞(경)→경卿(혜) 대사大舍(진眞)→낭중郞中(경)→대사大舍(혜) 조사지租舍知(699)→사창司倉(경) 　→조사지租舍知(혜) 사史(진眞)	대大~5 6~? 11~13 12~13	651년 품주稟主에서 나뉨.

관청	관직	관등	연혁
예부禮部	영令(586) 경卿(648) 대사大舍(651)→낭중郎中(경)→대사大舍 사지舍知→사례司禮(경)→사지舍知 사史(651)	태太~5 6~? 6~13 12~13 12~17	
승부乘部	영令(584) 경卿 대사大舍→주부主簿(경)→대사大舍 사지舍知→사목司牧(경)→사지舍知 사史	1~5 6~? 11~13 12~13 12~17	경덕왕 때 사어부司馭府로 개칭. 혜공왕 때 환원.
사정부 司正部	영令 경卿(544) 좌佐→평사評事(경)→좌佐 대사大舍 사史	1~5 6~? 10~11 11~13	659년 설치. 경덕왕 때 숙정대肅正臺로 개칭. 혜공왕 때 환원
예작부 例作府 (예작전 例作典)	영令(686) 경卿(신神) 대사大舍(805)→주부主簿(경)→대사大舍 사지舍知→사례司禮(경)→사지舍知 사史	1~5 6~? 11~13 12~13	경덕왕 때 수례부修例府로 개칭. 혜공왕 때 환원.
선부船府	영令 경卿(663) 대사大舍→주부主簿(경)→대사大舍(혜) 사지舍知→사주司舟(경)→사지舍知(혜) 사史	1~5 6~? 11~13 12~13	678년 병부兵部에서 나뉨. 경덕왕 때 이제부利濟府로 개칭. 혜공왕 때 환원.
영객부 領客府	영令(651) 경卿 대사大舍→주부主簿(경)→대사大舍(혜) 사지舍知→사의司儀(경)→사지舍知(혜) 사史	1~5 6~? 11~13 12~13	본명은 왜전倭典. 621년 영객전領客典으로, 경덕왕 때 사빈부司賓府로 개칭. 혜공왕 때 영객전領客典으로 개칭.
위화부 位和府	금하산衿荷山→영令(805) 상당上堂(신)→경卿(애) 대사大舍→주부主簿(경)→대사大舍 사史	대大~2 6~9	581년 설치. 경덕왕 때 사위부司位府로 개칭. 혜공왕 때 환원.

관청	관직	관등	연혁
좌리방부 左理方府	영令 경卿(진) 좌좌佐(진)→평사評事(경)→좌좌佐(혜) 대사大舍 사史	3~9 6~? 10~11 11~13	651년 설치. 692년 의방부議方府로 개칭.
우리방부 右理方府	영令 경卿 좌좌佐 대사大舍 사史		667년 설치.
상사서 賞賜署	대정大正(624)→정정正(경)→대정大正 좌좌佐 대사大舍(651)→주서主書(경)→대사大舍(혜) 사史	6~9 9~10 11~13	창부倉部에 속한 것을 경덕왕 때 사훈감思勳監으로, 혜공왕 때 상사서(賞賜署)로 개칭.
대도서 大道署 (사전寺典, 내도감內 道監)	대정大正(624)→정정正(경)→대정大正 주서主書→주사主事(경) 사(史)	6~9 11~13	예부(禮部) 소속.
전읍서 典邑署	경卿 감監 대사읍大司邑 중사읍中舍邑 소사읍小司邑 사史 목척木尺	8~11 10~11 11~13 12~13 12~13	경덕왕 때 전경부典京府로 개칭. 혜공왕 때 환원.
영창궁성전 永昌宮成典	상당上堂(경)→경(卿)→상당上堂(혜) 　→경卿(805) 대사大舍→주부主簿(경)→대사大舍(혜) 사史	6~9 11~13	676년 설치
국학國學	경卿→사업司業(경)→경卿(혜) 박사博士 조교助教 대사大舍(651)→주부主簿(경)→대사大舍(혜) 사史	6~? 11~13	예부禮部 소속. 경덕왕 때 대학감大學監으로 개칭. 혜공왕 때 환원.

관청	관직	관등	연혁
음성서 音聲書	장長→경卿(687)→사락司樂(경)→경卿(혜) 대사大舍(651)→주부主簿(경)→대사大舍 사史	6~? 11~13	예부 소속. 경덕왕 때 대악감大樂監으로 개칭. 혜공왕 때 환원.
대일임전 大日任典	대도사大都司→대전의大典儀(경) 　　→대도사大都司 소도사少都司→소전의小典儀(경) 　　→소도사少都司 도사대사都事大舍→대전사大典事(경) 　　→도사대사都事大舍 도알사지都謁舍知→전알典謁(경) 　　→도알사지都謁舍知 도인사지都引舍知→전인典引(경) 　　→도인사지都引舍知 당幢→소전사小典事(경)→당幢 도사계지都事稽知 도알계지都謁稽知 도인계지都引稽知(도인당都引幢, 소전인小典引) 비벌수比伐首	11~13 12~13 11~13 12~13 12~13 12~17	657년 설치. 경덕왕 때 전경부典京府에 병합.
공장부 工匠府	감監(682) 주서主書(651, 또는 주사主事, 대사大舍) 사史	9~10 11~13	경덕왕 때 전사서典祀 書로 개칭. 후에 환원.
채전彩典	감監(682) 주서主書(651) 사史	10~11 11~13	경덕왕 때 전채서典彩 書로 개칭. 후에 환원.
좌사녹관 左司祿館	감監 주서主書(주사主事) 사史	10~11 11~13	677년 설치.
우사녹관 右司祿館	감監 주서主書 사史		681년 설치.
전사서 典祀署	감監 주서主書(651) 사史	10~11 11~13	예부에 소속. 713년 나님.
신궁新宮	감監 주서主書 사史	10~11 11~13	717년 설치. 경덕왕 때 전설관典設館으로 개칭. 후에 환원.

관청	관직	관등	연혁
동시전 東市典	감監 대사大舍→주사主事(경)→대사大舍 서생書生→사직司直(경)→서생書生 사史	10~11 11~13	508년 설치.
서시전 西市典	감監 대사大舍→주사主事(경)→대사大舍 서생書生→사직司直(경)→서생書生 사史		695년 설치.
남시전 南市典	감監 대사大舍→주사主事(경)→대사大舍 서생書生→사직司直(경)→서생書生 사史		695년 설치.
사범서 司範署	대사大舍(주서主書)→주사主事(경)→대사大事 사史	12~13	예부 소속.
경도역 京都驛	대사大舍 사史	11~13	경덕왕 때 도정역都亭 驛으로 개칭. 후에 환원.
누각전 漏刻典	박사博士 사史		718년 설치.
육부소감전六部小監典	양부 梁部 및 사양부 沙梁部	감랑監郎 대내마大奈麻 대사大舍 사지舍知 사史		
	본피부 本彼部	감랑監郎 감대사監大舍 사지舍知 감당監幢 사史		
	모량부 牟梁部	감신監臣 대사大舍 사지舍知 감당監幢 사史		
	한기부 漢祇部 및 습비부 習比部	감신監臣 대사大舍 사지舍知 감당監幢 사史		

관청	관직	관등	연혁
식척전 食尺典	대사大舍 사史		
직도전 直徒典	대사大舍 사지舍知 사史		
고관가전 古 官家典	당幢(계지稽知) 구척鉤尺 수주水主 화주禾主		
내성內省	사신私臣→전중령殿中令(경)→사신私臣 경卿 감監 대사大舍 사지舍知	금衿~태太 6~11 8~11	759년에 전중성殿中省으로 개칭. 후에 환원. 삼궁三宮(대궁大宮, 양궁梁宮, 소양궁少梁宮)을 관할.
내사정전 內 司正典	의결議決 정찰貞察 사史		746년에 설치. 759년 건평성建平省으로 개칭. 후에 환원.
전대사전 典大舍典	전대사典大舍 전옹典翁 사史		
상대사전 上大舍典	상대사上大舍 상옹上翁		
흑개감 黑鎧監	대사大舍 사史		경덕왕 때 위무감衛武監으로 개칭. 후에 환원.
본피궁 本彼宮	우虞 사모私母 공옹工翁 전옹典翁 사史		681년 설치.
인도전 人道典	상인도上引道 위인도位引道 궁인도宮引道		경덕왕 때 예성전禮成典으로 개칭. 후에 환원.

관청	관직	관등	연혁
촌도전 村徒典	간干 궁옹宮翁 대척大尺 사史		670년 설치.
고역전 尻驛典	간옹看翁 궁옹宮翁		
평진음전 平珍音典	간옹看翁 연옹筵翁 전옹典翁		경덕왕 때 소궁掃宮으로 개칭. 후에 환원.
연사전 煙舍典	간옹看翁		718년 설치.
상문사 詳文師			714년 통문박사通文博 士로, 경덕왕 때 한림翰 林으로 개칭. 뒤에 학사學 士를 둠.
소내학생 所內學生			721년 설치.
천문박사 天文博士			후에 사천박사四天博士로 개칭.
의학醫學	박사博士		691년 설치.
공봉승사 供奉乘師			
율령전 律令典	박사博士		
수궁전 藪宮典	대사大舍 사史		
청연궁전 靑淵宮典	대사大舍 사史 궁옹宮翁		경덕왕 때 조추정造秋 亭으로 개칭. 후에 환원.
부천궁전 夫泉宮典	대사大舍 사史 궁옹宮翁		

관청	관직	관등	연혁
차열음궁전 且熱音宮典	대사大舍 사史 궁옹宮翁		
좌산전 坐山典	대사大舍 사史 궁옹宮翁		
병촌궁전 屛村宮典	대사大舍 사史 궁옹宮翁		경덕왕 때 현룡정玄龍 亭으로 개칭. 후에 환원.
북토지궁전 北吐只宮典	대사大舍 사史		
홍현궁전 弘峴宮典	대사大舍 사史		
갈천궁전 葛川宮典	대사大舍 사史		
선평궁전 善坪宮典	대사大舍 사史		
이동궁전 伊同宮典	대사大舍 사史		
평립궁전 平立宮典	대사大舍 사史		
명활전 明活典	대사大舍 간옹看翁		913년 설치.
원곡양전 源谷羊典	대사大舍 간옹看翁		829년 설치.
염곡전 染谷典	간옹看翁		
벽전 壁典	간옹看翁 하전下典		

관청	관직	관등	연혁
자원전 藉園典	간옹看翁 하전下典		
두화탄전 豆쥿炭典	옹看翁		
소년감전 少年監典	대사大舍 사史		경덕왕 때 조천성釣天 省으로 개칭. 후에 환원.
회궁전 會宮典	궁옹宮翁 조사지助舍知		경덕왕 때 북사설北司 設으로 개칭. 후에 환원.
상신모전 上新謨典	대사大舍 사史		
하신모전 下新謨典	대사大舍 사史		
좌신모전 左新謨典	대사大舍 사史		
우신모전 右新謨典	대사大舍 사史		
조전祖典	대사大舍 사史		
신원전 新園典	대사大舍 사史		
빙고전 氷庫典	대사大舍 사史		
백천목숙전 白川苜宿典	대사大舍 사史		
한지목숙전 漢祇苜宿典	대사大舍 사史		

관청	관직	관등	연혁
문천목숙전 蚊川苜宿典	대사大舍 사史		
본피목숙전 本彼苜宿典	대사大舍 사史		
능색전 陵色典	대사大舍 사史		
예궁전 穢宮典	치성雉省 궁옹宮翁 조사지助舍知 종사지從舍知		경덕왕 때 진각성珍閣 省으로 개칭. 후에 환원.
조하방 朝霞房	모母		
염궁染宮	모母		
소전疏典	모母		
홍전弘典	모母		
소방전 蘇芳典	모母		
찬염전 攢染典	모母		
표전 漂典	모母		
왜전倭典			
금전錦典			경덕왕 때 직금방織錦 房으로 개칭. 후에 환원.

관청	관직	관등	연혁
철유전 鐵鍮典			경덕왕 때 축야방築冶 房으로 개칭. 후에 환원.
사전寺典			
칠전漆典			경덕왕 때 식기방飾器 房으로 개칭. 후에 환원.
모전毛典			경덕왕 때 취췌방聚毳 房으로 개칭. 후에 환원.
피전皮典			경덕왕 때 포인방鞄人 房으로 개칭. 후에 환원.
추전鞦典			
피타전 皮打典			경덕왕 때 운공방鞾工 房으로 개칭. 후에 환원.
마전磨典			경덕왕 때 재인방梓人 房으로 개칭. 후에 환원.
탑전鞜典			
화전靴典			
타전打典			
마이전 麻履典			
어용성 御龍省	사신私臣(801) 어백랑御伯郞(780)→봉어奉御→경경卿(750) 　　　→감監 치성雉省		

관청	관직	관등	연혁
세택洗宅	대사大舍 종사지從舍知		경덕왕 때 중서성中書 省으로 개칭. 후에 환원.
숭문대 崇文臺	낭郎 사史 종사지從舍知		
악전嶽典	대사大舍 사史 종사지從舍知		
감전監典	대사大舍 사지舍知 사史 도관都官 종사지從舍知 악자樂子		
늠전廩典	대사大舍 사지舍知 사史 늠옹廩翁 종사지從舍知		경덕왕 때 천녹사天綠司로 개칭. 후에 환원.
춘전春典	사지舍知 사史		
제전祭典	사지舍知 사史		
약전藥典	사지舍知 사史 종사지從舍知		경덕왕 때 보명사保命司로 개칭. 후에 환원.
공봉의사 供奉醫師			
공봉복사 供奉卜師			

관청	관직	관등	연혁
마전麻典	간干 사史 종사지從舍知		759년 직방국織紡局으로 개칭. 후에 환원
폭전曝典			
육전肉典	간干		경덕왕 때 상선국尙膳 局으로 개칭. 후에 환원.
재전滓典	간干 사史		
아니전 阿尼典	모母		
기전綺典	모母		경덕왕 때 별금방別錦 房으로 개칭. 후에 환원.
석전席典	모母		경덕왕 때 봉좌국奉坐 局으로 개칭. 후에 환원.
궤개전 机槪典	간干 사史		경덕왕 때 궤반국机盤 局으로 개칭. 후에 환원.
양전楊典	간干 사史		경덕왕 때 사비국司匪 局으로 개칭. 후에 환원.
와기전 瓦器典	간干 사史		경덕왕 때 도등국陶登 局으로 개칭. 후에 환원.
감부대전 監夫大典	대사大舍 사史 종사지從舍知		

관청	관직	관등	연혁
대전전 大傳典	대사大舍 사史 종사지從舍知		
행군전 行軍典	대사大舍 사史 종사지從舍知		
영창전 永昌典	대사大舍 사史		
고창전 古昌典	대사大舍 사史		
번감番監	대사大舍 사史		
원당전 願堂典	대사大舍 종사지從舍知		
물장전 物藏典	대사大舍 사史		
북상전 北廂典	대사大舍 사史		
남하소궁 南下所宮	옹翁 조助		경덕왕 때 잡공국雜工 局으로 개칭. 후에 환원.
남도원궁 南桃園宮	옹翁		
북원궁 北園宮	옹翁		
신청연궁 新靑淵宮	옹翁		
침방針房	여자女子		

관청	관직	관등	연혁
동궁관 東宮官			
동궁아 東宮衙	상대사上大舍 차대사次大舍		752년 설치.
어용성 御龍省	대사大舍 치성稚省		
세택洗宅	대사大舍 종사지從舍知		
급장전 給帳典	전典 치稚		
월지전 月池典			
승방전 僧房典	대사大舍 종사지從舍知		
포전包典	대사大舍 사史 종사지從舍知		
월지악전 月池嶽典	대사大舍 수주水主		
용왕전 龍王典	대사大舍 사舍		

<문관직>

관청	관직	관등	연혁
시위부 侍衛府	삼도三徒(651) 장군將軍(681) 대감大監 대두隊頭 항項 졸卒	6~9 9~11 8~13 10~13 12~17	
제군관 諸軍官	장군將軍 대관대감大官大監(549) 대대감隊大監 ┌ 영마병領馬兵 └ 영보병領步兵 제감弟監(562) 감사지監舍知(523) 소감少監(562) 대척大尺 군사당주軍師幢主(524) 대장척당주大匠尺幢主 보기당주步騎幢主 삼천당주三千幢主 착금기당주着衿騎幢主 비금당주緋衿幢主 사자금당주師子衿幢主 법당주法幢主(백관당주百官幢主) 흑의장창말보당주黑衣長槍末步幢主 삼무당주三武幢主 만보당주萬步幢主 군사감軍師監 대장대감大匠大監 보기감步騎監 삼천감三千監	1~9 6~13 6~11 10~13 12~13 12~17 12~17 7~11 7~11 8~11 8~13 8~13 8~13 7~13 9~13 10~13 10~13 11~13 10~13 11~13 10~13	
	사자금당주師子衿幢主 법당감法幢監 비금감緋衿監 착금감着衿監 개지극당감皆知戟幢監	11~? 11~13 11~? 11~13	
	법당두상法幢頭上 법당화척法幢火尺 법당벽주法幢辟主 삼천졸三千卒	 10~17	
정관政官 (정법전 政法典)	대사大舍 사史 →승관僧官(785)		

관청	관직	관등	연혁
국통國統 (사주寺主)	도유나랑都唯那郞 아니대도나阿尼大都那 대서성大書省 소년서성少年書省 주통州統 군통郡統		551년 설치.

<외관직>

관청	관직	관등	연혁
	도독都督→군주軍主(508)→총관摠官(661) →도독都督(785)	2~9	
	사신仕臣(사대등仕大等, 564) 주조州助(주보州輔) 군태수郡太守 장사長史(사마司馬) 사대사仕大舍(소윤小尹) 외사정外司正(673) 소수少守(제수制守) 현령縣令	4~9 6~11 6~13 10~13 10~13 10~? 8~17	
패강진전 浿江鎭典	두상대감頭上大監(782) 대감大監 두상제감頭上弟監 제감弟監 보감步監 소감少監	6~9 6~13 10~13 11~? 8~17 12~17	

<주註>

(1) – 관직 부분에서 ( ) 안의 한자는 왕을 표시한다.

(경景) = 경덕왕景德王   (진眞) = 진덕왕眞德王   (애哀) = 애장왕哀莊王

(신神) = 신문왕神文王   (혜惠) = 혜공왕惠恭王

   – ( ) 안의 숫자는 서기를 표시한다.

(2) 관등 부분의 숫자는 신라 16관등의 순위를, 또 태太는 태대각간太大角干, 대大는

   대각간大角干, 금衿은 금하신衿荷臣을 표시한다.

(3) 무관은 관청별로 정리가 되어 있지 않으므로 군관의 명칭관 관등만 밝혔다.

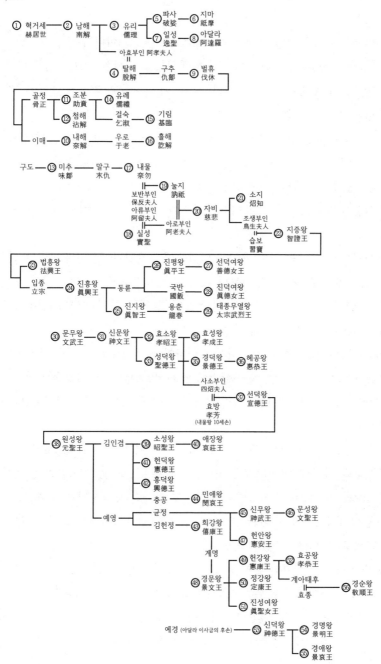

7. 신라의 속국屬國

― 가락국駕洛國은 일명 가야국伽倻國(또는 가락국駕洛國)이니 후에 금관국金官國(지금의 김해부金海府)이라 했다. 동東은 황산강黃山江에 이르고, 서남은 바다에 닿았으며, 서북은 진주晋州 지리산智異山에 이르렀고, 동북은 합천陝川 가야산伽倻山에 이르렀다.

― 신라 유리왕 19년 임인(한漢 광무제光武帝 건무建武 18년)에 구간九干 추장 아도我刀·여도汝刀·피도彼刀·오도五刀·유수留水·유천留天·신천神天·오천五天·신귀神鬼 등이 물가에서 계禊하고 술을 마시다가 귀지봉龜旨峯에 이상한 기운이 있음을 바라보고, 가서 보니 자주빛 새끼 중에 금합金合이 매달려 내려와 있었다.

열어보니 금빛 나는 알이 여섯 개 있었는데 둥글기가 해[日]와 같았다. 아도我刀의 집으로 가져가 모셔두니, 다음 날에 껍질이 깨어지면서 여섯 동자童子가 나왔는데, 용모가 매우 잘났으며 날로 무럭무럭 자라나 10여 일만에 신장身長이 구척九尺이나 되었다.

여러 사람이 맨 먼저 나온 사람을 추대하여 임금으로 삼고, 성을 김씨, 이름은 수로首露(최치원崔致遠의 글에는 책예責裔라 하였다)라 하고 국호를 가락駕洛이라 하였다. 나머지 다섯 사람은 각각 5가야로 돌아갔다. <여지승람> 5가야조에 있다.

― 무신년(건무建武 24년) 7월에 허왕후許王后가 아유타국阿踰陁國으로부터 바다를 건너 왔는데, 배에는 붉은 비단돛과 붉은 비단기를 달고 있었다. 왕이 만전幔殿(장막으로 만든 임시 궁전)을 배설하고 기다리니, 왕후가 배를 매고 높은 등성이에서 쉬면서 비단바지를 벗어 산령山靈에게 예물로 드리니 왕이 만전으로 맞아들여 왕후로 삼았다.

혹은 말하기를, 왕후는 남천축국南天竺國의 왕녀인데, 성은 허씨이고 이름은 황옥黃玉이며 보주태후普州太后라고 불렀다고 한다. <여지승람>에는 허후許后의 능이 귀지산에 있으며, 나이는 157세라고 한다.

― 건안建安 4년 기묘에 돌아가니 재위 158년이다.(위와 같다)

– 아들 거등居登에게 전위하였는데, 그 아들이 마품麻品이며, 그 아들이 거질미居叱彌, 그 아들이 이시품伊尸品, 그 아들이 좌지坐知, 그 아들이 취희吹希, 그 아들이 질지銍知, 그 아들이 겸화鉗和, 그 아들이 구해仇亥로서 서로 이어 왕이 되니 10세世 491년이었다.(여지승람)

– 신라 법흥왕 19년 임장에 가락왕 김구형金仇衡(혹은 구해仇亥라고도 한다.)이 항복해 왔으므로 금관군金官郡을 설치하여 구형을 상등上等에 임명하고, 그의 나라를 식읍으로 주었다.(동문광고)

– 수로왕의 사당은 수릉首陵 옆에 있다. 신라 말기에 영규英規라는 자가 사당의 음식을 훔쳐, 사신邪神의 제사에 썼는데, 뒤에 사당으로 들어갈 때 대들보[楔]가 부러져 압사壓死했다.

또 도적이 떼를 지어 사당으로 들어가서 제기祭器를 훔쳐 내니, 홀연히 갑옷 입은 용사勇士가 활을 가지고 나타나서 도적들을 쏘므로, 도적들이 흩어졌다가 며칠 뒤에 다시 가 보니, 크기가 삼장三丈이나 되고, 눈이 번개 같은 큰 구렁이가 나와 아홉 사람을 물어 죽였다.

임진왜란 때 왜구들이 그 무덤을 파 보니 관 속에 금과 옥이 들어 있었으며, 두골頭骨의 크기는 구리 동이[銅盆]만했고, 관 밖에 두 미인美人이 있었는데 얼굴빛이 산 사람 같았으나 무덤 밖에 내어 놓으니, 햇빛을 보자 곧 녹아 버렸다. 이는 대개 그 당시 순장殉葬한 사람인 것이다.(동문광고)

– 대가야국大伽倻國(지금의 고령高靈)의 시조는 이진아시왕伊珍阿豉王(혹은 내진주지內珍朱智)이며 신라 유리왕 20년 계묘에 건국했다.

– 최치원의 <석리정전釋利貞傳>에, '가야산신伽倻山神 왕현모주王見母主가 천신天神 이비가夷毗訶에게 감응이 되어, 대가야왕 뇌질주일惱窒朱日과 금관국왕 뇌질청예惱窒靑裔 두 사람을 낳았다'고 하였는데, 주일은 곧 아시왕의 별칭이요, 청예는 곧 수로왕의 별칭이다. 그러나 <가락고기駕洛古記>의 육란설六卵說과 더불어 모두 허탄虛誕해서 믿을 수가 없다.(여지승람)

– 주일朱日의 8세손 이뇌왕異腦王이 신라에 구혼求婚하여 이찬夷粲 비지배比枝輩의 딸을 맞아들여, 월광태자月光太子를 낳았다.(최치원崔致遠의 석순응전釋順應傳)

─ 16세世 520년을 전하다가 진흥왕 23년 임오에 도설지왕道設智王이 신라에게 멸망당하고 대가야군大伽倻郡이 설치되었다.

─ 소가야국小伽倻國(지금의 고성固城)은 신라가 멸망시키고, 고자군古自郡을 설치했는데 연조年條는 상세하지 않다.

─ 고령가야국古寧伽倻國(지금의 함창咸昌)은 신라가 멸망시키고, 고동람군古冬攬郡을 설치했는데 연조는 알 수 없다.

─ 아나가야국阿那伽倻國(지금의 함안咸安)은 아라가야阿羅伽倻라고도 하고, 아시량국阿尸良國이라고도 하는데, 신라 법흥왕이 멸망시키고 아시량군을 설치했다.

─ 벽진가야국碧珍伽倻國(지금의 성주星州)은 성산가야星山伽倻라고도 하며, 신라가 멸망시키고 본피현本彼縣을 설치했는데, 연조는 상세하지 않다.

이서국伊西國(지금의 청도淸道)은 신라 유리왕이 정벌하여 빼앗았는데, 후에 구도성仇刀城(다시 악현岳縣으로 고쳤다)과 경내솔이산境內率伊山(소산현蘇山縣으로 고쳤다)·경산鷲山(형산현刑山縣)·오도산烏刀山 등 3성城과 합쳐 대성군大城郡을 설치했다.

─ 우시산국于尸山國(지금의 영해寧海)은 신라 탈해왕이 멸망시켰다.

─ 거칠산국居漆山國(지금의 동래東萊)은 탈해왕이 멸망시켰다.

─ 장산국萇山國(지금의 동래) <여지승람>에는 신라가 장산국을 빼앗아 거칠산군을 두었다고 했고, <문헌비고>에는 두 나라를 함께 열거했다.

─ 음즙벌국音汁伐國(지금의 경주 소속 안강현安康縣)은 신라 파사왕破娑王이 멸망시켰다.

─ 보라국保羅國(지금은 어느 땅인지 상세하지 않다)은 신라 내해왕奈解王 기축년에 가라伽羅에 침입했다가 신라新羅에게 패하였다. 포상팔국浦上八國의 하나이다.

─ 고자국古自國(지금의 사천泗川)은 내해왕 기축년에 가라에 침입했다. 포상팔국의 하나이다.

─ 압독국押犢國(지금의 경산慶山)은 압량국押梁國이라고도 하는데, 신라 파사왕 때에 항복해 왔다. <여지승람>에는 지마왕祇摩王이 빼앗았다고 하였다.

– 비지국比只國(지금은 어느 곳인지 알 수 없다)은 파사왕이 멸망시켰다.

– 다벌국多伐國(지금은 어느 곳인지 알 수 없다)은 파사왕이 멸망시켰다.

– 초팔국草八國(지금의 초계草溪)은 파사왕이 멸망시켰다.

– 소문국召文國(지금의 의성義成)은 신라 벌휴왕이 멸망시켰으며, 경덕왕이 문소군聞韶郡으로 고쳤다.

– 감문국甘文國(지금의 개령開寧)은 신라 조분왕이 빼앗었다.

– 유산柳山 북쪽에 궁궐터가 있고, 현의 북쪽 20리 되는 곳에 대총大冢이 있는데 민간에서 전하기를, 감문국 금효왕金孝王의 능이라고 하며, 현의 서쪽 웅현리熊峴里에는 장부인獐夫人의 능이 있다.(여지승람)

– 골벌국骨伐國(지금의 영천永川) 소속 임천현臨川縣은 골화국骨火國이라고도 하는데, 조분왕이 정벌하여 빼앗아 임천현臨川縣을 설치했다.

– 사벌국沙伐國(지금의 상주尙州)은 사량벌沙梁伐이라고도 하고, 또 사불국沙弗國이라고도 하는데, 신라 첨해왕沾解王이 장수 우로于老를 보내어 쳐서 멸하여 주로 설치했으니 은밀히 백제와 통한 까닭이다.

– 골포국骨浦國(지금의 창원昌原 소속 합포현合浦縣)

– 칠포국漆浦國(지금의 어느 곳인지 상세하지 않다. <여지승람>에는 흥해興海에 칠포영漆浦營이 있다고 하였다)

– 고포국古浦國(지금의 어느 곳인지 알 수 없다. <여지승람>에는 경산慶山에 고포성古浦城이 있다고 하였다)

– 가라국伽羅國(지금의 어느 곳인지 상세하지 않다) 신라 진평왕眞平王이 멸망시켰다. <여지승람>에는 거제巨濟 남쪽 30리에 가라산加羅山이 있어 대마도對馬島를 가장 가깝게 바라볼 수 있다고 하였다.

– 임라국任羅國(지금의 어느 곳인지 상세하지 않다)은 혹 임나국任那國이라고도 하며 진평왕이 멸망시켰다.

– 창녕국昌寧國(지금의 안동安東)

– 구령국駒令國(지금의 안동)

– 소라국召羅國(지금의 안동)

– 대방국帶方國(지금의 남원南原)은 신라 기림왕 때에 항복해 왔다.

- 실직국悉直國(지금의 삼척三陟)은 파사왕 때에 항복해 왔다.

- 우산국于山國(지금의 울진蔚珍 동해東海의 섬)은 우릉羽陵(지금의 울릉도)이라고도 하며, 신라 지증왕智證王 때에 험준한 것만 믿고 완강하게 버티었는데, 하슬라주何瑟羅州의 군주軍主 이사부異斯夫가 그들이 미련하나 사나워서 힘으로 굴복시키기 어려울 것을 알고 나무사자[木獅子]를 많이 만들어, 그 형태를 아주 이상스럽게 하여 전함戰艦에 나누어 싣고 들어가서 속여 말하기를, '너희들이 만약 항복하지 않으면 곧 이 짐승을 놓아 짓밟아 죽이게 하리라'하니, 우산국 사람들이 겁을 내어 항복했다.(여지승람)

- 신라에서 그들이 왜구倭寇를 인도하여 올까 두려워하여 거주민들을 모두 데리고 나와 섬을 비웠다.(동문광고)

- 후에 고려에 속했다. 조선에 이르러 태종·세종 때에 유민流民으로 도망해 들어간 자를 데리고 나왔다.(모두 제도諸島 조에 상세하다)

8. 시대별 지명 변화

도명道名	연혁	현대	조선	고려	통일신라	삼국	비고
서울특별시	1948년 특별시로 승격	서울특별시	한성군漢城郡	양주楊州	한양군漢陽郡	북한성 남평양성	조선 및 현 수도
경기도京畿道	**- 삼국시대三國時代** 경기도 일원은 본래 마한의 영토로서 뒤에 백제의 영토가 됨 서기 497년 고구려 장수왕이 한강 유역을 점거하자 고구려에 소속, 뒤에 신라 진흥왕이 임진강 이남을 확보하면서 신라의 영토가 됨 후삼국 때 궁예가 철원에 도읍하자 그 중심지역이 되었다 **- 고려高麗** 왕건의 건국으로 고려의 영토가 되었고 서기 995년(성종 14) 관제 제정으로 전국이 10도로 분할될 때 현 황해도를 포함하여 관내도로 호칭함 뒤에 양광도楊廣道에 소속되었으나 이후 부府, 목牧 중심의 통치 형식에 따라 명확한 도道 구분이 없이 이 지역 일대에 대한 통칭이었음. 공양왕 때 좌·우도로 분할 **- 조선朝鮮** 태조 초에 경이도京異道라 호칭하고 좌우도로 분할 태조 때 다시 양도를 병합하여 경기도로 호칭 1896년(건양) 한성부가 그 관할로부터 독립 경기를 경절京折로도 표기했음	양주시楊州市	양주군楊州郡	견주見州	내소현來蘇縣	매성군買省郡 (창화昌化)	고려 현종 때 견주라 개칭하고 양주에 편입
		파주시 적성면	적성군積城郡	적성현積城縣	중성현重城縣	칠중현七重縣 난은별難隱別	현 파주시 속면
		광주시廣州市	광주군郡 광주부府 광주목牧	광주廣州	한주황漢州黃	한산군漢山郡	백제의 수도首都 (남한산성)
		이천시利川市	이천군, 현	이천군利川郡	무현武縣	남천현南川縣 남매남買	현 이천시 전역 (천녕 포함)
		용인시龍仁市	용인군, 현	용구현龍駒縣	거서현巨黍縣	구성현駒城縣 멸조滅鳥	현 용인시 전역
		교하읍	교오라군交汚羅郡	교하군交河郡	교하군交河郡	천정구현泉井口縣 굴화군屈火郡 어을매곶於乙買串	현 파주시 속읍
		파주시坡州市	파주군坡州郡 (원평부原平府)	서원군瑞原郡	봉파현峰坡縣		현 파주시 일부
		파평면坡平面	파주에 속함	파평현坡平縣	파평현坡平縣	파해해坡害害 평사현平史縣 (액달額達)	현 파주시 속면
		고양시高陽市	고양경, 군 高陽經, 郡	고봉현高烽縣	고봉高烽 고봉현縣	달을성현達乙省縣	현 고양시 일부
		행주幸州		행주幸州 덕양군德陽郡	우왕遇王 왕봉현王逢縣	개백현皆伯縣	현 고양시 속지
		포천시抱川市	포천현縣 포천군郡	포천군	견성군堅城郡	마홀군馬忽郡 (명지命旨)	
		영평永平	영평현縣 영평군郡	동음현洞陰縣	동음현洞陰縣	양골현梁骨縣	현 포천시 속지

383

도명道名	연혁	현대	조선	고려	통일신라	삼국	비고
경기도 京畿道		부평富平	부평군郡	수주樹州 부평부府	장제군 長堤郡	주부토군 主夫吐郡	인천시 속지
		김포시 金浦市	김포현縣 김포군郡	김포金浦 금양현 金陽縣	금진현 金津縣	유포현 黝浦縣	일부 서울시에 편입
		통진通津	통진현縣 통진군郡	통진현 通津縣	분진현 分津縣	평유압현 平淮押縣 북사성 北史城 별사파아 別史坡兒	김포시 속면
		과천시 果川市	과천현縣 과천군郡	과천果川	율진군 栗津郡	율진군 석사혜 夕斯肹	서울시에 일부 편입
		시흥시 始興市		금주衿州	곡양현	내벌로현	현 김포시 속면
		양천陽川	양천현縣 양천군郡	공암현 孔巖縣	공암현	제차거의현	백제 때 이양홀
		인천시 仁川市	인천부府 인천군郡	인주仁州	소성군 邵城郡	매소홀현	
		남양南陽	남양현縣	당성군 唐城郡	당은현 唐恩縣	당성군 唐城郡	현 평택시 속면
		진위振威	진위군郡	진위라 振威羅	진위현縣	부산라 釜山羅 (금산金山)	
		수원시 水原市	수원부府	수주水州	수성군 水城郡	매홀군 買忽郡 (성수城水)	
				광덕현 廣德縣			조선 때 수원에 소속
		안산시 安山市	안군산 安郡山	안산현縣	장구군 獐口郡	장항구현 獐項口縣 사야홀차 斯也忽次	현 시흥시 속지
		강화군 江華郡	강화부府 강화군郡	강화현縣	혈구군 穴口郡 감비고차해도		
		교동喬桐	교동현縣 교동군郡	교동현	교동현	고목근현 高木根縣 대운도 戴雲島 고림高林 달을신 達乙新	현 강화군 속면
		개성시 開城市	개성부府	송악군 松嶽郡	개성부	부산갑 扶山甲	고려 수도
		풍덕豊德	풍덕부府 풍덕군郡	정주貞州		정주貞州	현 개풍군 속지

도명道名	연혁	현대	조선	고려	통일신라	삼국	비고
경기도 京畿道		장단군 長湍郡	장단현縣 장단군郡 장임長臨 임단臨湍	단주 湍州	장단현縣	장천성현 長淺城縣 야야耶耶 야아夜牙	
			임진현 臨津縣	임진현	진임성현 津臨城縣 도아홀 島阿忽	
		여주시 驪州市	여주부, 군 여흥부 驪興府	황효黃驍 황리黃利 영의永義	황효현 黃驍縣	골단근현 骨丹斤縣	
		죽(결) 竹缺	양근군 楊根郡	양(결)근	빈양현 濱陽縣	양근군 楊根郡 항양恒陽 사참斯斬	현 양평군 속면
		근산根山	죽산현, 군 竹山縣, 郡	죽주군 竹州郡	개산군 介山郡	개차산군 皆次山郡	현 안성시 속면
		안성군 安城郡	안성현縣 안성군郡	안성군	백성군 白城郡	내혜홀 奈兮忽	
		음죽陰竹	음죽현縣 음죽군郡	음죽현	음죽현	노음죽현 奴陰竹縣	현 이천시 속면
		양성陽城		양성현縣	적성현 赤城縣	사복현 沙伏縣	현 안성시 속면
		연천군 連川郡	연천현縣 연천군郡	장주현 漳(獐)州縣	공성현 功城縣	공목달현 功木達縣 웅섬산 熊閃山 공목달 工木達	
		삭녕朔寧	삭녕군 朔寧郡	삭녕현 朔寧縣	삭읍현 朔邑縣	소읍두현 所邑豆縣	현 연천군 속면
		지평砥平	지평현縣 지평군郡	지평현	지평현	지현현 砥峴縣	현 양평군 속면
		가평군 加平郡	가평현縣 가평군郡	가평군, 현 嘉平郡, 縣 加平郡, 縣	근평현 斤平縣	근평현 斤平縣 (병평並平)	
		마전麻田	마전현縣 마전군郡	마전현	임단현 臨湍縣	마전천현 麻田淺縣 니사파홀 泥沙彼忽	현 연천군 속면
		평택시 平澤市	평택현縣 평택군郡	평택현		하팔현 河八縣	본래 충청도 소속

도명道名	연혁	현대	조선	고려	통일신라	삼국	비고
충청도 忠淸道	**- 삼국시대三國時代** 고대 마한의 영토로서 뒤에 백제의 영토가 됨 75년 백제의 수도가 웅자(충남공주 근처)으로 천도하자 그 중심지가 됨	공주시 公州市	공주군郡	공주公州	웅주熊州	웅주	한때 백제의 수도
		노성魯城	노성군郡	니산현 尼山縣	니산현	열야산현 熱也山縣	현 논산시 속면
		회덕懷德	회덕현縣 회덕군郡	회덕현	비풍군 比豊郡	우술현 雨述縣 (후천朽淺)	현 대전시 대덕구 소속
	- 고려高麗 왕건의 건국으로 고려의 영토가 되었고 995년(성조 14) 관제 제정으로 전국이 10도로 분할될 때 충청도忠淸道, 하남도河南道로 분할됨 1106년(목종 9) 양광도楊廣道, 충청도忠淸道 뒤에 또 다시 양광도라 했으나 부府, 목牧 중심의 통합 형식에 따라 명확한 도道 구분이 없이 이 지역 일대에 대한 통칭이었음	부여군 扶餘郡	부여현縣 부여군郡	부여군	부여군	소부리군 所扶里郡 (사비泗沘)	한때 백제의 수도
		석성石城	석성현縣 석성군郡	석성현	석성현	진악산군 珍樂山郡	현 논산시 속면
		정산定山	정산현縣 정산군郡	정산현	열성현 悅城縣	열기현 悅己縣	현 청양군 속면
		연산連山	연산현縣 연산군郡	연산군	황산군 黃山郡	황등야산군 黃等也山郡	현 논산시 속면 황산 전투지
		홍성洪城	홍주군 洪州郡	홍주洪州 (연주連州)			현 홍성군
		면천沔川	면천군 沔川郡	혜성군 槥成郡	혜성군	혜성槥成	현 당진시 속면
		당진시 唐津市	당진군郡	당진현縣	당진현	복수지현 伏首只縣 (부지夫只)	
	- 조선朝鮮 태조 초에 충청도라 호칭하다가 좌左, 우右도로 분할 인조 때 공청도公淸道로, 이어서 공홍도公洪道, 충청도忠淸道로 각각 개칭, 후에 충청도로 복칭復稱함 1777(정조 1) 공청도公淸道로 하다가 1825년(순조 25) 공청도公淸道로 개칭改稱 1834년 충청도로 복칭 1896년(건양 1) 다시 좌우도로 분할했다가 남북도로 분도分道	서천군 舒川郡	서천군	서림군 舒林郡	서림군	설림군 舌林郡	
		남포南浦	남포현縣 남포군郡	남포현	남포현	사포현 寺浦縣	현 보령시 속면
		비인庇仁	비인현縣 비인군郡	비인현	비인현	비중현 比衆縣	현 서천군 속면
		서산시 瑞山市	서산군郡	부성현 富城縣	부성군郡	기부基部	
		진잠鎭岑	진잠현縣 진잠군郡	진잠현	진잠현	진현현 眞峴縣	현 대덕구
		청원군 淸原郡	청주군 淸州郡	청주淸州	서원경 西原京	상당현 上黨縣 낭비성 娘臂城 낭자곡 娘子谷	현 청주시
		청주시 淸州市	청주군 淸州郡				
		문의文義	문의현縣 문의군郡	연산군 燕山郡	연산군	일모산현 一牟山縣	현 청주시 소속
		연기군 燕岐郡	연기군	연기현縣	연기현	두내지현 豆仍只縣	현 세종시
		회인 懷仁	회인현 懷仁縣	회인현	미곡현 昧谷縣	미곡현 未谷縣	현 보은군 속면
			결성현 結城縣	결성현	결성현	결기현 結己縣	현 홍성군 속면

도명道名	연혁	현대	조선	고려	통일신라	삼국	비고
충청도 忠淸道		보령시 保寧市	결성현 結城縣	보령현 保寧縣	신읍현 新邑縣	신촌현 新村縣	
		덕산德山	덕산현縣 덕산군郡	이산현 伊山縣	이산현	마시산군 馬尸山郡	현 예산군 속면
		해미海美	해미현縣 해미군郡	정해현 貞海縣			현 예산군 속면
		대흥大興	대흥현縣 대흥군郡	대흥군	임성군 任城郡	임존성 任存城 (금주今州)	
		청양군 淸陽郡	청양현縣 청양군郡	청양현	청정현 靑正縣	고양부리현 古良夫里縣	
		예산군 禮山郡	예산현縣 예산군郡	예산현	고산현 孤山縣	조산현 鳥山縣	
		임천林川	임천현縣 임천군郡	가림현 嘉林縣	가림군 嘉林郡	가림군 加林郡	현 부여군 속면
		한산韓山	한산군郡	한산현縣	마산현 馬山縣	마산현	현 서천 속면
		홍산鴻山	홍산현縣 홍산군郡	홍산현	한산현 翰山縣	대산현 大山縣	현 부여군
		목천木川	목천현縣 목천군郡	목주군 木州郡	대록군 大麓郡	대목악군 大木岳郡	현 천원군 속면
		전의全義	전의현縣 젼의군郡	전의현	금지金地 금지현 金池縣	구지현 仇知縣	현 더덕군 속면
		천안시 天安市	선안군 宣安郡	천안부 天安府			
		천원군 天原郡	천안군 天安郡				
		남양濫陽	남수군 濫水郡	도수군 渡水郡	탕정군 湯井郡	탕정군	현 아산시 속면
		아산시 牙山市	아산군郡	아주현縣	음봉陰峰 음잠陰岑	아술현 我述縣	
		평택시 平澤市	평택현縣 평택군郡	평택현		하팔현 河八縣	현 경기도로 편입
		태안泰安	태안군郡	소태현 蘇泰縣	성태현 省泰縣	성대호현 省大號縣 성대기 省大肌	현 서산시 속면
		은안恩安	은진현, 군 恩津縣, 郡	덕은군 德恩郡	덕은군 德殷郡	덕근군 德近郡	
		충원군 忠原郡 충주시 忠州市	충주군 忠州郡	충주忠州 중원경 中原京	탁장성 託長城	국원國原 (성말을성 城末乙省)	현 논산시 속면
		괴산군 槐山郡	괴산현縣 괴산군郡	괴주군 槐州郡	괴양군 槐壤郡	내근내군 乃斤內郡	
		연풍延豊	연풍현縣 연풍군郡	장연현 長延縣		상모현 上芼縣	현 괴산군 속면
		진천군 鎭川郡	진천군	진주鎭州	흑양黑壤 (황양黃壤)	금물노군 今勿奴郡 (만노萬弩)	

도명道名	연혁	현대	조선	고려	통일신라	삼국	비고
충청도 忠淸道		음성군 陰城郡	음성현縣 음성군郡	음성현	음성현	내홀현 仍忽縣	
		직산稷山	직산현縣 직산군郡	직산현	사산현 蛇山縣	부산현 芙山縣	현 천원군
		제천시 堤川市	제산현, 군 堤山縣, 郡	제주군 堤州郡	내제군 奈堤郡	내규군 奈叫郡 (대제大堤)	
		단양군 丹陽郡	단양현縣 단양군郡	단양현	적산현 赤山縣	적산(성)현 赤山(城)縣	
		청풍淸風	청풍현縣 청풍군郡	청풍군	청풍현	사열이현 沙熱伊縣	현 제천시 속면
		보은군 報恩郡	보은현縣	보령현 保齡縣	삼년군 三年郡	삼년산군 三年山郡	
		청산靑山	청산현縣 청산군郡	청산현	기산현 耆山縣	굴산현 屈山縣	현 옥천군 속면
		영동군 永同郡	영동군	영동현縣	연동군	길동군 吉同郡	
		황간黃澗	황간군郡	황간현	황간현	소라현 召羅縣	현 영동군 속면
		옥천군 沃川郡	옥천군	관성군 管城郡	관성군	고호산 古戶山	
		영춘永春	영춘군郡	영춘군	사춘현 士春縣	을아단현 乙阿旦縣	현 단양군 속면
				안읍현 安邑縣	안정현 安貞縣	아다호현 阿多號縣 아동기 阿冬肌	현 옥천군 속면
		금산군 錦山郡	금산군	계례현 繼禮縣	진례군 進禮郡	진내군 進乃郡	전라도 소속이었음
				이산현 利山縣	이산현	소리산현 所利山縣	현 옥천군 소속
				시진현 市津縣	시진현	가지내현 加知奈縣 가을내 加乙乃	현 논산시 소속
				지곡현 地谷縣	지육현 地育縣	지육현 知六縣	현 서산군 소속

도명道名	연혁	현대	조선	고려	통일신라	삼국	비고
전라도 全羅道	- 삼국시대三國時代 변한弁韓의 중심지로서 뒤에 백제百濟의 영토가 되었으며, 660년(의자왕 20) 백제의 멸망으로 한때 웅진도독부熊津都督府가 설치되어 당唐의 속령이 되었고, 676년(문무왕 16)에 당唐을 축출逐出한 신라新羅의 영토가 됨 - 후삼국시대 後三國時代 891년(진성왕 5) 견훤의 건국으로 후백제의 영토가 됨 당시 궁예의 장수로 있던 왕건의 활약으로 서남해안과 현 신라 영광 일원이 태봉泰封의 관할이 됨 뒤에 왕건王建이 건국하자 고려의 영토가 되었고 995년(성종 14) 관재 재정으로 건국이 10도로 분할되어 강남도江南道, 해양도海陽道로 분할 그 뒤에 전라도全羅道라 했으나 부府, 목牧 중심의 통치형식에 따라 명확한 도道 구분이 없이 지역 일대에 대한 통칭이었음	전주全州	전주부府 전주군郡	전주	전주	완산주 完山州	후백제의 수도
		익산군 益山郡	익산현縣 익산군郡	금마군 金馬郡	금마군	금마저군 金馬渚郡	
		여산礪山	여산현縣 여산군郡	여량현 礪良縣	여량(양)현 礪良(陽)縣	지량초현 只良肖縣	현 익산시 속면
		남원시 南原市	남원부府 남원군郡	남원부 대방군 帶方郡	남원소경 南原小京	대방군 고룡군 古龍郡	
		임실군 任實郡	임실현縣 임실군郡	임실현	임실군	임실군	
		순창군 淳昌郡	순창현縣 순창군郡	순창군	순화군 淳化郡	도실군 道實郡	
		장수군 長水郡	장수현縣 장수군郡	장수현	우평현 雨坪縣		
		진안군 鎭安郡	진안현縣 진안군郡	진안현	진안현	탄진아현 灘珍阿縣 (월량月良)	
		고안古安	고부현, 군 古阜縣, 郡	구부군	고부군	고사부리군 古沙夫里郡	현 정읍시 속면
		부안군 扶安郡	부안현縣 부안군郡	부령현 扶寧縣	부령현	개화현 皆火縣	
		흥덕興德	흥덕현縣 흥덕군郡	상질현 尙質縣	상질현	상미현 上未縣	현 정읍시 속면
		태인泰仁	태인현縣 태인군郡	태산군 泰山郡	대(태)산군 大(泰)山郡	상호산군 上戶山郡	현 정읍시 속면
		정읍시 井邑市	정읍군郡	정읍현縣	정읍현	정촌현 井村縣	
		임피臨陂	임피현縣 임피군郡	임피현	임피군	시산군 屍山郡 소조실조출피산 所鳥失鳥出陂山	현 군산시 소속
		옥구沃溝	옥구현縣 옥구군郡	옥구현	옥구현	마서량현 馬西良縣	
		함열咸悅		함열현縣	함열현	감물아현 甘勿阿縣	익산시 속면
		용안龍安	용안현縣 용안군郡	용안현			현 익산시 속면
		김제시 金堤市	김제군郡	김제군	김제군	벽골군 碧骨郡	
		만경萬頃	만경군郡	만경현縣	만경현	두내산현 豆乃山縣	김제시 속면
		금산군 錦山郡	금산군	진례현 進禮縣	진례군郡	진내군 進乃郡	현 충남에 편입

도명道名	연혁	현대	조선	고려	통일신라	삼국	비고
전라도 全羅道	**- 조선朝鮮** 태조太祖 초初에 전라 도라 칭하고 좌·우도 로 분할 인조仁祖 때 금라도金 羅道라 개칭 되었다가 다시 전라로 복칭復 稱 그 후 한때 광남도光 南道 개칭改稱 1728년(영조 4) 전광 도全光道로 개칭 1738년(영조 14) 전라 도로 복칭되고, 1896 년(고종 33, 건양 1) 다시 좌우도로 좌합座 合된 뒤 남북도南北 道로 분할 됨	용담龍潭	용담현縣	청거현 淸渠縣	청성현 淸城縣	물거현 勿渠(居)縣	현 진안군 속면
		무주군 茂州郡	무주현縣	무계현 茂溪縣	단천현 丹川縣	적천현 赤川縣	
		광주시 光州市	무진군, 목 武珍郡, 牧 광주군 光州郡	해양현 海陽縣	무주武州	무진주 武珍州	
		광산군 光山郡	광주군 光州郡	해양현 海陽縣			
		남평南平	남평현縣 남평군郡	영평永平 남평군	현웅현 玄雄玄	미다부리현 未多夫里縣	현 나주시 속면
		창평昌平	창평현縣 창평군郡	기양현 祈陽縣	창평현	굴지현 屈支縣	현 삼양군 속면
		나주군 羅州郡	나주군郡 나주목牧	나주羅州	금성군 錦城郡	발라군 發羅郡 (통의通義)	
				흑산현 黑山縣			현 무안군 속면 흑산도
				반남현 潘南縣			
		담양군 潭陽郡	담양부府 (군郡)	담양군	추성군 秋城郡	추자혜군 秋子兮郡	현 나주시 속면
		옥과玉果	옥과현縣 옥과군郡	옥과현	옥과현	과지현 菓支縣	현 곡성군 속면
		영광군 靈光郡	영광군	영광군 (정주靜州)	무령군 武靈郡	무호이군 武戶伊郡	
		무장茂長	무장현縣 무장군郡	장사현 長沙縣	장사현	상노현 上老縣	현 고창군 속면
		고창군 高敞郡	고창현縣 고창군郡	고창현	고창현	모량부리현 毛良夫里縣	
		무안군 務安郡	무안현縣 무안군郡	무안현	무안군	물내혜군 勿柰兮郡 (수입水入)	
		함평군 咸平郡	함평현縣 함평군郡	함풍현 咸豊縣	함풍현	굴내현 屈乃縣	
		진도군 珍島郡	진도군	이도현 里島縣	진도군	인진도군 因珍島郡	
		장성군 長城郡	장성군	장성군	갑군岬郡	고호이현 古戶伊縣	
		영암군 靈巖郡	영암해 靈巖海	영암군	영암군	월내현 月柰縣	
		해남현 海南縣	해남현	해남군郡	침군浸郡 기연현 技演縣	새금현 塞琴縣	
		강진군 康津郡	강진군	강진현縣	탐진현 耽津縣	다음현 多音縣	
		보성군 寶城郡	보성군	보성군	보성군	복물군 伏勿郡	
		장흥군 長興郡	장흥현縣 장흥군郡	장흥부府 장흥군郡	조아현 鳥兒縣	조차현 鳥次縣	
		능주綾州	능성현, 군 綾城縣, 郡	능성현	능성군	현릉부리군 縣綾夫里郡 인부리 仁夫里	현 화순군 속면

도명道名	연혁	현대	조선	고려	통일신라	삼국	비고
전라도 全羅道		화순군 和順郡	화순군	화순현縣	여위汝渭 해연여연현 海演汝演縣	내리아현 仍利阿縣	
		업안業安	낙안군 樂安郡	낙안군	분령군 分嶺郡	분차군 分嵯郡	현 승주군 소속
		곡성군 谷城郡	곡성군	곡성군	곡성군	욕내군 欲乃郡	
		동복同福	동복현縣 동복군郡	동복현	동례현 同禮縣	두부현 豆夫縣	현 화순군 속면
		영예군 永禮郡			수례현 水禮縣	구차지현 仇次知縣 구차례현 仇次禮縣	
		순천시 順天市	순천부府 순천군郡	순천부府	승평군 昇平郡	감평군 敢平郡 사평沙平	
		승주군 昇州郡	순천부, 군 順天府, 郡	순천부	승평현 昇平縣		
		여수시 麗水市	여수군郡	여수현縣	해읍현縣	원촌현 援村縣 원평援平	
		돌산突山	돌산현縣 돌산군郡	돌산현	노산현 盧山縣	돌산현	현 여수시 속면
		광양군 光陽郡	광양군	광양현縣	희양현 晞陽縣	마로현 馬老縣	
		제주濟州	제주목 濟州牧	탐라현 耽羅縣	탐라국 耽羅國	탐라국	1945년 도道로 승격 현 북제주 속면
		대정大靜	대정현縣 대정군郡				
		진산珍山	진산군郡	진동현 珍洞縣	진동현 珍同縣		현 남원시 소속
		운봉雲峰	운봉군郡	운봉현縣	모산현 母山縣 아영성현 阿英城縣		현 남원시 속면
		정의旌義	정의군郡				현 고창군 소속
		흥양興陽	흥양현縣	고흥현 高興縣			현 완주군 속면
		고산高山	고산군郡	고산현縣	고산현	종산현 宗山縣	
		완주군 完州郡	전주군 全州郡				전주시 참조
				거령현 居寧縣	거사물현 居斯勿縣		조선조 남원군 속면
				마령현 馬靈縣	마령현	마돌현 馬突縣 마진馬珍 마등량 馬等良	현 진안군 소속
				적성현 赤城縣	적성현	역평현 礫平縣	현 순창군 속면

도명道名	연혁	현대	조선	고려	통일신라	삼국	비고
경상도 慶尙道	**- 삼국시대三國時代** 부족국가 형태의 상대 신라가 경주 일대를 중심으로 웅거함 서남쪽 낙동강에서 이 산異山에 이르는 지역 은 가야제국이 할거하 다가 뒤에 신라의 영 토領土로 병합 **- 고려高麗** 왕건王建의 건국으로 고려의 영토가 되었고 995년(성종 14) 관제 정정으로 전국이 10 도로 분할할 때 영남 도 嶺南道(상주를 중심한 경상북도와 충 북 일부), 영동도嶺東 道(경주를 중심한 경 상남도 동남부 일대), 산남도山南道(진주를 중심한 낙동강 이서 일대)로 분할 뒤에 경 남진주도慶南晉州道, 진창주도晉悵州道, 경상慶尙, 진안晉安, 상진尙晉, 안도安道 등으로 불렀으나 명확 한 도 구분 없이 이 지 역 일대에 대한 통칭 이었음 1332년(충숙왕 1) 경 상도慶尙道라 호칭함	경주시 慶州市	경주부府 경주군郡	경주慶州 동경東京 계림鷄林	서라벌 徐耶伐	서라벌 徐耶伐 徐羅伐	신라의 수도
		월성군 月城郡	경주군 慶州郡				
				촌계현 村溪縣	기계현 杞溪縣	모혜현 芼兮縣 (화계化溪)	
		양산시 梁山市	양산군郡	양주梁州	양주良州	삽라군 歃羅郡 삽량주 歃良州	
		흥해興海	흥해군郡	흥해군	의창군 義昌郡	퇴화군 退火郡	현 포항시 소속
		영일군 迎日郡	연일현縣 연일군郡	연일군. 현	임정현 臨汀縣	근조지현 斤烏支縣 조량우 烏良友	
		포항시 浦項市	연일군 延日郡	장산군 章山郡	장산군	압양국 押梁國	
		경산시 慶山市	경산현縣 경산군郡	장기현 長鬐縣	기립군 鬐立郡	지답현 只沓縣	영일군 속면
		장기長鬐	장기현縣 장기군郡	자인현 慈仁縣	자인현	노기화현 奴斯火縣	현 경산시 속면
		자인慈仁	자인현縣 자인군郡				
		영천시 永川市	영천군郡	영천永川	임부군 臨皐郡	공야화군 功也火郡	
		신령新寧	신령현縣 신령군郡	신령현	신령 화산花山	사정화현 史丁火縣	현 영천시 속면
		울산시 蔚山市	울산군郡	울주蔚州	하곡河曲 하서河西	굴아화현 屈阿火縣	
		동래東萊	동래부府 동래군郡 동래현縣	동래현	동래군	거칠산군 居漆山郡 장산국 萇山國 내산국 萊山國	
		기장機張	기장현縣 기장군郡	기장현	기장현	갑화량곡현 甲火良谷縣	
		김해시 金海市	김해군郡	금주장 金州獐	김해소경 金海小京	금관국 金官國	
		웅천熊川	웅천군郡	웅신현 熊神縣	웅신울 熊神蔚	웅지현 熊只縣	현 창원시 속면
		진해鎭海	진해현縣 진해군郡	진해현			

도명道名	연혁	현대	조선	고려	통일신라	삼국	비고
경상도 慶尙道	**- 조선朝鮮** 조선 태조 초에 경상 도로 호칭되고 좌·우 도로 분할 1519년(중종 14) 다시 좌·우도로 분할(낙동 강 동쪽을 우右, 좌左 로 되었으나 다시 폐 합廢合) 1592년(선조 25) 임진 왜란으로 도로道路가 불통不通하자 좌·우도 를 분할, 이듬해에 속 합됨 1896(건양 1) 좌·우도 가 복설復設되었다가 남북도南北道로 분 할分割 됨	창원시 昌原市	창원군郡	의안군 義安郡	의안군 義安郡	굴자군 屈自郡	
				의창현 義昌縣			
		칠원漆原	칠원현縣 칠원군郡	칠원현	칠원현	칠토현 漆吐縣	현 창녕군 속면
		밀양시 密陽市	밀양군郡	밀성군 密城郡	밀성군	추화군 推火郡	
		영산靈山	영산현縣 영산군郡	영산현	상약현 尙藥縣	서화현 西火縣	현 창녕군 속면
		청도군 淸道郡	청남군 淸南郡	청도군 淸道郡	조악현 鳥嶽縣 추량실현 推良失縣 삼량화 三良火	조야현 鳥也縣 구도仇道 조례산 鳥禮山 조도산성 鳥刀山城	
		창녕군 昌寧郡	창녕현縣 창녕군郡	창녕군	화왕군 火王郡	비자화군 比自火郡 비사벌 比斯伐	
		현풍玄風	현풍군郡	현풍현縣	현효현 玄曉縣	추량화현 推良火縣 삼량화 三良火	
		대구시 大邱市	대구부府 대구군郡	대구현縣	대구현	달구화현 達句花縣 달불성 達弗城	
		칠곡군 漆谷郡	칠곡현縣 칠곡군郡	팔거현 八莒縣	팔리현 八里縣	팔거리현 八居里縣	
		거제시 巨濟市	거제군郡	거제현縣	거제군	상군해도 裳郡海島	현 통영시
		통영統營	거제군 巨濟郡				
		상주시 尙州市	상주군郡		상주尙州	사벌국 沙伐國 상주上州 상락上洛 사벌주 沙伐州	
		개령開寧	개령현縣 개령군郡		개령군	감문국 甘文國 청주靑州	현 김천시 속면
		금릉金陵	금산군 金山郡	금산현縣	금산현		
		지례知禮	지례	지례현縣	지례현	지품천현 知品川縣	
		선산군 善山郡	선산군	일선현 一善縣	일선군郡	일선군	
		군위군 軍威郡	군위軍威	군위현縣	군위칠 軍威七	노동멱혜현 奴同覓兮縣	

도명道名	연혁	현대	조선	고려	통일신라	삼국	비고
경상도 慶尙道		함창咸昌	함창현縣 함창군郡	함창현	고령군 古寧郡		
		문경시 聞慶市	문경군郡	문경聞慶 문희군 聞喜郡	관산군 冠山郡	고동람군 古冬攬郡 고령가현국 古寧伽縣國 관문현 冠文縣 관현고사갈이성 冠縣高思葛伊城	
		용궁龍宮	용궁현縣 용궁군郡	용군군	능산稜山 원산園山		현 예천군 속면
		안동시 安東市	안동부府 안동현縣 안동군郡	안동부	고창군 古昌郡	고타야군 古陀耶郡	
		예천군 醴泉郡	예천부府 예천현縣 예천군郡	기양현 基陽縣	예천군	수주현 水酒縣	
		풍기豊基	풍기현縣 풍기군郡	기양현 基陽縣	기본진 基本鎭		
		함안군 咸安郡	함안군	함안군	함안군	아시량국 阿尸良國	
		의성군 義城郡	의성군	의성군	개소군 開韶郡	소문국 召文國	
		비안比安	비안현縣 비안군郡	비옥현 比屋縣	비옥현	음화옥현 陰火屋縣	현 의성군 속면
		의흥義興	의흥현縣 의흥군郡	의흥현			현 군위군 속면
		진주시 晉州市	진주군郡	진주晉州	강주康州	거열주 居烈州 (거타居陀)	
		진양군 晉陽郡	진주군 晉州郡	함양현 含陽縣	천령군 天嶺郡	속함현 速含縣 (함성含城)	
		함양군 咸陽郡	함양군	사천泗川	사수현 泗水縣	사물현 史勿縣	
		사천시 泗川市	사천현縣 사천군郡				
		삼천포시 三千浦市	삼가현, 군 三嘉縣, 郡	가수현 嘉壽縣	가수현	가주화현 加主火縣	
		삼가三嘉					합천군 속면
		하동군 河東郡	하동현縣 하동군郡	하동군	하동군	한다사군 韓多沙郡	
				악양현 嶽陽縣	악양현	다소사현 多小沙縣	현 사천시 속면

394

도명道名	연혁	현대	조선	고려	통일신라	삼국	비고
경상도 慶尙道		곤양昆陽	곤양 곤남군 昆南郡	곤명현 昆明縣			
		합천군 陜川郡	합천군	합천	강진군 江鎭郡	대량주군 大良州郡 대야주 大耶(野)州	
		초계草溪	초계군郡	초계현縣	팔계현 八谿縣	초팔혜거 草八兮居	현 합천군 속면
		거창군 居昌郡	거창군	거창군	거창군	거열군 居烈郡	
		의령군 宜寧郡	의령현縣 의령군郡	의령군	의령군	장함군 獐含郡	
		고성군 固城郡	고성현縣 고성군郡	고성군	고성군	고자군 古自郡	
		안의安義	안의安義 안음현 安陰縣	의안군 義安郡	의안현	마리현 馬利縣	현 함양군 속면
		고령군 高靈郡	고령현縣 고령군郡	고령군	고령군	대가야국 大伽倻國	
		성주군 星州郡	성주군	경산부 京山府	신안군 新安郡 벽진군 碧珍郡	본피현 本彼縣	
		인동仁同	인동현縣 인동군郡		수동현 壽同縣	기동화현 其同火縣	현 칠곡군 속면
		하양河陽	하양현縣 하양군郡	하양군			현 경산시 속면
		남해군 南海郡	남해군	남해현縣	남해군	전야산군 轉也山郡	
		순흥順興	순흥군郡	흥주興州	급산군 岌山郡	급벌산 及伐山	현 영주시 속면
		영주시 營州市	영천營川	순안현 順安縣	내령군 奈靈郡	내사군 奈巳郡	
		예안禮安	예안현縣 예안군郡	예안군	선곡현 善谷縣	매곡현 買谷縣	현 안동군 속면
		봉화군 奉化郡	봉화현縣 봉화군郡	봉화현	옥마현 玉馬縣	고사마현 古斯馬縣	
		영덕군 盈德郡	영덕현縣 영덕군郡	영덕현	야성군 野城郡	야시홀군 也尸忽郡	
		청송군 靑松郡	청송군	청송현縣	적선군 積善郡	청기현 靑己縣	
		진보眞寶	진보현縣	보성부 甫城府	진보현	칠파화현 漆巴火縣	현 청송군 속면
		영해寧海	영해군郡	예주禮州	유린군 有麟郡	우시군 于尸郡	현 영덕군 속면
		영양군 英陽郡	영양군	영양英陽 연양延陽 익양군 益陽郡			
		청하淸河	청하군郡	청하현縣	해하현 海河縣	아혜현 阿兮縣	

도명道名	연혁	현대	조선	고려	통일신라	삼국	비고
강원도 江原道	**- 삼국시대三國時代** 본래 예국, 맥국의 본거지로 고구려와 신 라에 각각 딸렸음 뒤에 각지에서 초적草 賊들이 일어나 신라의 국력이 미치지 못함	명주溟州	강릉군 江陵郡	명주	명주	하서량 河西良 하슬라 河瑟羅	
		강릉시 江陵市	강릉군郡				
		정선군 旌善郡	정선군	정선군	정선군	내치(원)현 仍置(員)縣	
	- 고려高麗 왕건의 건국으로 고려 에 복속됨 995년(성종 14) 관제 개혁 육로 전국이 10 도로 분할될 때 삭방도 朔方道로 호칭됨 이듬해에 명주도溟州 道로 개칭 후에 춘주도春州道,동 주도東州道, 교주도交 州道, 강릉도江陵道, 교주강릉도交州江陵 道 등으로 불렸으나 명확한 도道 구분없이 이 일대에 대한 통칭 이었음	삼척시 三陟市	삼척부府 삼척군郡	삼척군	삼척군	실직군 悉直郡	
		울진군 蔚珍郡	울진현縣 울진군郡	울진현	울진군	우진야현 于珍也縣	현 경상북도 소속
		고성군 高城郡	고성현縣 고성군郡	고성현	고성군	달홀達忽	
		간성杆城	간성현縣 간성군郡	간성군	수성군 守城郡	가성군 加城郡 가라홀 加羅忽	
		양양군 襄陽郡	양양부府 양양군郡	익령군 翼嶺郡	익령현縣	익령현 (이문伊文)	
		통천군 通川郡	통천현縣 통천군郡	금양현 金壤縣	금양군郡	금양군 휴양군 休壤郡 금뇌金惱	
		흡곡歙谷	흡곡현縣 흡곡군郡	흡곡현	습계현 習谿縣	습비곡현 習比谷縣	현 통천군 속면
		영월군 寧越郡	영월부府 영월군郡	영월군	내성군 奈城郡	내생군 奈生郡	
		평창군 平昌郡	평창군	평창현縣	백조현 白鳥縣	욱조현 郁鳥縣	
	- 조선朝鮮 태조 초에 강원도江原 道로 호칭	평해平海	평해군郡	평해군		근을어 斤乙於	현 울진군 속읍
		횡성군 橫城郡	횡성현縣 횡성군郡	횡성현	횡천현 橫川縣	횡천현	어사매 於斯買
		화천군 華川郡	화천현縣 화천군郡	양천현 良川縣	양천군郡	성생군 狌生郡 야시매 也尸買	
		양구군 楊口郡	양구현縣 양구군郡	양구현 楊構縣	양록군 楊麓郡	양구군 楊口郡 요은홀차 要隱忽次	
		인제군 麟蹄郡	인제현縣 인제군郡	인제현	희제현 稀蹄郡	저족현 猪足縣	
		회양군 淮陽郡	회양부府 회양군郡	교주交州	연성군 連城郡	각연성군 各連城郡	
		철원군 鐵原郡	철원부府 철원군郡	동주東州	철성군 鐵城郡	철원군 모을동비 毛乙冬非	태봉국의 수도
		안협安峽	안협현縣 안협군郡	안협현	안협현	아진압현 阿珍押縣	현 이천군
		이천군 伊川郡	이천부府 이천군郡	이천현縣	이천현	이진매현 伊珍買縣	
		김화군 金化郡	김화현縣 김화군郡	김화현	부평군 富平郡	부여군 夫如郡	

도명道名	연혁	현대	조선	고려	통일신라	삼국	비고
강원도 江原道		평강군 平康郡	평강현縣 평강군郡	평강현	광평현 廣平縣	부양현 斧壤縣	
		춘성군 春城郡	춘천부, 군 春川府, 郡	춘주春州	삭주朔州	어사내 於斯內	
		춘천시 春川市	춘천부府 춘천군郡	춘주春州	삭주朔州	벌력천현 伐力川縣	
		홍천군 洪川郡	홍천현縣 홍천군郡	홍천현	녹효현 綠驍縣	단성현 丹城縣 야차홀 也次忽	
		금성金城	금성현縣 금성군郡	금성군	익성군 益城郡		
		원주시 原州市	원주현縣 원주군郡	원주原州	북원北原 소경小京	평원군 平原郡 북원北原	
황해도 黃海道	- 삼국시대三國時代 고대 마한馬韓의 영토로서 확보되고 후삼국시대에 고구려의 영토가 됨 한때 고구려를 정벌한 당唐의 속령으로 되었다가 신라의 영토이었으며, 후삼국시대에는 태봉泰封의 대요지가 됨	황주군 黃州郡	황주군	황주黃州	취성군 取城郡	동홀冬忽 우동어홀 于冬於忽	
		신계군 新溪郡	신계군	신은현 新恩縣			
		곡산군 谷山郡	곡산군	곡천谷川	진서현 鎭瑞縣	십곡성현 十谷城縣 덕둔홀현 德頓忽縣 고곡군 古谷郡	
	- 고려高麗 왕건의 건국으로 고려의 영토가 되고 995년 (성종 14) 관제개혁으로 전국이 10도로 분할될 때 개성부開城府 일대를 제외한 경기도와 통합되어 개내도開內道라 호칭됨 뒤에 해서도海西道로 불렸으나 명확한 도구분 없이 이 지역에 대한 통칭이었음 - 조선朝鮮 태조 초 풍해도豊海道로 불렸다가 태종 때 곤제를 제정을 하게 되자 황해도黃海道라 호칭됨 광해군 때 황연도黃延道라 했다가 다시 황해도黃海道라 개칭됨	평산군 平山郡	평산부府 평산군郡	평주平州	영풍군 永豊郡	대곡군 大谷郡	
		수안군 遂安郡	서흥군 瑞興郡	동주洞州	오관군 五關郡	오곡군 五谷郡 공화홀 우차탄홀 于次呑忽	
		서흥군 瑞興郡	금천군, 현 金川郡, 縣	강음현 江陰縣	강음현	강서江西	
		금천군 金川郡	수안부, 군 遂安府, 郡	수안현縣	장새獐塞	장새현 獐塞縣	
		토산兎山	토산군郡 토산현縣	토산현	토산군	조사사달현 鳥斯舍達縣	
		해주군 海州郡	해주현縣 해주군郡	해주海州	폭지군 瀑池郡	내미홀군 內未忽郡 지성장지 池城長池	
		해주시 海州市	해주군郡				
		재령군 載寧郡	재령현縣 재령군郡	안주安州	중반군 重盤郡	식성홀 息城忽 한성漢城 한홀漢忽 내홀乃忽	
		연백군 延白郡	연안부, 군 延安府, 郡	남주濫州	해고군 海皐郡	동의홀 冬意忽 동삼군 冬三郡	

도명道名	연혁	현대	조선	고려	통일신라	삼국	비고
황해도黃海道		백천白川	백천군郡	백주현白州縣	택현澤縣	도○현刀○縣	
		봉산군鳳山郡	봉산군	봉주鳳州	루군樓郡		
		장연군長淵郡	장연부府 장연군郡	장연현縣	장연長淵 장담長潭		
		장연長連	장연현縣 장연군郡	장명현長命縣			
		안악군安岳郡	안악군	안악현縣		양악楊岳	현 은률군 속면
		은률군殷栗郡	은률현縣 은률군郡	은률현		율구栗口 율천栗川	
		문화文化	문화현縣 문화군郡	유주군儒州郡		궐구현闕口縣	현 신천군 속면
		신천군信川郡	신천현縣 신천군郡	신천현		승산군升山郡	
		송화군松禾郡	송화현縣 송화군郡	청송현靑松縣		마경리麻耕伊	
		옹진군甕津郡	옹진현縣 옹진군郡	옹진현		옹천甕遷	
		백령도白翎島		백령진白翎鎭		곡조鵠鳥	
평안도平安道	- 삼국시대三國時代 본래 단군이 평양성에 도읍을 정하고 고조선을 건국한 옛터로서 위씨 조선이 차지하였다가 뒤에 한서군이 되어 한漢의 속령이 됨 313년 고구려의 영토가 되고 이후 그 중심지로서 등장함 그 뒤 나당羅唐연합군에 의해 고구려가 망하자 한때 당唐의 속령으로 되었다가 신라에 의해 수복되었으나 평안북도平安北道는 대부분 야인野人들이 점거함 후삼국시대에는 태봉泰封의 영토가 됨	평양시平壤市	평양부府 평양시市	평양부		평양성平壤城 (고구려수도)	고조시대: 왕검성王儉城
		강동군江東郡	강동군	강동현縣			
		강서군江西郡	강서군郡 강서현縣	강서현			
		증산甑山	진산군鎭山郡	향화현響和縣			
		대동군大同郡	평양부平壤府	향화현響和縣			현 평원군 속면
		순안順安	순안현縣 순안군郡				
		삼화三和	삼화현縣 삼화군郡	이화현二和縣			현 용강군 속면
		삼등三登	삼등현縣 삼등군郡	이등현二登縣			현 강동군 속면
		안주군安州郡	안주목牧 안주군郡	안북부安北府			
		성천군成川郡	성천부府 성천군郡	강덕진剛德鎭			현 평원군 속면
		숙군肅郡	숙천부府 숙천군郡	통덕진通德鎭			현 향천군 속면
		자산군慈山郡	자산부府 자산군郡	태안주太安州			
		개천군价川郡	개천군	안수진安水鎭			
		양덕군陽德郡	양덕현縣 양덕군郡	양암진陽岩鎭			
		선천군宣川郡	선천부府 선천군郡	선주宣州			
			운산군雲山郡	위화진威化鎭			

도명道名	연혁	현대	조선	고려	통일신라	삼국	비고
평안도 平安道	**- 고려高麗** 왕건의 건국으로 고려의 영토領土가 되었으나 평안북도의 대부분을 잃었다 995년(성종 14) 관제 제정시 패서浿西로 호칭됨 말기에 점차 잃었던 땅을 수복함 **- 조선朝鮮** 태종 때 평안도平安道로 호칭 건양 1년에 남·북도로 분할	가산嘉山	가산군郡	가주嘉州			현 박주군 속면
		순천군 順川郡	순천군	향주響州			현 향천군 소속
		은산殷山	은산군郡	은주殷州			
		맹산군 孟山郡	맹산현縣	맹주孟州			
		덕천군 德川郡	덕천군	덕주德州			
		용천군 龍川郡	용천부府 용천군郡	용주龍州			
		삭주군 朔州郡	삭주부府 삭주군郡	삭주朔州			
		진산군 鎭山郡	진산부府 진산군郡	철주鐵州			
		영원군 寧遠郡	영원현縣 영원군郡	영원주 寧遠州			
		창성군 昌城郡	창성군	창주昌州			
		희천군 熙川郡	희천군	청새진 淸塞鎭			
		정주군 定州郡	정주부府 정주군郡	수주隨州			
		영변군 寧邊郡	영변부府 영변군郡	위주渭州			
		영유永柔	영유현縣 영유군郡	영청현 永淸縣			
		함종咸從	함종현縣 함종군郡	함종현			
		여강군 麗岡郡	용강현, 군 龍岡縣, 郡	용강현			
		의주군 義州郡	의주목牧 의주군郡	의주義州			
		강계군 江界郡	강계부府 강계군郡	강계부			
		자성군 慈城郡	자성군				
		벽동군 碧潼郡	벽동부府 벽동군郡	음동陰潼			
		초산군 楚山郡	초산군				
		위원군 渭原郡	위원군				
		상원祥原	상원군郡	토산현 土山縣	토산현	식달현 息達縣	현 중화군 속면
		중화군 中和郡	중화군	중화현縣	당악현 唐岳縣	가화압 加火押	

399

도명道名	연혁	현대	조선	고려	통일신라	삼국	비고
함경도 咸鏡道	**- 삼국시대三國時代** 고대 동부여東夫餘의 요지要地로서 후에 고구려의 영토가 됨	안변군 安邊郡	안변부府 안변군郡	등주登州	삭정군 朔庭郡	비열군 比列郡 한성군 漢城郡	
		덕원군 德源郡	덕원부府 덕원군郡	의주宜州	정천군 井川郡	천정군 泉井郡 어을매 於乙買	
	- 고려高麗 1107년(예종 2) 윤관이 여진토벌로 6성六城이 설치되고 야인을 추방한 뒤 성城을 찾아오면서 말기末期까지 원元의 쌍성총관부가 설치되어 그 속령이 됨 공민왕恭愍王 때 온전히 수복됨	고원군 高原郡	고원군	고주高州			
		영흥군 永興郡	영흥부府 영흥군郡	화주和州		장령진 長嶺鎭	
		문천군 文川郡	문천군	문주文州			
		함흥시 咸興市	함주咸州				
	- 조선朝鮮 1413년(태종 13) 영길도永吉道로 호칭하다가 1416년(태종 16) 함길도咸吉道, 1470년(성종 1) 영안도永安道로 개칭 1509년(중종 4) 함경도咸鏡道가 되고 고종高宗 때 남·북도로 분할 확정됨 군사상 두만강 일대 등 북방 경계의 방비를 전담하는 북도병마절도사北道兵馬節度使, 그 이남의 관할구역을 맡은 남도병마절도사南道兵馬節度使가 있었으나 행정상 구획과는 무관하였음	함주군 咸州郡	함주咸州	함주			
		단천군 端川郡	단천부府 단천군郡	복주福州			
		길주군 吉州郡	길주현縣 길주군郡	길주吉州			
		북청군 北靑郡	북청군	북청주州			
		이원군 利原郡	이원군	이성현 利城縣			
		갑산군 甲山郡	갑산부府 갑산군郡	갑주甲州			
		삼수군 三水郡	이수부, 군 二水府, 郡				
		홍원군 洪原郡	홍원부府	홍원현縣			
		장진군 長津郡	장진부府 장진군郡				
		경원군 慶源郡	경원군	경원군			
			경흥부, 군 慶興府, 郡	경흥군			
		경성군 鏡城郡	경성부, 군 慶城府, 郡	경성군			
		회령군 會寧郡	회령부府 회령군郡				
		종성군 鐘城郡	종성부府 종성군郡	종성군			
		무산군 茂山郡	무산군	무산군			
		성진군 城津郡	성진부府 성진군郡				
		부령군 富寧郡	부령군	부령군			
		신흥군 新興郡	신흥군				
		풍산군 豊山郡	풍산군				

※ 註

1. 증보문헌비고 여지고를 중심으로 함(삼국사기三國史記, 고려사高麗史, 신증동국
   여지승람新增東國輿地勝覽 자료를 종합 정리 하였음)
2. 별칭으로 사용된 명칭은 괄호로 처리하였음
3. 현대에 신설된 도시都市는 넣은 것과 넣지 않은 것도 있음

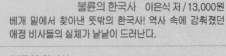

도서출판 타오름의 한국사 시리즈!

발로 뛰며 찾아낸 역사 기행이 더해주는 생생한 현장감!

문밖에서 부르는 조선의 노래 이은식 저 / 12,000원
노비, 궁녀, 서얼... 엄격한 신분 사회의 굴레 속에서
외면당한 자들이 노래하는 또 다른 조선의 역사.

불륜의 한국사 이은식 저 / 13,000원
베개 밑에서 찾아낸 뜻밖의 한국사! 역사 속에 감춰졌던
애정 비사들의 실체가 낱낱이 드러난다.

불륜의 왕실사 이은식 저 / 14,000원
고려와 조선을 넘나들며 펼쳐지는 왕실 불륜사! 엄숙한
왕실의 장막 속에 가려진 욕망의 군상들이 적나라하게 그
모습을 드러낸다.

이야기 고려왕조실록 (상),(하)
한국인물사연구원 편저 / 상 15,500원. 하 18,500원.
고려사의 모든 것을 한눈에 살펴볼 수 있는 최고의 역사
해설서! 다양하고 풍부한 문헌 자료를 바탕으로 재미있고
쉽게 읽히는 새로운 고려 왕조의 역사가 펼쳐진다.

우리가 몰랐던 한국사 이은식 저 / 16,000원
제한된 신분의 굴레 속에서도 자신의 삶을 숙명으로
받아들이지 고 꿈을 이루기 위해 노력한 선현들의
진실된 이야기.

선정도서 모정의 한국사 이은식 저 / 14,000원
위인들의 찬란한 생애 뒤에 말없이 존재했던 큰 그림자,
어머니! 진정한 영웅이었던 역사 속 어머니들이 들려주는
시대를 뛰어넘는 교훈과 감동을 만나본다.

문화체육관광부 우수교양도서 선정

읽기 쉬운 고려왕 이야기
한국인물사연구원 편저 / 23,000원
쉽고 재미있게 읽히는 새로운 고려 왕조의 역사. 500여 년 동안
34명의 왕들이 지배했던 고려 왕조의 화려하고도 찬란한 기록들.

원균 그리고 이순신 이은식 저 / 18,000원
417년 동안 짓밟혔던 원균의 억울함이 벗겨진다.
이순신의 거짓 장계에서 발단한 원균의 오명과
임진왜란을 둘러싼 오해의 역사를 드디어 밝힌다.

신라 천년사 한국인물사연구원 편저 / 13,000원
고구려와 백제를 멸망시킨 작은 나라 신라! 전설과도 같은
992년 신라의 역사를 혁거세 거서간의 탄생 신화부터
제56대 마지막 왕조의 이야기까지 연대별로 풀어냈다.

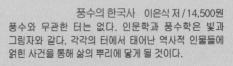

풍수의 한국사 이은식 저 / 14,500원
풍수와 무관한 터는 없다. 인문학과 풍수학은 빛과
그림자와 같다. 각각의 터에서 태어난 역사적 인물들에
얽힌 사건을 통해 삶의 뿌리에 닿게 될 것이다.

기생, 작품으로 말하다   이은식 저 / 14,500원
기생은 몸을 파는 노리개가 아니었다. 기생의 연원을
통해 그들의 역사를 돌아보고, 예술성 풍부한 기생들이
남긴 작품을 통해 인간 본연의 삶을 들여다본다.

여인, 시대를 품다   이은식 저 / 13,000원
제한된 시대 환경 속에서도 자신들의 재능과 삶의 열정을
포기하거나 방관하지 않던 여인들. 조선의 한비야 김금원과 조선의
힐러리 클린턴 동정월을 비롯한 여인들이 우리들의 삶을 북돋아 줄
것이다.

미친 나비 날아가다   이은식 저 / 13,000원
정의를 꿈꾼 혁명가 홍경래와 방랑 시인 김삿갓 탄생기.
시대마다 반복되는 위정자들의 부패, 그 결과로 폭발하는
민중의 울분, 역사 속 수많은 인간 군상들이 현재의
우리를 되돌아보게 한다.

지명이 품은 한국사 - 1, 2, 3, 4, 5, 6
이은식 저 / 15,000원~19,800원
지명의 정의와 변천 과정, 지명의 소재 등 지명의 기본을 확실히 정리하고, 1천여 년 역사의
현장이 도처에 남긴 독특한 고유 지명을 알아보자.

핏빛 조선 4대 사화 첫 번째 무오사화   한국인물사연구원 저 / 19,800원
사림파와 훈구파의 대립은 부조리한 연산군 통치와 맞물리면서 수많은
희생자를 만들게 된다. 사회, 경제적 변동기의 상세한 일화를 수록함으로써
혼란한 시대를 구체적으로 그려냈다.

핏빛 조선 4대 사화 두 번째 갑자사화   한국인물사연구원 저 / 19,800원
임사홍의 밀고로 어머니가 사사된 배경을 알게 된 연산군의 잔인한 살상.
그리고 왕의 분노를 이용해 자신들의 세력을 확고히 하려던 왕실 세력과 훈구
사림파의 암투!

핏빛 조선 4대 사화 세 번째 기묘사화   한국인물사연구원 저 / 17,000원
조광조를 선두로 한 사림파가 급진적 왕도 정치를 추구하면서 중종과
소외받던 훈구파는 반발하게 되고, 또 한 번의 개혁은 멀어져 간다.

핏빛 조선 4대 사화 네 번째 을사사화   한국인물사연구원 저 / 19,000원
왕실의 외척 대윤과 소윤은 권력을 차지하기 위해 극렬한 투쟁을 벌였다.
이때 그간 정권에 참여하지 못했던 사람들도 대윤과 소윤으로 갈리면서, 조선
시대 붕당 정치의 시작을 예고한다.

계유년의 역신들   한국인물사연구원 편저 / 23,000원
세조의 왕위 찬탈 배경과 숙청되는 단종, 왕권의 정통성을 보전하려던
사육신과 생육신 사건부터 김문기가 정사의 사육신인 이유를 분명히 밝힌
역사서!

한국사의 희망 부모와 청소년 이야기
이은식 저 / 19,800원

우리는 인간됨의 씨앗을 줄기차게 뿌려야 합니다

문제 청소년 뒤에는 반드시 문제의 가정과 부모가 있다는 사실을 우리 모두 자각해야 할 것이다. 따라서 전인적 교육의 필요성은 매우 시급하다. 전인적 교육의 장으로 가정만한 곳은 없다고 본다. …… 누가 이 세상에서 제일 어려운 것이 무어냐고 묻는다면 본인은 단연코 자녀 교육이라 답하고 싶다.

피바람 인수대비 (상), (하)
이은식 저 / 각권 19,800원

세상의 모든 원리는 질서와 양보와 용서를 요구하고있다.
오직 자기 중심으로 되어주길 바라는 것은 결코 그 열매가 달지 못하듯, 정해진 선을 넘나드는 사람은 참인격자라 평가하지 않는다
장독안에든 쥐를 잡기위해 그독을 깨었다면 무엇이 남았겠는가
한사람의 지나친 욕망으로 인하여 피바람의 역사는 기록되고있다. 이는 바람직한 역사도 유산도 될수없다.

신라왕조실록 - 1, 2, 3, 4권
한국인물사연구원 편저 / 각권 19,800원

신라사의 모든 것을 한눈에 살펴볼 수 있는 최고의 역사 해설서! 다양하고 풍부한 문헌 자료를 바탕으로 재미있고 쉽게 읽히는 신라 왕조의 역사가 펼쳐진다.